**Konfigurationsmanagement
mit Subversion, Maven und Redmine**

Gunther Popp arbeitet als freier Softwarearchitekt, Softwareentwickler und Berater. Seine Arbeitsschwerpunkte sind die Konzeption und Implementierung von Java-EE-Systemen sowie deren Integration in komplexe Anwendungslandschaften. Zudem hilft er Teams als Berater bei der Optimierung ihrer Entwicklungsprozesse. Er veröffentlicht regelmäßig Fachartikel und hält Vorträge zu den Themenbereichen Softwarearchitektur, Java-Technologien und Konfigurationsmanagement.

Gunther Popp

Konfigurationsmanagement mit Subversion, Maven und Redmine

Grundlagen für Softwarearchitekten und Entwickler

4., aktualisierte und erweiterte Auflage

Gunther Popp
gpopp@km-buch.de

Lektorat: René Schönfeldt
Copy-Editing: Annette Schwarz, Ditzingen
Herstellung: Birgit Bäuerlein
Umschlaggestaltung: Helmut Kraus, www.exclam.de
Druck und Bindung: M.P. Media-Print Informationstechnologie GmbH, 33100 Paderborn

Bibliografische Information der Deutschen Nationalbibliothek
Die Deutsche Nationalbibliothek verzeichnet diese Publikation in der Deutschen Nationalbibliografie;
detaillierte bibliografische Daten sind im Internet über http://dnb.d-nb.de abrufbar.

ISBN 978-3-86490-081-5

4., aktualisierte und erweiterte Auflage 2013
Copyright © 2013 dpunkt.verlag GmbH
Ringstraße 19 B
69115 Heidelberg

Die vorliegende Publikation ist urheberrechtlich geschützt. Alle Rechte vorbehalten. Die Verwendung der Texte und Abbildungen, auch auszugsweise, ist ohne die schriftliche Zustimmung des Verlags urheberrechtswidrig und daher strafbar. Dies gilt insbesondere für die Vervielfältigung, Übersetzung oder die Verwendung in elektronischen Systemen.
Es wird darauf hingewiesen, dass die im Buch verwendeten Soft- und Hardware-Bezeichnungen sowie Markennamen und Produktbezeichnungen der jeweiligen Firmen im Allgemeinen warenzeichen-, marken- oder patentrechtlichem Schutz unterliegen.
Alle Angaben und Programme in diesem Buch wurden mit größter Sorgfalt kontrolliert. Weder Autor noch Verlag können jedoch für Schäden haftbar gemacht werden, die in Zusammenhang mit der Verwendung dieses Buches stehen.
5 4 3 2 1 0

Inhaltsverzeichnis

1	**Einleitung**	1
1.1	Wer dieses Buch lesen sollte	2
1.2	Warum Subversion, Maven und Redmine?	3
1.3	Abgrenzung und Begriffserläuterungen	5
1.4	Aufbau des Buches	6
1.5	Beispielprojekt e2etrace	6
1.6	Konventionen	7
1.7	Webseite zum Buch	8
1.8	Danksagung	8
2	**Einführung in das Konfigurationsmanagement**	**9**
2.1	Was ist Konfigurationsmanagement?	9
	2.1.1 Ziele des Konfigurationsmanagements	10
	2.1.2 Argumente für den Einsatz im Projekt	15
	2.1.3 Normen und Standards	18
2.2	Aufgaben und Verfahren des Kernprozesses	19
	2.2.1 Auswahl der Konfigurationselemente	19
	2.2.2 Erstellung des Konfigurationsmanagement-Handbuches	24
	2.2.3 Beschreibung der Konfigurationselemente	27
	2.2.4 Festlegung der Projektstruktur	31
	2.2.5 Verwaltung der Konfigurationselemente	34
	2.2.6 Projektautomatisierung	45
	2.2.7 Änderungs- und Fehlermanagement	49

2.3	Erweiterter Prozess	55
	2.3.1 Releasemanagement	55
	2.3.2 Audits	59
	2.3.3 Metriken	60
	2.3.4 Berichte	67

3	**Konfigurationsmanagement-Werkzeuge**	**69**
3.1	Subversion	70
	3.1.1 Funktionsumfang	71
	3.1.2 Architektur	72
	3.1.3 Bezugsquelle und Installation	75
	3.1.4 Dokumentation	75
3.2	Maven	75
	3.2.1 Funktionsumfang	76
	3.2.2 Architektur	78
	3.2.3 Bezugsquelle und Installation	80
	3.2.4 Dokumentation	80
3.3	Redmine	81
	3.3.1 Funktionsumfang	81
	3.3.2 Architektur	81
	3.3.3 Bezugsquelle und Installation	83
	3.3.4 Dokumentation	83
3.4	Nexus	83
	3.4.1 Funktionsumfang	84
	3.4.2 Architektur	84
	3.4.3 Bezugsquelle und Installation	85
	3.4.4 Dokumentation	86
3.5	Hudson	86
	3.5.1 Funktionsumfang	86
	3.5.2 Bezugsquelle und Installation	87
	3.5.3 Dokumentation	90
3.6	Weitere Werkzeuge und Frameworks	90

4	**Verwaltung der Konfigurationselemente mit Subversion**	**93**
4.1	Einrichten des Repositorys	93
	4.1.1 Arbeitsweise des Repositorys	94
	4.1.2 Erstellung eines Repositorys	95
	4.1.3 Benutzer und Zugriffsrechte festlegen	98
	4.1.4 Zugriff auf das Repository	100
4.2	Projektstruktur und Konfiguration festlegen	102
	4.2.1 Einfluss des Releaseplans	103
	4.2.2 Vorbereitung der Tags und Branches	104
	4.2.3 Festlegung der detaillierten Struktur	105
	4.2.4 Konfiguration des Clients	106
	4.2.5 Anlegen der Struktur im Repository	110
	4.2.6 Check-out des Arbeitsbereiches	112
4.3	Durchführen von Änderungen	113
	4.3.1 Arbeitsbereich aktualisieren	115
	4.3.2 Dateien ändern	115
	4.3.3 Änderungen rückgängig machen	116
	4.3.4 Elemente hinzufügen	116
	4.3.5 Elemente löschen	117
	4.3.6 Elemente kopieren	118
	4.3.7 Elemente verschieben und umbenennen	121
	4.3.8 Änderungen überprüfen	121
	4.3.9 Änderungen in das Repository schreiben	126
4.4	Arbeiten mit der Versionshistorie	129
	4.4.1 Abfrage der Versionshistorie	130
	4.4.2 Auswählen einer Revision	132
	4.4.3 Verwendung von Peg-Revisions	133
	4.4.4 Unterschiede zwischen Versionen ermitteln	136
	4.4.5 Unterschiede in der Projektstruktur ermitteln	141
4.5	Umgang mit Konflikten	143
	4.5.1 Entstehung von Konflikten	143
	4.5.2 Automatische Auflösung einfacher Konflikte	144
	4.5.3 Behebung von echten Konflikten	146

4.6		Verwaltung binärer Dateien	153
	4.6.1	Was sind binäre Dateien?	154
	4.6.2	Konflikte in binären Dateien	156
	4.6.3	Vermeidung von Konflikten	160
4.7		Festlegung von Tags	165
4.8		Arbeiten mit Branches	168
	4.8.1	Einen Branch erstellen	168
	4.8.2	Änderungen in einem Branch durchführen	169
	4.8.3	Branches zusammenführen	170
	4.8.4	Fehlerquellen beim Zusammenführen	181
	4.8.5	Binäre Dateien und Branches	186
	4.8.6	Einen Branch abschließen	187
	4.8.7	Alternative Branch-Strategien	189

5 Projektautomatisierung mit Maven — 193

5.1		Umsetzung eines einfachen Build-Prozesses	193
	5.1.1	Aufbau des Projektmodells	194
	5.1.2	Benutzerspezifische Einstellungen festlegen	196
	5.1.3	Quellelemente ermitteln	197
	5.1.4	Projektexterne Dateien einbinden	200
	5.1.5	Produkt erstellen	210
	5.1.6	Produkt prüfen	220
	5.1.7	Produkt ausliefern	222
	5.1.8	Zusammenfassung und Ausblick	227
5.2		Einführung von Build-Varianten	228
	5.2.1	Prinzipielle Vorgehensweise	228
	5.2.2	Einrichtung von Nexus	229
	5.2.3	Verwendung von Nexus	235
	5.2.4	Entwickler-Build	246
	5.2.5	Integrations-Build	247
	5.2.6	Release-Build	275
5.3		Qualitätssicherung durch Audits und Metriken	282
5.4		Einrichtung einer Projekt-Homepage	286

6	**Änderungsmanagement mit Redmine**		**297**
6.1	Einrichten eines Projektes		297
	6.1.1	Konfiguration des SMTP-Servers	297
	6.1.2	Benutzer einrichten	299
	6.1.3	Rollen und Rechte definieren	304
	6.1.4	Tracker, Ticketstatus und Workflows	305
	6.1.5	Globale Einstellungen	311
	6.1.6	Projekt anlegen	314
	6.1.7	Projekt konfigurieren	316
6.2	Arbeiten mit Tickets		319
	6.2.1	Spielregeln festlegen	319
	6.2.2	Tickets erstellen	320
	6.2.3	Tickets verifizieren	323
	6.2.4	Tickets zuweisen	327
	6.2.5	Tickets filtern	328
	6.2.6	Tickets implementieren	330
	6.2.7	Implementierung eines Tickets prüfen	335
	6.2.8	Tickets schließen	337
6.3	Projektdokumentation		339
	6.3.1	Projekthistorie	339
	6.3.2	Releaseplanung und -dokumentation	340
	6.3.3	Datei- und Dokumentenarchiv	341
	6.3.4	Wiki	342
	6.3.5	Foren	346
	6.3.6	News	348
6.4	Fazit		348
	Literatur und Links		**349**
	Stichwortverzeichnis		**353**

1 Einleitung

Warum schreibt ein Softwarearchitekt ein Buch über Konfigurationsmanagement? Diese Frage – gerne noch mit dem Zusatz versehen, ob das Thema nicht etwas trocken wäre – musste ich schon im Vorfeld der ersten Auflage dieses Buches regelmäßig beantworten. Tatsächlich ist der Aufgabenkomplex, der sich hinter dem Schlagwort »Konfigurationsmanagement« (KM) verbirgt, ein eher ungeliebtes Kind der IT-Branche. Konfigurationsmanagement-Prozesse gelten als praxisfern, unproduktiv und teuer. Dies nicht ganz zu Unrecht, da derartige Prozesse oft unternehmensweit umgesetzt werden und entsprechend »schwergewichtig« ausgelegt sind. Die spezielle Situation eines einzelnen Projektes und die daraus resultierenden Probleme und Anforderungen haben in diesem Umfeld keine Priorität.

Tatsache ist allerdings auch, dass kein Projekt ohne die grundlegenden Verfahren des Konfigurationsmanagements auskommt. So ist die Verwendung eines Versionskontrollsystems wie z. B. Git oder eben Subversion heutzutage selbstverständlich. Ähnliches gilt für Werkzeuge zur Projektautomatisierung und zur Durchführung von Tests. Leider ist jedoch mit der Entscheidung für den Einsatz von einzelnen Werkzeugen in vielen Projekten das Ende der Fahnenstange erreicht. Weitergehende Richtlinien und Hilfsmittel existieren nicht, und deren Erstellung ist im Projektbudget auch nicht vorgesehen.

Trotzdem wurde in jedem Projekt, an dem ich als Architekt beteiligt war, eine leidenschaftliche und zeitintensive Debatte über Projektstruktur, Build-Prozess, Releases, Check-in-/Check-out-Richtlinien, Verwendung von Kommentaren und parallele Entwicklungszweige geführt. Und jedes Mal hat diese Diskussion zu Verzug in der Planung und zu erhöhten Kosten geführt.

Auch die vierte, aktualisierte Auflage des Buches hat den Anspruch, die Leserinnen und Leser beim »Ausfechten« der oben genannten Debatten im Projekt zu unterstützen. Ich beschreibe Konfigurationsmanagement als eine pragmatische Disziplin zur Erleichterung des

Projektalltags. Dieser Ansatz ist bisher eher selten anzutreffen. Stephen Berczuk stellt in [Berczuk02] sehr treffend fest, dass viele Konfigurationsmanagement-Prozesse die Projektteams eher behindern als unterstützen. Eine Ursache hierfür sei, dass KM-Prozesse auf den Anforderungen des Managements basieren und die täglichen Bedürfnisse der Teammitglieder schlicht ignoriert werden.

Ich habe alle in diesem Buch beschriebenen Aufgaben und Verfahren des Konfigurationsmanagements daher explizit aus dem Blickwinkel eines Softwarearchitekten und Entwicklers beschrieben. Dabei sind unweigerlich einige Aspekte der »reinen Lehre« des Konfigurationsmanagements auf der Strecke geblieben. Ich gehe aber davon aus, dass Sie als Leserin oder Leser dieses Buches mit dieser Tatsache leben können.

1.1 Wer dieses Buch lesen sollte

Zielgruppe dieses Buches sind technische Projektleiter, Softwarearchitekten und Entwickler, die für ihre Teams das Rad nicht zum x-ten Mal neu erfinden wollen. Viele von Ihnen werden sicherlich die von mir bereits erwähnten Diskussionen um Projektstruktur, Versionskontrollsysteme und die Verwaltung von Änderungsanforderungen aus eigener Erfahrung kennen. Die Anleitungen, Beispiele und Hinweise in den folgenden Kapiteln werden Ihnen helfen, diese Phase im Projekt schnell hinter sich zu bringen.

Was bringt Ihnen die Lektüre des Buches?

Neben dieser Hilfestellung hoffe ich, Ihnen zusätzliche Anregungen für einen effizienteren und angenehmeren Projektalltag geben zu können. Oft sind nur kleine Änderungen und Erweiterungen notwendig, um die Infrastruktur eines Projektes entscheidend zu verbessern. Wenn Sie mit Hilfe dieses Buches an der einen oder anderen Stelle im Projekt die Arbeit Ihres Teams erleichtern können, hat sich die Lektüre vermutlich schon gelohnt.

Vorausgesetzte Kenntnisse

Ich wende mich mit diesem Buch an Praktiker aus der Softwareentwicklung und setze daher eine Reihe von Kenntnissen voraus. Die Beispiele im Buch sind fast durchgängig so ausgelegt, dass sie von einer Shell-Umgebung aus nachvollzogen werden können. Ich werde nicht näher auf die Einrichtung einer solchen Umgebung eingehen und gehe davon aus, dass der Umgang mit Shells Ihnen keine Probleme bereitet. Die drei eingesetzten Werkzeuge Subversion, Maven und Redmine müssen Sie hingegen nicht kennen. Zwar ersetzt dieses Buch keine Benutzerdokumentation, doch die grundlegenden Konzepte und die zur Umsetzung eines KM-Prozesses notwendigen Funktionen werde ich im Verlauf des Buches beschreiben. Auf die Abgrenzung zur frei verfügbaren Dokumentation für die Werkzeuge werde ich später noch eingehen.

Für das Verständnis der theoretischen Einführung, des Subversion- und des Redmine-Kapitels setze ich keine Kenntnisse in bestimmten Programmiersprachen oder Entwicklungsumgebungen voraus. Zwar tauchen an einigen Stellen Java-Quellcodedateien auf, diese dienen jedoch lediglich als Platzhalter und können problemlos durch C#, Ruby oder Ihre persönliche Lieblingssprache ersetzt werden.

Vorkenntnisse für die Einführung und die Subversion- bzw. Redmine-Kapitel

Im Gegensatz zu Subversion und Redmine wird Maven hauptsächlich in Java-Projekten verwendet. Daher habe ich alle Beispiele im entsprechenden Kapitel auf diese Programmiersprache ausgelegt. Ich gehe in diesem Teil des Buches davon aus, dass Sie mit der Java-Entwicklung im Prinzip vertraut sind. Dies betrifft weniger die Kenntnis der Sprache selbst, denn es gibt im genannten Kapitel nur sehr wenige Beispiele, in denen wirklich Java-Quellcode zu sehen ist. Wichtiger ist, dass Sie mit den grundlegenden Techniken bei der Erstellung eines Java-Programmes vertraut sind, also beispielsweise mit dem Aufruf des Java-Compilers und der Generierung einer *jar*-Datei.

Vorkenntnisse für das Maven-Kapitel

1.2 Warum Subversion, Maven und Redmine?

Ein falsches oder falsch eingesetztes Werkzeug löst keine Probleme, sondern schafft neue. Die Fokussierung dieses Buches auf genau drei Werkzeuge ist daher durchaus eine Erläuterung wert, schließlich passen Subversion, Maven und Redmine keinesfalls für alle denkbaren Softwareentwicklungsprojekte.

Ziel und Anspruch des Buches ist es, wie schon erwähnt, ein Praxishandbuch für Entwicklungsteams zu sein. Ohne konkrete Beispiele und direkt umsetzbare Anleitungen ist dieses Ziel nach meiner Auffassung nicht zu erreichen. Eine Vorauswahl geeigneter Werkzeuge war unter diesem Gesichtspunkt unumgänglich. Die Entscheidung für Subversion, Maven und Redmine fiel dann leicht, da alle drei frei verfügbar und in der Entwicklergemeinde recht populär sind. Zudem sind die drei Tools jedes für sich und in der Kombination sehr leistungsfähig und flexibel.

Kommerzielle Produkte versuchen demgegenüber oft, einen vom Hersteller vorgegebenen Prozess umzusetzen, und versprechen dem Anwender dafür erhebliche Produktivitäts- und Qualitätsvorteile. Für viele kleine und mittlere Projekte sind diese Vorgaben jedoch oft überdimensioniert und in der Praxis schwierig umzusetzen. Hinzu kommt, dass die »großen« Konfigurationsmanagement-Produkte enorm teuer sind.

Freie Software

Allen drei Tools gemeinsam ist ihr Status als *freie Software*, d. h., es fallen für private und kommerzielle Nutzung keinerlei Lizenzkosten an[1]. Obwohl freie Software seit Jahren im großen Stil professionell eingesetzt wird, hält sich das hartnäckige Gerücht, dass kommerzielle Software leistungsfähiger, stabiler und sicherer sei als die frei verfügbaren Alternativen. Dieses Vorurteil ist meiner Meinung nach eben ein solches, d. h. durch Fakten und Erfahrungen nicht zu belegen. Dies gilt für freie Software ganz allgemein und im Speziellen für Subversion, Maven und Redmine als Konfigurationsmanagement-Tools. Auch das oft genannte Argument des fehlenden professionellen Herstellersupports für freie Software ist erfahrungsgemäß nicht praxisrelevant. Bei wirklich dringenden Problemen findet man für kommerzielle und freie Werkzeuge am schnellsten und zuverlässigsten im Internet Unterstützung. Jeder, der schon einmal probiert hat, abends oder am Wochenende den Support eines Herstellers zu erreichen, wird mir hier sicherlich zustimmen.

Kommerzielle Konfigurationsmanagement-Werkzeuge

Natürlich gibt es Situationen, in denen kommerzielle Konfigurationsmanagement-Produkte besser geeignet sind als die in diesem Buch verwendeten freien Werkzeuge. Beispielsweise bieten die großen KM-Werkzeuge einen Grad an Integration, dem drei separate Open-Source-Werkzeuge nichts entgegenzusetzen haben. Voraussetzung für den Einsatz eines kommerziellen Werkzeuges ist allerdings, dass die Philosophie und der im Produkt verdrahtete KM-Prozess zum Projekt passen.

Es bleibt hinzuzufügen, dass ich bisher sehr selten Situationen erlebt habe, in denen ein kommerzielles Werkzeug den freien Tools wirklich überlegen war. Meist hat die hohe Flexibilität der Open-Source-Software die Vorteile einer voll integrierten Lösung mehr als aufgewogen.

Verwendete Versionen

Die Beispiele im Buch basieren auf den folgenden Versionen von Subversion, Maven und Redmine:

- Subversion 1.7.8
- Maven 3.0.4
- Redmine 2.2.1

---

1. Tatsächlich gehen die Lizenzbedingungen der drei Tools sogar noch darüber hinaus, da sie zusätzlich die Veränderung der Quelltexte freistellen. Für Subversion und Maven gelten die Apache License Version 2.0 (siehe *http://www.apache.org/licenses*). Redmine wird unter der GPL (siehe *http://www.gnu.org/licenses/old-licenses/gpl-2.0.html*) veröffentlicht.

1.3 Abgrenzung und Begriffserläuterungen

Konfigurationsmanagement ist ein weites Feld und keinesfalls ausschließlich auf das Gebiet der Softwareentwicklung begrenzt. Die ersten KM-Verfahren wurden schon in den 60er-Jahren im militärischen Bereich entwickelt. Auch heutzutage spielen KM-Prozesse bei der Entwicklung von Hardware noch eine große Rolle. Im Automobilbau werden z. B. erhebliche Anstrengungen unternommen, die hohe Variantenvielfalt durch Produktdatenmanagement-Prozesse im Griff zu behalten. Im Kern verwenden diese Verfahren klassische Konfigurationsmanagement-Techniken.

Für uns als Softwarearchitekten und -entwickler sind diese Ausprägungen des Konfigurationsmanagements jedoch nicht interessant, auf sie wird im Buch daher auch nicht eingegangen. Wenn im Folgenden von Konfigurationsmanagement (oder kurz KM) gesprochen wird, meine ich immer implizit *Software-Konfigurationsmanagement*. In der englischen Literatur wird hierfür der Begriff *Software Configuration Management* oder kurz *SCM* verwendet.

Software-Konfigurationsmanagement

Wie wir in Kapitel 2 sehen werden, ist die Verwaltung von Dateien oder, allgemeiner gesprochen, von Konfigurationselementen in einem Repository eine der wichtigsten Aufgaben des Konfigurationsmanagements. Vielleicht werden aus diesem Grund die Begriffe *Versionskontrolle* und *Konfigurationsmanagement* oft synonym verwendet. Dies ist jedoch nicht korrekt. Versionskontrolle (manchmal auch *Versionsverwaltung* genannt) ist »nur« ein Teilbereich des Konfigurationsmanagements.

KM und Versionskontrolle

Weiterhin ist wichtig zu wissen, was in diesem Buch unter einem *Konfigurationsmanagement-Prozess* verstanden wird. Die unterschiedlichen Auffassungen von KM weisen eine große Bandbreite auf. Sehr formale Ansätze, die auf die Einführung eines unternehmensweiten KM-Prozesses abzielen, stehen pragmatischeren gegenüber. Umfassende KM-Prozesse setzen eigene Organisationseinheiten voraus und definieren diverse, KM-spezifische Rollen. Die Umsetzung zieht sich über einen langen Zeitraum, meist Jahre, hin und wird unter strategischen, unternehmenspolitischen Gesichtspunkten vorangetrieben. Wer Anregungen und Unterstützung für ein solches Vorhaben sucht, sollte einen Blick in die in Abschnitt 2.1.3 vorgestellten Standards werfen und z. B. in dem sehr guten Buch von Alexis Leon [Leon05] weiterlesen.

Konfigurationsmanagement-Prozess

Für ein Praxishandbuch ist diese Herangehensweise nicht geeignet, auch wenn sie prinzipiell ihre Berechtigung hat. Daher wird im weiteren Verlauf des Buches ein leichtgewichtiger Ansatz präsentiert, der schnell und effizient in einem Softwareentwicklungsprojekt umgesetzt

Leichtgewichtiger KM-Prozess

werden kann. Der Konfigurationsmanagement-Prozess ist dabei immer auf ein konkretes Projekt bezogen. Er regelt, welche Werkzeuge wie von wem im Projekt eingesetzt werden. In einem unternehmensweiten Prozess wäre dieser Ansatz nur als untergeordneter Teilprozess geeignet. Die übergreifenden, strategischen und organisatorischen Gesichtspunkte werde ich nicht im Detail betrachten.

Abgrenzung zu der Dokumentation der Werkzeuge

Da der Fokus auf der Umsetzung eines pragmatischen KM-Prozesses mit Subversion, Maven und Redmine liegt, kann und soll dieses Buch kein Ersatz für die frei verfügbaren Benutzerhandbücher und spezialisierte Fachliteratur sein. Natürlich lernen Sie in den Praxiskapiteln den Umgang mit den drei Werkzeugen. Was Sie jedoch nicht finden werden, sind lange Listen mit Funktionsreferenzen. Ich werde stattdessen im Praxisteil mehrfach auf die frei verfügbare Online-Dokumentation von Subversion, Maven und Redmine verweisen.

1.4 Aufbau des Buches

Ich habe dieses Buch bewusst nicht als lose Sammlung einzelner Tipps und Tricks geschrieben. Konfigurationsmanagement ist ein Prozess und besteht aus miteinander verwobenen Teilbereichen. Dieser Ansatz findet sich auch im Aufbau des Buches wieder. Zur Umsetzung einer leistungsfähigen Projektautomatisierung muss beispielsweise die Projektstruktur von vornherein »richtig« aufgebaut werden. Dementsprechend machen wir uns über diesen Punkt Gedanken, bevor es an die Erstellung von Build-Skripten geht. Ich empfehle daher, die einzelnen Kapitel der Reihe nach zu lesen.

Theoretische Grundlagen

Das Buch besteht aus einem theoretischen (Kapitel 2) und aus einem praktischen Teil (Kapitel 3 bis 6). In Kapitel 2 werden die Grundlagen des Konfigurationsmanagements und die im Praxisteil verwendeten Begriffe ausführlich erläutert.

Praktische Umsetzung

Der praktische Teil besteht aus ingesamt vier Kapiteln. In Kapitel 3 stelle ich die verwendeten Werkzeuge Subversion, Maven und Redmine kurz vor. Die Kapitel 4, 5 und 6 beschreiben die praktische Umsetzung jeweils eines Teils des KM-Prozesses.

1.5 Beispielprojekt e2etrace

Ein Buch wie dieses lebt von Beispielen. Will man als Autor sicherstellen, dass die Beispiele der Leserschaft plausibel erscheinen, sollte man tunlichst alles, was man beschreibt, auch selbst ausprobieren. Da ich persönlich nur sehr ungern nutzlosen Code im Allgemeinen und Einkaufswagen-Beispiele im Besonderen schreibe, basieren alle Beispiele im Buch auf dem Projekt *e2etrace*. Dieses Beispielprojekt, der Name steht übrigens für *End-to-End Tracing*, realisiert eine Java-Bibliothek mit Tracing-Funktionen. Im Gegensatz zu vielen anderen Bibliotheken, welche die Trace-Aufrufe lediglich in eine oder mehrere Logdateien schreiben, liegt der Schwerpunkt von *e2etrace* auf der Verfolgung einzelner Serviceaufrufe in einer verteilten Applikation. Die Idee ist, dass man nach der Ausführung eines Service den Trace als Teil des Ergebnisses erhält. Gerade wenn ein Service von mehreren, verteilten Komponenten implementiert wird, ist dies ein entscheidender Vorteil. Denn andernfalls müsste man sich die einzelnen Trace-Schritte aus den diversen Logdateien auf mehreren Plattformen mühsam zusammensuchen. Erfahrungsgemäß klappt dies schon bei geringer Last auf dem System nur noch mit erheblichem Aufwand.

Wenn Sie Interesse an *e2etrace* haben, finden Sie den Quellcode und die Dokumentation unter *http://www.e2etrace.org*. Für das Verständnis des Buches spielt die Funktionalität des Beispielprojektes keinerlei Rolle.

1.6 Konventionen

Ich verwende im Buch hauptsächlich deutsche Fachwörter. Wenn keine allgemein akzeptierte deutsche Übersetzung existiert oder der Bezug zur Dokumentation der Werkzeuge durch die Übersetzung erschwert wird, habe ich es bei den englischen Begriffen belassen. Sollte meiner Ansicht nach eine passende deutsche Übersetzung existieren, gebe ich diese bei der erstmaligen Verwendung eines englischen Begriffes in Klammern an.

Deutsche und englische Fachwörter

Im Text verwende ich die *kursive Schriftlage* ganz allgemein als Hervorhebung. Ausschnitte bzw. Verweise auf Quelltext- und Shell-Beispiele werden im Fließtext durch die Schriftart `Letter Gothic` gekennzeichnet.

Typografie

Gerade in den Praxiskapiteln finden Sie umfangreiche Quelltext-Beispiele in Form von durchnummerierten Listings:

Quelltext-Beispiele

```
<!--Quelltext-Beispiel -->
<beispiel>
</beispiel>
```

Listing 1–1
Ein Quelltext-Beispiel

Auch die Aufrufe der verwendeten Werkzeuge und deren Rückgaben beschreibe ich mit Hilfe von Beispielen. Shell-Beispiele folgen immer dem folgenden Muster:

Shell-Beispiele

```
> <Kommando>
Rückgabe
```

Der eigentliche Aufruf auf Shell-Ebene ist fett gedruckt, die Rückgabe hingegen normal. Wenn der Aufruf im Buch nicht in eine Zeile passt, breche ich ihn mit Hilfe des Zeichens \ um:

```
> <Kommando erste Zeile \
    zweite Zeile           \
    dritte Zeile>
Rückgabe
```

Ich habe alle Beispiele unter einer Windows-Shell entworfen. Im Text tauchen daher an einigen Stellen typische Windows-Pfade wie beispielsweise D:\Projekte auf. Da alle verwendeten Werkzeuge plattformunabhängig sind, sollten die Beispiele auch unter Linux funktionieren. Sie müssen in diesem Fall die Pfade entsprechend abändern.

Umgebungsvariablen In einigen Abbildungen und auch an manchen Stellen im Fließtext verweise ich auf Umgebungsvariablen der Shell. Als Namensschema verwende ich in diesem Fall %Variable%.

1.7 Webseite zum Buch

Alle Beispiele aus dem Buch sowie die Literaturliste mit direkt »anklickbaren« Links finden Sie auf der Webseite zum Buch unter *http://www.km-buch.de*.

1.8 Danksagung

Ein Buch zu schreiben ist das genaue Gegenteil von meiner gewohnten Arbeitsweise, dem Teamwork. Als Autor sitzt man bisweilen sehr alleine vor dem digitalen Stück Papier. Daher ist jede Form der Unterstützung ungemein wertvoll. Mein Dank gilt allen Lesern der bisherigen Auflagen, die mir mit ihren Kommentaren wertvolle Hinweise für die vierte Auflage gegeben haben. Besonders danken möchte ich auch meinem Lektor René Schönfeldt vom dpunkt.verlag für die mittlerweile schon jahrelange gute Zusammenarbeit.

Gunther Popp
München, im April 2013

2 Einführung in das Konfigurationsmanagement

»Die Theorie träumt, die Praxis belehrt.«
(Karl von Holtei, deutscher Schriftsteller, 1798–1880)

Dieses Kapitel vermittelt Ihnen die Grundlagen des in diesem Buch vorgestellten Konfigurationsmanagement-Prozesses. Ich habe diese rein theoretische Einführung bewusst an den Anfang gestellt, trotz des Risikos, auf den einen oder anderen Leser eventuell abschreckend zu wirken. Meiner Erfahrung nach werden an sich einfache Sachverhalte durch die technischen Eigenheiten und Einschränkungen eines Werkzeuges oft unnötig verkompliziert. Hat man hingegen die Grundidee erst einmal verstanden, fällt es viel leichter, die konkrete Umsetzung nachzuvollziehen. Daher spielen die drei Werkzeuge Subversion, Maven und Redmine in diesem Kapitel zunächst keine Rolle. Was allerdings nicht bedeutet, dass ich vorhabe, Sie auf den folgenden Seiten mit praxisferner Träumerei zu langweilen. Das obige Zitat gibt ziemlich genau meine Erfahrungen mit »abgehobenen« theoretischen Erläuterungen wieder und diente mir insbesondere im Einführungskapitel als Leitlinie.

Um den Einstieg zu erleichtern, habe ich die Einführung zudem in zwei Abschnitte unterteilt. Die meiner Ansicht nach für Softwarearchitekten und -entwickler wichtigsten Bausteine des *Kernprozesses* beschreibe ich nach einer allgemeinen Begriffsbestimmung in Abschnitt 2.2. Ich empfehle, diesen Teil der Einführung in jedem Fall zu lesen. Wer noch einen Schritt weiter gehen will, findet in Abschnitt 2.3 einige Anregungen zum Ausbau des Prozesses.

2.1 Was ist Konfigurationsmanagement?

Jedes Softwareentwicklungsprojekt, unabhängig davon, ob es nach einem umfangreichen Wasserfall-Vorgehensmodell oder einer der schlanken, agilen Methoden durchgeführt wird, lebt unterm Strich von den erstellten Ergebnissen. Konfigurationsmanagement ist letztlich nichts anderes als der Versuch, diese Ergebnisse auch in der allgemeinen Hektik des Projektalltags sicher zu verwalten und den Teammitgliedern jederzeit kontrollierten Zugriff darauf zu gewähren. Ein KM-Prozess bildet das Fundament, auf dem ein Team erfolgreich und effizient zusammenarbeiten kann.

Verzichtet man auf dieses Fundament, führt dies zu Qualitätsproblemen, reduzierter Produktivität und unter Umständen zu einem Verlust der Kontrolle über das Projekt. Die genannten Schwierigkeiten entstehen, weil wir als Individuen nur schlecht auf die Zusammenarbeit im Team vorbereitet sind[1]. Um diesen Mangel zu kompensieren, benötigen wir Richtlinien und Vorschriften. Sie schränken unsere individuelle Freiheit im Projektalltag ein und stellen dadurch sicher, dass unsere Arbeitsergebnisse nicht mit denen anderer Teammitglieder kollidieren.

2.1.1 Ziele des Konfigurationsmanagements

Softwareprojekte basieren auf mehreren Regelwerken, angefangen beim eingesetzten Vorgehensmodell bis hin zum Projektplan mit den Aufgaben pro Teammitglied. Konfigurationsmanagement ist eine weitere Sammlung von Richtlinien. Diese beschreiben einen *Prozess,* der die Zusammenarbeit im Team regelt und optimiert. Der in diesem Buch beschriebene KM-Prozess verfolgt vier Ziele (siehe Abb. 2–1). Er hilft, Änderungen an den einzelnen Elementen eines Projektes unter Kontrolle zu behalten und die Qualität des erstellten Produktes zu gewährleisten. Ferner steigert er die Produktivität im Team und unterstützt über eine größere Transparenz das Management des Projektes.

Änderungen kontrollieren

Änderungen geraten außer Kontrolle, wenn die Kommunikation im Team nicht mehr funktioniert. Solange sich jeder vor Durchführung einer Änderung mit den anderen Beteiligten abstimmt, sind keine größeren Schwierigkeiten zu erwarten. Diese permanente Abstimmung funktioniert jedoch nur in sehr kleinen Teams mit maximal zwei bis drei Personen – und selbst dann meiner Erfahrung nach nur, wenn alle

---

1. Ein aufmerksamer Leser hat hierzu einmal angemerkt, dass wir von Natur aus »Herdentiere« sind, die früher nur im Team überleben konnten. Trotzdem funktionieren viele Teams zunächst schlecht, wir stehen also vor einem Widerspruch. Eine nicht ganz ernst zu nehmende Erklärung wäre, dass Softwareprojekte nicht primär dem eigenen Überleben dienen. Auch wenn das Management dies gerne genau so darstellt ...

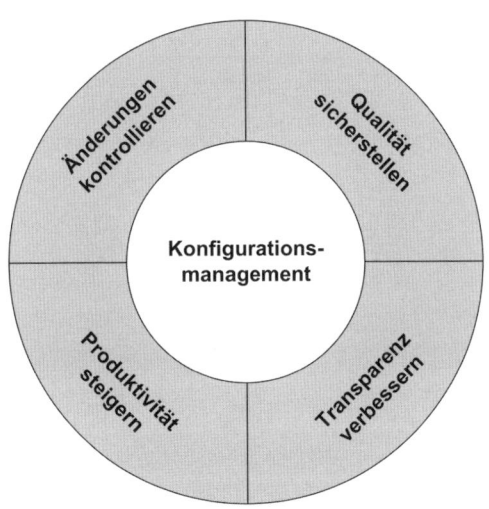

Abb. 2–1
Ziele des Konfigurationsmanagements

im selben Raum arbeiten. Es ist leicht nachvollziehbar, dass der Kommunikationsaufwand in einem Projekt steigt, je mehr Personen daran beteiligt sind. Unter der Annahme, dass jeder irgendwann mit jedem redet, wächst der Aufwand für Abstimmungen deutlich überproportional mit jedem neuen Teammitglied an (siehe Abb. 2–2). Die Folge ist, dass schon in Teams ab ca. vier Personen dringend notwendige Abstimmungen nicht oder nur noch unvollständig stattfinden können.

Ein KM-Prozess verhindert diese Situation durch Vereinfachung der teaminternen Kommunikation. So wird beispielsweise Quelltext in einem zentralen *Repository* verwaltet, das über alle Änderungen Buch führt. Zusätzlich können die Änderungen mit kurzen Kommentaren versehen werden, die oft schon ausreichend sind, um direkte Rückfragen im Team zu vermeiden.

Vereinfachung der Kommunikation

Das Repository wird ergänzt durch ein *Collaboration-Werkzeug*. Dieses umfasst typischerweise Module zum Änderungs- und Fehlermanagement und zur projektinternen Kommunikation (z. B. über ein Wiki). Gerade in größeren Teams helfen derartige Tools enorm, den Überblick zu behalten. Alle Aufgaben im Team werden darüber zentral erfasst und an die einzelnen Bearbeiter verteilt. Es ist also jederzeit klar, wer was macht. Und dies ohne zeitraubende und oft nutzlose Statusmeetings.

Neben der Vereinfachung der Kommunikation wird durch einen KM-Prozess sichergestellt, dass nur die »richtigen« Änderungen vorgenommen werden. Dies kann bedeuten, dass in bestimmten Projektphasen nur noch Bugfixes, aber keine funktionalen Erweiterungen zugelassen sind. Es finden also eine Auswahl und Priorisierung der durchzuführenden Änderungen statt.

Abb. 2–2
Abstimmungsaufwand steigt überproportional (nach [Leon05]).

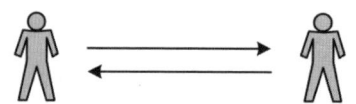
2 Personen im Team, 2 Kommunikationswege

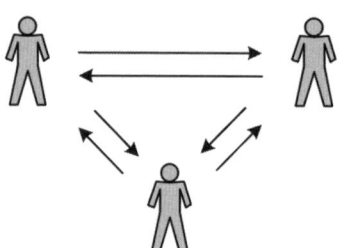
3 Personen im Team, 6 Kommunikationswege

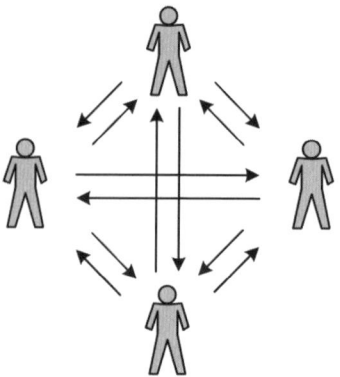
4 Personen im Team, 12 Kommunikationswege

Etablierung einer Meritokratie

Ein weiteres Beispiel ist die Absicherung von Änderungen über die Etablierung einer *Meritokratie* im Projekt. In einer Meritokratie erhält jeder Einzelne umso mehr Einfluss und Rechte, je mehr er zum Ergebnis beiträgt. Bezogen auf die Softwareentwicklung bedeutet dies, dass ein erfahrener Entwickler in einem Projekt volle Schreibrechte auf alle Module bekommt, während ein Neueinsteiger zunächst nur einzelne, eher unkritische Quelltexte bearbeiten darf. In der Open-Source-Entwicklung sind meritokratisch organisierte Projekte weit verbreitet. Populäre Beispiele hierfür sind die Projekte der Apache Software Foundation [URL: ASFMeritokratie] und die Eclipse-Plattform. Technische Grundlage für die Umsetzung einer Meritokratie ist ein Repository als Teil des KM-Prozesses, mit dem die Rechte für einzelne Benutzer(-gruppen) unterschiedlich vergeben werden können. Wichtig ist zudem ein Collaboration-Werkzeug zur Verwaltung der anfallenden Aufgaben im Projekt. Auf diese Weise kann sich – ohne zentrale Steuerung – jeder interessierte Entwickler einer der offenen Aufgaben annehmen und so Schritt für Schritt mehr Bedeutung im Projekt gewinnen.

Nicht zuletzt muss der KM-Prozess garantieren, dass *alle* am Produkt durchgeführten Änderungen auch in Zukunft nachvollzogen werden können. Insbesondere dürfen Änderungen auch unter sozusagen widrigen Umständen nicht verloren gehen. Dies betrifft beispielsweise parallele Änderungen am selben Element durch mehrere Bearbeiter. Ohne Kontrollmechanismen ist nicht vorhersagbar, in welchem Zustand das Element nach den Änderungen wirklich vorliegt. Ändern zwei Entwickler gleichzeitig dieselbe Quelltextdatei, ist unklar, welche Version erhalten bleibt und welche nicht. Abhängig von der Projektumgebung könnte dies z. B. nur die zuletzt gespeicherte Variante sein. In diesem Fall ginge die Arbeit desjenigen Entwicklers verloren, der zufällig als Erster auf *Speichern* geklickt hat. Diese Situation wird durch das Repository verhindert. Es erkennt parallele Änderungen und stellt sicher, dass keine Daten verloren gehen.

Nachvollziehbarkeit der Änderungen

Qualität sicherstellen

Konfigurationsmanagement hilft uns, durch *Fehlervermeidung*, *Änderungsmanagement* und die *Projektautomatisierung* die Softwarequalität zu verbessern und das einmal erreichte Qualitätsniveau dauerhaft zu halten.

Die Fehlervermeidung umfasst rein präventive Maßnahmen. Durch eine Optimierung des Entwicklungsprozesses im Rahmen des Konfigurationsmanagements können rein prozessbedingte Fehler, die z. B. durch eine falsch konfigurierte Testumgebung verursacht werden, reduziert werden. Eine weitere Möglichkeit ist der Einsatz von Werkzeugen zur statischen Quelltextanalyse. Diese erzeugen Metriken, die Hinweise auf besonders fehlerträchtige Module liefern können (mehr dazu in Abschnitt 2.3.2).

Fehlervermeidung

Die Durchführung automatisierter Modultests ist sicherlich eine der wirksamsten Maßnahmen zur Fehlervermeidung. Nur um Missverständnissen vorzubeugen: Die Erstellung der Modultests ist eine Kunst für sich[2] und keinesfalls Teil eines Konfigurationsmanagement-Prozesses. Das Konfigurationsmanagement sorgt lediglich dafür, dass die vorhandenen Tests regelmäßig ausgeführt und die Testergebnisse automatisch ausgewertet werden.

Durchführung von Modultests

---

2. Zum Thema Unit-Tests und testgetriebene Entwicklung gibt es sehr gute Literatur, z. B. [Beck02]. Speziell für die Programmiersprache Java ist auch [Link05] zu empfehlen.

Änderungsmanagement Trotz aller Sorgfalt lassen sich Fehler und nachträgliche Änderungen in der erstellten Software nicht vermeiden. Das Änderungsmanagement hat daher die Aufgabe, bekannte Fehler und Änderungsanforderungen zu dokumentieren, zu bewerten und zu priorisieren. Ohne ein funktionierendes Änderungsmanagement hat man keinen Überblick, wie der aktuelle Status des Projektes ist. Zudem entfällt in diesem Fall die Filterfunktion des Änderungsmanagements, d. h., jede Änderungsanforderung schlägt schlimmstenfalls direkt zum Entwicklungsteam durch. Erfahrungsgemäß sind viele Änderungsanforderungen und Fehlermeldungen unvollständig bzw. schon bekannt. Ein KM-Prozess schützt ein Team von Entwicklern vor der unnötigen Mehrbelastung, sich mit den Erstellern ungültiger Tickets selbst auseinanderzusetzen.

Projektautomatisierung Ein weiterer Aspekt der dauerhaften Qualitätssicherung ist die Möglichkeit, das Softwareprodukt jederzeit zuverlässig und wiederholbar neu zu erstellen. Voraussetzung hierfür ist eine leistungsfähige Projektautomatisierung als Teil des KM-Prozesses. Beispielsweise stellen Build-Skripte sicher, dass das Produkt immer auf dieselbe Weise aus den Quelltexten neu kompiliert und zur Auslieferung vorbereitet wird.

Produktivität steigern

Eine höhere Produktivität erreicht man am einfachsten, indem die Teammitglieder sich wirklich auf ihre jeweiligen Aufgaben konzentrieren können. Alle anderen Tätigkeiten müssen demzufolge so weit wie möglich reduziert werden.

Je nach Rolle in einem Projekt unterstützt ein KM-Prozess dieses Vorhaben auf unterschiedliche Weise. So kann Analysten z. B. einfach dadurch geholfen werden, dass zusammengehörige Anforderungsdokumente schon am Dateinamen zu erkennen sind. Dies erspart das wiederholte, zeitintensive Durchstöbern der Projektstruktur.

Entwickler profitieren insbesondere von den zur Umsetzung des KM-Prozesses verwendeten Werkzeugen, wie beispielsweise dem Repository zur Versionsverwaltung. Dieses erlaubt den schnellen Vergleich zweier Versionen einer Datei und verhindert dadurch zeitraubende Rückfragen im Team.

Transparenz verbessern

Insbesondere das Management leidet oft unter der Tatsache, dass Software ein »unsichtbares Produkt« ist. De facto liegt in vielen Projekten die Wahrheit über ein System ausschließlich im Code – und den kennen meist nur die Entwickler. Vielen Projektleitern ist daher nicht klar, wo sie wirklich stehen, da sie nur sehr vage Aussagen von den Entwicklern erhalten (»Bin beinahe fertig«).

Dieser Zustand ist eigentlich nicht zu akzeptieren, denn ohne effektive Kontrolle geht es auch in der Softwareentwicklung nicht. Das Konfigurationsmanagement kann hier zumindest einen Teil der notwendigen Transparenz herstellen. Eine wichtige Rolle spielt hier insbesondere das Werkzeug für das Änderungsmanagement. Mit Hilfe von Berichten kann sich die Projektleitung jederzeit über die noch offenen, aktuell bearbeiteten und bereits abgeschlossenen Änderungsanforderungen bzw. Fehler informieren.

Eine weitere Hilfestellung zur Verbesserung der Transparenz sind sogenannte Projekt-Homepages. Diese erlauben beispielsweise den Einblick in die automatisch ermittelten Metriken und Ergebnisse der Testläufe.

Projekt-Homepages

2.1.2 Argumente für den Einsatz im Projekt

Nachdem geklärt ist, was unter dem Begriff Konfigurationsmanagement zu verstehen ist, stellt sich die Frage, wer Konfigurationsmanagement warum einsetzen sollte. Die Antwort könnte nach der Lektüre der obigen Abschnitte lauten: jeder, der mit mindestens einer weiteren Person im Team zusammenarbeitet. In der Praxis kommt man mit dieser zwar simplen, aber durchaus korrekten Argumentation allerdings nicht weit. Denn leider fristet das Thema Konfigurationsmanagement in vielen Softwareentwicklungsprojekten ein ausgesprochenes Schattendasein.

Bei genauer Betrachtung geht es um die Frage, wie bedeutend ein KM-Prozess für den Projekterfolg ist. Nach meiner Erfahrung herrscht oft die Meinung vor, dass die kontrollierte Durchführung von Änderungen, automatisierte Skripte und Fehlermanagement letztlich Details sind, die, wie viele andere Aufgaben auch, quasi nebenher erledigt werden. In nahezu allen Plänen, mit denen ich als Architekt bisher bei Start eines Projekts konfrontiert wurde, tauchten diese Punkte nicht oder nur in minimalem Umfang auf. Projektstrukturen und Build-Skripte entstehen aber nicht »einfach so«, es ist durchaus angebracht, hierfür etwas Zeit und Geld einzufordern. Will man Konfigurations-

Der Kampf um Zeit und Geld

management in einem Projekt einsetzen, ist also in der Regel Überzeugungsarbeit zu leisten.

Vorteile des Konfigurationsmanagements

In dieser Situation sprechen die oben beschriebenen Ziele des Konfigurationsmanagements zunächst für sich. Niemand wird die Notwendigkeit eines Repositorys als Grundlage für die Arbeit eines Projektteams wirklich in Frage stellen, wenn er mit den potenziellen negativen Auswirkungen im Falle eines Verzichts darauf konfrontiert wird. Wichtig ist es, in diesem Fall darauf hinzuweisen, dass es keinesfalls nur auf die Auswahl eines geeigneten Werkzeuges ankommt. Das Tool bildet nur die Grundlage für einen Teil des KM-Prozesses. Zusätzlich sind Richtlinien für den Umgang mit dem Repository im Projekt notwendig. Wie wir später noch sehen werden, ist es beispielsweise sinnvoll, in manchen Bereichen eines Repositorys nur lesende Zugriffe zu erlauben.

Die Steigerung der Produktivität sollte der Leitung eines Projektes selbst am Herzen liegen, daher ist dieser Aspekt eines KM-Prozesses meist relativ einfach zu vermitteln. Auch dass hierfür Maßnahmen wie automatisierte Skripte notwendig sind, ist einsichtig.

Frühe Etablierung des Änderungsmanagements

Problematischer sind meiner Erfahrung nach oft die Teilbereiche des KM-Prozesses, die auf die Verbesserung der Qualität und der Transparenz abzielen. Fehlervermeidung und Änderungsmanagement scheinen beim Start eines Projekts noch sehr weit entfernt zu sein. Schließlich will man sich nicht schon über Änderungsanforderungen Gedanken machen, bevor die erste Zeile eines Use Cases geschrieben worden ist. Tatsächlich sollten allerdings sowohl die Fehlervermeidung als auch das Änderungsmanagement so früh wie möglich im Projekt etabliert werden. Setzt man beispielsweise automatisiert ermittelte Metriken zur Fehlervermeidung ein, müssen die Ergebnisse unbedingt von der ersten Quelltextzeile an im Team verteilt werden. Lässt man Metriken auf ein quasi fertiges Produkt los, erntet man unter Garantie Hunderte von Fehlermeldungen. Die Aufregung und der Ärger im Projekt sind dann groß, und eine inhaltliche Diskussion der Messergebnisse wird entsprechend schwierig. Beim Änderungsmanagement spricht eher der direkte Nutzen im Projektalltag für eine frühe Einführung. Neben Fehlern und Änderungsanforderungen können, wie bereits erwähnt, auch die Aufgabenpakete für das Entwicklerteam prima in den entsprechenden Werkzeugen verwaltet werden.

> **Zahlen, Zahlen, Zahlen ...**
>
> Oft kann man Argument an Argument reihen, so richtig kommt das alles erst an, wenn konkrete Zahlen genannt werden. So verhält es sich auch beim Thema Softwarefehler. Dankenswerterweise haben Barry Boehm und Victor Basili in [Boehm01] eine Top-10-Liste der wichtigsten Aussagen und Metriken zum Thema Softwarefehler veröffentlicht. Unter anderem stellen die Autoren Folgendes fest:
> - Softwarefehler, die erst spät im Lebenszyklus einer Software – also z. B. nach der Auslieferung – gefunden werden, verursachen bis zu 100-mal mehr Kosten als solche, die frühzeitig entdeckt werden. Dies spricht für den konsequenten Einsatz von Techniken zur Fehlervermeidung, insbesondere auch in den frühen Phasen eines Projektes.
> - 40 bis 50 Prozent des Gesamtaufwandes eines Softwareprojekts entstehen durch eigentlich vermeidbare Nacharbeit. Eine deutliche Reduktion dieses Aufwandes kann vor allem durch Verbesserungen in den Bereichen Entwicklungsprozess, Softwarearchitektur und Risikomanagement erreicht werden.
> - 80 % der vermeidbaren Nacharbeit werden von nur 20 % der Fehler verursacht. Fehlermanagement kann helfen, die kritischen Bereiche einer Anwendung zu identifizieren. Diese können dann einem Refactoring unterzogen werden.
> - 80 % der Fehler treten in nur 20 % der Module oder Komponenten auf. Über die Hälfte aller Module und Komponenten ist fehlerfrei. Dieser Tatsache sollte man z. B. durch automatisierte Codeanalysen Rechnung tragen. Diese Analysen geben schon früh im Lebenszyklus eines Projektes wertvolle Hinweise auf potenziell fehleranfällige Module.
> - 90 % aller Ausfälle eines Systems werden von nur 10 % der Fehler verursacht. Es ist offensichtlich, dass der komplette Stillstand eines produktiven Systems zu den schwerwiegendsten Fehlerszenarien gehört. Jeder einzelne frühzeitig identifizierte oder vermiedene Fehler aus diesen kritischen 10 % rechtfertigt schon für sich die Maßnahmen zur Fehlervermeidung in einem Projekt.

Die Herstellung einer gewissen Transparenz im Projekt mit Hilfe eines Collaboration-Werkzeuges und eventuell noch einer Projekt-Homepage ist in den letzten Jahren erfreulich einfach geworden. Viele Projektleiter haben mittlerweile Erfahrungen mit derartigen Werkzeugen gesammelt und die Vorzüge schätzen gelernt. Problematisch ist eventuell nur die Auswahl des richtigen Tools. Viele Hersteller buhlen um den Kuchen, und die oft hohen Lizenzkosten professioneller Tools erlauben den Einsatz ganzer Heerscharen von Vertriebsmitarbeitern. Lassen Sie sich davon nicht verunsichern. Entscheidend ist auch bei einem Collaboration-Werkzeug ausschließlich, ob es den – meist sehr überschaubaren – Anforderungen des Projektes genügt. Beziehen Sie daher unbedingt sowohl Open-Source-Werkzeuge als auch Produkte von spezialisierten Herstellern in die Auswahl mit ein.

Schrittweise Verbesserung der Transparenz

Konfigurations-management ist kein zusätzlicher Aufwand.

Zusammenfassend lässt sich feststellen, dass Konfigurationsmanagement letztendlich keinen zusätzlichen Aufwand für ein Projekt darstellt. Nahezu alle Tätigkeiten im Rahmen eines KM-Prozesses müssen früher oder später sowieso durchgeführt werden. Niemand kommt darum herum, die wesentlichen Elemente eines Softwareprojektes in einer passenden Struktur anzuordnen und diese in einem Repository zu verwalten. Ähnlich verhält es sich mit der Erstellung von Build-Skripten und der Verwaltung von Aufgaben, Änderungen und Fehlerberichten. Vielmehr spart man Zeit und Geld, wenn Diskussionen zu diesen Themen rechtzeitig und sorgfältig geführt werden.

2.1.3 Normen und Standards

Die Grundzüge des Konfigurationsmanagements wurden und werden von diversen nationalen und internationalen Organisationen in Standards festgehalten. Der erste Konfigurationsmanagement-Standard AFSCM-375-1 wurde bereits 1963 vom US-Militär entwickelt. Dieser Standard bezog sich ausschließlich auf die Entwicklung von Hardware. Erst 1971 wurde auch Software explizit in den – ebenfalls vom US-Militär initiierten – Standard MIL-STD-483 aufgenommen. Laut [Berczuk02] sind mittlerweile über 200 KM-Standards veröffentlicht worden.

Für uns sind Normen und Standards nur von eingeschränktem Wert. Es liegt in der Natur der Sache, dass sich Standards meist auf einem hohen Abstraktionsniveau bewegen, schließlich sollen möglichst viele Einsatzszenarien berücksichtigt werden. Hinzu kommt, dass Standards aus demselben Grund oft umständlich beschrieben und schwer verständlich sind.

Im Folgenden habe ich drei international anerkannte Standards zum Thema Konfigurationsmanagement aufgezählt, die trotz der genannten Einschränkungen für Sie interessant sein könnten. Dies trifft insbesondere dann zu, wenn Konfigurationsmanagement für Sie nicht nur im Rahmen eines konkreten Projektes relevant ist, sondern auch auf einer übergeordneten, strategischen Ebene. Beispielsweise ist ein etablierter KM-Prozess im Unternehmen Voraussetzung zur Erreichung des CMMI[3] Reifegrads 2. Zusätzlich zu den Standards sollten Sie in diesem Fall allerdings auch weiterführende Literatur zurate ziehen (z. B. [Berczuk02]).

---

3. Das *Capability Maturity Model for Development* [URL: CMMI] ist ein Referenzmodell für Entwicklungsprozesse. Zudem erlaubt es die Beurteilung des Reifegrades existierender Prozesse. Der höchstmögliche Reifegrad ist 5.

- *ISO 10007:2003* [ISO-10007-2003]
  Diese ISO-Norm zum Thema Konfigurationsmanagement ist nicht auf die Softwareerstellung beschränkt, sondern umfasst jegliche Produktentwicklung. Der Aspekt des Managements eines Entwicklungsprozesses wird in der Norm in den Vordergrund gestellt. KM hat demzufolge sicherzustellen, dass der Status und die Konfiguration des entwickelten Produktes jederzeit vollständig dokumentiert und einsehbar sind. Zudem muss durch das KM gewährleistet werden, dass die Anforderungen an das Produkt vollständig erfüllt werden. Die Norm bietet einen guten Überblick, was ganz allgemein unter Konfigurationsmanagement zu verstehen ist.
- *ISO 12207:1995* [ISO-12207-1995]
  Die ISO 12207 definiert einen sogenannten *Software-Lifecycle-Prozess*. Prozesse dieser Art beschreiben den Werdegang eines Softwareproduktes, vom Entwurf über die Umsetzung bis hin zur Wartung. Die Norm kann nicht direkt in einem Projekt umgesetzt werden, sie legt aber einen allgemein akzeptierten Rahmen für derartige Prozesse fest. Insgesamt beinhaltet dieser Rahmen fünf Hauptprozesse (z. B. Entwicklung und Betrieb), acht Hilfsprozesse und vier organisatorische Prozesse (z. B. Management und Training). Konfigurationsmanagement ist einer der acht Hilfsprozesse. Interessant an der Norm ist die Einbindung des Konfigurationsmanagements in den gesamten Lebenszyklus eines Produktes. Für konkrete Projekte ist es jedoch hilfreicher, wenn man beispielsweise ein Vorgehensmodell einsetzt, das die Vorgaben der Norm praxisgerecht umsetzt.
- *IEEE Std 828-2005* [IEEE-828-2005]
  In dieser IEEE-Norm werden der Aufbau und Inhalt eines *Konfigurationsmanagement-Plans* beschrieben. Im Gegensatz zu den bisher genannten Standards kann man hier direkte Anregungen für ein Projekt finden. Auf diesen Standard werde ich in Abschnitt 2.2.2 bei der Erläuterung des Konfigurationsmanagement-Handbuchs zurückkommen.

2.2 Aufgaben und Verfahren des Kernprozesses

2.2.1 Auswahl der Konfigurationselemente

Die Auswahl der Konfigurationselemente ist der erste Schritt zur Einführung eines KM-Prozesses in einem Projekt. Die IEEE definiert ein Konfigurationselement wie folgt: »*A software configuration item (SCI) is an aggregation of software designated for configuration mana-*

gement and is treated as a single entity in the SCM process« [URL: SWEBOK]. Dieser Satz ist ein schönes Beispiel dafür, dass ab einem gewissen Abstraktionsniveau jeder Inhalt verloren geht. Folgen wir der Definition, kann ein Konfigurationselement vom kompletten Subsystem bis hin zur einzelnen Datei alles umfassen.

Konfigurationselement als Klasse

Damit kommen wir nicht weiter, daher verwende ich im Folgenden den Begriff *Konfigurationselement* analog zum Konzept der *Klasse* in objektorientierten Sprachen. Das Element legt demnach Typ und Eigenschaften einer zusammengehörenden Gruppe von Artefakten in einem Projekt fest. So würde z. B. das Element *Quelltext* alle einzelnen Quelltextdateien umfassen. Wie wir später noch sehen werden, ist insbesondere das zu verwendende Namensschema eine wichtige Eigenschaft jedes Konfigurationselements. Für die einzelnen Dateien des Elementes *Quelltext* könnte man z. B. unterschiedliche Pre- oder Postfixes für Interfaces und Klassen definieren.

Produkt

Alle Instanzen der Konfigurationselemente zusammen ergeben das *Produkt*, das man im Zuge des Projektes erstellen will. Anders ausgedrückt sind alle Bestandteile eines Projektes, die nicht dem Produkt zugeordnet werden können, keine Konfigurationselemente. Beispiele hierfür sind z. B. Listen und Pläne, die nur als Hilfsmittel zur Durchführung des Projektes an sich dienen.

Durch den Auswahlprozess wird festgelegt, welche Dokumente, Dateien und sonstige Bestandteile eines Projekts unter das Konfigurationsmanagement fallen sollen und welche nicht. Gleichzeitig wird versucht, die ausgewählten Elemente sinnvoll zu strukturieren. Vermutlich wird man bei der erstmaligen Auswahl der Elemente zum Start eines Projektes nur einen ersten Wurf hinbekommen. Daher sollte die Auswahl nicht als eine einmalige Tätigkeit betrachtet werden. Vielmehr gilt es, bei jeder Einführung neuer Elemente in das laufende Projekt zu überprüfen, ob diese für das Konfigurationsmanagement relevant sind oder nicht.

Sorgfältige Auswahl der Elemente

Man kann die Wichtigkeit einer sorgfältigen Auswahl der Konfigurationselemente nicht überbetonen. Vergessen wir, wichtige Teile des Produktes mit ins Konfigurationsmanagement aufzunehmen, kann später eine vollständige Auslieferung desselben nicht garantiert werden. Ein beliebtes Beispiel hierfür sind Build-Skripte. Wird zwar der Quelltext als Konfigurationselement identifiziert, nicht aber die Build-Skripte, bekommt man früher oder später ein Problem. Dann nämlich, wenn eine ältere Version des Systems erstellt werden soll, das hierfür notwendige Skript aber nicht mehr verfügbar ist.

Auf der anderen Seite wollen wir auch nicht überflüssige oder redundante Informationen in den KM-Prozess aufnehmen. Zwar schaden zu viele Elemente nicht in dem Maße wie zu wenige, aber Redundanz erzeugt potenziell unnötigen Aufwand. Und genau den wollen wir mit einem KM-Prozess ja eigentlich vermeiden. Die Entscheidung, welche Elemente wirklich aus dem Konfigurationsmanagement ausgeschlossen werden sollen, ist jedoch schwierig.

Ein Beispiel für ein fragwürdiges KM-Element ist die (hoffentlich) generierte Quelltextdokumentation. Im Java-Umfeld verwendet man zu diesem Zweck üblicherweise das JavaDoc-Tool. Dieses erstellt aus den Kommentaren in den Quelltextdateien gut lesbare HTML- oder PDF-Dokumente. Nimmt man diese Dokumente in die Liste der Konfigurationselemente auf, wird eine unnötige Redundanz verursacht. Denn die aktuellste Version der Dokumentation kann jederzeit aus dem Quelltext neu erzeugt werden.

Der Preis ist allerdings eine geringere Verfügbarkeit, denn die Generierung kostet schließlich Zeit. In großen Projekten mit mehreren tausend Quelltextdateien kann die Generierung sogar so lange dauern, dass die fertige Dokumentation zwingend als Konfigurationselement ausgewählt werden muss. Eine Ad-hoc-Erzeugung durch jedes einzelne Teammitglied wäre in diesem Szenario nicht mehr praktikabel. Allerdings muss man sich in der Folge Gedanken machen, wie die Aktualität der Dokumentation sichergestellt werden kann. Theoretisch müsste der KM-Prozess dafür sorgen, dass nach jeder Änderung am Quelltext die Dokumentation neu erzeugt und dem Team zur Verfügung gestellt wird. In der Praxis ist dieses Vorhaben schwierig umzusetzen, schließlich wird in größeren Teams andauernd am Quelltext gearbeitet. Ein möglicher Mittelweg ist, die Dokumentation *näherungsweise* aktuell zu halten. Hierzu kann die Generierung z. B. im Rahmen eines automatisierten Integrations-Builds erfolgen.

Eindeutige Konfigurationselemente

Nicht alle Ergebnistypen in einem Projekt machen uns die Entscheidung für die Aufnahme in die Liste der Konfigurationselemente so schwer wie die Quelltextdokumentation im obigen Beispiel. Die folgende Liste gibt einen Überblick über Konfigurationselemente, die für die Entwicklung von Software eigentlich fast immer notwendig sind:

- Quelltext
- Anforderungsdokumente (z. B. Use Cases)
- Architektur- und Designdokumente
- Konfigurationsmanagement-Handbuch
- Schnittstellenverträge
- Testspezifikationen und Testdaten

- Build-Skripte
- Meta- und Konfigurationsdaten
- Benutzerdokumentation
- Installationsanleitung, Release-Notes etc.

Weitere Detaillierung der Elemente

Diese Aufzählung der eindeutigen Konfigurationselemente ist zugegebenermaßen recht grobgranular. Will man mehr ins Detail gehen, könnte z. B. das Element *Quelltext* weiter in *Komponente* und *Schnittstelle* unterteilt werden. Dadurch ist es später möglich, die Abhängigkeiten zwischen Komponenten über öffentliche Schnittstellen explizit im Konfigurationsmanagement abzubilden. Zusätzlich können unterschiedliche Regeln für Änderungen an Komponenten und deren öffentlichen Schnittstellen im Projekt etabliert werden.

Wie detailliert die Konfigurationselemente ausgewählt werden, ist aus meiner Sicht wesentlich vom verwendeten Vorgehensmodell und den Vorgaben der Softwarearchitektur abhängig. Existiert beispielsweise schon beim Start des Projektes eine Standardarchitektur, welche die grobe Struktur des Systems und die wichtigsten Komponententypen festlegt, wird man diese auch in der Liste der Konfigurationselemente abbilden. In diesem Fall wäre jeder Komponententyp ein eigenes Konfigurationselement. Ähnliches gilt für die laut Vorgehensmodell zu liefernden Ergebnisse. Schreibt das Vorgehensmodell z. B. die Erstellung von Use Cases und GUI-Prototypen vor, sollten auch entsprechende Konfigurationselemente festgelegt werden.

Mögliche Konfigurationselemente

Die folgenden Beispiele sind typische »Wackelkandidaten«, die erst nach einer sorgfältigen Abwägung als Konfigurationselemente festgelegt werden sollten:

- Werkzeuge, wie z. B. Entwicklungsumgebung, Compiler und Build-Tools
- Bibliotheken und Frameworks (speziell hierfür bietet übrigens das Tool *Maven* eine sehr elegante Unterstützung, die wir in Kapitel 5 näher kennenlernen werden)
- bestimmte generierte Artefakte

Gründe für den Ausschluss von Elementen

Gegen die obigen Kandidaten spricht entweder die physikalische Größe der Elemente oder die Einführung von Redundanz. Letzteres habe ich weiter oben schon am Beispiel der Quelltextdokumentation erläutert. Es bleibt uns noch, die Größe zu diskutieren. Und diese ist in der Tat ernst zu nehmen. Installationspakete gängiger Entwicklungsumgebungen erreichen locker mehrere 100 MB Umfang.

Werden Entwicklungswerkzeuge wegen der Größe nicht als Konfigurationselement definiert und aus dem Repository ausgeschlossen, sollte man darüber nachdenken, einen Spezialfall einzuführen. Die eingesetzten Entwicklungswerkzeuge werden im Laufe eines Projektes nur wenige Male erneuert oder ausgetauscht, sie unterscheiden sich also nicht nur in puncto Größe von anderen Konfigurationselementen, sondern auch in der Änderungshäufigkeit.

Ein praktikabler Kompromiss ist die manuelle Verwaltung der Werkzeuge. Geeignet hierfür ist jedes Netzwerklaufwerk, die Versionierung der Werkzeuge wird über eine entsprechende Ordnerstruktur sichergestellt. Auch eine Archivierung auf Blu-Ray-Disks ist denkbar, z. B. wenn aus lizenzrechtlichen Gründen eine zentrale Ablage nicht in Frage kommt. Ein Problem der manuellen Vorgehensweise ist allerdings, dass die Werkzeuge nicht mehr automatisch über das Versionskontrollsystem in ein Release aufgenommen werden können. Abhilfe schafft ein expliziter Verweis auf die eingesetzten Werkzeuge und deren Version in der Dokumentation jedes Release.

Manuelle Verwaltung von Konfigurationselementen

Die Frage, ob die oben genannten Konfigurationselemente sinnvoll sind, hängt vom Projekt und der Umgebung ab. Sind in einem Unternehmen z. B. die erlaubten Bibliotheken und Frameworks standardisiert, werden diese in der Regel sowieso außerhalb des Projektes archiviert. In diesem Fall genügt es, auf diese zentrale Ablage zu verweisen.

Keine Konfigurationselemente

Eine Reihe von Artefakten im Projekt sind keine Konfigurationselemente, auch wenn sie für die Projektabwicklung an sich durchaus wichtig sind. Darunter fallen z. B.:

- Protokolle von Meetings
- binäre Auslieferungsdateien
- Generierte Dateien, insbesondere die kompilierten Quelltexte. Ausnahmen sind hier möglich, wie beispielsweise die bereits erwähnte JavaDoc-Dokumentation.
- Projektpläne
- Liste offener Punkte, Risikolisten etc.

Konfigurationsmanagement umfasst alle Elemente, die zur Erstellung des Softwareproduktes notwendig sind oder dieses Produkt beschreiben. Die Projektablage enthält hingegen zusätzlich alle Dateien, die zur Steuerung und Durchführung des Projektes nötig sind. Ein Projektplan z. B. ist, wenn er denn funktionieren soll, ein lebendes, häufig geändertes Dokument. Es hat nicht wirklich Sinn, einen alten Stand des Planes wiederherzustellen – außer vielleicht man betreibt Vergangenheitsbewältigung in einem schwierigen Projekt. Ähnlich verhält es sich mit Protokollen zu Meetings. Fallen in einem Meeting wichtige Entscheidungen, müssen diese sowieso in die entsprechenden Anforderungs- und Designdokumente eingearbeitet werden.

Umgang mit binären Auslieferungsdateien

Ich habe auch die binären Auslieferungsdateien aus den Konfigurationselementen ausgeschlossen, obwohl dies nicht immer auf Zustimmung stoßen dürfte. Tatsächlich wird man die Auslieferungsdateien in der Regel zumindest eine Zeit lang archivieren. Dies ist alleine schon deshalb sinnvoll, falls nach einer neuen Auslieferung wirklich der GAU eintreten sollte und nichts mehr funktioniert. Es ist in diesem Fall sehr beruhigend, wenn zumindest das alte Release schnell und unkompliziert zur Hand ist. Diese Archivierung ist aber nur temporär notwendig. In der Regel kann man die fertigen Installationspakete alter Releases nach einer Übergangszeit gefahrlos verwerfen. Schließlich können sie dank des Konfigurationsmanagements bei Bedarf wieder neu generiert werden.

2.2.2 Erstellung des Konfigurationsmanagement-Handbuches

Sobald die Liste der Konfigurationselemente festgelegt ist, gilt es, diese zu dokumentieren. An dieser Stelle kommt der *Konfigurationsmanagement-Plan* ins Spiel. Alle Entscheidungen, die den KM-Prozess in einem Projekt betreffen, werden in diesem Plan dokumentiert. Laut IEEE [IEEE-828-1998] sollte ein KM-Plan aus den folgenden sechs Abschnitten bestehen:

- *Einleitung*
  Erläutert die Ziele des Plans und der wichtigsten Begriffe
- *Management*
  Beschreibt, wer für welche KM-Aktivitäten verantwortlich ist und wie die Einbindung anderer Organisationseinheiten erfolgt
- *Aktivitäten*
  Dokumentiert die zentralen Aufgaben und Verfahren des Konfigurationsmanagements
- *Zeitplanung*
  Legt die zeitliche Abfolge der KM-Aktivitäten fest
- *Ressourcen*
  Dokumentiert den Bedarf an Werkzeugen und Personal
- *Pflege*
  Beschreibt, in welcher Form der Plan während eines laufenden Projektes geändert werden kann, z. B. um auf geänderte Anforderungen zu reagieren

Für den von uns verfolgten, leichtgewichtigen KM-Ansatz ist nur ein Teil der genannten Punkte interessant. Konkret werden wir lediglich den Abschnitt *Aktivitäten* und Teile des Abschnitts *Ressourcen* benötigen. Um Missverständnisse zu vermeiden, habe ich daher entschieden, den Begriff Konfigurationsmanagement-Plan im weiteren Verlauf des Buches nicht zu verwenden, und das zu erstellende Dokument *Konfigurationsmanagement-Handbuch* genannt.

KM-Handbuch als Teilmenge des KM-Plans

Notwendigkeit des KM-Handbuches

Die Einschränkung des KM-Handbuchs auf nur einen Teil der möglichen Inhalte wirft die Frage auf, ob man nicht auch ganz auf ein solches Dokument verzichten könnte. Schließlich sind die dem KM-Prozess zugrunde liegenden Werkzeuge gut dokumentiert. Darüber hinaus ist es unser erklärtes Ziel, Formalismen weitgehend zu vermeiden.

Trotzdem ist nach meiner Auffassung ein KM-Handbuch unverzichtbar. Tatsächlich wird in den meisten Projekten ein Sammelsurium an Beschreibungen existieren, die zusammengenommen nichts anderes als das KM-Handbuch darstellen. Dies umfasst z. B. Namenskonventionen, Richtlinien zur Codeformatierung oder Installationsanleitungen für die verwendeten Tools. Hinzu kommt, dass der Aufwand für die Erstellung des Handbuchs nur im ersten Projekt vollständig anfällt. Große Teile des KM-Handbuchs kann und sollte man in weiteren Projekten wiederverwenden. Dies erleichtert auch die Einarbeitung eines Teams in einem neuen Projektumfeld.

Gliederung des KM-Handbuches

Die Tabelle 2–1 enthält eine meines Erachtens sinnvolle Gliederung für ein Konfigurationsmanagement-Handbuch. Das Handbuch umfasst wesentlich mehr Punkte als die reine Dokumentation der Konfigurationselemente. Daher verwende ich in der Tabelle eine Reihe von Begriffen, die erst in den noch folgenden Kapiteln erläutert werden. Da ich in der Tabelle aus Platzgründen jeden Gliederungspunkt nur in aller Kürze erläutern kann, finden Sie auf der Webseite zum Buch eine ausführlich kommentierte Beispielgliederung als Word-Datei.

Kapitel		Beschreibung
1	Einleitung	
1.1	Inhalt dieses Dokuments	Kurze Zusammenfassung des Inhalts. In vielen Projekten wird eine derartige »Management Summary« am Beginn jedes Dokuments gefordert, im Prinzip kann man aber auch darauf verzichten
1.2	Leserkreis	Wer sollte welche Kapitel lesen?
1.3	Projekt-Homepage	Verweis auf die Projekt-Homepage mit zusätzlichen Informationen. Wenn auf der Projekt-Homepage kein Verzeichnis weiterer wichtiger Dokumente im Projekt existiert, sollte an dieser Stelle eine entsprechende Tabelle eingefügt werden.
2	Konfigurationselemente	
2.1	Übersicht	Tabellarische Übersicht aller Konfigurationselemente
2.2	KE: <Name>	Pro Element ein Kapitel mit der detaillierten Beschreibung (Näheres hierzu gleich im Anschluss an die Tabelle)
3	Projektumgebung	
3.1	Repository-Struktur	Dokumentation der Repository-Struktur
3.2	Verzeichnisstruktur des Arbeitsbereiches	Beschreibung des lokalen Arbeitsbereiches
3.3	Werkzeuge	Tabellarische Übersicht der im Projekt verwendeten Werkzeuge. Anschließend ein Unterkapitel pro Werkzeug mit Anleitungen zur Installation und Konfiguration.
3.4	Externe Komponenten	Wie 3.3, diesmal werden jedoch die externen Komponenten beschrieben. Hierunter fallen beispielsweise zugekaufte Bibliotheken zur Realisierung bestimmter Funktionen im Produkt.
4	Verwaltung der Konfigurationselemente	
4.1	Erstmaliger Check-out des Arbeitsbereiches	Beschreibt die Schritte zum erstmaligen Check-out des Arbeitsbereiches aus dem Repository
4.2	Hinzufügen, Ändern und Löschen von Dateien	Dokumentiert den Änderungszyklus im Projekt
4.3	Durchführung von strukturellen Änderungen	Legt fest, unter welchen Bedingungen die Projektstruktur geändert werden darf. Dies umfasst beispielsweise auch das Umbenennen oder Verschieben von Dateien.
4.4	Sperren von Dateien	Beschreibt den Umgang mit dem Sperrmechanismus des Repositorys. Hierunter fällt zum Beispiel eine Liste aller Dateitypen, die nur nach dem Setzen einer Sperre bearbeitet werden dürfen. Zudem sollten die projektspezifischen Regelungen beim Einsatz von Sperren festgehalten werden (z. B. der Umgang mit Sperren, wenn Branches aktiv sind, oder die zwingende Freigabe von Sperren vor dem Wochenende bzw. dem Urlaubsbeginn).
4.5	Erstellung von Tags	Tags dürfen in der Regel nur unter bestimmten Bedingungen und von einem eingeschränkten Personenkreis erstellt werden. Hier wird beschrieben, welche Einschränkungen im Projekt gelten.
4.6	Erstellung von Branches	Wie oben, nur für die Erstellung und Verwaltung von Branches

→

Kapitel		Beschreibung
5	Änderungs- und Fehlermanagement	
5.1	Rollen, Rechte und Pflichten	Für das Änderungs- und Fehlermanagement müssen meist spezielle Rollen im Projekt eingerichtet werden (z. B. ein Änderungsmanager).
5.2	Aufbau des CCB	Beschreibt die Zusammensetzung und Aufgaben des CCB (Change Control Board)
5.3	Erfassung, Bewertung und Bearbeitung von Tickets	Beschreibt den Prozess zum Umgang mit Tickets
6	Releasemanagement	
6.1	Releaseplan	Tabellarische und grafische Darstellung des Releaseplans
6.2	Auslieferung eines regulären Release	Beschreibt den Prozess zur Auslieferung eines regulären Release. In diesem Kapitel wird sowohl die Vorbereitungsphase als auch die Freigabe und Erstellung des Release dokumentiert.
6.3	Auslieferung eines Patches	Beschreibt den »Notfall-Prozess« zur Auslieferung eines Patches für kritische Fehler
7	Audits, Metriken und Berichte	
7.1	Audit-Plan	Übersicht der manuellen und automatisierten Audits im Projekt. Pro Audit müssen minimal der Teilnehmerkreis, der Zeitpunkt (z. B. einmal pro Monat) und das genaue Ziel des Audits festgelegt werden. Notwendig ist außerdem ein Plan, wie mit fehlgeschlagenen Audits umgegangen wird.
7.2	Manuelle Metriken	Beschreibt die manuell ermittelten Metriken im Projekt
7.3	Automatisierte Metriken	Dokumentiert die automatisiert ermittelten Metriken. Speziell für die automatisierten Messungen werden auch die Ausnahmen festgehalten. (Welche Module werden aus welchen Gründen von der Messung ausgeschlossen?)
7.4	Veröffentlichte Berichte	Tabellarische Übersicht der auf der Projekt-Homepage veröffentlichten Berichte. Hierzu gehört auch eine Interpretationshilfe (z. B.: Welche Bedeutung haben fehlgeschlagene Modultests?).

2.2.3 Beschreibung der Konfigurationselemente

Tab. 2–1
Gliederung des KM-Handbuchs

Die Dokumentation der identifizierten Konfigurationselemente im KM-Handbuch besteht pro Element aus minimal zwei Angaben: aus einer kurzen inhaltlichen Beschreibung und den Namenstemplates. Wie wir gleich sehen werden, ist es durchaus sinnvoll, noch weitere Eigenschaften eines Elements festzuhalten, doch beginnen wir zunächst mit den unverzichtbaren Bestandteilen der Dokumentation.

Die inhaltliche Beschreibung sollte nur aus ein bis zwei Sätzen bestehen. Ziel ist es, dass jedes Teammitglied den Sinn und Zweck eines Konfigurationselements auf einen Blick erfassen kann. Die Namenstemplates legen die möglichen Dateinamen für die Instanzen eines Konfigurationselements fest. Oft werden für ein Konfigurationselement mehrere Templates definiert. Beispielsweise können für das

Konfigurationselement *Quelltext* unterschiedliche Templates für Klassen und Schnittstellen eingeführt werden. Namenstemplates müssen so gewählt werden, dass die folgenden drei Anforderungen erfüllt sind:

Anforderungen an Namenstemplates

- Jede Instanz des Konfigurationselements muss anhand ihres Namens eindeutig identifiziert werden können. Etwas einschränkend kann man hinzufügen, anhand ihres Namens *und* ihrer Einordnung in der Projektstruktur, auf die ich etwas später noch eingehen werde. Für Java gilt beispielsweise, dass der Name einer Quelltextdatei nicht eindeutig sein muss, da hier die Eindeutigkeit logisch über Packages und physikalisch über entsprechende Verzeichnisstrukturen garantiert wird. Für andere Elemente, z. B. Designdokumente, existieren derlei Vorgaben von Haus aus nicht, hier muss also wirklich über die Namenstemplates die Eindeutigkeit sichergestellt werden. In größeren Projekten bietet sich zu diesem Zweck beispielsweise die Einführung einer laufenden Nummer für bestimmte Konfigurationselemente an.
- Der Name einer Datei sollte direkt auf das übergeordnete Konfigurationselement hinweisen. Dadurch kann bei Bedarf die Dokumentation des Elements ohne lange Sucherei im KM-Handbuch nachgeschlagen werden.

Und nicht zuletzt ist es wünschenswert, dass die Beziehungen zwischen Konfigurationselementen direkt aus den Dateinamen ersichtlich sind.

> **Ablage von Konfigurationselementen in Wikis**
>
> Viele Entwickler schwören auf Wikis zur Erstellung der Projektdokumentation. Auch Redmine besitzt eine integrierte Wiki-Funktionalität, die wir in Abschnitt 6.3.4 näher betrachten werden. So praktisch Wikis auch sein mögen, es stellt sich die Frage, ob sie auch den Ansprüchen eines KM-Prozesses gewachsen sind.
>
> Legt man Konfigurationselemente, also z.B. eine Use-Case-Beschreibung, in einem Wiki ab, müssen zunächst die weiter oben genannten Anforderungen an die Namensgebung erfüllt sein. Zumindest dieser Punkt macht keine Probleme, denn die Eindeutigkeit ist durch Vergabe einer URL für das Dokument gewährleistet. Die restlichen Kriterien, wie beispielsweise die Vergabe von Namen, die einen Rückschluss auf verbundene Dokumente erlauben, könnte man auch in Wikis problemlos umsetzen. Tatsächlich ist dies aber gar nicht notwendig, denn schließlich ist das Verlinken auf andere Dokumente in Wikis sozusagen Pflicht. Statt einem indirekten Verweis auf das zugehörige Designdokument über den Dokumentnamen fügt man also in Wikis besser gleich einen entsprechenden Link ein.
>
> →

> Schwieriger zu erfüllen ist die Forderung der Nachvollziehbarkeit von Änderungen. Sobald ein Wiki zur Ablage von Konfigurationselementen verwendet wird, muss dieses die Rolle eines Repositorys übernehmen (mehr dazu in Abschnitt 2.2.5). Ein Wiki müsste demzufolge beispielsweise jede Änderung an einem Konfigurationselement protokollieren und über alle geänderten Versionen Buch führen. Viele Wikis erfüllen diese Anforderungen zum großen Teil, aber meist nicht komplett. So führt Redmine beispielsweise eine Versionshistorie für jeden Eintrag im Wiki, verhindert aber nicht, dass Elemente komplett und unwiderruflich gelöscht werden. Rein formal scheidet es damit als Repository aus, da die Nachvollziehbarkeit von Änderungen nicht 100%ig garantiert werden kann. Ob man das in der Praxis dann so eng sieht, steht auf einem anderen Blatt, denn Wikis sind einfach zu praktisch ...

Abbildung 2–3 verdeutlicht diese Anforderungen an Namenstemplates mit Hilfe eines Beispiels. Im Beispiel wird davon ausgegangen, dass das Konfigurationselement *Entwurfsdokument* vom Konfigurationselement *UseCase* abhängig ist. Jeder Anwendungsfall besitzt einen eindeutigen Namen und wird in einem entsprechend benannten Use-Case-Dokument beschrieben. Der technische Entwurf des Use Case erfolgt in einem Designdokument. Im Projektalltag ist es nun äußerst hilfreich, wenn alleine aus dem Dateinamen eines Designdokuments der zugehörige Use Case klar wird. Die im Beispiel verwendeten Namenstemplates stellen dies durch die Verwendung des Use-Case-Namens in beiden Konfigurationselementen sicher. Eine Unterscheidung der Elemente erfolgt dann über das Präfix *UC* für Use Cases und *DES* für Designdokumente.

Beispiel für Namenstemplates

Abb. 2–3
Offenlegung der Zusammenhänge im Projekt über Namenstemplates

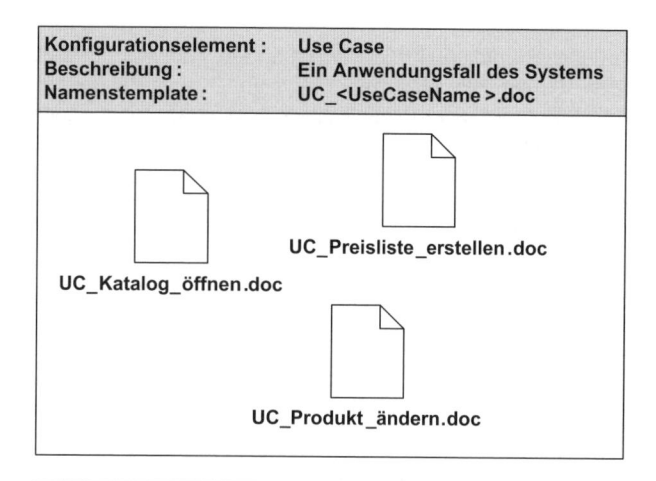

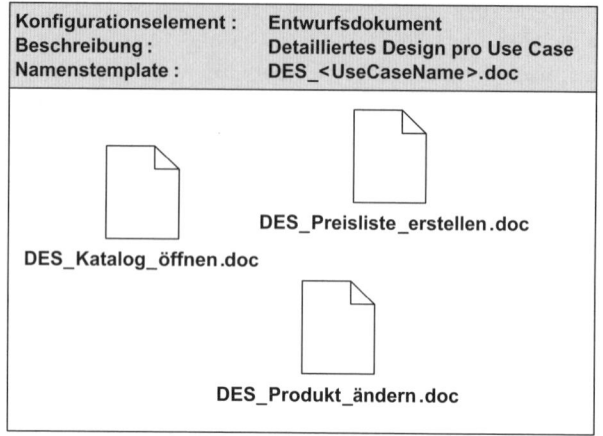

Konfigurationselement :	Use Case
Beschreibung :	Ein Anwendungsfall des Systems
Namenstemplate :	UC_<UseCaseName>.doc

- UC_Katalog_öffnen.doc
- UC_Preisliste_erstellen.doc
- UC_Produkt_ändern.doc

Konfigurationselement :	Entwurfsdokument
Beschreibung :	Detailliertes Design pro Use Case
Namenstemplate :	DES_<UseCaseName>.doc

- DES_Katalog_öffnen.doc
- DES_Preisliste_erstellen.doc
- DES_Produkt_ändern.doc

Wie ich weiter oben schon erwähnt habe, sollten zusätzlich zur inhaltlichen Beschreibung und zu den Namenstemplates weitere Eigenschaften und Richtlinien für die Konfigurationselemente festgehalten werden. Tabelle 2–2 gibt diesbezüglich einige Anregungen.

Element	Sinnvolle zusätzliche Dokumentation
Anforderungsdokument (z. B. Use Case) Architektur- und Designdokument Benutzerdokumentation	▪ Bezugsquelle und Beschreibung der verwendeten Dokumentvorlage ▪ Verweis auf Musterdokumente, die den korrekten Einsatz der Vorlage demonstrieren ▪ Richtlinien für die Erstellung von Diagrammen. Dies umfasst sowohl die zu verwendenden Tools als auch Hinweise zum Einfügen der Grafiken in die Dokumente
Build-Skript	▪ allgemeine Beschreibung des Build-Prozesses ▪ Dokumentation der Voraussetzungen zur Ausführung des Skriptes ▪ Beschreibung der möglichen Kommandozeilenparameter
Meta- und Konfigurationsdaten	▪ Beschreibung, wer die Daten wann und wie ändern darf ▪ Nicht beschrieben werden sollten hingegen die Inhalte der Dateien, dies ist entweder Teil der Benutzer- oder der Betriebsdokumentation!
Quelltext	▪ Coding-Standards ▪ Richtlinien zur Formatierung. Werden Tools zur automatischen Formatierung eingesetzt, sollten die Konfiguration und der Einsatz der Tools beschrieben werden. ▪ Richtlinien zur Dokumentation des Quelltextes
Werkzeug	▪ eingesetzte Version und Bezugsquelle, am besten in Form von Links auf das Installationspaket ▪ Installations- und Konfigurationsanleitung

2.2.4 Festlegung der Projektstruktur

Tab. 2–2 Beispiele für die Beschreibung der Konfigurationselemente

Sobald die Konfigurationselemente beschrieben sind, ist es Zeit, sich über die *Projektstruktur* Gedanken zu machen. Für uns ist die Projektstruktur immer gleichbedeutend mit der Hierarchie der Verzeichnisse im Projekt. Um diese Struktur einigermaßen übersichtlich zu halten, empfiehlt es sich, für jedes Konfigurationselement einen separaten Ast im Verzeichnisbaum anzulegen. Im Ergebnis entsteht eine Projektstruktur wie beispielhaft in Abbildung 2–4 dargestellt.

Aus der Abbildung geht hervor, dass die Projektstruktur auch Ordner enthalten kann, die nicht auf ein Konfigurationselement zurückzuführen sind. Man muss an dieser Stelle sicherstellen, dass alle in derartigen Verzeichnissen abgelegten Dateien einen temporären Charakter haben. Anders ausgedrückt: Sollte jemand im obigen Beispiel das Verzeichnis *Target* löschen, darf dies keinen Einfluss auf das erstellte Produkt haben. Im Beispiel ist dies gewährleistet, da die beiden Unterverzeichnisse *Classes* und *Jar* ausschließlich generierte Dateien enthalten, die jederzeit wieder aus dem Quelltext neu erzeugt werden können.

Generierte Ordner und Dateien

Abb. 2-4
Aus den Konfigurations-elementen abgeleitete Projektstruktur

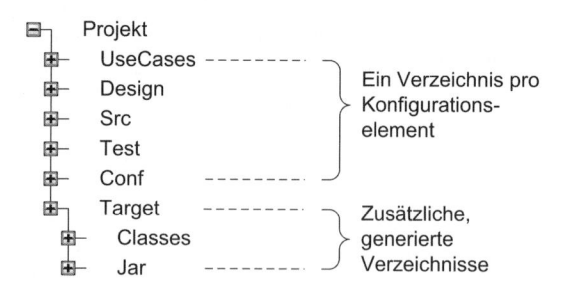

```
Projekt
├── UseCases  ─┐
├── Design     │ Ein Verzeichnis pro
├── Src        ├ Konfigurations-
├── Test       │ element
├── Conf      ─┘
└── Target    ─┐
    ├── Classes  ├ Zusätzliche, generierte
    └── Jar     ─┘ Verzeichnisse
```

Einfluss der Projektorganisation

Laut Conway's Law (s. Kasten auf Seite 33) entwickelt sich die Struktur eines Systems entsprechend der Projektorganisation. Diese Tatsache müssen wir auch bei der Gestaltung der Projektstruktur in Rechnung stellen. Allerdings gilt dies meiner Ansicht nach nur für große Projekte mit räumlich verteilter Entwicklung. In diesem Fall wird in der Projektstruktur pro Teilprojekt ein eigener Ast eingerichtet – und zwar oberhalb der Ebene der Konfigurationselemente (s. Abb. 2–5).

Abb. 2-5
Projektstruktur mit Teilprojekten

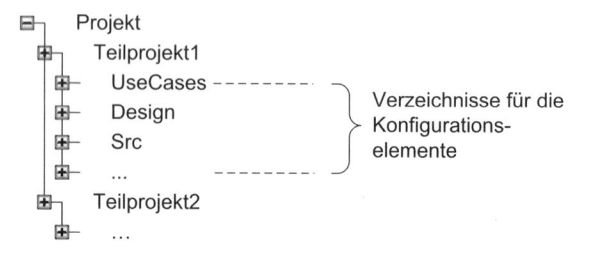

```
Projekt
├── Teilprojekt1
│   ├── UseCases  ─┐
│   ├── Design     │ Verzeichnisse für die
│   ├── Src        ├ Konfigurations-
│   └── ...       ─┘ elemente
└── Teilprojekt2
    └── ...
```

Auswirkungen auf den Systementwurf

Der Vorteil dieser Strukturierung ist, dass jedes Teilteam nur in dem für ihn vorgesehenen Ast des Projektes arbeitet und die anderen Teilprojekte nicht »sehen muss«. Allerdings hat diese Annehmlichkeit auch einen Preis, wenn auch nicht unbedingt aus Sicht des Konfigurationsmanagements. Problematisch ist die starke Betonung der organisatorischen Rahmenbedingungen in der Projektstruktur eher für den Systementwurf und die Umsetzung. Denn Komponenten und Subsysteme können nur schlecht quer über die einzelnen Teilprojekte hinweg entworfen und entwickelt werden. Die Architektur wird in der Folge der organisatorisch bedingten Struktur unterworfen – und dies ist natürlich nicht immer sinnvoll.

> **Conway's Law**
>
> Melvin Conway [Conway68] hat schon 1968 festgestellt, dass sich die Struktur eines Systems bevorzugt analog zur Organisation des Projektes entwickelt. Dies lässt sich wie folgt begründen: Sobald ein Projekt in mehrere Verantwortungsbereiche aufgeteilt wird, versuchen sich die Beteiligten voneinander abzugrenzen. Jeder will den eigenen Bereich so gut wie möglich vor dem Einfluss der anderen Teilprojekte abschirmen. In der Folge werden Subsysteme, Komponenten und Schnittstellen gebildet, die sich primär nicht an der Funktionalität oder an den Erfordernissen einer sauberen Architektur, sondern an der Projektorganisation orientieren. Sind an einem Projekt beispielsweise drei Parteien (Abteilungen, Dienstleister etc.) beteiligt, findet sich diese organisatorische Randbedingung des Projektes in der Architektur unter Umständen in Form von drei »künstlich« zurechtgeschnittenen Subsystemen wieder. Aus Architektursicht wären vielleicht zwei Subsysteme die bessere Wahl, doch dies lässt sich gegenüber den Beteiligten nicht durchsetzen. Eine wirklich konsistente, vielleicht sogar elegante Softwarearchitektur ist dann nicht mehr machbar. Abhilfe können hier nur umfassende organisatorische Maßnahmen im Projekt schaffen, welche die Verantwortlichkeiten an den Inhalten und nicht am Umfeld ausrichten (siehe [Dill05]).

Einfluss der Softwarearchitektur

In großen Projekten ist eine weitere Detaillierung der Projektstruktur auf Basis der Softwarearchitektur sinnvoll. Maßgeblich für diese Detailstruktur sind die im Rahmen der Analyse und des groben Entwurfes identifizierten Subsysteme oder Komponenten. Die entsprechenden Knoten werden unterhalb der Ebene der Konfigurationselemente in die Struktur eingefügt (siehe Abb. 2–6).

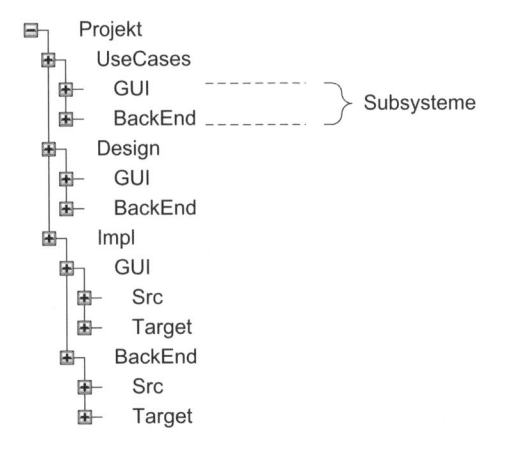

```
Projekt
    UseCases
        GUI     ------┐
        BackEnd ------┤ Subsysteme
    Design            │
        GUI     ------┤
        BackEnd ------┘
    Impl
        GUI
            Src
            Target
        BackEnd
            Src
            Target
```

Abb. 2–6
Projektstruktur mit Subsystemen

Je nach verwendetem Werkzeug zur Projektautomatisierung ist es zudem eventuell notwendig, einen übergeordneten Ordner zu erstellen, der alle für die Implementierung relevanten Konfigurationselemente gruppiert (siehe Ordner *Impl* in Abb. 2–6). Maven beispielsweise setzt eine derartige Struktur für die Umsetzung eines modulübergreifenden Build-Prozesses voraus.

Technische Einflussfaktoren

Neben den bisher genannten Kriterien müssen auch technische Faktoren bei der Wahl der Projektstruktur berücksichtigt werden. Subversion beispielsweise setzt einige der im nächsten Abschnitt besprochenen Konzepte, wie z. B. das *Branching*, in Form von Verzeichnissen um. Diese müssen von Anfang an in die Projektstruktur integriert werden. In Kapitel 4 werden wir daher nochmals auf die Erstellung der Projektstruktur zurückkommen und die speziell für Subversion notwendigen Erweiterungen besprechen.

2.2.5 Verwaltung der Konfigurationselemente

Die Verwaltung der Konfigurationselemente spielt eine zentrale Rolle in jedem KM-Prozess. Sie unterstützt die kontrollierte Durchführung von Änderungen und hilft, die Produktivität im Projekt zu steigern. Zudem garantiert sie die Nachvollziehbarkeit aller Änderungen und die Wiederholbarkeit der Produktauslieferungen. Möglich wird dies durch die in diesem Abschnitt vorgestellten Konzepte und deren technische Umsetzung in Form von KM-Werkzeugen.

Repository

Im Repository (Softwarebibliothek) werden die Instanzen der Konfigurationselemente gespeichert, in unserem Fall also die entsprechenden Dateien. Es dient als zentrale Ablage im Projekt, auf die alle Teammitglieder zugreifen können. Man kann Repositorys auch als spezialisierte Datenbanken betrachten. Der Aufbau eines Repositorys entspricht der Projektstruktur, allerdings ohne die in Abschnitt 2.2.4 erwähnten temporären Ordner.

Ein Repository muss alle identifizierten Konfigurationselemente verwalten können, also z. B. sowohl Text- als auch Binärdateien. Insbesondere in Projekten mit einem modellbasierten Ansatz ist diese Voraussetzung nicht immer einfach zu erfüllen (siehe Kasten).

> **Modellbasierte Werkzeuge und das Repository**
>
> Beim Einsatz modellbasierter Entwicklungsansätze steigt die Wahrscheinlichkeit, dass einzelne Konfigurationselemente in einem Projekt nicht mehr in Form von Dateien vorliegen. Zugleich nimmt die Bedeutung der verwendeten Entwicklungswerkzeuge zu, da das Modell in der Regel in einem herstellerspezifischen Format vorliegt und ausschließlich mit den Werkzeugen dieses Herstellers bearbeitet werden kann. Eine effiziente Arbeit im Projekt ist unter diesen Voraussetzungen nur möglich, wenn das Repository über eine Schnittstelle direkt in die Werkzeuge integriert werden kann. Zusätzlich muss das Repository natürlich prinzipiell zu den Werkzeugen passen. So ist meiner Erfahrung nach die Kombination von dateibasierten Repositorys, wie z. B. Subversion, und modellbasierten Entwicklungswerkzeugen schwierig bis unmöglich. Am ehesten besteht Aussicht auf Erfolg, wenn das Entwicklungswerkzeug die einzelnen Elemente eines Modells als separate Dateien ablegt. Eine mögliche Alternative sind vollintegrierte Werkzeuge, die über ein eingebautes Repository verfügen. Man sollte vor dem Einsatz eines solchen Werkzeuges allerdings sorgfältig prüfen, ob es dem geplanten KM-Prozess wirklich gewachsen ist.

In einem KM-Prozess gewährleistet das Repository die Datensicherheit der Instanzen der Konfigurationselemente. Dies bedeutet konkret:

Eigenschaften des Repositorys

- Sicherstellung der Verfügbarkeit der Dateien
- Gewährleistung der Integrität, insbesondere auch bei gleichzeitigen Änderungen an einer Datei durch verschiedene Nutzer
- Verhinderung unberechtigter Zugriffe
- Sicherstellung der Nachvollziehbarkeit aller durchgeführten Änderungen. Dies beinhaltet auch die Möglichkeit, ungewollte Änderungen wieder zurückzunehmen.

Diese Liste kann man noch durch eine Reihe von technischen Anforderungen an ein Repository ergänzen. So muss dieses z. B. mit steigender Nutzerzahl skalieren und auch sehr große Datenmengen problemlos verwalten können.

Umgesetzt werden diese Anforderungen durch spezialisierte Werkzeuge. Für ein Projekt ist die Auswahl eines geeigneten Repository-Werkzeuges eine der wichtigsten Entscheidungen im Rahmen des Konfigurationsmanagements. Das Repository ist das Rückgrat des KM-Prozesses. Hält es den Anforderungen nicht stand, bricht der gesamte Prozess in sich zusammen.

Repository-Werkzeuge

Versionen und Deltas

Repositorys setzen intern die *Versionierung* ein, um die Nachvollziehbarkeit aller Änderungen und die Datenintegrität zu gewährleisten. Dieser Mechanismus stellt sicher, dass nach jeder Änderung an einer Datei von dieser eine neue Version im Repository abgelegt wird. Nach und nach entsteht auf diese Weise eine *Versionshistorie*, die alle jemals an einer Datei vorgenommenen Veränderungen dokumentiert. Selbst wenn eine Datei gelöscht wird, geht die Versionshistorie nicht verloren. Repositorys halten das Löschen einer Datei lediglich als Spezialfall einer Änderung fest.

Versionskontrolle und Versionskontrollsysteme

Da Versionen eine zentrale Rolle bei der Verwaltung der Elemente in einem Repository spielen, bezeichnet man den gesamten Prozess auch als *Versionskontrolle* und die Repository-Werkzeuge als *Versionskontrollsysteme*.

Vorteile der Versionierung

Die Versionierung hat in der täglichen Praxis eine ganze Reihe von Vorzügen. Sie ermöglicht z. B.:

- das Wiederherstellen eines alten Standes der Datei, z. B. weil man sich bei einem Refactoring verheddert hat und alle Änderungen gerne wieder rückgängig machen würde.
- das Wiederherstellen irrtümlich gelöschter Dateien.
- den Vergleich zweier Versionen einer Datei, z. B. um festzustellen, welche Änderungen ein Kollege seit letzter Woche durchgeführt hat.
- die parallele Arbeit an zwei unterschiedlichen Versionen derselben Datei, z. B. für das aktuelle und ein altes Release des Produktes.

Versionsnummern

Um die einzelnen Versionen einer Datei eindeutig zu identifizieren, werden diese vom Repository durchnummeriert. Das Format dieser *Versionsnummer* ist von Repository zu Repository unterschiedlich. Subversion verwendet z. B. eine automatisch vergebene, sequenziell hochgezählte Nummer. Andere Repositorys erlauben auch untergliederte oder manuell vergebene Versionsnummern.

Deltabildung

Zwei Versionen einer Datei unterscheiden sich durch ein *Delta*. Meistens umfasst dieses Delta nur einen kleinen Teil des gesamten Dateiumfanges, also z. B. nur wenige geänderte Zeilen. Diese Tatsache machen sich Versionskontrollsysteme zunutze, um Plattenplatz zu sparen. Statt jede Version einer Datei komplett zu archivieren, ermitteln die Tools das Delta zwischen zwei Versionen und legen nur dieses im Repository ab.

Als »Anker« für den Deltamechanismus benötigt das Repository eine komplette Version jeder Datei. Alle anderen Versionen können durch Anwendung der Deltas aus dem Anker abgeleitet werden. Abhängig davon, ob die allererste oder die neueste Version komplett gespeichert wird, spricht man von *Vorwärts-* oder *Rückwärtsdeltas* (siehe Abb. 2–7).

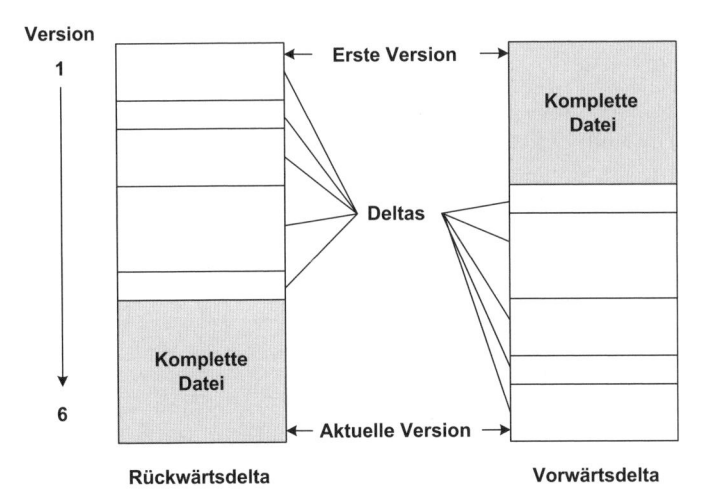

Abb. 2–7
Rückwärts- und Vorwärtsdelta (nach [Leon05])

Beide Varianten haben ihre Vor- und Nachteile. Basiert ein Repository auf Rückwärtsdeltas, steht die aktuelle Version einer Datei jederzeit zur Verfügung. Nur wenn ältere Stände abgefragt werden, muss das Repository diese anhand der Deltas wieder rekonstruieren. Nachteilig ist allerdings der höhere Aufwand für Änderungen. Wird eine neue Version im Repository gespeichert, muss zunächst die derzeit aktuellste Version entfernt und durch ein Delta zur neu hinzugefügten Version ersetzt werden. Anschließend wird diese als komplette Datei ins Repository geschrieben.

Rückwärtsdeltas

Beim Vorwärtsdelta verhält es sich im Prinzip genau andersherum. Hier fällt der Aufwand nicht beim Speichern neuer, sondern beim Abrufen der aktuellen Versionen aus dem Repository an. Zumindest für Entwicklungsprojekte ist der Theorie nach das Rückwärtsdelta daher effizienter, da die aktuellen Dateiversionen wesentlich häufiger aus dem Repository abgerufen als geändert werden. In der Praxis sollte der Deltamechanismus nicht überbewertet werden. Für die Gesamtperformance eines Tools spielen andere Aspekte, wie z. B. der Persistenzmechanismus des Repositorys, eine größere Rolle. Zudem können die prinzipiellen Nachteile beider Ansätze durch effiziente Algorithmen teilweise wieder ausgeglichen werden.

Vorwärtsdeltas

Unabhängig von der Richtung des Deltamechanismus bleibt noch die Frage zu klären, wie die Unterschiede zwischen zwei Versionen ermittelt werden. Uns interessiert an dieser Stelle nicht der konkrete Algorithmus, sondern lediglich dessen prinzipielle Arbeitsweise. Ich

Deltabildung für Text- und Binärdateien

habe weiter oben schon erwähnt, dass ein Repository alle Typen von Konfigurationselementen in einem Projekt verwalten muss. Dies betrifft nahezu immer Text- und Binärdateien. Hier trennt sich bei den Versionskontrollsystemen die Spreu vom Weizen. Denn gerade ältere Tools, wie z. B. CVS, benutzen einen auf Textdateien spezialisierten Deltamechanismus. Die Deltas werden in diesem Fall ausschließlich auf Basis von Zeilen ermittelt. Für Binärdateien funktioniert dieser Ansatz nicht, daher werden sie von der Deltabildung ausgenommen. Im Endeffekt landet jede Binärdatei komplett im Repository und sorgt dort für einen immensen Platzverbrauch. Moderne Repositorys, wie z. B. das von Subversion, können hingegen mit Text- und Binärdateien gleich gut umgehen, da der Deltaalgorithmus auf Byte-Ebene arbeitet.

Check-out und Check-in

Die Versionierung und Deltabildung kann nur funktionieren, wenn das Repository über alle Änderungen an einer Datei informiert wird. Im Projekt arbeitet man daher nicht direkt mit den Dateien im Repository, sondern mit Arbeitskopien. Das Repository liefert auf Anforderung eine solche Arbeitskopie (*Check-out*), aktualisiert diese bei Bedarf (*Update*) und liest sie nach Durchführung der Änderungen wieder ein (*Check-in* oder *Commit*). Während des Check-ins überprüft das Repository, welche Teile der Datei sich geändert haben, erzeugt das passende Delta und speichert dieses schließlich als neue Version der Datei. Der gesamte Vorgang ist in Abbildung 2–8 schematisch dargestellt.

Lokaler Arbeitsbereich

Die durch den Check-out erzeugten Arbeitskopien werden von den Teammitgliedern in einem lokalen *Arbeitsbereich* bearbeitet. Dieser wird, ebenso wie das Repository selbst, von dem eingesetzten Versionskontrollsystem verwaltet. Der Aufbau des Arbeitsbereichs im Dateisystem entspricht der Projektstruktur im Repository. In der Regel verwendet das Versionskontrollsystem zur Erstellung und Aktualisierung des Arbeitsbereichs die jeweils neueste Version der Dateien. Alternativ kann jedoch auch ein anderer Zustand angefordert werden, z. B. mit allen Dateiversionen eines älteren Release des Produktes.

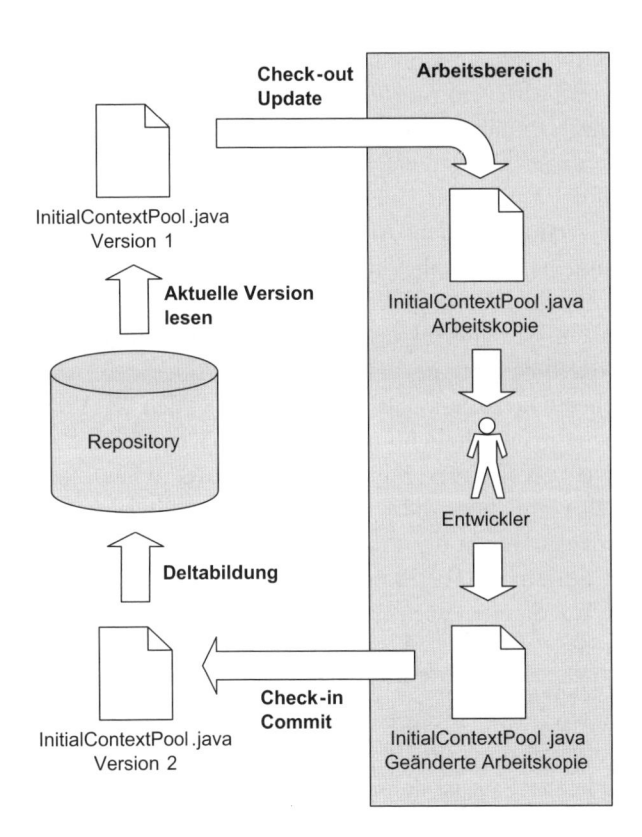

Abb. 2–8
Check-out und Check-in einer Datei

Parallele Änderungen an Dateien

Über den Check-out- bzw. den Check-in-Vorgang hat das Repository eine weitere Kontrollmöglichkeit. Es kann feststellen, ob mehrere Teammitglieder parallel an derselben Datei arbeiten wollen oder gearbeitet haben. Je nachdem, ob diese Überprüfung vor oder nach der Durchführung von Änderungen erfolgt, spricht man vom *Lock-Modify-Unlock-* oder *Copy-Modify-Merge*-Ansatz.

Die erste Alternative verhindert parallele Veränderungen an einer Datei mit Hilfe eines Sperrmechanismus. Einige Repositorys kombinieren diese Sperre mit dem Check-out. Andere, wie z. B. Subversion, verwenden den Check-out nur zur Erstellung der Arbeitskopien und sperren Dateien mit einem separaten *Lock*-Befehl. Sobald eine Datei im Repository gesperrt ist, werden weitere Lock-Befehle mit einer Fehlermeldung quittiert. Die Freigabe erfolgt entweder mit einem separaten Befehl (*Unlock*) oder beim Check-in.

Lock-Modify-Unlock

Die Copy-Modify-Merge-Methode verfolgt eine andere Philosophie. Hier dürfen die Dateien im Arbeitsbereich nach Belieben verändert werden. Erst beim Check-in überprüft das Repository, ob eine Datei

Copy-Modify-Merge

zwischenzeitlich schon von einem anderen Benutzer verändert wurde. Ist dies der Fall, tritt ein *Konflikt* auf. Über diesen wird der Anwender, der den Check-in durchführt, informiert. Er muss nun entscheiden, ob seine Änderungen mit der Version der Datei im Repository zusammenpassen. Wenn ja, führt er einen *Merge*-Vorgang durch, d. h., er führt seine Dateiversion aus dem Arbeitsbereich mit derjenigen im Repository zusammen. Und schließlich wiederholt er den Check-in, um die neue, zusammengeführte Datei im Repository zu speichern.

Damit ein Merge-Vorgang überhaupt gelingen kann, muss das Versionskontrollsystem gewisse Annahmen über den Aufbau einer Datei machen. Die Unterstützung für Merges in den Werkzeugen funktioniert daher grundsätzlich nur für zeilenbasierte Textdateien. Binäre Dateien, wie z. B. Textverarbeitungsdokumente, müssen vom Anwender manuell verglichen und dann in eine konsolidierte Datei zusammengeführt werden. In der Praxis ist dieser Ansatz meiner Erfahrung nach nicht umsetzbar. Dies beschränkt den Einsatz von Copy-Modify-Merge auf Textdateien, wie z. B. Quelltext, Build-Skripte und Konfigurationsdateien.

Vor- und Nachteile beider Ansätze

Unter Herstellern und Anhängern der diversen Versionskontrollwerkzeuge wird seit Jahren eine kontroverse Debatte geführt, ob die Copy-Modify-Merge- oder die Lock-Modify-Unlock-Methode die bessere ist. In letzter Zeit ist der Copy-Modify-Merge-Ansatz sehr populär geworden, da dieser quasi flächendeckend in Open-Source-Projekten zum Einsatz kommt. Der unbestreitbare Vorteil dieser Methode ist die Tatsache, dass niemand im Team durch jemand anderen blockiert werden kann. Alle gewünschten Änderungen können zunächst durchgeführt werden, erst beim Merge muss Zeit investiert werden, um Konflikte aufzulösen. Das Kalkül ist nun, dass für die Konfliktlösung wesentlich weniger Zeit aufgebracht werden muss, als durch das Warten auf gesperrte Dateien anfallen würde. Tatsächlich funktioniert Copy-Modify-Merge in der Praxis hervorragend, die erwähnten Open-Source-Projekte beweisen dies eindrucksvoll.

Demgegenüber punktet Lock-Modify-Unlock gerade mit der Vermeidung von Konflikten. Diese können nicht auftreten, da Änderungen an einer Datei nur sequenziell durchgeführt werden. Berechenbarkeit und Sicherheit sind daher auch die Argumente für diesen Ansatz.

Aus Sicht des Konfigurationsmanagements ist der ausschließliche Einsatz von Copy-Modify-Merge in einem Repository ausgeschlossen, da dieser Ansatz für binäre Dateien nicht geeignet ist. Für Textdateien ist er jedoch in vielen Projekten sicherlich eine gute Wahl. Subversion beherrscht sowohl Copy-Modify-Merge als auch Lock-Modify-Unlock, man kann hier also pro Konfigurationselement entscheiden, welche Methode besser geeignet ist.

Tags und Baselines

Sobald im Projekt intensiv mit dem Repository gearbeitet wird, wächst der Wunsch, ab und an eine Art Schnappschuss anzufertigen. Beispielsweise sollte für jedes freigegebene Release der Zustand des Produktes im Repository festgehalten werden.

Versionsnummern alleine sind schlecht zu merken und für diesen Zweck nicht praktikabel. Daher bieten Repositorys *Tags* (Bezeichner) an. Ein Tag markiert die zu einem bestimmten Zeitpunkt gültige Version aller Dateien im Repository mit einer frei wählbaren Bezeichnung. Man kann sich einen Tag auch als Querschnitt durch das Repository vorstellen.

Erstellung von Tags

Abbildung 2–9 verdeutlicht dieses Konzept mit einem Beispiel. Das abgebildete Repository umfasst zum Projektstart nur die Datei `UC_Preisliste_erstellen.doc` in der Versionsnummer 1. Dieser Zustand des Repositorys wird durch den Tag *Projektstart* festgehalten. Zum nächsten Meilenstein folgt ein weiterer Tag *Iteration #1*. Dieser Bezeichner umfasst nun Versionsnummer 2 des Use-Case-Dokuments und zusätzlich das Designdokument `DES_Preisliste_erstellen.doc` (Versionsnummer 2) sowie das Quelltextmodul `Preisliste.java` (Versionsnummer 1). Zu einem späteren Zeitpunkt kann der genaue Zustand des Repositorys zum Abschluss von Iteration #1 einfach durch Angabe des Tags abgerufen werden.

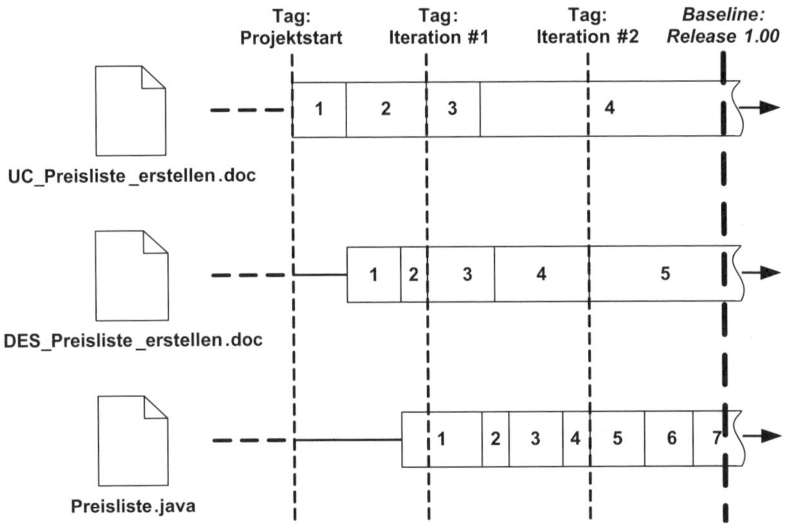

Abb. 2–9
Tags und Baselines markieren Meilensteine im Repository.

Die Kennzeichnung eines wirklich bedeutsamen Ereignisses im Repository bezeichnet man auch als *Baseline* (Bezugskonfiguration). Eine Baseline ist »ein ausgewähltes, gesichertes und freigegebenes (Zwi-

Erstellung von Baselines

schen-)Ergebnis des Systems« [Balzert97]. Technisch entspricht eine Baseline einem Tag. Im Repository selbst unterscheiden sich daher beide Konzepte, wenn überhaupt, nur minimal[4]. Die Unterschiede zwischen Tag und Baseline liegen in der Vorbereitungsphase. Einen Tag kann man »einfach so« festlegen, die Erstellung einer Baseline erfordert hingegen meist wochenlange Vorbereitung. Entscheidend ist, dass das System bei der Erstellung der Baseline einen gesicherten Status erreicht hat, z. B. durch den erfolgreichen Abschluss von Integrations- und Abnahmetests. Um diesen sicheren Zustand nicht zu gefährden, dürfen Änderungen an einer Baseline nur unter kontrollierten Bedingungen erfolgen. Spätestens an dieser Stelle setzt im Projekt das Änderungs- und Fehlermanagement auf (siehe Abschnitt 2.2.7).

Bildung von Releases

Sobald das erstellte Softwareprodukt in den produktiven Einsatz geht, bezeichnen wir es als *Release*. Releases kennzeichnen sich also dadurch, dass die Anwender damit arbeiten. Im Unterschied hierzu werden interne Auslieferungen des Produktes, z. B. für einen Integrationstest, nicht als Release bezeichnet.

Konzeptionell ist das Release den Baselines übergeordnet, d. h., für jedes Release wird eine Baseline erstellt, nicht jede Baseline ist aber gleichzeitig ein Release. Diese Unterscheidung ist für das bereits angesprochene Fehler- und Änderungsmanagement wichtig. Interne Auslieferungen unterliegen hier in der Regel anderen Einschränkungen als echte Releases, mit denen Kunden produktiv arbeiten. Releases müssen sorgfältig vorbereitet und geplant werden. Im Konfigurationsmanagement beschäftigt sich ein eigenes Verfahren mit dieser Thematik (siehe Abschnitt 2.3.1).

Branches

Die Vorbereitungen zur Erstellung einer Baseline oder eines Release benötigen je nach Projektgröße nur wenige Stunden, können aber durchaus auch Tage oder Wochen in Anspruch nehmen. In einem Projekt, an dem ich beteiligt war, haben beispielsweise alleine die Integrationstests mit anderen Systemen im Vorfeld eines Release vier Monate gedauert.

Für die Projektabwicklung stellen diese Vorbereitungsphasen ein kniffliges Problem dar. Die Funktionalität des Systems wurde bis zu diesem Zeitpunkt bereits (mehr oder weniger) vollständig entworfen und implementiert. Zwar müssen noch die gemeldeten Fehler behoben

---

4. Subversion kennt beispielsweise keine separaten Befehle zur Erstellung einer Baseline im Repository.

werden, doch mit dieser Aufgabe kann man nicht eine ganze Truppe an Entwicklern in Lohn und Brot halten.

Ein einfacher Lösungsansatz ist, dass man den Leerlauf einiger Teammitglieder während der Vorbereitung einer Baseline schlicht in Kauf nimmt. Insbesondere wenn man es nur mit einem überschaubaren Zeitraum zu tun hat, ist dies eine Option. Dieses Vorgehen wird auch *linearer Entwicklungspfad* genannt und in etwa wie folgt umgesetzt (siehe auch Abb. 2–10):

Linearer Entwicklungspfad

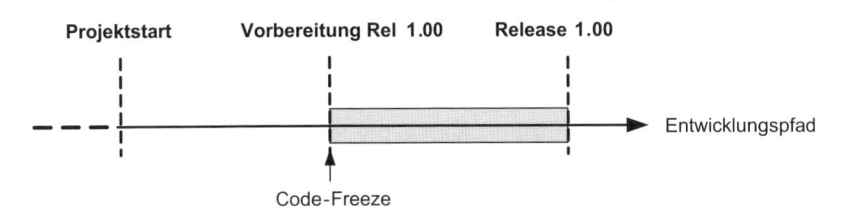

Abb. 2-10
Code-Freeze im linearen Entwicklungspfad

- Die Vorbereitungsphase für eine Baseline wird mit einem *Code-Freeze* begonnen. Zum Code-Freeze werden alle Änderungen an den Dateien des Projekts abgeschlossen und das Repository auf den neuesten Stand gebracht. Anschließend markiert man den Beginn der Vorbereitungsphase mit einem Tag.
- Sobald der Code-Freeze in Kraft ist, dürfen Änderungen an den Dateien nur noch über im KM-Handbuch beschriebene Prozesse vorgenommen werden. Beispielsweise könnten Richtlinien festgelegt werden, die ein Peer-Review[5] jeder durchgeführten Änderung vorschreiben.
- Zusätzlich erfolgt eine Unterscheidung in erlaubte und unerwünschte Änderungen. Die Implementierung neuer Funktionen wird man z. B. nach dem Code-Freeze vermeiden wollen, die Beseitigung von Fehlern ist hingegen explizit erwünscht. Es ist Aufgabe des Änderungsmanagements (siehe Abschnitt 2.2.7), diese Regelungen zu dokumentieren und im Projekt »offiziell« zu machen.
- Nach der erfolgreichen Erstellung der Baseline im Repository wird der Code-Freeze wieder aufgehoben. Mit Hilfe der Tags am Beginn und Ende der Vorbereitungsphase können bei Bedarf alle während des Code-Freeze durchgeführten Änderungen ermittelt werden.

Der Vorteil des linearen Entwicklungspfades ist die einfache Umsetzbarkeit. Abgesehen von der Erstellung einiger Richtlinien zum Code-Freeze sind im Projekt keine weiteren Vorkehrungen notwendig.

---

5. Unter einem Peer-Review versteht man die Kontrolle einer Änderung durch einen sachkundigen Gutachter.

Nachteile des linearen Entwicklungspfades

Erkauft wird die Einfachheit mit der ineffizienten Nutzung der Ressourcen im Projekt und dem damit einhergehenden hohen Zeitverbrauch. Hinzu kommt, dass der lineare Ansatz zwar die Vorbereitung einer Baseline abdeckt, nicht aber den Zeitraum danach. So gibt es beispielsweise keine Möglichkeit, kritische Bugfixes für das produktive Release separat auszuliefern, da im Entwicklungspfad ja schon die erweiterte Funktionalität des Folgerelease implementiert wird.

Verzweigte Entwicklungspfade

Die genannten Nachteile des linearen Entwicklungspfades können durch die Einführung von *Branches* (Verzweigungen) vermieden werden. Man spricht dann von *verzweigten* oder *parallelen Entwicklungspfaden*.

Abb. 2–11 Parallele Entwicklungspfade zur Vorbereitung eines Release

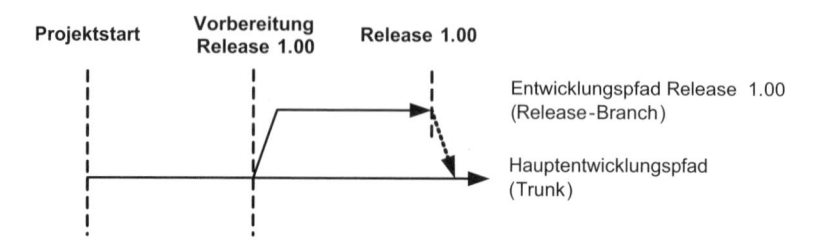

Abbildung 2–11 illustriert das zugrunde liegende Prinzip. Sobald die Vorbereitung eines Release beginnt, wird der Entwicklungspfad in zwei Branches aufgeteilt. Im sogenannten *Trunk* (Hauptentwicklungspfad) arbeitet ein Teil des Teams wie gewohnt weiter und beteiligt sich nicht an der Vorbereitungsphase für das neue Release. Im Release-Branch wird hingegen das anstehende Release 1.00 vorbereitet. Für diesen Branch gelten die gleichen Einschränkungen wie oben beim Code-Freeze erläutert.

Zusammenführen von Branches

Beide Branches enthalten an der Verzweigungsstelle (*Vorbereitung Rel 1.00* in Abb. 2–11) dieselben Dateiversionen. Erst im weiteren Verlauf der beiden Zweige entwickeln sich diese auseinander. Änderungen im Trunk sind nur dort sichtbar und haben keinerlei Auswirkungen auf den Release-Branch (und umgekehrt). Daher müssen alle im Release-Branch durchgeführten Änderungen und Bugfixes irgendwann auch in den Trunk übernommen werden. Die beiden Branches werden also wieder *zusammengeführt*. In Abbildung 2–11 wird dieser Vorgang durch den gestrichelten Pfeil am Ende des Release-Branch symbolisiert.

Im obigen Beispiel ist die Zusammenführung von Release-Branch und Trunk überschaubar, da Änderungen im Release-Branch nur sehr eingeschränkt durchgeführt werden. Wirklich schwierig in den Griff zu bekommen ist die echte Parallelentwicklung. Ein Beispiel hierfür sind die Pflege und Weiterentwicklung mehrerer Releases eines Produktes, weil wichtige Kunden nicht oder nur verzögert auf die jeweils neueste

Softwareversion umsteigen wollen. Oft kommt man in diesem Szenario nicht darum herum, neue Funktionalität auch in den Entwicklungszweigen älterer Releases nachzurüsten. Dies erfordert strikte Vorgaben, wer wann Änderungen zwischen den Entwicklungszweigen nachzieht.

2.2.6 Projektautomatisierung

Eine Regel aus einem der Bücher der *Pragmatic Programmer*-Reihe lautet, dass alle Tätigkeiten automatisiert werden sollten, die man bereits zwei Mal manuell durchgeführt hat [Clark04]. Begründet wird diese Forderung damit, dass es dann mit großer Wahrscheinlichkeit nicht bei einem dritten oder vierten Mal bleibt. Der Aufwand für die Umsetzung der Automatisierung zahlt sich dadurch schnell aus.

Aus Sicht des Konfigurationsmanagements ist die Steigerung der Produktivität allerdings eher ein angenehmer Nebeneffekt der Projektautomatisierung. Viel wichtiger ist, dass die Schritte zur Erstellung des Produktes jederzeit wiederholt werden können (*Wiederholbarkeit*) und dass diese Schritte bei unveränderten Ausgangsbedingungen immer dasselbe Produkt erzeugen (*Reproduzierbarkeit*). Im Projekt werden diese Ziele der Projektautomatisierung mit Hilfe eines *Build-Prozesses* erreicht.

Wiederholbarkeit und Reproduzierbarkeit

Aufbau eines Build-Prozesses

Die konkrete Umsetzung eines Build-Prozesses ist stark projektspezifisch. Wichtige Einflussfaktoren sind z. B. die verwendete Basistechnologie (Java, .NET etc.) sowie die Komplexität des erstellten Produk-

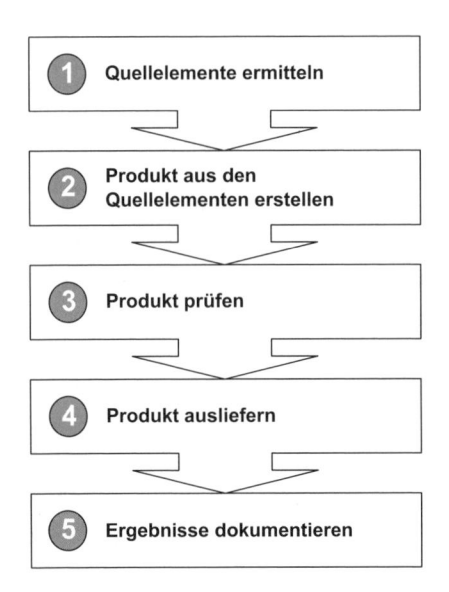

1. Quellelemente ermitteln
2. Produkt aus den Quellelementen erstellen
3. Produkt prüfen
4. Produkt ausliefern
5. Ergebnisse dokumentieren

Abb. 2–12
Die fünf Schritte eines Build-Prozesses

tes. Trotzdem ist der prinzipielle Aufbau aller Build-Prozesse ähnlich. Abbildung 2–12 zeigt die fünf Schritte, die in fast allen Build-Prozessen durchlaufen werden.

Wie gesagt, die detaillierte Umsetzung der einzelnen Schritte ist abhängig vom Projekt. Die folgende Liste gibt einen Überblick, welche Aufgaben typischerweise in den einzelnen Schritten anfallen:

- *Quellelemente ermitteln*
  Auswahl der für die spätere Erstellung des Produktes benötigten Quelltext-Module, Bibliotheken und Ressourcen
- *Produkt aus den Quellelementen erstellen*
  Aufruf von Compiler, Linker und anderen Hilfsprogrammen zur Erstellung des Produktes aus den Quellelementen. In diesem Schritt werden eventuell auch neue Quellelemente über Generatoren erzeugt. Das Produkt liegt anschließend in seinen Einzelteilen vor, ist aber in der Regel noch nicht auslieferungsfähig.
- *Produkt prüfen*
  Die Einzelteile des Produktes werden mit Hilfe von automatisierten Modultests geprüft. Da in dieser Phase das Gesamtprodukt noch nicht ausgeliefert wurde, kann kein Integrationstest stattfinden. In der Praxis bedeutet dies, dass für die Modultests alle Verbindungen zu externen Ressourcen und anderen Komponenten des Systems über Mock-Objekte oder ähnliche Techniken simuliert werden müssen. Die automatisierte Durchführung von Modultests ist die Minimalanforderung an jeden Build-Prozess. Wer einen Schritt weiter gehen will, findet in Abschnitt 2.3.2 eine Reihe von Anregungen zur Qualitätssicherung mit Hilfe von automatisierten Audits und Metriken.
- *Produkt ausliefern*
  Hierzu wird zunächst aus den Einzelteilen ein Auslieferungspaket für das Produkt erstellt. In einem Java-EE-Projekt sind dies beispielsweise die *ear*- oder *war*-Dateien. Anschließend wird das Paket entweder direkt in der Zielumgebung installiert oder in einem Auslieferungsarchiv hinterlegt. Umfasst dieser Schritt auch die Installation, können im Anschluss automatische Integrationstests ausgeführt werden.
- *Ergebnisse dokumentieren*
  Alle Schritte des Build-Prozesses werden dokumentiert (z.B. in Log-Dateien). Zusätzlich kann im Repository ein Tag für den Build erzeugt werden. Damit die Log-Files, Testergebnisse und Metriken für alle Teammitglieder ohne Probleme einsehbar sind, empfiehlt sich zudem die Veröffentlichung per E-Mail oder auf der Projekt-Homepage.

Varianten des Build-Prozesses im Projekt

In den einzelnen Phasen eines Projektes bestehen unterschiedliche Anforderungen an einen Build-Prozess. Es ist ein Unterschied, ob man kurz ein neu implementiertes Feature testen will oder ob ein neues Release des Produktes an die Kunden ausgeliefert wird. Daher kommt der Build-Prozess in unterschiedlichen Varianten zum Einsatz:

- *Entwickler-Build*
  Entwickler führen den Prozess regelmäßig in ihrer lokalen Arbeitsumgebung aus. Ziel ist die Erstellung einer Testversion des Produktes. Mit dieser werden die lokal durchgeführten Änderungen an der Software überprüft. Um die Entwickler nicht unnötig aufzuhalten, werden in dieser Variante einige Schritte des Prozesses nur teilweise ausgeführt oder sogar ganz übersprungen. Da die Ausführungszeit und Einfachheit beim Entwickler-Build eine überragende Rolle spielen, muss er unter Umständen mit anderen technischen Mitteln implementiert werden als der Integrations- und Release-Build. Moderne Entwicklungsumgebungen, wie beispielsweise Eclipse, bieten sehr komfortable und performante Möglichkeiten zur Erstellung des Produktes und zur Auslieferung desselben in einen Applikationsserver. Allerdings erkauft man sich diese Einfachheit mit der doppelten Pflege des Build-Prozesses. Denn für die nächsten beiden Varianten muss man zwangsläufig auf einen über Skripte automatisierten Build-Prozess zurückgreifen.

- *Integrations-Build*
  Der Integrations-Build hat das Ziel, die Änderungen der einzelnen Entwickler in ihrer Gesamtheit zu überprüfen. Hierzu wird regelmäßig ein Stand des Produktes aus dem Repository abgerufen, über den Build-Prozess erstellt und in einer Testumgebung installiert. Existieren im Projekt parallele Entwicklungspfade, wird der Integrations-Build für jeden dieser Pfade separat durchgeführt. Die eigentliche Überprüfung findet entweder über automatische Testläufe oder mit Hilfe von Testanwendern statt. Diese Variante des Build-Prozesses wird immer automatisiert und in regelmäßigen Abständen ausgeführt[6]. Dies ist übrigens auch einer der Gründe dafür, warum man den Integrations-Build nicht mit der Entwick-

---

6. Über das »richtige« Zeitintervall zur automatischen Durchführung eines Integrations-Builds herrscht in der Fachwelt keine Einigkeit. Die Vertreter agiler Methoden propagieren beispielsweise die sogenannte kontinuierliche Integration [URL: ContinuousIntegration]. Hier wird der Integrations-Build in sehr kurzen Abständen, z. B. einmal alle 30 Minuten, durchgeführt. Andere Experten, wie z. B. Steve McConnell, halten die Ausführung einmal pro Tag für ausreichend [McConnell96].

lungsumgebung umsetzen kann (mehr zu diesem Thema im Kasten auf Seite 49). Stattdessen setzt man im Projekt spezialisierte Werkzeuge ein. In Kapitel 5 werden wir uns mit dem Automatisierungs-Tool *Hudson* näher beschäftigen.

- *Produktions-Build* oder *Release-Build*
  Mit dieser Variante wird ein neues Release des Produktes erzeugt. Einige Build-Tools, wie beispielsweise Maven, bieten von Haus aus Unterstützung für den Release-Build an. Dieser läuft dann in vorgegebenen Schritten ab, die z. B. auch das automatische Setzen eines Release-Tags im Repository beinhalten. Andere Tools, wie z. B. Ant, bieten diese Funktionalität nicht, dafür hat man dann auch mehr Freiheiten bei der Implementierung der Skripte. In Projekten, die Ant einsetzen, verwende ich z. B. meist einen Release-Build, der das Produkt überhaupt nicht neu erstellt. Stattdessen wird lediglich ein bereits bestehender und geprüfter Integrations-Build zum Release umdeklariert. Ein entsprechendes Beispiel finden Sie im Online-Kapitel zu Ant.

Umsetzung des Build-Prozesses

Die Basis jeder Automatisierung bilden Skripte, in denen die durchzuführenden Aufgaben in einer speziellen Skriptsprache formuliert werden. Ausgeführt werden Skripte mit Hilfe eines Interpreters, wie beispielsweise Ant oder Maven.

Deklarative und imperative Skriptsprachen

Klassischerweise werden für Skripte imperative Sprachen verwendet, so z. B. auch im Fall von Ant[7]. In einer imperativen Sprache legt man als Entwickler fest, wie eine bestimmte Aufgabe durchgeführt werden muss, um das gewünschte Ergebnis zu erreichen. Im Gegensatz dazu beschreibt man mit deklarativen Sprachen das Ergebnis selbst, nicht den Weg dorthin. Maven verfolgt beispielsweise einen waschechten deklarativen Ansatz.

Shell-Skripte

Zusätzlich zu den Skripten für spezialisierte Werkzeuge kommen zur Projektautomatisierung auch *Shell-Skripte* zum Einsatz. Man benötigt sie z. B. zum Starten und Stoppen von Web- und Applikationsservern oder zur Unterstützung des Build-Prozesses. Shell-Skripte haben allerdings den prinzipbedingten Nachteil der Plattformabhängigkeit. Sie sind immer auf eine bestimmte Shell-Umgebung zugeschnitten, z. B. die Windows-Kommandozeile oder eine der diversen

---

7. Um genau zu sein: Ant basiert auf einer Mischung aus deklarativen und imperativen Ansätzen. Meiner Ansicht nach überwiegt der imperative Teil – insbesondere im direkten Vergleich zu Maven. Ich möchte an dieser Stelle aber nicht verschweigen, dass die Entwickler von Ant dies anders sehen. Sie stufen Ant ebenfalls als deklaratives Werkzeug ein.

Unix-Shells. Werden in einem Projekt unterschiedliche Plattformen eingesetzt, müssen alle wichtigen Shell-Skripte mehrfach erstellt und gepflegt werden.

> **Automatisierung und Entwicklungsumgebungen**
>
> Integrierte Entwicklungsumgebungen bieten Funktionen wie *Build & Run* an, die sehr an die bisher beschriebene Projektautomatisierung erinnern. Entwickler können »auf Knopfdruck« das komplette System erstellen und sofort ausführen. Diese Funktionalität ist sehr komfortabel und durchaus geeignet, den lokalen Entwickler-Build umzusetzen – aber sie ist kein Ersatz für Projektautomatisierung mit Skripten!
> Damit ein Build mit einer Entwicklungsumgebung gelingt, muss eine Vielzahl an Konfigurationseinstellungen manuell richtig gesetzt werden. Eine falsch gesetzte Option im x-ten Unterdialog, und der Build für das nächste Release unterscheidet sich auf subtile Weise von den bisherigen Auslieferungen. Hinzu kommt, dass Builds für Integrations- und Testzwecke oder gar für den produktiven Einsatz immer in einer kontrollierten Umgebung stattfinden sollten. Je nach Projektumfeld können dies z. B. zentral verwaltete Server sein. Oft ist es ein Ding der Unmöglichkeit, hier eine komplette Entwicklungsumgebung zum Laufen zu bringen. Selbst wenn dies gelingt, muss noch jemand »den Knopf drücken«, was dem Prinzip der Automatisierung zuwiderläuft.

2.2.7 Änderungs- und Fehlermanagement

Änderungs- und Fehlermanagement sind Prozesse zum kontrollierten Umgang mit Änderungen und Fehlerkorrekturen im Projekt. Ob eine Änderung aufgrund neuer Anforderungen oder eines Fehlers im System durchgeführt wird, hat auf die prinzipielle Vorgehensweise keinen Einfluss. Daher werde ich in diesem Abschnitt nicht zwischen »normalen« Änderungen und der Fehlerbehebung unterscheiden. Der Einfachheit halber verwende ich im Folgenden für beide Aufgabenbereiche den Begriff *Änderungsmanagement*.

Aufsetzpunkte im Projekt

Änderungsmanagement ist durchaus mit Aufwand verbunden. Klassischerweise wird ein formaler Änderungsmanagement-Prozess daher erst relativ spät im Projekt etabliert, beispielsweise nach der ersten Baseline. Geht man die Sache pragmatisch an, kann man jedoch schon in den frühen Projektphasen vom Änderungsmanagement und den dafür eingesetzten Werkzeugen profitieren.

Wenn wir uns die Zielsetzung des Änderungsmanagements nochmals kurz vor Augen führen, ergibt die frühe Nutzung eines »abgespeckten« Änderungsmanagement-Prozesses durchaus Sinn. Der kontrollierte Umgang mit Änderungen ist auch während der initialen Entwicklung eines Softwareproduktes wünschenswert. In dieser Phase liegt der Schwerpunkt noch auf der Umsetzung neuer Module und Funktionen, das Prinzip bleibt aber das gleiche: Wir wollen kontrollieren, wer was macht. In Kapitel 6 werden wir uns ausführlich mit einem solchen pragmatischen Änderungsmanagement auseinandersetzen. Für den Rest dieses Kapitels gilt unser Interesse jedoch dem »richtigen« Änderungsmanagement mit Änderungsanforderungen, Gremien und so weiter.

Aufgaben des Änderungsmanagements

Über das Änderungsmanagement wird sichergestellt, dass Veränderungen am Produkt erst nach einer Prüfung und Bewertung der Auswirkungen durchgeführt werden. Zudem werden alle Änderungen priorisiert sowie deren Umsetzung koordiniert und kontrolliert. Dadurch kann beispielsweise verhindert werden, dass zwei kritische Änderungen an einer Komponente kurz hintereinander von unterschiedlichen Bearbeitern vorgenommen werden.

Folgen eines fehlenden Änderungsmanagements

Das folgende Beispiel verdeutlicht die Folgen, wenn in einem Projekt auf das Änderungsmanagement verzichtet wird:

1. Ein Anwender bemerkt im Rahmen des Akzeptanztests das Fehlen einer für ihn persönlich unverzichtbaren Funktionalität im System. Beispielsweise ist er es gewohnt, eine bestimmte Funktion über einen Button aufzurufen, das System sieht hierfür jedoch nur eine Option in einem Kontextmenü vor.
2. Seiner Ansicht nach kann das Hinzufügen eines einzelnen Buttons kein schwerwiegendes Problem darstellen, daher ruft er direkt den zuständigen Entwickler an und fordert ihn auf, den Button nachzurüsten.
3. Der Entwickler will den Anwender zufriedenstellen und sagt die neue Funktionalität telefonisch zu.
4. Im Nachhinein merkt er, dass der neue Button technisch doch nicht so einfach zu realisieren ist. Er will seine Zusage jedoch nicht zurücknehmen und schafft es schließlich mit allerlei Tricks, den Button ins System einzubauen.

5. Der Anwender testet die neue Version der Software mit Button und stellt fest, dass dieser zwar funktioniert, dafür nun aber mehrere andere Funktionen des Dialogs fehlerhaft arbeiten. Er ruft wiederum den Entwickler an und bittet um die Behebung der Fehler.
6. Der Entwickler ist mittlerweile mit seinen eigentlichen Aufgaben im Hintertreffen und versucht nun zusätzlich, die neuen Fehler zu beheben. Diese erweisen sich als Nebenwirkungen des »Hacks«, der für den Einbau des neuen Buttons notwendig war. Er behebt die Fehler durch neue Fixes, die immer größere Teile des Systems mit einbeziehen.
7. Andere Anwender beschweren sich, dass eigentlich schon einwandfrei arbeitende Funktionen plötzlich wieder Fehler aufweisen. Es beginnt ein Teufelskreis, da der Entwickler zunehmend in Zeitdruck gerät und den Überblick über die von ihm durchgeführten Änderungen verliert.

Ich bin sicher, den meisten von Ihnen kommt das obige Szenario aus den eigenen Projekten bekannt vor. Hätten sich die Beteiligten des Beispiels im Vorhinein über die Auswirkungen der gewünschten Änderung ein paar Minuten Gedanken gemacht, wäre auf den Button vermutlich verzichtet worden. Selbst wenn nicht, hätte der Entwickler Gelegenheit gehabt, den notwendigen Zeitbedarf richtig einzuschätzen, und seine bisher geplanten Aufgaben wären auf andere Mitglieder des Teams verteilt worden.

Prinzipielle Vorgehensweise

Das Änderungsmanagement erzwingt eine solche »Denkpause«. Grundlage hierfür ist der in Abbildung 2–13 dargestellte Prozess. Er schreibt zunächst vor, dass *Änderungsanforderungen* (auf Englisch *Change Requests* oder kurz *CRs*) explizit formuliert und schriftlich festgehalten werden. Dasselbe gilt für die *Fehlermeldungen* (*Defect Reports*) der Anwender. Alleine die Forderung nach einer schriftlichen Erfassung hilft, Ordnung in den Änderungsprozess zu bringen. Die problematischen, im Nachhinein schwer nachvollziehbaren telefonischen oder sonstwie überbrachten Änderungsanforderungen fallen dadurch weg.

Abb. 2-13
Vorgehensweise beim Änderungsmanagement

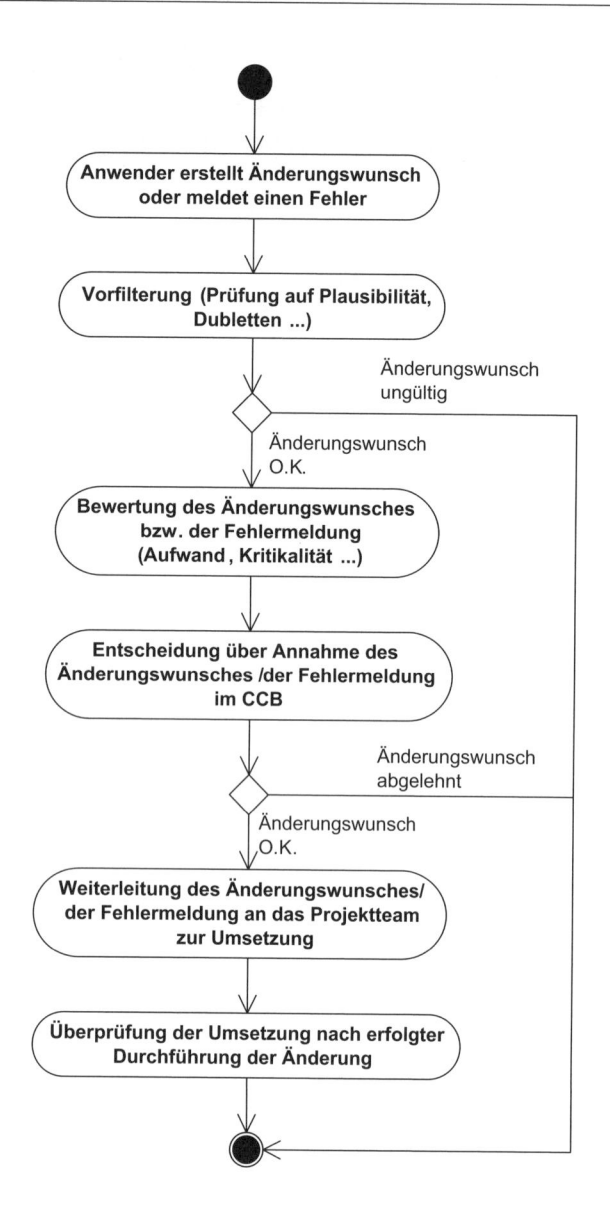

```
                    ●
                    ↓
        ┌─────────────────────────┐
        │ Anwender erstellt       │
        │ Änderungswunsch         │
        │ oder meldet einen Fehler│
        └─────────────────────────┘
                    ↓
        ┌─────────────────────────┐
        │ Vorfilterung (Prüfung   │
        │ auf Plausibilität,      │
        │ Dubletten …)            │
        └─────────────────────────┘
                    ↓          Änderungswunsch
                    ◇──────────── ungültig ──────┐
                    ↓                            │
            Änderungswunsch                      │
            O.K.                                 │
        ┌─────────────────────────┐              │
        │ Bewertung des           │              │
        │ Änderungswunsches bzw.  │              │
        │ der Fehlermeldung       │              │
        │ (Aufwand, Kritikalität…)│              │
        └─────────────────────────┘              │
                    ↓                            │
        ┌─────────────────────────┐              │
        │ Entscheidung über       │              │
        │ Annahme des             │              │
        │ Änderungswunsches/der   │              │
        │ Fehlermeldung im CCB    │              │
        └─────────────────────────┘              │
                    ↓          Änderungswunsch   │
                    ◇──────────── abgelehnt ─────┤
                    ↓                            │
            Änderungswunsch                      │
            O.K.                                 │
        ┌─────────────────────────┐              │
        │ Weiterleitung des       │              │
        │ Änderungswunsches/der   │              │
        │ Fehlermeldung an das    │              │
        │ Projektteam zur         │              │
        │ Umsetzung               │              │
        └─────────────────────────┘              │
                    ↓                            │
        ┌─────────────────────────┐              │
        │ Überprüfung der         │              │
        │ Umsetzung nach erfolgter│              │
        │ Durchführung der        │              │
        │ Änderung                │              │
        └─────────────────────────┘              │
                    ↓                            │
                    ●←───────────────────────────┘
```

Inhalt eines CR

Jeder CR und jede Fehlermeldung werden mit einer eindeutigen ID versehen (CR001, CR002, Defect0120 etc.). Über die ID können später z. B. Änderungen im Repository direkt auf den jeweiligen CR oder die Fehlermeldung zurückgeführt werden. Auch bei der Planung und Dokumentation von Releases sind die IDs ein wichtiges Hilfsmittel. Zusätzlich sollte ein CR mindestens die folgenden Daten enthalten:

- Name des Autors
- Datum der Erstellung
- aktueller Status (z. B. Vorgelegt, Angenommen, Umgesetzt, Freigegeben)
- Kurze inhaltliche Beschreibung der gewünschten Änderung. In komplizierten Fällen kann natürlich auch auf ein separates Dokument verwiesen werden.
- Beschreibung der Auswirkungen, falls der CR *nicht* umgesetzt wird
- Bewertung des CR hinsichtlich Kritikalität und Aufwand. Je nach Art und Umfang des CR sind eventuell verschiedene Bewertungen notwendig (z. B. eine Stellungnahme vom zuständigen Architekten und eine von einem Fachexperten).
- Priorisierung des CR durch das *Change Control Board* (CCB). Stattdessen kann ein CR natürlich auch komplett abgelehnt werden. In jedem Fall ist die Begründung der Entscheidung des CCB zu dokumentieren.

Fehlermeldungen entsprechen vom Aufbau her einem CR, nur dass die inhaltliche Beschreibung mehr technische Details enthält und aus mehreren Teilen besteht (z. B. Stack-Traces, Modulnamen, Fehlernummern). In CRs wird hingegen oft eine Freitext-Beschreibung gewählt.

Inhalt einer Fehlermeldung

Werkzeuge zum Änderungs- und Fehlermanagement

In der Praxis wird Änderungsmanagement erstaunlich oft quasi »per Hand«, sprich mit Excel-Tabellen, realisiert. Ein Grund hierfür mag sein, dass viele spezialisierte Werkzeuge zum Änderungs- und Fehlermanagement ausgesprochen unhandlich zu bedienen sind bzw. waren. Gerade in den letzten Jahren hat sich in diesem Bereich jedoch einiges zum Positiven gewandelt. Viele Open-Source-Werkzeuge zum Änderungsmanagement sind sehr leistungsfähig, einfach zu bedienen und auch für große Projekte eine gute Wahl. Auch die professionellen Anbieter haben dazugelernt. So stehen z. B. einige professionelle Tools Open-Source-Projekten kostenfrei zur Verfügung. Die Anbieter und deren Produkte profitieren dadurch vom offenen Feedback der Community.

Aktuelle Werkzeuge zum Änderungsmanagement umfassen in der Regel zumindest die folgenden Funktionen:

- Unterstützung bei der Erfassung und Verwaltung von Aufgaben, CRs und Fehlerberichten mit Hilfe spezieller Dialoge
- Filterfunktionen, z. B. nach Datum, Kritikalität und Subsystemen
- Zuweisung einer Aufgabe, eines CR oder eines Fehlerberichts zu einem Bearbeiter. Dieser kann seinen Fortschritt bei der Umsetzung direkt im Werkzeug dokumentieren.

Typischer Funktionsumfang

- Erstellung von Auswertungen, z. B. über neu hinzugekommene und behobene Fehler

In Kapitel 6 werden wir uns ausführlich mit dem Open-Source-Tool Redmine auseinandersetzen.

Etablierung eines Änderungsmanagers

Die Verwaltung der CRs und Fehlermeldungen übernimmt im Projekt der *Änderungsmanager*. Eine der wichtigsten Aufgaben des Änderungsmanagers ist die Vorfilterung der eingehenden CRs und Fehlermeldungen. Er muss sicherstellen, dass unvollständig beschriebene CRs und eindeutige Dubletten von vornherein zurückgewiesen werden. Dies erfordert eine gewisse Erfahrung, daher halte ich die dauerhafte Besetzung der Rolle des Änderungsmanagers im Projekt für wichtig. Wird diese Aufgabe immer von wechselnden Teammitgliedern wahrgenommen, kann eine effektive Vorfilterung nicht stattfinden.

Nach der prinzipiellen Annahme eines CR bewertet der Änderungsmanager diesen hinsichtlich Aufwand und Kritikalität. Je nach Art des CR oder des Fehlerberichts benötigt er hierfür Unterstützung von Anwendern, Analysten oder Entwicklern. Der CR wird im Rahmen der Bewertung eventuell noch vervollständigt. Beispielsweise können die Auswirkungen auf andere Komponenten oder auf Schnittstellensysteme analysiert und beschrieben werden.

Change Control Board

Erst danach wird der CR in das Change Control Board weitergeleitet. Dieses Gremium entscheidet abschließend über die Annahme oder Ablehnung eines CR. Die Zusammensetzung des CCB richtet sich nach Größe und Komplexität eines Projektes. In kleinen Projekten besteht das CCB oft aus einer einzelnen Person, in der Regel dem Projektleiter. Große Projekte benötigen CCBs mit Vertretern der einzelnen Interessengruppen, wie z. B. Anwendern, IT-Abteilungen und Dienstleistern. Nicht immer wird die Ablehnung einer Änderungsanforderung auf Begeisterung stoßen, daher muss das CCB im Projekt von allen beteiligten Parteien als Autorität anerkannt sein.

Berücksichtigung des Releaseplans

Sobald eine Änderungsanforderung vom CCB freigegeben worden ist, kann das Projektteam mit der Umsetzung beginnen. Die Einplanung erfolgt abhängig von der Bewertung der CRs und eventuell geäußerter Wünsche des CCB. An dieser Stelle ist es wichtig, dass auf die Releaseplanung Rücksicht genommen wird. In Abschnitt 2.3.1 werde ich auf dieses Thema genauer eingehen, nur so viel vorweg: Die geplanten Releases geben in einem Projekt gewissermaßen den Takt vor. Man kann nicht beliebig viele Änderungen oder Bugfixes in ein Release »hineinpacken«.

Der letzte Schritt im Änderungsmanagement ist die Überprüfung der Änderung nach der Umsetzung. Dies kann z. B. durch Audits erfolgen, mit denen wir uns in Abschnitt 2.3.2 noch näher beschäftigen werden.

2.3 Erweiterter Prozess

2.3.1 Releasemanagement

Wird eine Version des Softwareproduktes an die Endanwender ausgeliefert, bezeichnen wir diese als *Release*. Ein Release wird durch den normalen Build-Prozess erzeugt und unterscheidet sich technisch nicht von den projektinternen Auslieferungen. Bevor ein Release an die Anwender übergeben wird, durchläuft es allerdings zusätzlich eine umfangreiche Qualitätsprüfung in Form von Audits und Testläufen.

Im Rahmen des Releasemanagements machen wir uns Gedanken, welche Funktionalität die einzelnen Releases des Produktes beinhalten sollen und wann diese Releases an die Anwender ausgeliefert werden. Zudem wird festgelegt, welche Schritte zur Vorbereitung und Erstellung der Releases notwendig sind.

Beschreibung der Releases

Um ein Release vollständig zu beschreiben, müssen wir den funktionalen Umfang und den geplanten Termin der Auslieferung an die Endanwender kennen. Ein Release setzt sich aus den gesammelten und bewerteten Änderungsanforderungen der Anwender zusammen. Über das Releasemanagement stellen wir sicher, dass CRs und Bugfixes zu sinnvollen Releases zusammengefasst werden. Beispielsweise bevorzuge ich Releases, die funktionale Erweiterungen auf der Ebene von Subsystemen bündeln. Jedes Release ändert dadurch schwerpunktmäßig nur einen bestimmten Teil des Systems. Wird ein System komplett neu entwickelt, bilden statt CRs beispielsweise die umzusetzenden Use Cases die Grundlage für die Releaseplanung.

Zur eindeutigen Bezeichnung der Releases werden *Releasenummern* verwendet. Bewährt hat sich der in Abbildung 2–14 dargestellte Aufbau der Releasenummer.

Release x.y.z

Hauptrelease   Wartungsrelease   Patch

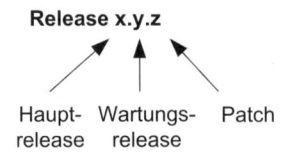

Abb. 2–14
Aufbau einer Releasenummer

Hauptrelease — Das *Hauptrelease* wird nur dann erhöht, wenn das Produkt signifikant erweitert wurde. Ein Kriterium für einen Wechsel des Hauptrelease können beispielsweise Änderungen an den verwendeten Dateiformaten oder eine grundsätzliche Überarbeitung der Benutzeroberfläche sein. Auch komplett neue Subsysteme oder Komponenten rechtfertigen die Erhöhung des Hauptrelease. Sowohl den Anwendern als auch uns selbst wird durch die Erhöhung des Hauptrelease verdeutlicht, dass der Releasewechsel mit erheblichem Aufwand verbunden sein wird. Beispielsweise müssen Anwender neu geschult oder die Daten des alten Release vor der Auslieferung migriert werden.

Wartungsrelease — Demgegenüber liefert ein Projekt *Wartungsreleases* in regelmäßigen Abständen aus. Wartungsreleases beinhalten hauptsächlich Fehlerbehebungen und kleinere funktionale Erweiterungen.

Patches — Der letzte Bestandteil der Releasenummer ist für Ausnahmefälle vorgesehen. *Patches* sollten im Normalfall nicht notwendig sein, nur welches Projekt ist schon normal? Trotz aller Sorgfalt lassen sich Fehler im Produkt nicht vermeiden. Wirklich kritische Bugs müssen den Anwendern und Kunden zuliebe schnell beseitigt werden. Ist der Zeitraum bis zum nächsten Wartungsrelease zu lange, ist die Auslieferung eines Patches nicht zu vermeiden. Patches werden ausschließlich zur Fehlerbehebung eingesetzt, funktionale Erweiterungen sind hier tabu. Da Patches nicht geplant werden können, bleibt in der Regel wenig Zeit zur Vorbereitung. Im Konfigurationsmanagement-Handbuch sollte daher das genaue Prozedere zur Erstellung und Auslieferung eines Patches dokumentiert werden. Dies ist auch deshalb empfehlenswert, da Patches erfahrungsgemäß immer zum ungünstigsten Zeitpunkt notwendig werden. Nichts verdirbt den Urlaub nachhaltiger als der mühsame Versuch, per Telefon den Prozess zur Auslieferung eines Patches zu beschreiben.

Planung der Releases

Kern des *Releaseplans* ist eine Tabelle mit der Beschreibung der Releases. Zusätzlich finde ich eine grafische Übersicht hilfreich, welche die zeitliche Abfolge der Releases und die Auswirkungen auf die Entwicklungspfade im Projekt verdeutlicht. Die Bezeichnung Releaseplan ist insofern etwas irreführend, als in der Tabelle sowohl künftige als auch die bereits ausgelieferten Releases beschrieben werden. Wen dies stört, der kann auch zwei Tabellen erstellen, einmal wirklich für den Plan und einmal für die Dokumentation der erfolgten Auslieferungen.

Zeitlicher Abstand zwischen Releases — Für zukünftige Releases ist insbesondere die Wahl des »richtigen« zeitlichen Abstands zwischen Haupt- und Wartungsreleases wichtig. Der Abstand zwischen den Wartungsreleases bestimmt, wie viele neue

Funktionen und Fehlerbehebungen umgesetzt werden können. Gerade bei neuen Produkten sollten Wartungsreleases in relativ kurzen Abständen ausgeliefert werden, beispielsweise alle drei Monate. Sind die Abstände allerdings noch kürzer, ist das Team mehr mit den Vorbereitungen für die Releasebildung als mit der Umsetzung von CRs und Bugfixes beschäftigt. Große Releaseabstände und die damit verbundenen umfangreichen Änderungen im System sind ebenfalls problematisch. Die dadurch erforderlichen umfangreichen Test- und Vorbereitungsphasen führen zu zeitlich ausgedehnten parallelen Entwicklungspfaden im Projekt.

In Tabelle 2–3 ist ein beispielhafter Releaseplan dargestellt. Unter der Annahme, dass der Plan im Dezember 2012 betrachtet wird, beinhaltet er sowohl die Dokumentation der bereits ausgelieferten als auch die Planung der kommenden Releases. Das erste Release wurde demnach Anfang April 2012 installiert. Die Vorbereitung des Release nahm insgesamt zehn Wochen in Anspruch. Für ein Hauptrelease, noch dazu das erste Release des Produktes überhaupt, kein übertrieben langer Zeitraum.

Anfang des nächsten Quartals wurde planmäßig das erste Wartungsrelease 1.1.0 ausgeliefert. Dieses umfasste eine funktionale Erweiterung des Systems um drei Change Requests und drei Bugfixes. Für die Beschreibung des Inhalts des Release sind die IDs der realisierten CRs und behobenen Defects völlig ausreichend. Der Vorlauf des Wartungsrelease ist mit zwei Wochen deutlich kürzer als der des Hauptrelease. Auch dieser Wert ist plausibel, schließlich müssen nur die wenigen Erweiterungen des Systems durch die Qualitätssicherung überprüft werden. Das folgende Wartungsrelease 1.2.0 erscheint wiederum drei Monate später. Offensichtlich ist im Release 1.2.0 allerdings ein schwerwiegender Fehler übersehen worden, denn Anfang Dezember musste ein ungeplanter Patch auf 1.2.1 installiert werden.

Rel.-Nr.	Inhalt	Vorlauf	Auslieferung
1.0.0	Initiale Auslieferung	10 Wochen	01.04.2012
1.1.0	CR002, CR010, CR011 Fixes für Defects: 102, 110, 150	2 Wochen	01.07.2012
1.2.0	CR004, CR020 Fixes für Defects: 170, 175, 180	2 Wochen	01.10.2012
1.2.1	Fix für Defect: 191	Keiner	04.12.2012
2.0.0	Neues Modul Auswertungen	8 Wochen	01.02.2013

Tab. 2–3
Beschreibung der Releases

Die Auswirkungen des Patches auf die Entwicklungspfade im Projekt sind aus der Tabelle nicht ohne Weiteres ersichtlich. Aus der grafischen

Darstellung des Releaseplans in Abbildung 2–15 wird jedoch sofort klar, warum nach 1.2.0 kein weiteres reguläres Wartungsrelease mehr geplant war und der Patch daher umso ärgerlicher ist. Bedingt durch die acht Wochen Vorbereitungsphase für Release 2.0.0 ist Anfang Dezember 2012 bereits ein neuer Entwicklungspfad im Projekt gestartet worden. Der Patch auf 1.2.1 wurde nur einige Tage später ausgeliefert. In der Folge sind nun nicht zwei, sondern drei aktive Pfade im Projekt.

Abb. 2–15
Grafische Darstellung des Releaseplans

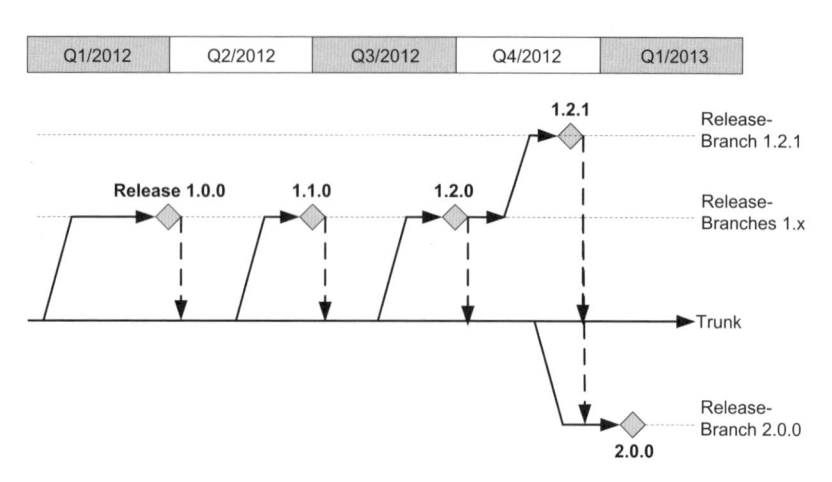

Die gestrichelten Linien in Abbildung 2–15 markieren die Übernahme der Änderungen aus den Release-Branches in den Trunk. Nach dem Patch auf 1.2.1 muss zusätzlich zum Trunk auch der Release-Branch für 2.0.0 auf den neuesten Stand gebracht werden.

Das Beispiel ist so konstruiert, dass keine andere Wahl bleibt und der Mehraufwand für den Abgleich der drei Pfade zumindest temporär in Kauf genommen werden muss. Ich habe jedoch schon mehrfach Situationen im Projekt erlebt, in denen bewusst parallele Releases eingeplant wurden. Eigenartigerweise war der Hintergrund immer die Überlegung, dass durch die Parallelisierung bestimmter Arbeiten Zeit gespart wird und der eigentlich unrealistische Endtermin des Projektes dadurch doch noch einzuhalten ist.

Einfluss auf die Projektplanung

Es ist auch Aufgabe des Releasemanagements, derartigem Unfug vorzubeugen. Parallele Entwicklungspfade gilt es wann immer möglich zu vermeiden, da sie selbst mit den besten Werkzeugen sehr viel zusätzlichen Aufwand im Projekt erzeugen. Zudem ist jede Zusammenführung von Entwicklungspfaden eine potenzielle Fehlerquelle. Releasepläne und die oben gezeigte grafische Darstellung können helfen, dem Projektmanagement die Konsequenzen einer allzu kreativen Planung deutlich zu machen.

2.3.2 Audits

Mit Hilfe von *Audits* wird in einem KM-Prozess überprüft, ob die Konfigurationselemente alle an sie gestellten Anforderungen erfüllen. Dies umfasst beispielsweise die funktionale Prüfung des Systems mit Hilfe von Anwender- und Integrationstests. Andere Audits verifizieren, ob die vereinbarten Standards, wie beispielsweise die Quelltextformatierung oder die durchgängige Verwendung von Dokumentvorlagen, eingehalten werden.

Durchführung von Audits

Allen Audits ist gemeinsam, dass sie den Istzustand gegenüber einem vorher festgelegten Sollzustand überprüfen. Erfüllt das geprüfte Element das Soll, verläuft der Audit erfolgreich. Wenn nicht, muss das Element nachgebessert und der Audit wiederholt werden.

Erstaunlicherweise wird in der Praxis oft gegen dieses einfache Prinzip verstoßen. Ein Beispiel hierfür sind die von vielen Entwicklern verhassten Quelltext-Audits. In einem solchen Audit wird ein ausgewähltes Quelltextmodul auf die Einhaltung bestimmter Kriterien, wie beispielsweise die Vollständigkeit der Dokumentation, überprüft. Durchgeführt wird die Überprüfung von ein bis zwei fachkundigen Auditoren und einem der zuständigen Entwickler. Das Ergebnis des Audits ist eine klare Ja/Nein-Aussage. Entweder das Modul besitzt eine vollständige Dokumentation oder eben nicht. Tatsächlich laufen derartige Audits aber oft völlig anders ab. Statt die Dokumentation zu überprüfen, zerpflücken die Auditoren die Implementierung bis ins kleinste Detail. Da drei Spezialisten mindestens drei unterschiedliche Meinungen zur optimalen technischen Umsetzung einer gegebenen Anforderung haben, schlägt das Audit dadurch beinahe zwangsläufig fehl. Statt die Qualität des Produkts zu verbessern, führt ein derartiges Audit letztlich nur zu erheblichen Spannungen im Projekt.

Typische Fehler bei der Durchführung von Audits

Um dies zu vermeiden, muss im Projekt rechtzeitig ein Audit-Plan entworfen und im KM-Handbuch dokumentiert werden. Im Plan werden pro Audit der Teilnehmerkreis, der Zeitpunkt und das genaue Ziel festgehalten (siehe Tab. 2–4 für ein Beispiel).

Audit-Plan

Tab. 2–4
Beschreibung eines manuellen Audits

Audit:	Review Designdokument
Teilnehmer:	▪ Der Autor des Dokuments ▪ Ein Architekt aus dem Architekturboard ▪ Ein Mitglied aus dem QS-Team
Zeitpunkt:	1 Woche nach Versand des Designdokuments an die Teilnehmer
Ziel:	Prüfung des Designdokuments auf folgende Kriterien: ▪ Dokumentvorlage »Designdokumente« verwendet? ▪ Dokumentversion und Änderungshistorie gefüllt? ▪ Standardgliederung eingehalten? Ausnahmen sind begründet? ▪ Design konform zur Softwarearchitektur? ▪ Design geeignet zur Umsetzung der funktionalen und nichtfunktionalen Anforderungen an das Modul? (Wenn nein: genaue Begründung!)

2.3.3 Metriken

Im Gegensatz zu Audits, die im Prinzip ein boolesches Ergebnis liefern, erlauben Metriken differenziertere Aussagen über die Qualität des Systems und den Status des Projektes. Eine »Metrik ... bezeichnet im Allgemeinen ein System von Kennzahlen oder ein Verfahren zur Messung einer quantifizierbaren Größe« [Wikipedia: Metrik]. Wie wir etwas später sehen werden, können Metriken entweder manuell oder vollständig automatisch ermittelt werden. In einem Softwareprojekt existieren drei Kategorien von Metriken (vgl. [Kan02]):

Kategorien von Metriken

▪ *Produktmetriken*
Sie beschreiben die Eigenschaften des erstellten Produktes, wie beispielsweise Größe, Komplexität, Antwortzeiten und allgemeine Qualitätsmerkmale (Fehlerrate etc.).

▪ *Prozessmetriken*
Diese Metriken geben Auskunft über die Güte des Entwicklungsprozesses. Ein Beispiel hierfür ist der durchschnittliche benötigte Aufwand zur Behebung eines Fehlers im System.

▪ *Projektmetriken*
Mit Projektmetriken wird das Softwareprojekt an sich beschrieben. Typische Beispiele sind das Auftragsvolumen, die Teamgröße und die Dauer des Projektes.

Wir setzen in unserem KM-Prozess hauptsächlich Metriken aus der Kategorie *Produktmetriken* ein. Diese erlauben es uns, den Fortschritt des Projektes und die Qualität des erstellten Produktes transparent zu machen. Die Metriken der anderen Kategorien sind übrigens nicht weniger wichtig. Sie fallen jedoch tendenziell in andere Aufgabengebiete des Projektes. Die *Projektmetriken* werden beispielsweise in der Regel vom Projektmanagement erfasst und überwacht.

Sinnvolle und sinnlose Metriken

Metriken versuchen, einen bestimmten Aspekt eines Softwareproduktes in eine auf den ersten Blick leicht verständliche Zahl zu gießen. Dies macht die besondere Faszination von Metriken aus, schließlich ist Softwareentwicklung ein komplexes Geschäft und jede potenzielle Vereinfachung gern gesehen. Leider liegt genau in dieser Eigenschaft von Metriken auch deren größte Gefahr. Denn »jeder Versuch, die Komplexität zu reduzieren, erhöht die Komplexität an einem anderen Ort« [Lotter06]. Im Falle von Metriken bedeutet dies, dass die Ermittlung und vor allem die Interpretation der gemessenen Zahlen keinesfalls so einfach sind, wie es zunächst den Anschein hat.

Betrachten wir zum Beispiel die sehr beliebte Metrik LOC etwas genauer. LOC steht für *Lines of Code*, d. h., zur Ermittlung der Metrik werden einfach alle Zeilen des Quelltextes gezählt. Je größer die Zahl, desto größer das erstellte Produkt. Doch ist das wirklich so? Die Schwierigkeiten beginnen schon mit der genauen Definition einer Quelltextzeile. Ist eine leere Zeile im Quelltext auch eine Quelltextzeile? Was ist mit Kommentaren? Was passiert, wenn ein Entwickler 200 Zeichen lange Monsterzeilen schreibt, ein anderer aber sauber nach 80 Zeichen umbricht? Um diesen grundsätzlichen Problemen zu begegnen, wurde eine ganze Reihe von LOC-Varianten definiert, die beispielsweise explizit alle Kommentarzeilen von der Messung ausschließen oder nur die wirklich ausführbaren Statements zählen. Verwendet man die LOC-Metrik im Projekt, müssen alle Beteiligten genau verstehen, was wirklich gemessen wurde.

Beispiel für eine sinnlose Metrik

Sobald die Semantik der LOC-Metrik eindeutig festgelegt wurde, kann das Produkt »vermessen« werden. Im nächsten Schritt gilt es nun, die ermittelte Zahl zu interpretieren. Ist beispielsweise der LOC-Wert im Vergleich zur letzten Messung gestiegen, könnte man dies als Fortschritt im Projekt werten. Leider lauert auch hier der Teufel im Detail. Denn die LOC-Metrik verhält sich umgekehrt proportional zur Effizienz im Systementwurf. Anders ausgedrückt sorgt ein gutes Design dafür, dass möglichst wenig neuer Code zur Implementierung einer Funktion im System notwendig ist. Misst man in einem solchen Projekt den Fortschritt an der LOC-Metrik, bestraft man sozusagen die effiziente Arbeit des Design-Teams.

Alles in allem hat die LOC-Metrik nur einen wirklichen Vorteil: Sie lässt sich recht einfach automatisch ermitteln. Der Wert der Metrik ist meines Erachtens allerdings sehr fraglich. Sie beantwortet keine der Fragen zum Fortschritt oder Qualitätsstand des Projektes wirklich zuverlässig.

GQM-Verfahren

Um an eine Liste mit sinnvollen Metriken zu gelangen, müssen wir offensichtlich anders vorgehen. Statt die technisch einfach zu realisierenden Metriken zu verwenden, sollten die Ziele der Messung im Vordergrund stehen. Diesen Ansatz bezeichnet man auch als das *GQM-Verfahren* (Goal Question Metric). Er besteht aus drei Schritten (vgl. [Ebert05]):

1. Festlegung eines konkreten Ziels. Beispielsweise soll im Projekt in einem bestimmten Zeitraum eine vorgegebene Anzahl von Anwendungsfällen umgesetzt werden.
2. Formulierung von Fragen zur Überprüfung der Zielerreichung. Im obigen Beispiel lautet die übergeordnete Frage: »Wie viele Anwendungsfälle sind bereits umgesetzt worden?« Um dies zu beantworten, muss man für jeden einzelnen Anwendungsfall wiederum die folgenden Fragen beantworten: »Existieren für den Anwendungsfall *xyz* das Use-Case-Dokument und das Designdokument im Status *Freigegeben*? Liegen alle im Designdokument spezifizierten Klassen fertig implementiert im Repository vor? Werden die Modultests für diese Klassen fehlerfrei durchlaufen?« Nur wenn alle diese Fragen mit *Ja* beantwortet werden, ist ein Anwendungsfall vollständig umgesetzt.
3. Definition einer Metrik, mit welcher der Grad der Zielerreichung ausgedrückt werden kann. Die Metrik im obigen Beispiel könnte *Umgesetzte Use Cases* lauten. Ihr Wert wird genau dann um eins erhöht, wenn für einen gegebenen Anwendungsfall alle oben genannten Fragen positiv beantwortet werden können.

Das Ergebnis des GQM-Verfahrens wird pro Metrik im KM-Handbuch dokumentiert. Hierbei sollte jeder einzelne Schritt, also das Ziel, die Fragen und die daraus abgeleitete Metrik, separat beschrieben werden.

Manuell ermittelte Metriken

Spezifiziert man die Metrik *Umgesetzte Use Cases* nach dem oben beschriebenen Verfahren, erhält man eine zuverlässige Aussage über die aktuelle Größe des Produktes und den Fortschritt im Projekt. Natürlich hat die Sache auch einen Haken. Diese Metrik kann, im Gegensatz zu LOC, nur manuell ermittelt werden. Beim Entwurf der Metriken für ein Projekt kann man realistischerweise nur eine Handvoll manueller Messungen vorsehen. Schließlich sollen die Messwerte mit einem vertretbaren Aufwand ermittelt werden. Neben einer Metrik zur Bestimmung des Projektfortschritts, wie z. B. *Umgesetzte Use Cases*, halte ich aus Sicht des Konfigurationsmanagements die folgenden manuellen Metriken für sinnvoll:

- *Neu erfasste Fehler pro Zeitraum*
  Wenn ein Werkzeug zum Fehlermanagement eingesetzt wird, kann diese Metrik direkt aus der Fehlerdatenbank ermittelt werden. Sie gibt an, wie viele neue Fehler in einem definierten Intervall (z. B. eine Arbeitswoche) im System erfasst wurden. Hierbei werden Dubletten und ungültige Fehlermeldungen nicht gezählt.

- *Behobene Fehler pro Zeitraum*
  Gibt an, wie viele Fehler in einem definierten Intervall behoben wurden. Als behoben gilt ein Fehler erst dann, wenn der Bugfix mit Hilfe eines Testlaufes verifiziert wurde. Stellt man die behobenen Fehler den neu erfassten gegenüber, lässt dies Rückschlüsse auf die Entwicklung der Softwarequalität des Produktes zu. Werden über einen längeren Zeitraum mehr Fehler gefunden als behoben, ist entweder das Wartungsteam unterbesetzt, oder das Produkt hat wirklich ein ernsthaftes Qualitätsproblem.

- *Aufwand pro Fehlerbehebung*
  Mit Hilfe dieser Metrik kann man im Laufe der Vorbereitung eines Release abschätzen, wie viel Aufwand insgesamt noch zur Behebung der bekannten Fehler investiert werden muss.

- *Fehlerdichte*
  Diese Metrik ist der Quotient aus der Anzahl der bekannten Fehler und der Produktgröße. Mit Hilfe der Fehlerdichte kann eine Prognose der wahrscheinlichen Fehleranzahl in neuen Releases erstellt werden. Liegt der Wert für die Fehlerdichte aktuell beispielsweise bei fünf Fehlern pro Use Case und werden in einem kommenden Release zehn neue Use Cases ausgeliefert, muss man mit ca. 50 Fehlern in dem neuen Produkt rechnen. Sind in der Vorbereitungsphase des Release bisher nur 30 Fehler entdeckt worden, sollte man den Zeitraum bis zum nächsten Wartungsrelease nicht allzu groß ansetzen.

Sinnvolle manuelle Metriken

Automatisierte Metriken

Zusätzlich zu den manuell erfassten Metriken kann eine Reihe von Messgrößen direkt aus den Konfigurationselementen ermittelt werden. Hierbei ist insbesondere der Quelltext des Systems eine gute Grundlage für automatisierte Messungen. Man nennt diesen Vorgang daher *auch statische Quelltextanalyse.* In der Tabelle 2–5 finden Sie eine Übersicht häufig verwendeter Metriken für objektorientierte Software.

Automatisierte Audits

Neben der Ermittlung der in der Tabelle genannten Metriken können durch die statische Quelltextanalyse auch *automatisierte Audits* durchgeführt werden. Spezialisierte Werkzeuge prüfen beispielsweise die Einhaltung von Namenskonventionen und die Vollständigkeit der Quelltextkommentare. In Kapitel 5 werden wir uns konkret mit diesem Einsatzgebiet der Quelltextanalyse befassen.

Tab. 2–5
Gängige automatisch ermittelbare Metriken

Metrik	Beschreibung	Kommentar
Coupling between Objects (CBO)	Ermittelt die Anzahl der Klassen, zu denen die vermessene Klasse in Beziehung steht	Je höher dieser Wert ist, desto »enger« ist die Kopplung einer Klasse mit anderen Modulen des Systems. Dies widerspricht den Prinzipien des modularen Designs und hat negative Auswirkungen auf die Wartbarkeit, Änderbarkeit und Testbarkeit (vgl. [Chidamber94]).
Cyclomatic Complexity (CC)	Zählt die linear unabhängigen Ausführungspfade in einer Methode	Siehe die Erläuterungen im folgenden Abschnitt
Depth of Inheritance Tree (DIT)	Liefert die Anzahl der Oberklassen einer Klasse	Klassen mit vielen Oberklassen erben deren Funktionalität und sind daher schwer zu verstehen und zu warten. Auch der Entwurf derartiger Klassen ist nicht einfach und daher fehleranfällig (vgl. [Chidamber94]).
Lines of Code (LOC)	Zählt die Quelltextzeilen	Metrik mit zweifelhaftem Wert, siehe Erläuterungen einige Seiten zuvor
Number of Methods (NOM)	Zählt die Methoden einer Klasse	Aus Gründen der Übersichtlichkeit sollten Klassen mit sehr vielen Methoden (z. B. > 15) einem Refactoring unterzogen werden.
Weighted Methods per Class (WMC)	Ermittelt die Komplexität einer Klasse aus der Summe der CC-Werte aller Methoden	Erlaubt eine ähnliche Aussage wie CC auf Klassenebene

Auswahl geeigneter automatisierter Metriken

Das GQM-Verfahren gilt im Prinzip auch für automatisch ermittelte Metriken. In der Praxis wird man jedoch Kompromisse eingehen müssen. Da in der Regel vorhandene Werkzeuge zur Durchführung der Messungen eingesetzt werden, ist man auf die dort vordefinierten Metriken angewiesen. Was nun keinesfalls passieren sollte, ist der Einsatz aller im Werkzeug verfügbaren Metriken, frei nach dem Motto »Viel hilft viel«. Da gerade bei automatisierten Metriken die richtige Interpretation schwierig ist, sollte man sich auf die für das Projekt wirklich wichtigen Messwerte beschränken. Hier schließt sich der Kreis zum GQM-Verfahren. Ausgehend von den Zielen wählt man aus den im Werkzeug angebotenen Metriken diejenigen aus, welche die Fragen zur Zielerreichung am besten beantworten.

Gut geeignet zur Überwachung durch automatisierte Metriken sind nichtfunktionale Anforderungen, wie z. B. die einfache Wartbarkeit und Erweiterbarkeit. Systeme sind dann einfach zu warten und zu erweitern, wenn die einzelnen Module nicht zu komplex sind (vgl. [Banker93] und [Gill91]). Gleichzeitig reduziert eine geringe Komplexität die Fehleranfälligkeit eines Moduls; es lohnt sich also, diesen Aspekt während der Entwicklung des Produktes im Auge zu behalten. Die Fragestellung lautet dementsprechend: Gibt es Module im System, deren Komplexität zu hoch ist?

Überwachung nichtfunktionaler Anforderungen

Diese Frage kann für viele Projekte zumindest indirekt mit der Metrik *Cyclomatic Complexity* (CC) beantwortet werden. Die etwas vereinfachte Aussage der Metrik lautet, dass eine Methode umso verständlicher und einfacher zu testen ist, je geringer der gemessene Wert ist[8]. Dementsprechend ist eine Klasse dann problematisch, wenn sie eine Methode mit einem zu hohen CC-Wert beinhaltet.

Verwendung der Metrik »Cyclomatic Complexity«

Nur, welcher CC-Wert ist »zu hoch«? Dieser Schwellwert kann nur auf empirischer Basis ermittelt werden. Idealerweise bestimmt man hierzu die CC-Werte von problematischen Methoden aus früheren Projekten und leitet aus den Ergebnissen den Schwellwert für neue Projekte ab. Ich habe dies beispielhaft für eines meiner größeren Java-Projekte durchgeführt. Bei der Analyse der Ergebnisse habe ich festgestellt, dass die mir bekannten problematischen Module mit schöner Regelmäßigkeit einzelne Methoden mit einem CC-Wert von über 10 enthalten haben. Diesen Schwellwert würde ich daher ohne Weiteres für ähnlich gelagerte Projekte wieder verwenden.

Allerdings, und das muss man sich wirklich immer wieder klarmachen, sind Metriken wie der CC-Wert nur *ein Indikator* und kein endgültiger Nachweis für den Grad an Übersichtlichkeit, Fehleranfälligkeit und Wartbarkeit eines bestimmten Moduls. Viele andere Aspekte eines Softwaresystems, wie beispielsweise die verwendete Architektur und die Komplexität der fachlichen Domäne, werden durch Metriken überhaupt nicht erfasst. Ein schönes Beispiel hierfür ist der Quelltext von Maven. Dieser liefert durchgehend sehr niedrige CC-Werte. Trotzdem ist Maven ein komplexes Produkt, nicht zuletzt deshalb, weil intern ein sogenannter *Dependency Injection Container* verwendet wird. Dieser lagert sehr viele Abhängigkeiten zwischen den Modulen von Maven in externe Konfigurationsdateien aus. Dies bringt eine Reihe von Vorteilen, erschwert aber gerade unerfahrenen Entwicklern das Verständnis des Quelltextes ungemein. Die niedrigen CC-Werte führen in diesem Fall also in die Irre.

Grenzen der CC-Metrik

---

8. Da mit CC die Anzahl der Ausführungspfade gemessen wird, entspricht dies gleichzeitig der Anzahl der benötigten Testfälle, um eine Methode vollständig abzusichern.

Psychologische Konsequenzen im Projekt

Metriken haben viele Vorteile und können helfen, die Qualität eines Softwareproduktes dauerhaft zu sichern. Allerdings gilt leider auch das Gegenteil, wenn man gerade die automatisierten Metriken unüberlegt verwendet. Bezeichnenderweise stellen die Autoren von [Ebert05] fest, dass die Einführung von Metriken eindeutig eher vom Management als von den Entwicklern als positiv bewertet wird. Dies deckt sich mit meinen Erfahrungen. Entwickler empfinden Metriken als eine stark vereinfachende Bewertung ihrer Arbeit. Ein hochkomplexes Softwareprodukt wird auf wenige Zahlen reduziert. Liegt eine dieser Zahlen oberhalb eines mehr oder weniger willkürlich festgelegten Schwellwertes, müssen sie sich im schlimmsten Fall vor der Projektleitung dafür rechtfertigen. Oft sind hohe Messwerte gut zu begründen, doch welcher Manager hat die Muße, sich von einem Entwickler über die technischen Feinheiten einer bestimmten Methode aufklären zu lassen? In der Folge werden zu hohe Messwerte oft schlicht als Fehler gewertet. Dies ist natürlich ungerechtfertigt und demotiviert jedes Entwicklungsteam in kürzester Zeit.

Best Practices beim Einsatz von Metriken

Im Folgenden habe ich kurz zusammengefasst, was aus meiner Sicht bei der Verwendung von Metriken im Projekt unbedingt beachtet werden sollte:

- Gezielte Auswahl von Metriken nach dem GQM-Verfahren *am Anfang* des Projektes. Keinesfalls dürfen mitten im Projekt willkürlich ausgewählte Metriken eingeführt werden. Die Schwellwerte in den gekauften Werkzeugen entsprechen beinahe mit Sicherheit nicht den Anforderungen Ihres Projektes. Eine Messung würde daher zu ellenlangen »Fehlerlisten« und in der Folge zu erheblicher Aufregung im Projekt führen.
- Ausführliche Dokumentation der verwendeten Metriken und Schwellwerte im KM-Handbuch. Jeder Projektbeteiligte muss eine Chance haben, den Sinn und Zweck einer bestimmten Messung zu verstehen.
- Verwendung *realistischer* Schwellwerte. Niemandem ist geholfen, wenn beispielsweise ein CC-Schwellwert von 5 gefordert wird und in der Folge unzählige Mini-Methoden entstehen.
- Ausnahmen müssen explizit möglich sein. Metriken liefern nur Anhaltspunkte, keine absoluten Aussagen. Wenn ein Modul für eine bestimmte Metrik den Schwellwert nicht einhalten kann, ist dies nicht unbedingt ein Hinweis auf ein Qualitätsproblem. Sehen Sie daher im KM-Handbuch die Möglichkeit vor, bestimmte Module – mit Begründung – von den Messungen auszuschließen.

- Und am wichtigsten: Metriken liefern nur Hinweise auf *mögliche* Probleme. Wenn ein Schwellwert verletzt wird, setzen Sie ein Quelltext-Audit an und verschaffen Sie sich ein genaues Bild von der Lage. Fordern Sie keinesfalls einfach die »Behebung des Fehlers«!

2.3.4 Berichte

Die Ergebnisse der Audits, die ermittelten Metriken und generell der Status des Projektes werden regelmäßig in Form von Berichten veröffentlicht. Idealerweise sollte das gesamte Team Zugriff auf diese Berichte haben. Dies erreicht man beispielsweise durch die Einrichtung einer *Projekt-Homepage*. In der folgenden Tabelle habe ich den Aufbau einer typischen Projekt-Homepage dargestellt.

Menüpunkt	Beschreibung
Allgemeine Informationen	■ »Management Summary« des Projektinhaltes ■ Zeitplan und wichtige Meilensteine
Aktuelles	■ Neueste Informationen zum Projektverlauf ■ Kalender mit den demnächst anstehenden Terminen und Audits
Projekt-organisation	■ Überblick in Form einer Grafik ■ Tabelle mit den Kontaktdaten aller Teammitglieder
Wichtige Dokumente	■ Überblick aller wichtigen Dokumente im Projekt (z. B. Projekthandbuch, KM-Handbuch, Konzeptdokumente, Use-Case-Übersichten, Beschreibung der Softwarearchitektur) ■ Für alle Dokumente sollte ein direkter Zugriff von der Homepage aus möglich sein.
Projektstatus	■ Darstellung des Projektfortschritts mit Hilfe einer geeigneten Metrik ■ Detaillierter Status pro Team. Für das Entwicklerteam werden an dieser Stelle beispielsweise die Berichte mit den automatisch ermittelten Metriken angezeigt.

Tab. 2–6
Aufbau einer Projekt-Homepage

Abgesehen von der regelmäßigen Bereitstellung der aktuellen Berichte fällt die Erstellung und Pflege einer Projekt-Homepage nicht unbedingt in den Aufgabenbereich eines KM-Prozesses. In großen Projekten liegt die Verantwortung für die Homepage oft bei Stabsstellen, die generell für die Innen- und Außenkommunikation im Projekt verantwortlich sind. Kleinere und mittelgroße Projekte können sich einen derartigen Luxus nicht leisten, man muss die Projekt-Homepage also in Eigenregie erstellen und pflegen. In Kapitel 5 werden wir uns mit der Frage auseinandersetzen, inwieweit Maven uns in einem solchen Szenario unterstützen kann.

3 Konfigurationsmanagement-Werkzeuge

Konfigurationsmanagement ist heutzutage ohne die Unterstützung durch spezialisierte Werkzeuge nicht mehr denkbar. Kommerzielle Hersteller bieten hierzu ganze Produktfamilien an, die helfen, alle in Kapitel 2 erläuterten Ziele eines KM-Prozesses zu erreichen. Ich gehe aus den bereits in der Einleitung erläuterten Gründen jedoch einen anderen Weg und verwende in diesem Buch ausnahmslos freie Software.

Die restlichen Kapitel des Buches konzentrieren sich im Wesentlichen auf drei Werkzeuge: *Subversion*, *Maven* und *Redmine*. Subversion stellt das Repository für unseren KM-Prozess zur Verfügung und bildet somit die Grundlage zur Verwaltung der Konfigurationselemente.

Maven deckt den Aufgabenbereich der *Projektautomatisierung* ab. Das Besondere an Maven ist hierbei der deklarative Ansatz. Er birgt das Potenzial zur Reduktion auf das Wesentliche beim Entwerfen eines Build-Prozesses. Hinzu kommt eine sehr mächtige Funktionalität zur Verwaltung der Abhängigkeiten eines Projektes, die uns, so viel sei schon vorweggenommen, später viel Arbeit sparen wird.

Mit Redmine werden wir schließlich einen einfachen Änderungsmanagement-Prozess umsetzen. Redmine bietet zusätzlich zu der für diese Art von Werkzeug typischen Ticketverwaltung recht leistungsfähige Funktionen aus dem Bereich für die Projektkommunikation und -dokumentation. Auch auf diese Funktionen werde ich im Verlauf des Buches eingehen.

In den folgenden Abschnitten stelle ich Subversion, Maven und Redmine in aller Kürze vor. Obwohl Subversion, Maven und Redmine im Fokus des Buches stehen, verwende ich in einigen Kapiteln des Praxisteils noch weitere Werkzeuge. In Abschnitt 3.6 werden diese Tools kurz vorgestellt.

3.1 Subversion

Subversion ist ein frei verfügbares Versionskontrollsystem. Es wird seit Anfang 2000 entwickelt und gilt als Nachfolger des vor 25 Jahren erstmals veröffentlichten CVS (*Concurrent Versions System*). CVS war lange Zeit das am weitesten verbreitete Versionskontrollsystem überhaupt, was nicht zuletzt seiner Beliebtheit im Bereich der Open-Source-Entwicklung zu verdanken ist. Bis zum Erscheinen von Subversion hat CVS den wohl größten Leistungsumfang aller frei verfügbaren Versionskontrollsysteme geboten.

Verbesserungen gegenüber CVS

Allerdings hat CVS einige konzeptionell bedingte Schwächen. So können beispielsweise nur einzelne Dateien versioniert werden, nicht aber ganze Verzeichnisse. Wird eine Datei umbenannt, verschoben, gelöscht oder kopiert, hat dies Auswirkungen auf den Inhalt der Verzeichnisse im Projekt. CVS kann diesen Umstand nicht in der Versionshistorie festhalten. Es ist daher nicht in der Lage, zu einem späteren Zeitpunkt den ursprünglichen Zustand wiederherzustellen. Ein weiterer Nachteil von CVS ist die fehlende Unterstützung von Transaktionen. Führt ein Entwickler nach der Änderung mehrerer zusammengehörender Quellcodedateien einen Check-in mit CVS durch, wird jede Datei einzeln ins Repository übertragen. Tritt während des Check-ins z. B. ein Netzwerkproblem auf, bricht CVS mitten in der Übertragung einfach ab. Da nur ein Teil der Dateien ins Repository geschrieben wurde, befindet sich dieses anschließend in einem inkonsistenten Zustand.

Die genannten und einige weitere, kleinere Probleme führten zu der Entscheidung des amerikanischen Unternehmens CollabNet, einen Nachfolger für CVS zu entwickeln. Dieser sollte alle Vorteile von CVS besitzen und gleichzeitig dessen Schwächen ausmerzen. Das Ergebnis dieser Entwicklung war Subversion Version 1.00, die im Februar 2004 unter einer Open Source Lizenz veröffentlicht wurde. Subversion gewann schnell Anhänger in der Entwicklergemeinde und entwickelte sich in den darauffolgenden Jahren zu einem der populärsten Versionskontrollsysteme. Im Herbst 2009 entschied sich CollabNet, das Projekt an die Apache Software Foundation (ASF) zu übergeben. Seit Februar 2010 ist Subversion ein Top-Level-Projekt der ASF. Zum Zeitpunkt der Erstellung dieses Textes war Version 1.7.8 aktuell, alle Beispiele im weiteren Verlauf des Buches basieren daher auf dieser Version.

3.1.1 Funktionsumfang

Die wichtigsten Funktionen von Subversion sind:

- Versionierung von Dateien *und* Verzeichnissen. Dies garantiert eine vollständige Versionshistorie und damit die Nachvollziehbarkeit aller Änderungen.
- Atomare Check-ins. Subversion verwendet Transaktionen bei der Übertragung von Daten ins Repository und erfüllt damit die ACID[1]-Kriterien.
- Unterstützung für Metadaten (*Properties*). Jedes Element im Repository kann mit beliebigen Metadaten in der Form von Schlüssel-Wert-Paaren versehen werden. Die Properties unterliegen genauso wie Dateien und Verzeichnisse der Versionierung.
- Flexible Client-Server-Architektur. Subversion unterstützt mehrere Servervarianten und Kommunikationsprotokolle.
- Effizienter Algorithmus zur Deltabildung. Subversion unterscheidet bei der Bildung von Deltas nicht zwischen Text- und Binärdateien. Im Repository beanspruchen die Deltas für beide Dateiarten daher gleich viel Platz.
- Branching und Tagging mit *Cheap Copies*. Das Repository von Subversion realisiert Branches und Tags mit Hilfe normaler Verzeichnisse. Um beispielsweise einen Tag anzulegen, kopiert man einfach das komplette Projekt in ein entsprechendes Verzeichnis namens tags. Der Clou an dieser Vorgehensweise sind die sogenannten *Cheap Copies*. Cheap Copies basieren auf der Idee, dass sich ein Verzeichnis durch die Erstellung einer Kopie zunächst nicht ändert. Es enthält alle Dateien der Originalversion. Daher kopiert Subversion das Verzeichnis und dessen Inhalt nicht, sondern merkt sich anstelle der Kopie einen Verweis auf das Original. Erst wenn in der Kopie eine Datei verändert oder gelöscht wird, muss dieser Unterschied zum Original im Repository festgehalten werden. Dieses Prinzip ähnelt der Deltabildung auf Dateiebene und ist rein technisch betrachtet in der Tat sehr leistungsfähig. Es ermöglicht eine sehr kurze, konstante Laufzeit des Kopiervorgangs unabhängig von der Größe eines Verzeichnisses und verbraucht zudem nur wenig Platz im Repository. Aus konzeptioneller Sicht sind das Branching und Tagging in Subversion leider deutlich weniger zufriedenstellend. Subversion macht intern keine Unterschiede

---

1. ACID ist ein Akronym für Atomicity, Consistency, Isolation und Durability. Diese vier Kriterien müssen von einem System bei der Verarbeitung von Transaktionen unbedingt eingehalten werden. Wer Genaueres zu den einzelnen Kriterien erfahren will, findet unter [Wikipedia: ACID] eine ausführliche Erläuterung.

zwischen einem Branch, einem Tag oder einem normalen Verzeichnis. Wie wir später noch sehen werden, führt dies insbesondere bei der Verwendung von parallelen Entwicklungspfaden zu einer ganzen Reihe von Problemen.
- Keine historisch gewachsene Codebasis. Subversion ist eine komplette Neuentwicklung und basiert – nach Aussage der Entwickler – auf sauber strukturierten Komponenten und APIs. Dies erleichtert die Wartung und Weiterentwicklung des Systems. Zudem können Dritthersteller eigene Produkte, wie beispielsweise komfortable GUI-Clients, auf Basis der Subversion-APIs entwickeln.

3.1.2 Architektur

Subversion basiert auf einer Client-Server-Architektur und ist daher auch für Projekte mit verteilten Teams geeignet. Zudem skaliert die verwendete Architektur gut. Subversion kann sowohl in kleinen als auch sehr großen Projekten eingesetzt werden.

Abb. 3–1
Client-Server-Architektur von Subversion

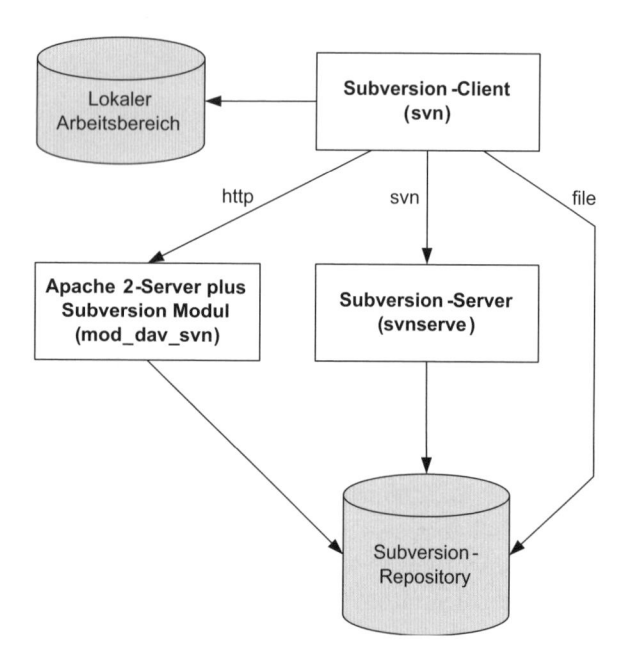

Abbildung 3–1 gibt einen groben Überblick über die Komponenten der Architektur und die verwendeten Kommunikationsprotokolle[2]. Der Subversion-Client *svn* wird auf den lokalen PCs der Teammitglieder installiert. Er sorgt für die Kommunikation mit dem Subversion-Repository und verwaltet gleichzeitig den lokalen Arbeitsbereich. Bedient wird der Subversion-Client über die Kommandozeile bzw. Shell des

Betriebssystems. Für die Beispiele im Buch habe ich durchgehend diesen Kommandozeilen-Client verwendet.

Sowohl die Server- als auch die Clientkomponenten von Subversion wurden in C auf Basis der *Apache Portable Runtime* (APR) entwickelt, einer Bibliothek zur Unterstützung der plattformunabhängigen Entwicklung. Dank der APR steht Subversion für viele Betriebssystemplattformen zur Verfügung, darunter natürlich Microsoft Windows, Linux und Mac OS X.

Verfügbarkeit auf diversen Plattformen

Ein Plädoyer für die Kommandozeile

Wozu heutzutage noch einen Kommandozeilen-Client verwenden, wo es doch eine Vielzahl an komfortablen, grafischen Front-Ends für Subversion gibt? Mancher Leser mag sich diese Frage stellen, daher halte ich ein kleines Plädoyer für die Kommandozeile für durchaus angebracht.

Ein großer Vorteil des Kommandozeilen-Clients ist dessen Plattformunabhängigkeit. *svn* lässt sich von jeder Shell aus identisch bedienen. Das verwendete Betriebssystem, sei es Windows, Linux oder Mac OS X, spielt keine Rolle. Gerade die leistungsfähigen GUI-Front-Ends stehen oft nur für eine Plattform zur Verfügung, wie beispielsweise *TortoiseSVN*[3] für den Windows Explorer. Ähnliches gilt für Clients, die direkt in Entwicklungsumgebungen integriert sind. Zwar ist beispielsweise das *Subclipse-Plugin*[4] für Eclipse wirklich empfehlenswert und in der täglichen Arbeit äußerst praktisch – nur es setzt eben die Verwendung von Eclipse voraus. Obwohl ich persönlich diese IDE allen anderen vorziehe, werden wohl kaum alle Leser diese Ansicht teilen. Auch ich selbst muss bisweilen auf Subclipse verzichten, dann nämlich, wenn ein Kunde – aus welchen Gründen auch immer – eine andere Entwicklungsumgebung vorschreibt.

Dies führt mich zum zweiten Argument für die Verwendung der Kommandozeile. Das Know-how im Umgang mit *svn* ist in allen Projekten anwendbar, die Subversion als Repository einsetzen. Wer die Befehle des *svn*-Clients beherrscht, wird meiner Erfahrung nach keine Probleme haben, dieses Wissen auch im Umgang mit GUI-Front-Ends und Entwicklungsumgebungen umzusetzen.

---

2. • In der Abbildung habe ich eine spezielle Variante des svn-Protokolls unterschlagen. Diese ist in der Lage, mit Hilfe von *ssh* eine Verbindung vom Client zum *svnserve*-Server aufzubauen. Voraussetzung sind allerdings eine funktionierende ssh-Infrastruktur sowie entsprechende Benutzerkonten auf dem Server. Wer sich für die Variante svn+ssh interessiert, findet in der Subversion-Dokumentation eine ausführliche Beschreibung.
3. *http://tortoisesvn.tigris.org*
4. *http://subclipse.tigris.org*

Verfügbare Servervarianten

Der Subversion-Server steht in zwei Ausprägungen zur Verfügung. Man hat die Wahl zwischen dem eigenständigen Server *svnserve* und dem Modul *mod_dav_svn* für den Apache-Webserver. Aus Anwendersicht unterscheiden sich die beiden Varianten hauptsächlich im verwendeten Kommunikationsprotokoll. *svnserve* verwendet das proprietäre svn-Protokoll, während das Apache-Modul mit einer Erweiterung des http-Protokolls arbeitet. Weitere Unterschiede gibt es im Bereich der Konfiguration und Benutzerverwaltung.

Für den größten Teil der Beispiele in den noch folgenden Kapiteln spielt es keine Rolle, ob *svnserve* oder *mod_dav_svn* zum Einsatz kommt. Die wenigen serverspezifischen Themen erläutere ich in Kapitel 4 aus Gründen der Übersichtlichkeit nur für den eigenständigen Server *svnserve*. Auf der Webseite zum Buch finden Sie die angepassten Beschreibungen für das Apache-2-Modul *mod_dav_svn*.

Zugriff auf das Repository

Im Normalfall greift ausschließlich der Subversion-Server auf das Repository zu. Die Installation des Servers und des Repositorys erfolgt auf einem zentralen Rechner. Je nach verwendetem Protokoll können die Teammitglieder aus dem Intranet oder über das Internet mit dem Subversion-Server arbeiten. Zusätzlich bietet Subversion die Möglichkeit, vom Client aus direkt auf das Repository zuzugreifen. Diese Option hebelt allerdings die Client-Server-Architektur aus und sollte meiner Ansicht nach nur für Testzwecke oder Ein-Personen-Teams verwendet werden. Der direkte Zugriff auf das Repository ist zudem ein Sicherheitsrisiko, da der Client hierfür alle Zugriffsrechte auf das Installationsverzeichnis des Repositorys benötigt.

Offline arbeiten

Der Subversion-Client ist übrigens nicht auf eine ständige Verbindung zum Repository angewiesen. So kann man beispielsweise im Zug oder Flugzeug problemlos Änderungen an den Dateien im lokalen Arbeitsbereich vornehmen. Auch komplexere Operationen, wie z. B. die Rücknahme von Änderungen an einer Datei im Arbeitsbereich, werden vom Client offline durchgeführt. Ermöglicht wird dies durch einen lokalen Cache des Clients, in dem die letzten gültigen Versionen der Dateien aus dem Repository vorgehalten werden. Eine vollständige Referenz, welche Clientkommandos auch ohne Netzwerkverbindung funktionieren, gibt es in der Subversion-Online-Dokumentation (siehe unten).

3.1.3 Bezugsquelle und Installation

Subversion steht unter *http://subversion.apache.org* für diverse Plattformen zum Download bereit. Details zum Installationsprozedere sind ebenfalls unter der obigen URL zu finden.

3.1.4 Dokumentation

Die Dokumentation von Subversion steht online unter [URL: SubversionBook] zur Verfügung. Der Link verweist auf die englischsprachige Dokumentation, obwohl auch eine Übersetzung ins Deutsche existiert. Diese war allerdings Anfang 2013 völlig veraltet, daher ist sie als Referenz schlecht geeignet.

Zusätzlich bietet der Subversion-Client eine Hilfe-Funktion. Über svn help können kurze Erläuterungen zu den einzelnen Kommandos des Clients angefordert werden.

3.2 Maven

Maven ist ein weiteres Top-Level-Projekt der ASF. Sein Funktionsumfang ist etwas weiter gefasst als der von vergleichbaren Werkzeugen, wie beispielsweise Ant, im Kern handelt es sich bei Maven aber um ein Werkzeug zur Durchführung eines Build-Prozesses.

Laut [URL: HistoryOfMaven] entstand Maven ursprünglich im mittlerweile nicht mehr existierenden *Jakarta-Alexandria*-Projekt und wurde bald darauf erstmals zur Umsetzung eines Build-Prozesses im *Jakarta-Turbine*-Projekt eingesetzt. Die Motivation für die Entwicklung von Maven waren die unterschiedlichen Ant-Build-Skripte für die einzelnen Subsysteme von Turbine. Alle diese Skripte haben mehr oder weniger dieselbe Funktionalität auf unterschiedliche Weise implementiert. Wer selbst schon intensiver mit Ant gearbeitet hat, wird diese Erfahrung bestätigen können. In jedem Projekt wird das Rad ein Stück weit neu erfunden. Man kann nie ad hoc sagen, welche Build-Ziele in einem Ant-Skript welche Aufgaben haben und wie der Build-Prozess genau abläuft. Und dies, obwohl sich die Aufgabenstellung, also die Erstellung und Auslieferung des Produktes aus den Quellelementen, nicht ändert. Die Erfinder von Maven haben dieses Problem erkannt und ein völlig neuartiges Build-Werkzeug entworfen. Wie wir gleich sehen werden, hat das Konzept von Maven durchaus das Potenzial, Build-Prozesse für die unterschiedlichsten Projekte zu vereinheitlichen und gleichzeitig den Implementierungsaufwand für die Prozesse drastisch zu reduzieren.

Historie von Maven

Im Buch verwende ich Maven 3.0.4. Bedingt durch die Plugin-Architektur von Maven ist zudem interessant, auf welchen Plugin-Versionen die Beispiele im Buch basieren. Sie finden die entsprechenden Angaben in der Tabelle auf Seite 76.

Tab. 3–1
Im Buch verwendete Plugin-Versionen

Plugin	Verwendete Version
buildnumber-maven-plugin	1.2
maven-assembly-plugin	2.2-beta-5
maven-checkstyle-plugin	2.9.1
maven-clean-plugin	2.4.1
maven-compiler-plugin	2.3.2
maven-deploy-plugin	2.7
maven-eclipse-plugin	2.9
maven-help-plugin	2.1.1
maven-install-plugin	2.3.1
maven-jar-plugin	2.3.2
maven-javadoc-plugin	2.9
maven-project-info-reports-plugin	2.5.1
maven-release-plugin	2.4
maven-resources-plugin	2.5
maven-scm-plugin	1.8.1
maven-site-plugin	3.2
maven-surefire-plugin	2.10
surefire-report-maven-plugin	2.13

3.2.1 Funktionsumfang

Maven verwendet einen modellbasierten, deklarativen Ansatz zur Umsetzung eines Build-Prozesses. Anstatt ein Skript zu implementieren, beschreibt man in einem sogenannten *Projektmodell* die Metadaten des Projektes. Hierzu gehören z. B. Angaben über die verwendete Projektstruktur und die benötigten externen Bibliotheken. Anhand dieser Daten legt Maven dann den konkreten Build-Prozess für das Produkt fest und führt diesen aus.

Eigenschaften modellbasierter Werkzeuge

Dieser Ansatz klingt faszinierend und verspricht enorme Einsparungen bei der Umsetzung des Build-Prozesses. Statt ellenlanger Skripte muss nur noch ein vergleichsweise überschaubares Projektmodell erstellt werden. Den Rest erledigt Maven automatisch. In der Praxis haben modellbasierte Werkzeuge mit einem hohen Automationsgrad aber immer auch eine Kehrseite. Die Produktivitätsvorteile derartiger Werkzeuge basieren auf einer Reihe von Annahmen über die Arbeitsweise und das Vorgehen im Projekt. Dies gilt meiner Erfahrung nach übrigens unabhängig davon, ob man modellbasierte Werkzeuge für den Build-Prozess oder für die Softwareentwicklung einsetzt. Maven beispielsweise kann nur deshalb viele Aufgaben automatisch durchführen, weil es bestimmte Annahmen über den Ablauf eines Build-Prozesses macht. Stimmen diese Annahmen, aus welchen Gründen auch immer, nicht mit der Realität im Projekt überein, hat man ein Problem.

Man muss sich dieses Sachverhalts bewusst sein, sollte ihn aber auch nicht überbewerten. Wie ich weiter oben schon erwähnt habe, ähneln sich die meisten Build-Prozesse bei genauer Betrachtung doch sehr. Im Detail mögen Unterschiede bestehen, doch natürlich kann der eingebaute Build-Prozess von Maven bis zu einem gewissen Grad an ein konkretes Projekt angepasst werden. Ich werde in Kapitel 5 diese Möglichkeiten nutzen, denn die Projektautomatisierung in unserem KM-Prozess hält sich keinesfalls eins zu eins an die Vorgaben von Maven.

Der Funktionsumfang von Maven kann in drei Kategorien unterteilt werden:

1. Durchführung des eigentlichen Build-Prozesses
2. Verwaltung der Abhängigkeiten zu externen Bibliotheken
3. Erstellung der Projektdokumentation

Die Funktionen aus Kategorie 1 basieren auf einer Reihe von *Best Practices* aus dem Bereich der Projektautomatisierung. So standardisiert Maven beispielsweise die einzelnen Schritte bzw. Phasen des Build-Prozesses. Der Effekt ist beachtlich: Kennt man ein Maven-Projekt, kann man dieses Wissen sofort in anderen Projekten umsetzen. Denn die Namen und die Semantik der Phasen eines Maven-Builds sind projektübergreifend identisch. Weiterhin propagiert Maven die Verwendung einer einheitlichen Projektstruktur und generell durch den modellbasierten Ansatz eine Vereinheitlichung des gesamten Vorgehens zur Erstellung eines Build-Prozesses.

Standardisierter Build-Prozess

Eine der wirklich herausragenden Funktionen von Maven ist die Verwaltung der Abhängigkeiten zu externen Bibliotheken. Lange gab es für dieses Problem keine wirklich zufriedenstellende Lösung. Und dies, obwohl nahezu jedes Projekt von externen Komponenten oder Bibliotheken abhängig ist. Ohne geeignete Unterstützung durch das Build-Werkzeug muss man sich beispielsweise überlegen, wo die externen Bibliotheken abgelegt und wie neue Versionen an die Entwickler verteilt werden. Wie so oft entstehen in der Folge in jedem Projekt neue Varianten zur Lösung desselben Problems.

Verwaltung von Abhängigkeiten

Maven-Repositorys

Maven hingegen geht mit Abhängigkeiten im Build-Prozess vorbildlich um. Dies beginnt mit einer expliziten Festlegung der benötigten externen Komponenten und Bibliotheken im Projektmodell. Diese Angaben werden einerseits von Maven ausgewertet, erleichtern aber andererseits auch das Verständnis des Build-Prozesses. Im Zweifelsfall genügt ein Blick in das Projektmodell, um alle externen Abhängigkeiten zu identifizieren. Zusätzlich zur Definition kümmert sich Maven auch um die Verwaltung der externen Bibliotheken in *Maven-Repositorys*. Diese haben nichts mit einem Subversion-Repository zu tun. Ein Maven-Repository ist eine nach bestimmten Vorgaben strukturierte Verzeichnisstruktur mit zusätzlichen Verwaltungsinformationen in Form von XML-Dateien. Eine Versionierung im eigentlichen Sinne findet in einem Maven-Repository nicht statt. Die einzelnen Versionen der Bibliotheken werden stattdessen mit Hilfe des Dateinamens unterschieden. Bei der Ausführung des Build-Prozesses lädt Maven die im Projektmodell festgelegten externen Bibliotheken automatisch aus dem Maven-Repository und verwendet sie zur Erstellung des Produktes.

Erstellung einer Projekt-Homepage

Die Dokumentation des Projektes nimmt in der Philosophie von Maven eine wichtige Rolle ein und bildet konsequenterweise den dritten großen Funktionsblock. Es wird umfangreiche Unterstützung zur Erstellung einer Projekt-Homepage angeboten. Dies ist aus unserer Sicht sehr erfreulich, denn die Verbesserung der Transparenz im Projekt ist eines der zentralen Ziele des Konfigurationsmanagements.

3.2.2 Architektur

Maven ist ein verhältnismäßig komplexes Werkzeug. Die wichtigsten Komponenten von Maven sind in Abbildung 3–2 dargestellt.

Kern, Plugins und Build-Ziele

Wie aus der Abbildung hervorgeht, ist Maven eine Java-Anwendung, d. h., zur Ausführung wird ein installiertes JDK vorausgesetzt. Die Architektur von Maven besteht aus einem kompakten *Kern* und einer beliebigen Anzahl von *Plugins*. Bei der Installation wird lediglich der Kern auf die Platte kopiert. Dieser enthält noch keinerlei Funktionalität zur Ausführung eines Build-Prozesses. Er ist lediglich in der Lage, ein Projektmodell zu interpretieren und die zur Erstellung des Produktes notwendigen Schritte, die sogenannten Build-Phasen, festzulegen. Alle Schritte zusammen ergeben den Build-Prozess für das im Projektmodell beschriebene Produkt. Jede einzelne Phase wird von einem *Build-Ziel* ausgeführt. Build-Ziele mit inhaltlich ähnlichen Aufgaben werden wiederum in speziellen Komponenten, den oben erwähnten Plugins, zusammengefasst.

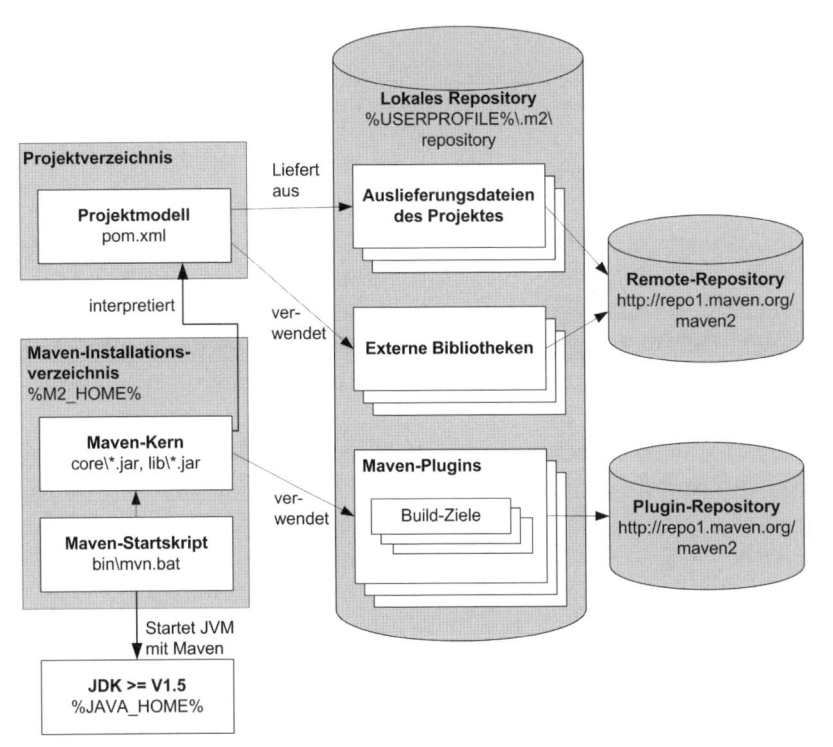

Abb. 3–2
Maven 3 im Überblick

An dieser Stelle kommen die diversen Maven-Repositorys ins Spiel. Nach der Installation liegen auf dem lokalen Rechner noch keinerlei Plugins vor. Bevor das Produkt das erste Mal erstellt werden kann, müssen daher die benötigten Build-Ziele, und damit die entsprechenden Plugins, nachinstalliert werden. Dies erledigt Maven vollautomatisch. Voraussetzung hierfür ist allerdings, dass eine Internetverbindung besteht.

Rolle der Repositorys

Der Maven-Kern sucht Plugins zunächst im *lokalen Repository*. Dieses wird standardmäßig im Benutzerverzeichnis des angemeldeten Anwenders[5] unter .m2\repository angelegt. Ist ein Plugin dort nicht vorhanden, kontaktiert Maven das *Plugin-Repository*. Standardmäßig wird hierfür das Repository unter der URL *http://repo1.maven.org/maven2* verwendet. Von dort wird das Plugin dann in das lokale Repository übertragen und steht von nun an für den Build-Prozess zur Verfügung.

Ganz ähnlich zu den Plugins werden auch externe Bibliotheken zunächst im lokalen Repository gesucht. Findet Maven eine Bibliothek

---

5. Unter Windows ist dieses Verzeichnis in der Umgebungsvariable %USERPROFILE% abgelegt (meistens enthält diese C:\Dokumente und Einstellungen\<Anwendername>). Unter Unix wird das Benutzerverzeichnis mit der Tilde (~) angesprochen.

lokal nicht, wird die Suche in einem Remote-Repository fortgesetzt[6]. Die URL für das Remote-Repository ist standardmäßig dieselbe wie für das Plugin-Repository. Natürlich können alle Repository-URLs über das Projektmodell oder eine benutzerspezifische Konfigurationsdatei geändert werden.

Unterstützung für komplexe Projekte

Als Ergebnis des Build-Prozesses entsteht pro Projektmodell genau eine Auslieferungsdatei. Maven kann diese Datei anderen Projekten im lokalen oder im Remote-Repository zur Verfügung stellen. Diese Möglichkeit kann man insbesondere in komplexen Projekten nutzen. In diesem Fall wird für jedes Modul ein separates Projektmodell und in der Folge auch eine eigene Auslieferungsdatei erstellt. Die Abhängigkeiten zwischen den einzelnen Modulen werden dann explizit über die Projektmodelle festgelegt. Maven verwendet für diese projektinternen Abhängigkeiten denselben Mechanismus wie für externe Bibliotheken. Sobald ein Modul neu erstellt wurde, überträgt Maven die Auslieferungsdatei in das Repository. Von dort kann sie dann wie eine »normale« Bibliothek von anderen Modulen referenziert werden. Um dann letztendlich das komplette Produkt aus den einzelnen Modulen zu erstellen, kann wiederum auf spezielle Unterstützung von Maven zurückgegriffen werden. Hierzu wird eine Hierarchie von Projektmodellen definiert. Zur Generierung des vollständigen Produktes muss lediglich der Build-Prozess auf der obersten Ebene angestoßen werden, Maven delegiert die Ausführung dann automatisch an die untergeordneten Modelle.

3.2.3 Bezugsquelle und Installation

Maven steht unter der URL *http://maven.apache.org/download.html* zum Download bereit. Auf derselben Seite findet sich auch die Installationsanleitung für Windows- und Unix-Plattformen.

3.2.4 Dokumentation

Die Online-Dokumentation von Maven steht unter der URL *http://maven.apache.org* zur Verfügung. Zudem gibt es unter [URL: MavenBook] eine umfassende Referenz, auf die ich im Verlauf des Buches auch mehrfach verweisen werde.

---

6. Kommerzielle oder firmeninterne Bibliotheken findet Maven natürlich nicht im Standard-Remote-Repository. Wie wir in Kapitel 5 sehen werden, stellt Maven für diese Fälle spezielle Befehle bereit, mit denen »eigene« Bibliotheken in das lokale oder ein firmeninternes Remote-Repository aufgenommen werden können.

3.3 Redmine

Redmine ist ein frei verfügbares Collaboration-Werkzeug. Es umfasst neben dem obligatorischen Fehler- und Änderungsmanagement beispielsweise auch Funktionen für die Projektplanung und die interne Projektkommunikation (Wiki). Zudem bietet es eine sehr gute Integration mit Subversion. Redmine steht unter der GPL[7], der Sourcecode ist also frei verfügbar und darf für eigene Zwecke jederzeit angepasst werden. Das Buch basiert auf der Version 2.2.1.

3.3.1 Funktionsumfang

Den Kern von Redmine bildet die Ticketverwaltung. Tickets können Fehler, Änderungen, neue Funktionen oder einfach nur im Projekt durchzuführende Aufgaben beschreiben. Redmine bietet komfortable Funktionen zum Erfassen, Bearbeiten und Nachverfolgen von Tickets. So kann man sich beispielsweise per Mail informieren lassen, wenn bestimmte Tickets von anderen Personen bearbeitet wurden. Auch eine Zuordnung von Tickets zu einzelnen Changesets im Subversion-Repository ist möglich. Der Redmine-Kern wird ergänzt durch Planungs- und Auswertungsfunktionen. Auch ein Wiki für die projektinterne Dokumentation fehlt nicht.

Bedient wird Redmine über eine Weboberfläche. Alle Funktionen sind hier zugänglich, auch für die Administration sind keine zusätzlichen Werkzeuge notwendig. Ein in meinen Augen wichtiges Feature ist der Multi-Projekt-Support. Man kann in Redmine verschiedene Projekte anlegen und verwalten. Dies ist insbesondere dann wichtig, wenn einzelne Entwickler in mehreren Projekten gleichzeitig zugange sind.

3.3.2 Architektur

Redmine basiert auf *Ruby on Rails* (oder kurz *Rails*), einem Framework für die Erstellung von Webanwendungen. Rails selbst ist, wie der Name schon nahelegt, in der Skriptsprache Ruby entwickelt worden.

Der Clou an Rails ist das Designprinzip *Convention over Configuration*. Gemeint ist damit ein sehr leichtgewichtiger Ansatz, der viele Annahmen über die Struktur und die Funktionsweise einer Webanwendung in einem Framework verpackt. Dadurch erspart man sich viel Code und die aufwendige Konfiguration der Anwendung. So müs-

Convention over Configuration

---

[7]. GPL steht für *GNU General Public License*. Diese Open-Source-Lizenz erlaubt die Nutzung von Redmine für kommerzielle Zwecke. Untersagt ist lediglich die Erstellung eines eigenen, kommerziellen Produktes auf Basis des Redmine-Sourcecodes.

sen beispielsweise bestimmte Namenskonventionen für die erstellten Komponenten eingehalten werden. Das Zusammenspiel dieser Komponenten, also beispielsweise zwischen einem Domänenobjekt und dem zugehörigen Darstellungsobjekt für die Weboberfläche, regelt das Rails-Framework dann automatisch. Im Endeffekt kann man sich durch die vielen Automatismen einen Haufen Arbeit sparen, die Produktivität bei der Erstellung einer Webanwendung steigt also. Ob das alles stimmt und für welche Einsatzszenarien Rails oder ähnlich gelagerte Frameworks wie beispielsweise Grails geeignet sind, soll uns an dieser Stelle nicht weiter beschäftigen. Für Redmine jedenfalls scheint das alles prima zu funktionieren.

Abb. 3–3
Redmine im Überblick

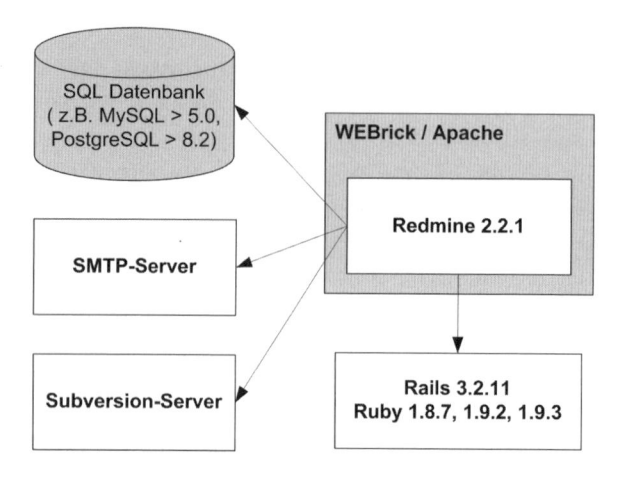

In der Abbildung sind die wichtigsten Komponenten einer Redmine-Installation dargestellt. Redmine selbst läuft in einem Webserver. Im Buch werden wir der Einfachheit halber den in Ruby integrierten WEBrick-Server verwenden. Für produktive Umgebungen ist dieser allerdings nicht geeignet, hier wird man Redmine vorzugsweise im Apache-Server laufen lassen.

Die Datenhaltung erfolgt in einer SQL-Datenbank. Unterstützt werden verschiedene Datenbanken, wobei MySQL in einer Version größer 5.0 empfohlen wird. Wenn man alle Funktionen nutzen möchte, sind zusätzlich ein SMTP-Server und ein Subversion-Server Bestandteil einer Redmine-Installation. Über den Mailserver verschickt Redmine Benachrichtigungen, wenn sich eines der Tickets geändert hat. Der Subversion-Server wird zur Integration des Repositorys benötigt (mehr dazu dann in Kapitel 6).

3.3.3 Bezugsquelle und Installation

Die verfügbaren Alternativen zum Download und zur Installation von Redmine werden auf der Seite *http://www.redmine.org/wiki/redmine/Download* erläutert. Als bevorzugte Variante wird an dieser Stelle der Checkout des kompletten Quelltextes aus dem Redmine-Subversion-Repository empfohlen. Tatsächlich fährt man damit erfahrungsgemäß nicht schlecht und hat zudem den Vorteil, dass der Quelltext von Redmine jederzeit zur Hand ist. Ein Update auf das neueste stabile Release ist dann mit einem svn update-Kommando erledigt.

Der Haken ist allerdings, dass eine ganze Reihe manueller Schritte notwendig sind, bevor Redmine wirklich einsatzfähig ist. So muss beispielsweise zuvor Ruby, Rails und MySQL installiert werden. Die genaue Vorgehensweise ist unter *http://www.redmine.org/wiki/redmine/RedmineInstall* beschrieben[8].

Wem das alles zu aufwendig erscheint, der kann auch einen BitNami-Stack mit der kompletten Redmine-Installation von *http://bitnami.org/stack/redmine* laden. Das Installationsprogramm enthält Redmine inklusive aller notwendigen Abhängigkeiten, wie beispielsweise Ruby, Rails und MySQL.

3.3.4 Dokumentation

Die Dokumentation von Redmine ist unter der URL *http://www.redmine.org/wiki/redmine/Guide* verfügbar. Sie liegt in Form eines Wiki vor und wird ständig erweitert.

3.4 Nexus

Nexus ist ein *Maven-Repository-Manager* und spielt in Kapitel 5 eine tragende Rolle. Die aktuelle Version ist der Nachfolger des relativ bekannten Werkzeuges *Proximity*. Der Entwickler von Proximity wurde 2007 von der Firma *Sonatype* gebeten, ein deutlich leistungsfähigeres Werkzeug zu entwickeln. Nexus wird von Sonatype in einer frei verfügbaren[9] und in einer kommerziellen Variante vertrieben. Im Buch setze ich die frei verfügbare Nexus-Version ein.

---

8. Ich verzichte an dieser Stelle bewusst auf eine genaue Beschreibung der Installationsschritte und verweise stattdessen auf die »offizielle« Installationsanleitung von Redmine. Der Grund ist nicht Bequemlichkeit, sondern schlicht die Tatsache, dass solche Anweisungen erschreckend schnell veralten. Es hat daher keinen Sinn, derartige Details in einem gedruckten Buch zu veröffentlichen.
9. Die frei verfügbare Version von Nexus steht, genau wie Redmine, unter der *GPL*.

3.4.1 Funktionsumfang

Wie ich einige Seiten zuvor erläutert habe, benötigt Maven zur Auflösung von Abhängigkeiten und zum Download der Plugins Zugriff auf Remote-Repositorys. Aus vielerlei Gründen, auf die ich in Kapitel 5 im Detail eingehen werde, ist diese Funktionalität zwar praktisch, aber vom Blickpunkt eines Konfigurationsmanagers aus betrachtet nicht unproblematisch. Daher hat sich in den letzten Jahren die Produktkategorie der Maven-Repository-Manager etabliert. Kurz gesagt erfüllen diese Tools die Rolle eines Proxys zwischen den lokalen Maven-Installationen und den Remote-Repositorys im Internet. Hinzu kommen noch diverse Zusatzfunktionen, z.B. im Bereich der Administration per Weboberfläche. Nexus ist ein recht populäres und, wie ich finde, leistungsstarkes Werkzeug. Wer sich mit Nexus nicht anfreunden kann, findet bei Google eine ganze Reihe alternativer Produkte, die letztlich Ähnliches leisten.

3.4.2 Architektur

Die Hauptfunktionalität von Nexus ist das bereits erwähnte Caching von Maven-Artefakten, also Bibliotheken und Plugins, sowie deren Bereitstellung im lokalen Netzwerk.

Abb. 3–4
Nexus im Überblick

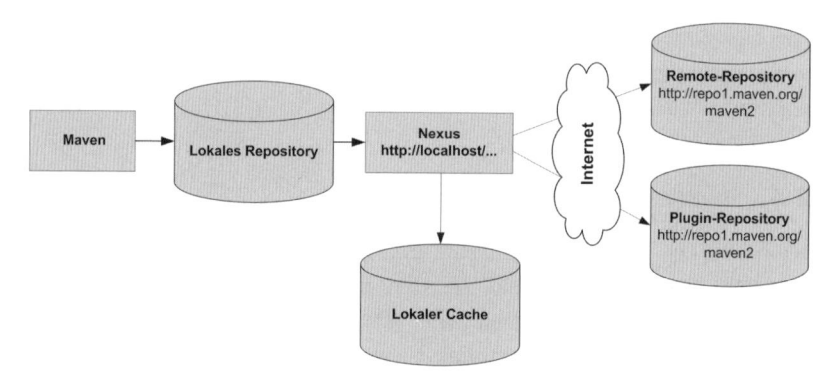

In der obigen Abbildung ist kurz skizziert, wie sich eine Maven-Installation unter Einbezug von Nexus ändert. Maven greift nun nicht mehr direkt auf die Remote-Repositorys im Internet zu. Stattdessen ist Nexus »dazwischengeschaltet«. Findet Nexus eine angeforderte Bibliothek oder ein Plugin im lokalen Cache, erfolgt keinerlei Remote-Zugriff. Lediglich wenn ein Artefakt im Cache noch nicht vorliegt, lädt Nexus dieses automatisch und einmalig aus den Remote-Repositorys. Sobald man Maven im Unternehmenskontext einsetzt, wird Nexus natürlich nicht lokal, sondern auf eigenständigen Servern im Intranet installiert.

3.4.3 Bezugsquelle und Installation

Nexus findet man zum Download unter der URL *http://www.sonatype.org/nexus*. Das Buch basiert auf der Version 2.2-01.

Die Installation von Nexus ist erfreulich unkompliziert. Nach dem Download der *Zip*- oder *Tar*-Datei entpacken Sie diese in ein lokales Verzeichnis. Im Anschluss finden Sie im Unterverzeichnis *nexus-2.2-01\bin* die Skripte *nexus* (Linux/Mac) und *nexus.bat* (Windows). Unter Windows muss nun zunächst mittels *nexus install* einmalig ein neuer Dienst eingerichtet werden[10]. Anschließend kann dieser manuell per *nexus start* gestartet werden. Beim nächsten Hochfahren des Rechners startet Nexus dann sowieso automatisch, da der Starttyp des Dienstes standardmäßig auf *Automatisch* gesetzt wird.

Nachdem der Container hochgefahren ist, kann unter der URL *http://localhost:8081/nexus* die Startseite von Nexus aufgerufen werden.

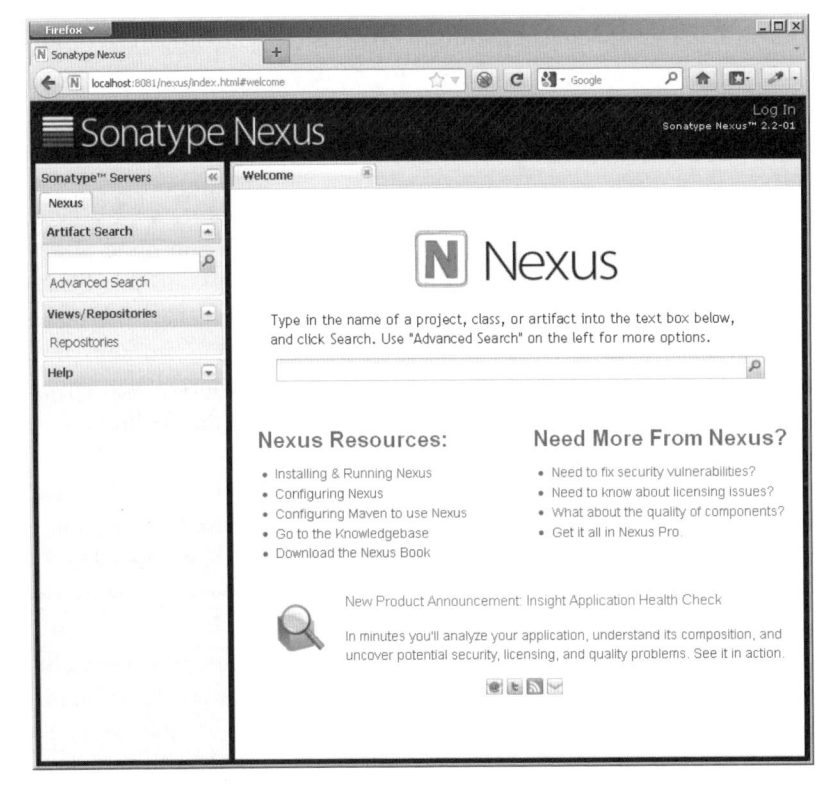

Abb. 3–5

Nexus Startseite

---

10. Sollte bei der Ausführung dieses Kommandos der Fehler »Zugriff verweigert« gemeldet werden, fehlt Ihnen die Berechtigung zum Einrichten und Starten eines Dienstes. Abhilfe schafft hier das Starten der Kommandozeile als Administrator (Rechtsklick auf cmd.exe, *Als Administrator ausführen*).

3.4.4 Dokumentation

Sonatype hat die Dokumentation von Nexus im sogenannten *Nexus Book* veröffentlicht. Man kann das Buch unter dem Link [URL: NexusBook] Online lesen. Zudem gibt es unter *https://support.sonatype.com* in der frei zugänglichen Knowledge Base von Sonatype viele hilfreiche Artikel zu Nexus.

3.5 Hudson

In Kapitel 2 haben wir die verschiedenen Varianten eines Build-Prozesses kennengelernt. Ich habe an dieser Stelle auch darauf hingewiesen, dass eine dieser Varianten, der Integrations-Build, automatisiert ausgeführt werden muss. Diese Aufgabe sollte man im Projekt möglichst an ein spezialisiertes Werkzeug delegieren. Im Buch verwende ich hierfür das Open-Source-Tool *Hudson*. Hudson bietet eine hervorragende Unterstützung für Maven. Darüber hinaus ist es sehr einfach zu installieren und hat einen großen Funktionsumfang.

3.5.1 Funktionsumfang

Hudson ist eine sogenannte *Continuous Integration Engine*. Es bietet also weit mehr als eine reine Automatik zum Starten von Build-Skripten. Vielmehr unterstützt Hudson den Ansatz der kontinuierlichen Integration recht umfangreich. Hudson kann feststellen, ob neue Changesets in das verwendete Repository übertragen worden sind, und daraufhin den Build-Prozess starten. Die Ergebnisse werden im Anschluss archiviert, analysiert und auf Wunsch an das Team verteilt (z. B. per RSS oder Mail).

In der Praxis läuft Hudson meist auf einem separaten Rechner. Eine Instanz von Hudson kann hierbei viele unterschiedliche Projekte verwalten. Für sehr umfangreiche Projekte bietet Hudson sogar *Distributed Builds* an, also die Verteilung der Build-Aufgaben auf unterschiedliche Rechner.

Intern basiert Hudson, ähnlich wie Maven, auf einer Plugin-Architektur. Dadurch können zusätzliche Funktionen, die im Basisumfang nicht enthalten sind, leicht nachgerüstet werden. Es gibt eine sehr aktive Community, die regelmäßig neue Plugins veröffentlicht. Dieser Aspekt ist meines Erachtens ein großer Vorteil von Hudson gegenüber ähnlichen Werkzeugen. Ohne Plugin-Konzept ist man schnell gezwungen, in einem Projekt auf ein neues Automatisierungswerkzeug umzusteigen, nur weil beispielsweise der Kunde ein etwas exotischeres Produkt zur Versionsverwaltung einsetzt.

3.5.2 Bezugsquelle und Installation

Zum Zeitpunkt der Erstellung dieses Buches war Hudson auf dem besten Weg, ein *Eclipse Technology Top-Level Project* zu werden. Ganz abgeschlossen war der Prozess noch nicht, daher basiert das Buch auch auf der immer noch vorläufigen Hudson-Version 3.0.0-RC4. Wenn Sie diese Seiten lesen, sollte mindestens Version 3.0.0 offiziell verfügbar sein. Sie können die Distribution direkt von der Projekt-Homepage mit der URL *http://www.eclipse.org/hudson/* herunterladen.

Nach dem Download findet man eine einsame war-Datei vor. In produktiven Umgebungen kann man die war-Datei in einem Applikationsserver installieren. Für Testzwecke reicht auch ein installiertes JDK:

```
java -jar hudson-3.0.0-RC4.war
```

Der erste Start von Hudson dauert etwas länger, da zunächst die war-Datei in ein Arbeitsverzeichnis[11] entpackt wird. Sobald der Startvorgang abgeschlossen ist, kann man Hudson unter der URL *http://localhost:8080* aufrufen.

Beim ersten Start wird zunächst der in der Abbildung gezeigte Dialog zum initialen Setup durchlaufen. Hier entscheidet man, welche Plugins Hudson gleich von Anfang an installiert. Vergisst man hier ein Plugin auszuwählen, kann dies natürlich auch im Nachgang in der Systemkonfiguration von Hudson erledigt werden. Für unsere Zwecke sollten Sie hier zumindest das *Maven 3 Build Plugin* und das *Hudson Subversion Plugin* selektieren. Damit Hudson diese Plugins dann auch wirklich installiert, drücken Sie am Ende des Fensters den Button *Install* (und erst danach *Finish*). Im Anschluss wird Hudson endgültig hochgefahren, und es erscheint die Startseite.

---

11. Dieses nennt sich .hudson und wird im Benutzerverzeichnis des angemeldeten Anwenders erzeugt. Unter Windows ist dies demzufolge %USERPROFILE%\.hudson.

Hudson CI Server Initial Setup

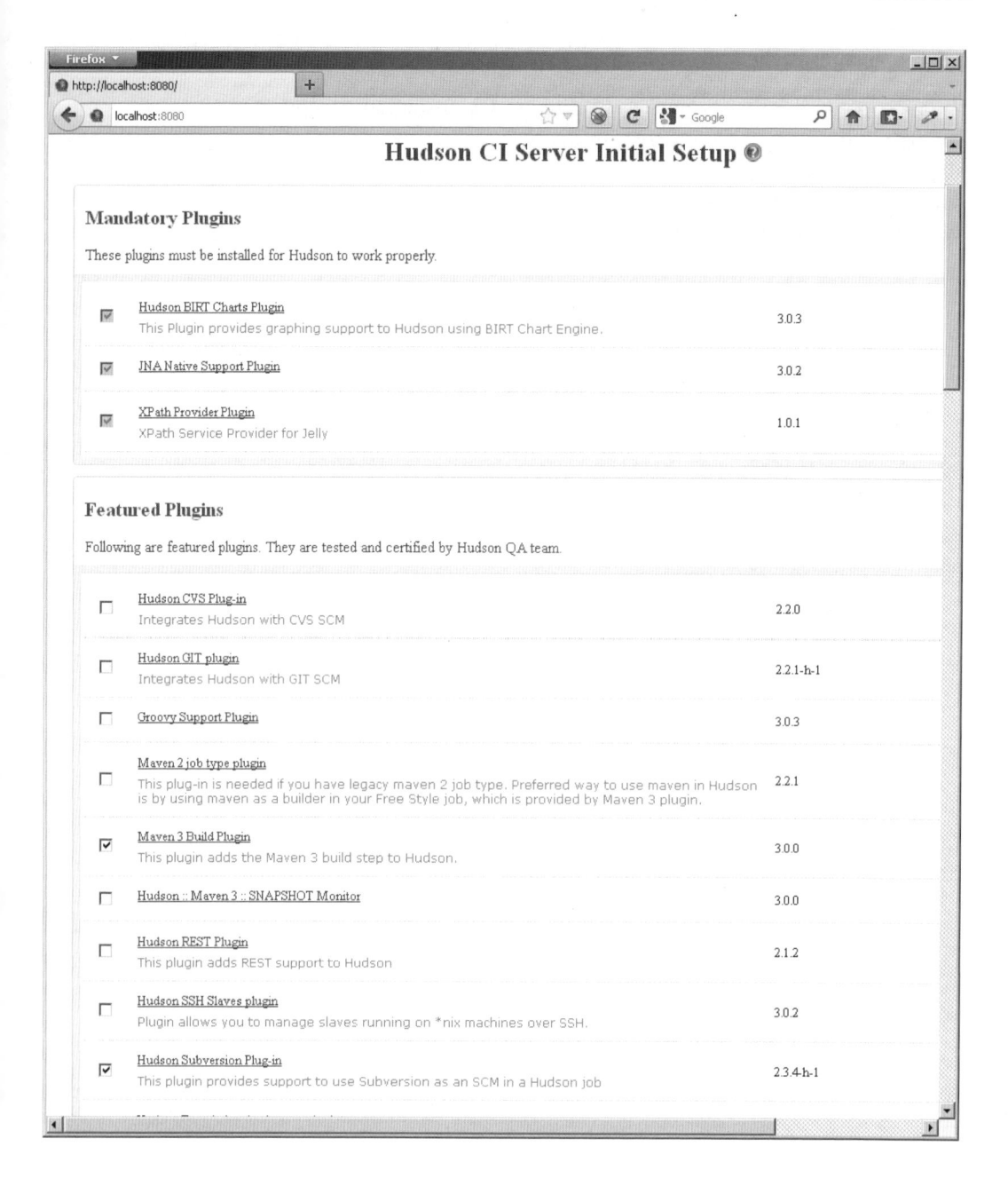

Mandatory Plugins

These plugins must be installed for Hudson to work properly.

☑	**Hudson BIRT Charts Plugin** This Plugin provides graphing support to Hudson using BIRT Chart Engine.	3.0.3
☑	**JNA Native Support Plugin**	3.0.2
☑	**XPath Provider Plugin** XPath Service Provider for Jelly	1.0.1

Featured Plugins

Following are featured plugins. They are tested and certified by Hudson QA team.

☐	**Hudson CVS Plug-in** Integrates Hudson with CVS SCM	2.2.0
☐	**Hudson GIT plugin** Integrates Hudson with GIT SCM	2.2.1-h-1
☐	**Groovy Support Plugin**	3.0.3
☐	**Maven 2 job type plugin** This plug-in is needed if you have legacy maven 2 job type. Preferred way to use maven in Hudson is by using maven as a builder in your Free Style job, which is provided by Maven 3 plugin.	2.2.1
☑	**Maven 3 Build Plugin** This plugin adds the Maven 3 build step to Hudson.	3.0.0
☐	**Hudson :: Maven 3 :: SNAPSHOT Monitor**	3.0.0
☐	**Hudson REST Plugin** This plugin adds REST support to Hudson	2.1.2
☐	**Hudson SSH Slaves plugin** Plugin allows you to manage slaves running on *nix machines over SSH.	3.0.2
☑	**Hudson Subversion Plug-in** This plugin provides support to use Subversion as an SCM in a Hudson job	2.3.4-h-1

Abb. 3–6 *Hudson initiales Setup* — Hudson ist nun schon beinahe einsatzbereit, es müssen nur noch zwei Systemparameter gesetzt werden. Den entsprechenden Dialog erreicht man über *Hudson verwalten | System konfigurieren*.

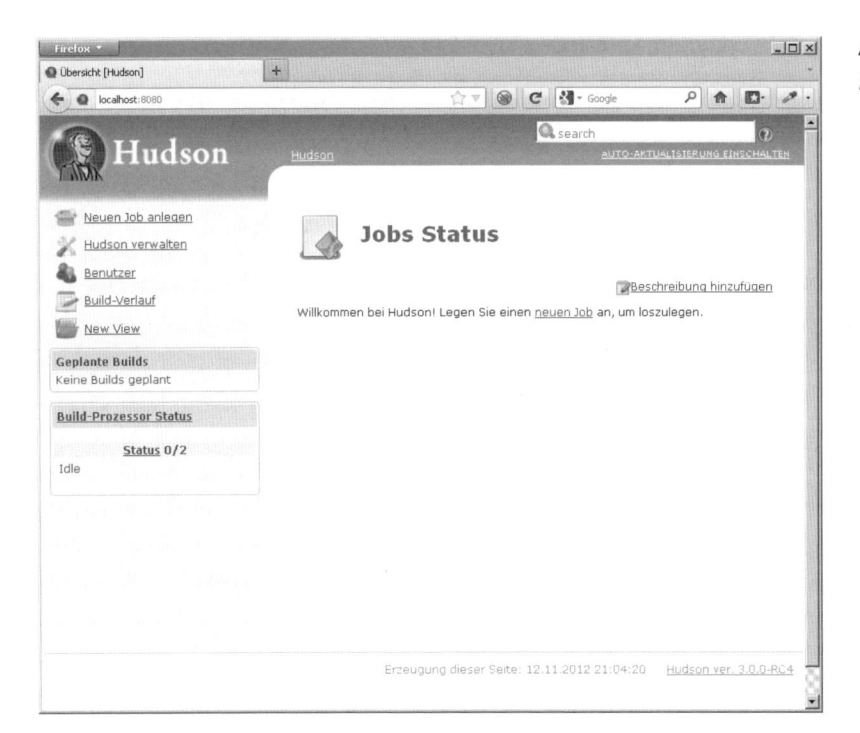

Abb. 3–7
Hudson-Startseite

- *Maven-Installationen*:
  Hudson bringt eine integrierte Maven 3-Version mit, daher ist es nicht zwingend notwendig, an dieser Stelle auf ein separat installiertes Maven zu verweisen. Ich empfehle allerdings trotzdem, die gewünschte Maven-Version explizit anzugeben. Schließlich ist die Nachvollziehbarkeit von Builds eines der Ziele unseres KM-Prozesses. Es schadet also nicht, wenn wir 100%ig wissen, mit welchem Build-Tool wir arbeiten (siehe Abb. 3–8).
- *E-Mail-Benachrichtigung*:
  In Kapitel 5 werden wir Hudson zur automatischen Benachrichtigung der Teammitglieder über den Erfolg des Integrations-Builds verwenden. Damit das funktioniert, benötigt Hudson die Daten eines hierfür geeigneten Mailservers.

Abb. 3–8
Explizite Angabe der Maven-Installation

3.5.3 Dokumentation

Die Dokumentation von Hudson ist online unter der URL *http://wiki.eclipse.org/The_Hudson_Book* verfügbar.

3.6 Weitere Werkzeuge und Frameworks

In der folgenden Liste habe ich alle weiteren im Buch verwendeten Werkzeuge und Frameworks zusammengefasst:

- *Checkstyle V5.6*
  Checkstyle ist ein Werkzeug zur statischen Analyse von Java-Quelltextdateien. Es kann beispielsweise die Einhaltung von Namenskonventionen und Formatierungsrichtlinien überprüfen. Zudem ermittelt es auf Wunsch eine Reihe von Metriken und untersucht den Quelltext nach typischen Leichtsinnsfehlern. Checkstyle kann sehr flexibel an die Bedürfnisse im Projekt angepasst werden. Dies umfasst sowohl die Festlegung, welche Prüfungen mit welchen Schwellwerten ausgeführt werden sollen, als auch die Definition von Ausnahmen. Wir werden Checkstyle in Kapitel 5 als Hilfsmittel zur Qualitätssicherung einsetzen.

  Ich habe Checkstyle für das Buch ausgewählt, weil es eine gute Mischung aus automatisierten Audits und Metriken bietet. Diese Beschränkung auf nur ein einzelnes Werkzeug hat didaktische Gründe und stellt keine Abwertung der anderen bekannten Tools aus dem Bereich der Qualitätssicherung von Java-Quelltext dar. Ich empfehle, zusätzlich zu Checkstyle einen Blick auf die frei verfügbaren Werkzeuge *FindBugs*, *PMD*, *Cobertura* und *JDepend* zu werfen. Die entsprechenden URLs finden Sie auf der Webseite zum Buch.

- *JUnit*
  Das Framework von Erich Gamma und Kent Beck ist das mit Abstand populärste Hilfsmittel zur Erstellung und Durchführung von Modultests im Bereich der Java-Entwicklung. In Kapitel 5 beschreibe ich die weiteren Schritte zum Einsatz von JUnit.

  Neben der Java-Implementierung stehen mittlerweile auch für andere Programmiersprachen entsprechende Adaptionen von JUnit zur Verfügung. Ein Beispiel hierfür ist *NUnit* für alle .NET-Sprachen.

- *KDiff3*
  Mit KDiff3 können bis zu drei verschiedene Dateien über eine komfortable Oberfläche miteinander verglichen und die Unterschiede auf Wunsch in einer konsolidierten Dateiversion zusammengeführt werden. Zusätzlich beherrscht das Werkzeug auch den Vergleich und die Zusammenführung von ganzen Verzeichnisbäumen. KDiff3 kann von *http://kdiff3.sourceforge.net* geladen werden. Es steht für diverse Plattformen zur Verfügung, darunter natürlich Windows, Max OS X und Linux. Wir werden KDiff3 hauptsächlich in Kapitel 4 als Ergänzung zum etwas spartanischen Dateivergleich des Subversion-Clients verwenden.

4 Verwaltung der Konfigurationselemente mit Subversion

In diesem Kapitel beschäftigen wir uns mit der Verwaltung der Konfigurationselemente, also der einzelnen Dateien eines Projektes, mit Hilfe von Subversion. Als Beispiel dient das Projekt *e2etrace*, das ich bereits in der Einleitung des Buches kurz vorgestellt habe. Die Funktionalität von *e2etrace* spielt jedoch keine Rolle für das Verständnis dieses und aller noch folgenden Kapitel des Praxisteils.

Wir beginnen im nächsten Abschnitt mit der Erstellung der Projektstruktur von *e2etrace* und spielen im weiteren Verlauf des Kapitels alle Arbeitsschritte, die im Rahmen unseres KM-Prozesses beim Umgang mit dem Subversion-Repository anfallen, Schritt für Schritt durch.

4.1 Einrichten des Repositorys

Das Repository wird nicht automatisch zusammen mit den Server- und Clientkomponenten von Subversion installiert. Vielmehr kann Subversion mit beliebig vielen Repositorys parallel arbeiten, die jeweils explizit erstellt und konfiguriert werden müssen.

Eine der ersten Entscheidungen beim Einsatz von Subversion betrifft daher die Anzahl und den Inhalt der benötigten Repositorys. Prinzipiell existieren zwei Alternativen. Man kann ein zentrales Repository im Unternehmen für alle Projekte einrichten oder ein separates Repository pro Projekt. Ich persönlich bevorzuge ein Repository pro Projekt und werde diese Variante auch für die Beispiele im Buch verwenden. Projektspezifische Repositorys sind meines Erachtens etwas leichter zu verwalten als ein zentrales Firmen-Repository. Beispielsweise ist die Frage, wer Administrationsrechte für ein Repository erhalten soll, für projektspezifische Repositorys in der Regel schnell zu beantworten. Die Gestaltung der Zugriffsrechte auf ein zentrales Firmen-Repository mit vielen Projekten und einer entsprechenden Anzahl an Verantwortlichen kann hingegen recht mühsam sein. Aus techni-

Zentrales oder projektspezifisches Repository?

scher Sicht sind die beiden Varianten übrigens gleichwertig. Subversion kann sowohl mit einem sehr großen[1] als auch mit mehreren kleinen Repositorys umgehen.

4.1.1 Arbeitsweise des Repositorys

Das Subversion-Repository verwendet einen zunächst etwas gewöhnungsbedürftigen Mechanismus zur Versionierung der gespeicherten Elemente. Dies gilt vor allem dann, wenn man schon mit anderen Versionskontrollsystemen gearbeitet hat. Das wichtigste Konzept der Versionierung von Subversion ist die sogenannte *Revision*. Subversion vergibt für jede Transaktion, die ins Repository geschrieben wird, eine sequenziell hochgezählte Revisionsnummer. Als Anwender hat man keine Möglichkeit, diese Nummer manuell zu verändern.

Revisionen und Changesets

Die Revision kennzeichnet einerseits alle im Rahmen der Transaktion geänderten Dateien und Verzeichnisse. Diese Menge der Änderungen wird auch als *Changeset der Revision x* bezeichnet. Andererseits markiert die Revision einen bestimmten Stand des gesamten Repositorys, man spricht dann von einem Repository *in Revision x*. Subversion kennt also, im Gegensatz beispielsweise zu CVS, keine Versionsnummern auf Datei- oder Verzeichnisebene.

Abbildung 4–1 illustriert die beiden Aspekte der Revision mit Hilfe eines kleinen Beispiels. Das Changeset der Revision 1 fügt dem Repository einen Verzeichnisbaum mit zwei Unterordnern und zwei Dateien hinzu. Anschließend liegt das Repository in Revision 1 vor. Es enthält nun genau die neu hinzugefügten Elemente. Mit dem nächsten Changeset korrigiert der Anwender einen offenkundigen Fehler in Revision 1. Der Unterordner *target* enthält generierte Artefakte und sollte nicht im Repository abgelegt werden. Daher wird dieses Verzeichnis und die darin enthaltene Datei *Main.class* mit Hilfe des zweiten Changesets gelöscht. In Revision 2 besteht das Repository dann noch aus dem Verzeichnis *src* und der Datei *Main.java*. Durch das dritte Changeset wird der Inhalt der Datei *Main.java* geändert, an der Struktur des Repositorys ändert sich in diesem Fall nichts.

---

1. Ein gutes Beispiel für ein großes und überaus aktives Subversion-Repository ist unter *http://svn.apache.org/repos/asf* zu finden. In diesem Repository werden die Projekte der *Apache Software Foundation* verwaltet. Anfang 2013 stand der Revisionszähler des Repositorys bei ca. 1.435.000.

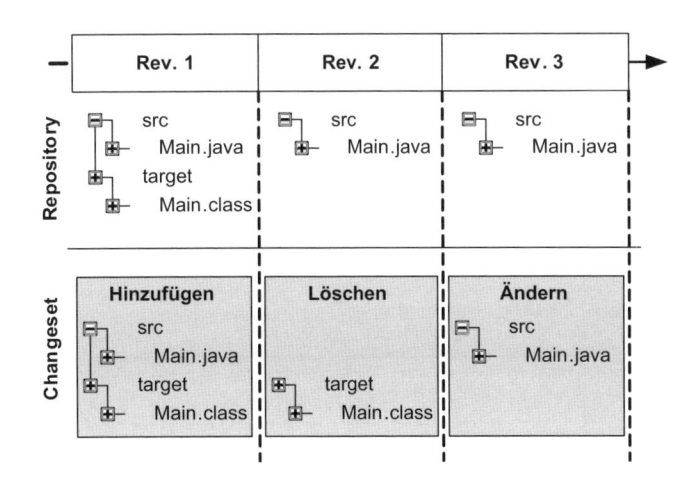

Abb. 4–1
Revisionen zur Kennzeichnung von Changesets und des Repository-Zustands

4.1.2 Erstellung eines Repositorys

Ein neues Repository wird mit Hilfe des Tools `svnadmin` erzeugt. `svnadmin` sollte sich nach der Installation von Subversion im Suchpfad der Shell befinden. Repositorys werden auf dem Rechner angelegt, auf dem später auch die Serverkomponenten laufen. Für Testzwecke kann dies natürlich auch der lokale PC sein.

Es bietet sich an, die Repositorys für die einzelnen Projekte unterhalb eines gemeinsamen Basisverzeichnisses anzulegen. Der folgende Aufruf von `svnadmin` erzeugt im Basisverzeichnis `D:\svn-repos` ein neues Repository für das Projekt *e2etrace*:

```
>svnadmin create D:\svn-repos\e2etrace
```

Klappt alles, liefert das Tool schlicht keinerlei Rückmeldung. Im Verzeichnis `D:\svn-repos\e2etrace` existiert nun ein neues, noch vollkommen leeres Subversion-Repository in der Revision 0.

Mit der Option `--fs-type` kann bei der Ausführung des `create`-Befehls das *Storage System* des Repositorys festgelegt werden. Standardmäßig wird immer das dateibasierte Storage System `fsfs` verwendet. Als momentan einzige Alternative steht `bdb` zur Verfügung. Dieses Storage System verwaltet das Repository mit Hilfe der Datenbank *Berkeley DB*. Berkeley DB ist frei verfügbar, sehr leistungsfähig und unterstützt die transaktionale Verwaltung von nahezu beliebigen Datensätzen.

Auswahl des Storage Systems

Meines Erachtens ist dennoch die Standardeinstellung `fsfs` für die meisten Anwendungsfälle die richtige Wahl. Wer sich für die Unterschiede zwischen den beiden Varianten interessiert, findet in Tabelle 4–1 einen aus [URL: SubversionBook] übernommenen Vergleich.

	bdb	fsfs
Zuverlässigkeit	Mittel Abstürze des Subversion-Server-Prozesses können zu einer korrupten Datenbank führen.	Sehr gut
Unterstützung für schreibgeschützte Medien/Verzeichnisse	Nein	Ja
Unterstützung für Netzwerklaufwerke	Nein	Ja
Plattformunabhängigkeit des Repositorys[2]	Nein	Ja
Größe des Repositorys	Tendenziell größer	Tendenziell kleiner
Skalierbarkeit: Anzahl der Revisionen	Sehr gut	Bis Version 1.5: Abhängig vom verwendeten Dateisystem Ab Version 1.5: Sehr gut[3]
Skalierbarkeit: Anzahl der Dateien pro Ordner im Repository	Mittel	Gut
Deltamechanismus	Bis V1.6: Rückwärtsdeltas Ab V1.6: Neu erstellte bdb-Repositorys verwenden ab Subversion 1.6 ebenfalls Vorwärtsdeltas.	Vorwärtsdeltas
Reifegrad der Implementierung	Ursprünglich einzig verfügbares Storage System. Wird seit 2001 unterstützt.	Wird seit 2004 unterstützt.

Tab. 4–1   Vergleich der Merkmale von fsfs und bdb (vgl. [URL: Subversion Book])

2. Hiermit ist gemeint, ob ein auf einer Plattform erzeugtes Repository nach einem eventuellen Wechsel des Betriebssystems problemlos weiterverwendet werden kann.
3. fsfs legt pro Repository-Revision eine eigene Datei im Dateisystem an. Frühere Subversion-Versionen haben alle Revisionsdateien in einem einzigem Verzeichnis im Dateisystem abgelegt. Dies kann angeblich unter bestimmten Dateisystemen bei sehr großen Repositorys zu Performance-Problemen führen (ich selbst konnte dies nie nachvollziehen, was aber einfach an den »zu kleinen« Repositorys meiner Projekte liegen kann). Ab Version 1.5 wurde für fsfs das sogenannte »Sharding« (horizontale Partitionierung) eingeführt. Hierbei wird die maximale Anzahl an Dateien pro Verzeichnis limitiert, per Default auf 1000 Dateien und damit Revisionen. Bei der 1001. Revision legt Subversion automatisch ein neues Unterverzeichnis für die nächsten 1000 Revisionen an usw. Seit Version 1.6 können die »vollen« Unterverzeichnisse zusätzlich komprimiert werden. Hierfür muss manuell der Befehl svnadmin pack ausgeführt werden. Intern erstellt Subversion dann aus den vielen kleinen Dateien im Unterverzeichnis eine einzelne große Datei. Dadurch reduziert sich die I/O-Last beim Zugriff auf die entsprechenden Revisionen. Zudem beansprucht eine einzelne große Datei weniger Plattenplatz als viele kleine Dateien.

Neben dem create-Befehl kennt svnadmin noch eine Reihe weiterer Kommandos. Beispielsweise erlauben die Befehle upgrade bzw. dump und load die Aktualisierung eines Repositorys auf ein neues Format (siehe Kasten auf Seite 97). Eine vollständige Referenz der svnadmin-Kommandos ist in der Subversion-Dokumentation zu finden.

Zusätzliche Befehle von svnadmin

Upgrade eines Repositorys

Das intern verwendete Repository-Format ändert sich bisweilen mit der Auslieferung einer neuen Version. So hat Subversion 1.6 z. B. ein sehr effizientes Verfahren zur internen Datenablage im Repository eingeführt. Dieses Verfahren wird allerdings nur dann in voller Schönheit verwendet, wenn das Repository mit V1.6 oder größer neu erzeugt wurde. Da zumindest bis jetzt alle Subversion-Server auch problemlos mit den älteren Repository-Formaten umgehen können, sind sich viele Anwender dieser Tatsache gar nicht bewusst. Falls Sie Subversion schon länger im Einsatz haben, lohnt es sich aber durchaus, über ein Upgrade des Repository-Formates nachzudenken. Um einige der neueren Funktionen, wie beispielsweise *Merge Tracking*, nutzen zu können, ist ein Upgrade sogar unumgänglich.

Prinzipiell bestehen zwei Möglichkeiten, ein existierendes Repository auf das neueste interne Format zu aktualisieren. Am einfachsten geht dies mit dem Befehl upgrade:

```
svnadmin upgrade <Repository-Pfad>
```

Bei größeren Repositorys sollte man anschließend noch

```
svn-populate-node-origins-index <Repository-Pfad>
```

ausführen. Dieses Kommando initialisiert einen Index, der ab Subversion 1.5 bei bestimmten Suchoperationen im Repository zur Performance-Steigerung verwendet wird.

Der upgrade-Befehl aktualisiert im laufenden Betrieb das Format des angegebenen Repositorys auf die neueste Version. Allerdings werden lediglich die unbedingt notwendigen Änderungen an den internen Strukturen durchgeführt. Man kann also anschließend beispielsweise das *Merge Tracking* nutzen, profitiert aber nicht zu 100% von der effizienteren Datenablage, die in V1.6 eingeführt wurde.

Wer alle Vorteile des neuen Formates nutzen will, muss daher die Befehle dump und load nutzen. Mit Hilfe von dump wird der Inhalt eines Repositorys in eine Datei gespeichert. Anschließend kann man ein neues, leeres Repository erstellen und die alten Inhalte mittels load aus der Datei wieder einspielen. Im Fall von e2etrace sind hierfür z. B. folgende Befehle notwendig:

```
svnadmin dump d:\svn-repos\e2etrace > e2etrace.dump
move d:\svn-repos\e2etrace d:\svn-repos\e2etrace.old
svnadmin create d:\svn-repos\e2etrace
svnadmin load --force-uuid d:\svn-repos\e2etrace < e2etrace.dump
```

Über die Option --force-uuid wird sichergestellt, dass die interne ID des neuen Repositorys exakt dem gesicherten Original entspricht. Leider dauert das Speichern und Laden gerade bei großen Repositorys eine ganze Weile.

Und Achtung: Während dieser Vorgang läuft, muss der Subversion-Server gestoppt sein!

4.1.3 Benutzer und Zugriffsrechte festlegen

Ein Repository enthält per Definition sensible Daten und muss vor unberechtigten Zugriffen und Veränderungen geschützt werden. Subversion erzeugt neue Repositorys allerdings standardmäßig völlig ungeschützt. Für Tests und zum schnellen Aufsetzen neuer Repositorys ist dies sicherlich praktisch, in einem KM-Prozess kann auf den Zugriffsschutz aber nicht verzichtet werden. Neben der Datensicherheit spielt hier auch die Nachvollziehbarkeit von Änderungen eine Rolle. Wenn auf die Authentifizierung der Anwender eines Repositorys verzichtet wird, sind die Verursacher von Änderungen im Nachhinein nicht mehr feststellbar.

Die konkreten Einstellungen der Benutzerauthentifizierung werden über die Datei svnserve.conf festgelegt. Im Folgenden werden wir uns lediglich mit der einfachsten Variante beschäftigen. Für manche Einsatzszenarien sind deren Einschränkungen allerdings nicht zu akzeptieren. So werden beispielsweise alle Passwörter für den Zugriff auf das Repository in einer Textdatei *im Klartext* verwaltet. Wer damit nicht leben kann, hat zwei Alternativen:

- Einsatz des Apache-Servermoduls: Dieses kann zur Authentifizierung der Anwender auf die Infrastruktur des Apache-Servers zurückgreifen und lässt daher in dieser Hinsicht keine Wünsche offen. Als Nachteile sind allerdings der höhere Aufwand für die Administration zu nennen und die etwas geringe Performance des *http*-Protokolls.
- Verwendung der Cyrus-SASL[4]-Authentifizierung: Seit Version 1.5 kann *svnserve* auf die Cyrus-SASL-Bibliothek zur Benutzerauthentifizierung zurückgreifen. Im Prinzip stehen *svnserve* damit nahezu alle gängigen Authentifizierungsmechanismen, wie z. B. LDAP, NTLM und GSSAPI, zur Verfügung. »Im Prinzip« deshalb, weil hierfür a) die installierte Subversion-Distribution wirklich mit SASL-Unterstützung erstellt worden sein muss. Und b) muss man die Konfiguration erfolgreich bewältigen. Weitere Details zu diesem Thema finden Sie in der Subversion-Dokumentation und unter [URL:SASLNotes].

Die oben erwähnte Datei svnserve.conf befindet sich im conf-Verzeichnis des Repositorys, in unserem Fall also unter d:\svn-repos\e2etrace\conf. Nach dem Anlegen eines neuen Repositorys ent-

---

4. SASL steht für *Simple Authentication and Security Layer*. Bei SASL handelt es sich um »ein Framework, das von verschiedenen Protokollen zur Authentifizierung im Internet verwendet wird« ([Wikipedia:SASL]).

hält diese Datei nur auskommentierte Zeilen. Wir können den gesamten Inhalt daher bedenkenlos löschen und durch die folgenden Zeilen ersetzen[5]:

```
# Konfiguration des Repositorys e2etrace
[general]
password-db = users.conf
authz-db = access.conf
```

Listing 4–1
Sicherheitseinstellungen für das e2etrace-Repository

Parameter werden in svnserve.conf in der Form von Schlüssel-Wert-Paaren abgelegt. Die Datei ist zudem in Abschnitte untergliedert, deren Namen durch eckige Klammern markiert sind. In Listing 4–1 wird beispielsweise der Abschnitt general verwendet. Zeilen, die mit einem Hash-Zeichen (#) beginnen, sind Kommentare. Die beiden Parameter in unserer Version von svnserve.conf haben die folgende Bedeutung:

- password-db = users.conf
  Legt die Datei mit den Benutzernamen und Kennwörtern fest.

- authz-db = access.conf
  Über die hier angegebene Konfigurationsdatei werden die Zugriffsrechte auf das Repository pro User und abhängig von der Projektstruktur definiert.

Neben svnserve.conf benötigen wir nun noch die oben referenzierten Dateien users.conf und access.conf. Da wir keinerlei Pfad festgelegt haben, werden die Dateien von Subversion ebenfalls im Verzeichnis conf erwartet.

Benutzer und Zugriffsrechte festlegen

```
[users]
root = root
gpopp = gpopp
fprefect = fprefect
redmine = redmine
```

Listing 4–2
Datei users.conf für das Beispiel-Repository

In Listing 4–2 ist die Datei users.conf für das Beispiel-Repository dargestellt. Unterhalb des (einzigen) Abschnitts users werden die Anwender in der Form von Name=Kennwort festgelegt. Die obige Datei definiert demzufolge die vier Benutzer root, gpopp, fprefect und redmine[6] mit jeweils recht einfallslosen Kennwörtern.

---

5. Das Beispiel enthält nur einen Teil der möglichen Parameter. Eine vollständige Beschreibung von svnserve.conf ist in der Subversion-Dokumentation zu finden.
6. Den Benutzer redmine brauchen wir in Kapitel 6 zur Anbindung von Redmine an Subversion. Redmine soll ausschließlich lesend auf Subversion zugreifen, daher wird der Benutzername nicht der Gruppe developers zugewiesen.

Listing 4–3
Vorläufige Version der Datei access.conf für das Beispiel-Repository

```
[groups]
admins = root
developers = gpopp, fprefect

[/]
* = r
@admins = rw
@developers = rw
```

Die Konfigurationsdatei access.conf aus Listing 4–3 mit den Zugriffsrechten pro Anwender und Pfad ist noch unvollständig. Wir werden sie etwas später um weitere Berechtigungen ergänzen. Momentan enthält die Datei einen Abschnitt groups, in der zwei Benutzergruppen festgelegt werden. Alle anderen Abschnitte in der Datei werden von Subversion als Zugriffspfade auf das Repository interpretiert. Im Beispiel wird ein Abschnitt mit dem Pfad Slash (/) verwendet. Dieser referenziert, ähnlich wie im Dateisystem, die oberste Ebene des Repositorys. Da Berechtigungen an Unterverzeichnisse vererbt werden, wird durch diesen Abschnitt das gesamte Repository angesprochen. Wie wir später sehen werden, können jedoch für einzelne, untergeordnete Verzeichnisse die Rechte wieder eingeschränkt werden.

Die Zeilen unterhalb des Slash-Abschnitts legen die Zugriffsrechte für Benutzer und Gruppen in der Form von Username = Berechtigung fest. Statt einzelner Benutzer kann auch ein * als Platzhalter für alle User[7] oder eine der oben festgelegten Gruppen angegeben werden. Gruppennamen müssen hierbei durch ein vorangestelltes @ gekennzeichnet werden. Als Berechtigung kann entweder ein r (lesender Zugriff), rw (lesender und schreibender Zugriff) oder ein Leerzeichen (kein Zugriff) eingetragen werden. Die Beispieldatei erlaubt demnach den lesenden Zugriff auf das Repository auch ohne Authentifizierung. Schreibend dürfen die Mitglieder der Gruppen admins und developers mit dem Repository arbeiten.

4.1.4 Zugriff auf das Repository

Bevor wir auf das neue Repository zugreifen können, muss ein Subversion-Server gestartet werden[8]. Am einfachsten und schnellsten geht dies mit dem dedizierten Subversion-Server *svnserve*:

```
>svnserve -d -r d:\svn-repos
```

---

7. Achtung: * steht wirklich für *alle* Anwender, also auch diejenigen, die nicht in der Benutzerdatei des Repositorys registriert sind! Würde als Berechtigung für * ein rw gesetzt, könnte man ohne Authentifizierung lesend und schreibend auf das gesamte Repository zugreifen.

Der Parameter –d startet *svnserve* als Hintergrundprozess – zumindest unter Unix. Auf Windows-Systemen wird der Schalter ignoriert[9]. Mit dem Parameter –r teilen wir dem Server das Basisverzeichnis der Repositorys mit.

Selbstverständlich sollten wir kurz testen, ob der Zugriff auf das Repository über *svnserve* gelingt. Hierfür benötigen wir erstmalig den Subversion-Client *svn*. Er wird immer in der folgenden Form aufgerufen:

Aufruf des Subversion-Clients

```
svn <Kommando> [<Optionen>] [<Ziel>]
```

Das Ziel eines Clientaufrufs kann, abhängig vom Kommando, entweder im Repository oder im lokalen Arbeitsbereich liegen. Man kann als Ziel dementsprechend eine sogenannte *Repository-URL* oder ein Verzeichnis bzw. eine Datei im Arbeitsbereich angeben. Nicht immer ist die Angabe eines Ziels zwingend notwendig. Bezieht sich ein Kommando auf das aktuelle Verzeichnis im lokalen Arbeitsbereich, kann man das Ziel einfach weglassen. Der Client ergänzt dieses dann automatisch.

Repository-URLs sind nach dem Muster *Protokoll://Hostname/ Repository/Pfad* aufgebaut. Um auf einen *svnserve*-Server zuzugreifen, wird das proprietäre Protokoll *svn* verwendet. Kommt stattdessen das Subversion-Modul für den Apache-Webserver zum Einsatz, verwendet der Client das *http*-Protokoll zum Zugriff auf den Server. Die Angabe des Repositorys im Anschluss an den Hostnamen bezieht sich auf das beim Start von *svnserve* angegebene Basisverzeichnis (in unserem Fall also `D:\svn-repos`). Der Pfad wiederum legt fest, welcher Teil eines Repositorys das Ziel des Kommandos ist.

Repository-URLs

Um die Verbindung zum Repository zu testen, verwenden wir das Kommando `list`. Dieses gibt einfach den Inhalt eines Repositorys aus:

Test der Serververbindung

```
>svn list svn://localhost/e2etrace
```

Der obige Pfad hat natürlich nur Sinn, wenn *svnserve* auf dem lokalen Rechner gestartet wurde. Läuft der Serverprozess auf einem anderen Rechner, wird statt `localhost` der entsprechende Hostname angegeben.

---

8. Zwingend notwendig ist dies nicht, da wir an dieser Stelle auch den bereits erwähnten direkten Zugriff des Subversion-Clients auf das Repository verwenden könnten. Ich halte diese Zugriffsart allerdings für etwas unglücklich und setze sie in den Beispielen des Buches daher nicht ein.
9. Unter Windows kann man svnserve allerdings recht einfach als Dienst einrichten. Hierzu ist lediglich folgender Aufruf notwendig (Wichtig! Bitte auf die Leerzeichen nach den Gleichheitszeichen achten):
    ```
    sc create LocalSVN binPath= "D:\programme\subversion\bin\svnserve --service-r d:\svn-repos" DisplayName= "Lokale Subversion Repositorys"
    ```
   Anschließend kann der Service dann mit `sc start LocalSVN` gestartet werden.

Der obige Aufruf liefert – nichts. Dies werten wir als Erfolg, schließlich ist unser Repository noch leer. Wenn der Client also keine Fehlermeldung ausgibt, hat der Zugriff auf das Repository geklappt.

4.2 Projektstruktur und Konfiguration festlegen

Bevor mit dem neu erzeugten Repository gearbeitet werden kann, müssen wir die Projektstruktur und die Konfiguration des Subversion-Clients festlegen. Die Ausgangsbasis hierfür bilden die identifizierten und beschriebenen Konfigurationselemente. Für das Beispielprojekt *e2etrace* habe ich die in Tabelle 4–2 aufgezählten Konfigurationselemente festgelegt.

Tab. 4–2 Konfigurationselemente des Beispielprojekts e2etrace

Element	Beschreibung
Java-Quelltext	Java-Quelltext der e2etrace-Bibliothek. Als Basis-Package wird e2etrace verwendet. Die Dokumentation von e2etrace wird direkt aus den JavaDoc-Kommentaren im Quelltext erzeugt. Format: ASCII Namenstemplates: ■ *<Klassenname>*.java: Klassen ■ I*<Interfacename>*.java: Interfaces ■ Abstract*<Klassenname>*.java: Abstrakte Klassen
JUnit-Tests	Unit-Tests für das Projekt. Für jede Java-Klasse ist ein Unit-Test im selben Package zu erstellen. Format: ASCII Namenstemplate: ■ *<Klassenname>*Test.java
KM-Handbuch	Konfigurationsmanagement-Handbuch Format: Binär (Microsoft Word) Namenstemplate: ■ KMHandbuch.doc
Maven-Build-Skripte	Steuerung der Projektautomatisierung mit dem Werkzeug Maven 2 Format: ASCII Namenstemplates: ■ pom.xml: Projektmodell ■ assembly.xml: Assembly-Deskriptor

Diese Liste von Konfigurationselementen wäre für ein »richtiges« Projekt nicht ausreichend, es fehlen z. B. sämtliche Anforderungs- und Designdokumente. Für unsere Zwecke ist die Tabelle aber gut geeignet. Sie enthält sowohl ASCII als auch binäre Konfigurationselemente und ist vollständig genug, um als Basis für die weiteren Beispiele in diesem Kapitel dienen zu können.

4.2.1 Einfluss des Releaseplans

Neben der Liste der Konfigurationselemente spielt auch der Releaseplan bei der Gestaltung der Projektstruktur eine Rolle. Aus dem Releaseplan geht hervor, wie viele und welche Entwicklungszweige benötigt werden. Für *e2etrace* nehmen wir an, dass der in Abbildung 4–2 dargestellte Releaseplan zum Einsatz kommt. Dieser ist von dem bereits in Abschnitt 2.3.1 beschriebenen Plan abgeleitet, wobei die fehlende Zeitachse an dieser Stelle keine Rolle spielt.

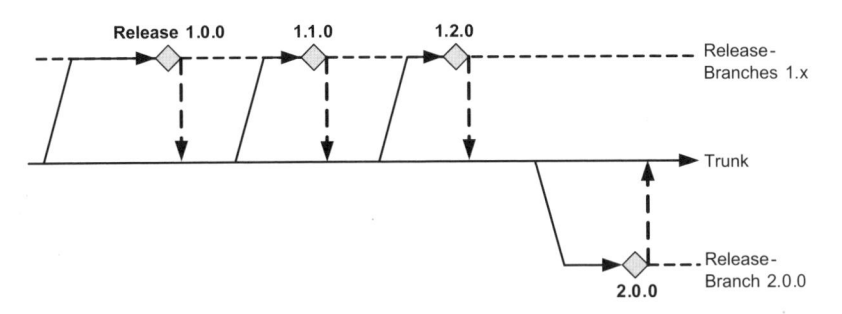

Abb. 4–2

Releaseplan für e2etrace

Laut Plan sind für *e2etrace* drei *1.x*-Releases und ein *2.0.0*-Release vorgesehen. Da sich die Releases nicht überschneiden, wird die Entwicklung in maximal zwei parallelen Pfaden stattfinden. Für jedes Release wird eine Baseline im Repository erstellt werden. Da die Vorbereitungsphase einer Baseline immer mit Hilfe von zwei Tags begrenzt wird, sind für *e2etrace* mindestens acht Tags notwendig.

Die Benennung der Branches und Tags sollte nach einem einheitlichen Schema erfolgen. Ich verwende aus [Mason05] abgeleitete Namenstemplates, die in der folgenden Tabelle zusammengefasst sind.

Template	Beschreibung	Namen für e2etrace
trunk	Bezeichnung des Hauptentwicklungspfads	trunk
RB-<*Release*>	Bezeichnung des Release-Branch	RB-1.0.0, RB-1.1.0, ...
PREP-<*Release*>	Tag zum Beginn der Vorbereitungsphase für ein Release	PREP-1.0.0 PREP-1.1.0, ...
REL-<*Release*>	Tag zum Ende der Vorbereitungsphase und zur Fertigstellung des Release	REL-1.0.0 REL-1.1.0, ...

Tab. 4–3

Bezeichnung der Branches und Tags

4.2.2 Vorbereitung der Tags und Branches

Wie ich bereits in Abschnitt 3.1 erwähnt habe, kennt Subversion keine »echten« Tags und Branches. Stattdessen werden im Repository für beide Konzepte normale Verzeichnisse verwendet. In unserem KM-Prozess haben Tags und Branches allerdings eine bestimmte Semantik, die sich deutlich von der eines Verzeichnisses unterscheidet. Wir müssen daher über zusätzliche Maßnahmen sicherstellen, dass das Subversion-Repository wie von uns gewünscht arbeitet. Konkret bedeutet dies, dass:

Umsetzung »echter« Tags und Branches mit Subversion

- Tags und Branches im Repository eindeutig identifiziert und von »normalen« Verzeichnissen abgegrenzt werden.
- Tags nach der Erstellung wirklich unveränderlich sind.
- Branches eine echte Verzweigung darstellen, die bei Bedarf wieder mit dem ursprünglichen Entwicklungspfad zusammengeführt werden können. Die im Folgenden festgelegte Projektstruktur bildet die Grundlage zur Umsetzung dieser Anforderung. Mit den weiteren Details beschäftigen wir uns in Abschnitt 4.8.

Eindeutige Identifikation über Namenskonventionen

Am einfachsten zu realisieren ist die eindeutige Identifikation von Tags und Branches. Hierzu werden über Namenskonventionen bestimmte Bereiche der Projektstruktur für Tags und Branches reserviert sowie vom Hauptentwicklungspfad abgegrenzt. Üblicherweise erstellt man hierzu auf der obersten Ebene des Repositorys drei Verzeichnisse mit den Namen *branches*, *tags* und *trunk*. Abbildung 4–3 zeigt den ersten Entwurf der Projektstruktur.

Abb. 4–3 Erster Entwurf der Projektstruktur – Realisierung unveränderlicher Tags

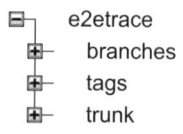

```
e2etrace
├── branches
├── tags
└── trunk
```

Auf Basis dieses Strukturentwurfs kann die Forderung nach unveränderlichen Tags recht einfach umgesetzt werden. Hierzu deaktiviert man über die Rechtevergabe den schreibenden Zugriff auf den Ast *tags* des Repositorys. Lediglich Administratoren dürfen von nun an Tags verändern. Listing 4–4 zeigt die entsprechend erweiterte Konfigurationsdatei access.conf. Im Gegensatz zur ursprünglichen Version wird der schreibende Zugriff auf der obersten Ebene des Repositorys nur für Administratoren freigegeben. Die Mitglieder der Gruppe developers erhalten lediglich für den Hauptentwicklungspfad *trunk* Schreibrechte.

```
[groups]
admins = root
developers = gpopp, fprefect

[/]
* = r
@admins = rw

[/branches]

[/tags]

[/trunk]
@developers = rw
```

Listing 4-4
Erweiterte Konfigurationsdatei access.conf

4.2.3 Festlegung der detaillierten Struktur

Die detaillierte Struktur des Projekts wird im Hauptentwicklungspfad trunk angelegt. Hierbei erstellt man für (fast) jedes Konfigurationselement ein separates Verzeichnis. Zusätzlich wird ein temporärer Ordner für generierte Artefakte aufgenommen. Abbildung 4–4 zeigt die resultierende Struktur für das Beispielprojekt *e2etrace*.

```
e2etrace
├── branches
├── tags
├── trunk
    ├── doc
    ├── src
        ├── java
            ├── e2etrace
        ├── junit
            ├── e2etrace
    ├── target
```

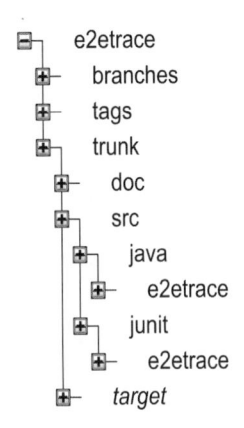

Abb. 4-4
Projektstruktur für e2etrace

Betrachten wir die einzelnen Elemente der Struktur etwas genauer:

- branches und tags
  Siehe vorhergehendes Kapitel.

- trunk\doc
  Beinhaltet die Dokumentation des Projekts. Im Fall von *e2etrace* beschränkt sich diese auf das Konfigurationselement *KM-Handbuch*, da die JavaDoc-Dokumentation direkt aus dem Java-Quelltext generiert wird. Sie ist somit kein eigenständiges Konfigurationselement.

- trunk\src\java

  Enthält die Dateien des Konfigurationselements *Java-Quelltext*. Java-Quelltextdateien werden nicht ausschließlich durch ihren Dateinamen identifiziert, sondern zusätzlich über die Package-Struktur. Ich habe das in der Beschreibung des Konfigurationselements erwähnte Basis-Package unterhalb von java bereits angelegt.

- trunk\src\junit

  In der Beschreibung des Konfigurationselements *JUnit-Tests* wird die Erstellung eines Testfalls für jede Java-Klasse gefordert – und zwar innerhalb desselben Packages. Dies entspricht der von *JUnit* empfohlenen Vorgehensweise. Vom Standpunkt des Konfigurationsmanagements aus wollen wir allerdings keinesfalls den Code von Testfällen mit dem des auszuliefernden Produktes vermischen. Daher habe ich zwei parallele Quelltextbäume in der Projektstruktur vorgesehen. Unter src\java wird der eigentliche Code des Systems gepflegt. Parallel dazu entstehen unter src\junit die Testfälle.

- trunk\target

  In diesem Verzeichnis werden alle generierten Artefakte des Projekts abgelegt. target unterscheidet sich von den bisher genannten Verzeichnissen durch seinen temporären Charakter. Weder der Ordner selbst noch die darunter liegenden Elemente sind Bestandteil des Repositorys. Die Verwaltung des Ordners übernimmt die Projektautomatisierung.

Wer aufgepasst hat, vermisst in der obigen Liste eines unserer Konfigurationselemente. Die *Maven-Build-Skripte* tauchen in der erstellten Projektstruktur bisher nicht auf. Tatsächlich werden wir auf ein separates Verzeichnis für Maven verzichten. Stattdessen platzieren wir die entsprechenden Dateien direkt unterhalb von *trunk* im Wurzelverzeichnis der Projektstruktur. Damit entsprechen wir den Maven-Konventionen und ersparen uns später in Kapitel 5 einiges an Ärger. Prinzipiell unterstützt Maven zwar auch separate Verzeichnisse für »seine« Skripte, in der Praxis führt dies allerdings immer wieder zu Problemen mit einzelnen Plugins.

4.2.4 Konfiguration des Clients

Neben der Projektstruktur bestimmt eine Reihe von Konfigurationsparametern die tägliche Arbeit mit Subversion. Einige dieser Parameter dienen eher dem Komfort, andere beeinflussen die Art und Weise, wie das Repository mit den gespeicherten Elementen umgeht. Es empfiehlt sich daher, die Konfiguration festzulegen, *bevor* die Struktur im Repository angelegt wird.

Subversion Properties

Subversion kann neben den eigentlichen Konfigurationselementen auch Metadaten verwalten. Diese sogenannten *Properties* enthalten zusätzliche Informationen über die Dateien und Verzeichnisse im Repository. Properties werden über einen eindeutigen Namen identifiziert und können mit beliebigen Werten versehen werden. Der Geltungsbereich einer Property ist auf das Element beschränkt, dem sie zugewiesen wurde[10]. Dies kann eine einzelne Datei, aber auch ein ganzes Verzeichnis sein. Properties wirken hierbei nie rekursiv, d. h., sie müssen Unterverzeichnissen explizit zugewiesen werden.

Subversion kennt eine Reihe von vordefinierten Properties, die das Verhalten des Repositorys direkt beeinflussen. Die Namen dieser Properties sind nach dem Muster *svn:<name>* aufgebaut. Zusätzlich können eigene Properties festgelegt werden. Eine vollständige Liste aller vordefinierten Properties und Anwendungsbeispiele für selbst definierte Properties sind in der Subversion-Dokumentation zu finden. Zur Konfiguration eines Repositorys sind in der Regel die folgenden vier vordefinierten Properties ausreichend:

Vordefinierte Properties

- *svn:executable*
  Diese Property ist vor allem für Projekte wichtig, die unter Linux oder einem anderen Unix-Ableger entwickelt werden. Wird das Property einer Datei zugewiesen (mit beliebigem Wert), markiert Subversion diese im lokalen Arbeitsbereich als ausführbar. Windows-Systeme kennen kein derartiges Dateiattribut, daher spielt die Property hier keine Rolle.

- *svn:mime-type*
  Mit Hilfe dieser Property unterscheidet Subversion unter anderem Textdateien und Dateien mit binärem Inhalt. Zusätzlich wertet beispielsweise das Apache-Servermodul diese Property aus, um die korrekte Anzeige von Dateiinhalten im Browser zu gewährleisten. Wird der *mime-type* nicht explizit gesetzt, verwendet Subversion für binäre Dateien standardmäßig *application/octet-stream*. Textdateien erhalten per Default keinen MIME-Typ.

- *svn:eol-style*
  Diese Property legt fest, wie Subversion mit Zeilenendemarkierungen in Textdateien umgeht. Es sollte dann gesetzt werden, wenn im

---

10. Diese Einschränkung gilt nicht für den Spezialfall *svn:mergeinfo*. Ich erwähne *svn:mergeinfo* in diesem Kapitel nicht gesondert, da die Property ausschließlich internen Zwecken dient und manuell nicht verändert werden sollte. Nähere Infos zu der Property und den dahinterliegenden Mechanismen finden Sie in Abschnitt 4.8.3.

Projekt mehrere Entwicklungsplattformen eingesetzt werden (beispielsweise Linux und Windows). Mögliche Werte sind `native`, `CR`, `LF` und `CRLF`. Sinnvoll ist meistens die Einstellung `native`, da Subversion in diesem Fall die Zeilenendemarkierung automatisch an die Bedürfnisse des verwendeten Betriebssystems anpasst. Die anderen Werte legen hingegen für alle Textdateien ein einheitliches Zeilenende fest.

- *svn:needs-lock*
Über die *svn:needs-lock*-Property wird gesteuert, welche Dateien im Repository zwingend mit dem *Lock-Modify-Unlock*-Ansatz bearbeitet werden müssen. Diese Property besitzt keinen Wert, die alleinige Zuweisung zu einer Datei ist ausreichend.

Verwaltung der Properties

Der Subversion-Client kennt spezielle Kommandos zur Verwaltung von Properties auf Datei- und Verzeichnisebene. So kann beispielsweise mit `svn propset` eine Property für eine Datei gesetzt und mit `svn propdel` wieder entfernt werden. Auf die einzelnen Kommandos gehe ich in Abschnitt 4.6.1 genauer ein. Im Projekt sollten Properties allerdings nur in Ausnahmefällen gezielt für einzelne Dateien oder Verzeichnisse gesetzt werden. So sind beispielsweise Probleme vorprogrammiert, wenn *svn:needs-lock* nur für einige und nicht alle Binärdateien gesetzt wird. Wir benötigen demzufolge eine Automatik, die für jedes Konfigurationselement im Repository die richtigen Property-Einstellungen vornimmt.

Lokale Konfigurationsdatei

Die oben genannte Automatik kann über die Konfigurationsdatei `config` des Subversion-Clients eingeschaltet werden. Unter Linux befindet sich diese Datei im Verzeichnis `.subversion` im Benutzerverzeichnis des angemeldeten Anwenders. Auf Windows-Systemen ist `config` im Normalfall in einem Verzeichnis `Subversion` unter `C:\Dokumente und Einstellungen\<Username>\Anwendungsdaten`[11] zu finden.

Aufbau der Konfigurationsdatei

Die Konfigurationsdatei besteht aus mehreren Abschnitten, die in der Subversion-Dokumentation ausführlich erläutert werden. Ich beschränke mich an dieser Stelle auf die meiner Ansicht nach wichtigsten Einstellungen und verwende für die Beispiele im Buch die in Listing 4–5 dargestellte `config`-Datei.

---

11. Abhängig von der Konfiguration des Systems kann jedoch auch ein anderes Verzeichnis verwendet werden. Wo die Anwendungsdaten auf Ihrem System abgelegt werden, lässt sich am einfachsten über die Umgebungsvariable `%APPDATA%` herausfinden.

```
[auth]
store-auth-creds = yes

[helpers]
#editor-cmd = notepad
#diff-cmd = kdiff3

[miscellany]
global-ignores = *.bak ~*.* *.tmp target
enable-auto-props = yes

[auto-props]
*.java = svn:eol-style=native
*.properties = svn:eol-style=native
*.xml = svn:eol-style=native
*.doc = svn:mime-type=application/msword;svn:needs-lock
*.docx = svn:mime-type=application/vnd.openxmlformats-
officedocument.wordprocessingml.document;svn:needs-lock
```

Listing 4–5
config-Datei mit den Einstellungen für e2etrace

Die einzelnen Parameter haben die folgende Bedeutung:

- [auth], store-auth-creds
  Mit yes wird das Caching der Anmeldedaten aktiviert. Wem dies zu unsicher ist, der kann den Cache mit der Einstellung no auch ausschalten. Allerdings müssen dann bei jedem Zugriff auf das Repository Benutzername und Passwort neu eingegeben werden.

- [helpers], editor-cmd
  Legt den Editor für die Änderungskommentare fest. Diese Einstellung verwenden wir erst in Abschnitt 4.3.9, daher ist sie zunächst auskommentiert.

- [helpers], diff-cmd
  Legt ein externes Tool zum Vergleich von Dateiinhalten fest. Auch diese Einstellung benötigen wir erst etwas später (siehe Abschnitt 4.4.4).

- [miscellany], global-ignores
  Über diesen sehr praktischen Parameter können die von Subversion zu ignorierenden Dateitypen festgelegt werden. Er verhindert damit die Aufnahme von temporären oder generierten Dateien ins Repository. Im Beispiel sind dies diverse temporäre Dateien und das komplette Verzeichnis target[12].

---

12. Alternativ können die zu ignorierenden Dateitypen auch für jedes Verzeichnis im Projekt separat festgelegt werden. Hierzu wird für die Verzeichnisse die Property svn:ignore gesetzt. Als Wert der Property übergibt man die zu ignorierenden Dateipattern. Im Normalfall ist die Verwendung der globalen Einstellung in der config-Datei jedoch sinnvoller.

- [miscellany], enable-auto-props
  Dieser Schalter aktiviert die oben erwähnte, automatische Zuweisung von Properties. Zusätzlich muss dann im Abschnitt [autoprops] definiert werden, welche Properties für welche Dateien im Repository gelten sollen.

- [autoprops]
  Enthält pro Dateityp eine Zeile, welche die automatische Zuweisung der Properties regelt. Jede Zeile ist nach dem folgenden Muster aufgebaut:

  ```
  Dateipattern = Property-Name=Property-Wert; ...
  ```

Pro Dateityp können auch mehrere Properties gesetzt werden (getrennt durch ein Semikolon). In unserem Fall ist die Liste der Konfigurationselemente der Ausgangspunkt zur Festlegung der Properties. Anhand der Namenstemplates der einzelnen Elemente können die notwendigen Dateipatterns ermittelt werden.

Im Beispiel wird für alle Textdateien der `eol-style` auf `native` gesetzt. Dies garantiert, dass Textdateien sowohl unter Linux als auch unter Windows problemlos bearbeitet werden können. Zudem wird für Word-Dokumente der korrekte MIME-Typ definiert und die Verwendung des *Lock-Modify-Unlock*-Ansatzes festgeschrieben (siehe Abschnitt 4.6).

Geltungsbereich der Konfigurationsdatei

Bei der Bearbeitung der `config`-Datei sollte man im Hinterkopf behalten, dass die Einstellungen für den Subversion-Client und somit für *alle* Zugriffe auf *beliebige* Repositorys gelten. Dies hat zum einen die Konsequenz, dass bestimmte Einstellungen nur dann Sinn ergeben, wenn sich die Struktur der verwendeten Repositorys ähnelt. Ein Beispiel hierfür ist die Aufnahme des Verzeichnisses `target` in die Liste der `global-ignores`. Weiterhin muss sichergestellt sein, dass wirklich alle Benutzer die notwendigen Änderungen in ihrer lokalen `config`-Datei durchführen. Eine geeignete Stelle zur Beschreibung der hierfür nötigen Schritte ist das KM-Handbuch. Es gibt leider keine Möglichkeit, die oben genannten Einstellungen von einer zentralen Stelle aus automatisch zu verteilen.

4.2.5 Anlegen der Struktur im Repository

Die einfachste Möglichkeit, die Projektstruktur im Repository anzulegen, ist der Import eines bestehenden Verzeichnisbaumes. Hierzu erstellt man mit der Shell oder sonstigen Hilfsmitteln die Verzeichnisse der Projektstruktur lokal in einem temporären Ordner. Anschließend importiert man diesen Ordner mit Hilfe des Subversion-Clients in einem Rutsch in das Repository:

```
> cd tmp
> mkdir branches
> (...)
> svn import svn://localhost/e2etrace   \
  --message "Import der Projektstruktur" \
  --username root --password root
Hinzufügen    trunk
Hinzufügen    trunk\doc
Hinzufügen    trunk\src
Hinzufügen    trunk\src\java
Hinzufügen    trunk\src\java\e2etrace
Hinzufügen    trunk\src\junit
Hinzufügen    trunk\src\junit\e2etrace
Hinzufügen    branches
Hinzufügen    tags

Revision 1 übertragen.
```

Die Authentifizierung gegenüber dem Server erfolgt über die Optionen --username und --password. Im Beispiel wird der Benutzer root verwendet. Nur dieser Anwender verfügt über die zur Durchführung des Imports notwendigen Schreibrechte auf der obersten Ebene des Repositorys. Lässt man die Optionen weg, fragt der Client die Anmeldedaten über einen kleinen Dialog ab. Diese Alternative empfiehlt sich, falls neugierige Zeitgenossen über die Schulter schauen, da die Eingabe des Kennworts verdeckt erfolgt.

Authentifizierung gegenüber dem Server

Der Client überträgt das aktuelle Arbeitsverzeichnis rekursiv in das Repository *e2etrace*. Das import-Kommando berücksichtigt natürlich prinzipiell auch Dateien, in unserem Fall werden jedoch nur die noch leeren Verzeichnisse der Projektstruktur zum Repository hinzugefügt. Anschließend schließt der Client die Transaktion ab, und das Repository liegt in Revision 1 vor.

Sobald schreibend auf das Repository zugegriffen wird, verlangt Subversion eine Begründung in Form eines *Änderungskommentares*. Der mit der Option --message übergebene Text wird in der Versionshistorie der von den Änderungen betroffenen Verzeichnisse und Dateien hinterlegt. Für unseren KM-Prozess sind diese Kommentare wichtig, da sie die Nachvollziehbarkeit aller Änderungen im Repository erleichtern.

Angabe eines Änderungskommentares

Es bietet sich übrigens an, den Verzeichnisbaum nach dem Import als Template für andere Projekte zu archivieren. Zumindest auf den oberen Ebenen sollte die Struktur mit nur geringen Änderungen wieder verwendbar sein.

Erzeugung eines Templates aus der Projektstruktur

4.2.6 Check-out des Arbeitsbereiches

Um mit dem Repository arbeiten zu können, müssen wir noch den *lokalen Arbeitsbereich* anlegen. Der Subversion-Client stellt uns mit Hilfe des Arbeitsbereichs einen Teil oder auf Wunsch auch das komplette Repository auf dem lokalen PC zur Verfügung. Es können beliebig viele Arbeitsbereiche für ein Repository angelegt werden. Diese Möglichkeit werden wir nutzen und den lokalen Arbeitsbereich nur für den Hauptentwicklungspfad trunk erzeugen. In Abschnitt 4.8 erstellen wir dann andere Arbeitsbereiche für die weiteren Entwicklungspfade im Projekt.

Bis auf einige versteckte Verzeichnisse unterscheidet sich der Arbeitsbereich durch nichts von einem normalen Verzeichnisbaum. Compiler, Build-Tools, Textverarbeitungsprogramme und alle sonstigen im Projekt verwendeten Werkzeuge können ohne weitere Hilfsmittel mit den Dateien im Arbeitsbereich umgehen.

Erstellung des Arbeitsbereiches

Die Erstellung eines Arbeitsbereichs wird in der Subversion-Terminologie auch als *Check-out* bezeichnet. Das entsprechende Clientkommando heißt entsprechend:

```
> svn checkout svn://localhost/e2etrace/trunk \
  --username gpopp --password gpopp
A    trunk\doc
A    trunk\src
A    trunk\src\java
A    trunk\src\java\e2etrace
A    trunk\src\junit
A    trunk\src\junit\e2etrace
Ausgecheckt, Revision 1.
```

Die oben verwendete URL *svn://localhost/e2etrace/trunk* wählt nur den Ast trunk aus dem Repository für den Check-out aus. Man kann auf diese Weise jedes beliebige Verzeichnis aus der Struktur als Basis für den Arbeitsbereich festlegen. Das Kommando liefert als Ergebnis eine Liste der Dateien und Verzeichnisse des neuen Arbeitsbereichs.

Zwischenspeicherung der Benutzerdaten

Zur Authentifizierung verwende ich die Daten des Anwenders *gpopp*. Wenn Sie einige Seiten zurückblättern, finden Sie diesen Benutzer in den Dateien `users.conf` und `access.conf` wieder. Er ist Mitglied der Gruppe *developers* und darf daher lesend und schreibend auf das Verzeichnis trunk im Repository zugreifen. Sobald ein lokaler Arbeitsbereich angelegt wurde, merkt sich der Client die Anmeldedaten in einem Cache. Für weitere Aufrufe kann dann auf die Angabe von Username und Passwort verzichtet werden.

Standardmäßig legt der Client für den Arbeitsbereich ein neues Verzeichnis mit dem Namen des gewünschten Repository-Astes an (im obigen Beispiel also trunk). Alternativ kann auch ein anderes Verzeichnis als Parameter übergeben werden:

```
svn checkout svn://localhost/e2etrace/trunk test
```

In diesem Fall wird der Arbeitsbereich im Verzeichnis test erstellt.

> **Die Metadaten des Arbeitsbereichs**
>
> Ob es sich bei einem Ordner im Dateisystem um einen Subversion-Arbeitsbereich handelt, erkennt man an dem (versteckten) .svn-Verzeichnis. Dieses wird von Subversion im Wurzelverzeichnis des Arbeitsbereich automatisch erzeugt (in Versionen älter als 1.7 wurden die .svn-Verzeichnisse auch in allen Unterordnern des Arbeitsbereichs erstellt). Subversion speichert im .svn-Verzeichnis Verwaltungsinformationen, wie z.B. die URL des korrespondierenden Repository-Astes, und Kopien der zuletzt abgerufenen Dateien. Generell gilt, dass man von diesem Verzeichnis die Finger lassen sollte, da sonst die Integrität des Arbeitsbereichs auf dem Spiel steht.

4.3 Durchführen von Änderungen

Der Alltag im Projekt besteht überwiegend aus der Durchführung von »ganz normalen« Änderungen. Dateien und Verzeichnisse werden erstellt, bearbeitet und eventuell auch kopiert oder verschoben. In der Regel laufen diese Änderungen nach einem recht einfachen, in Abbildung 4–5 dargestellten Schema ab.

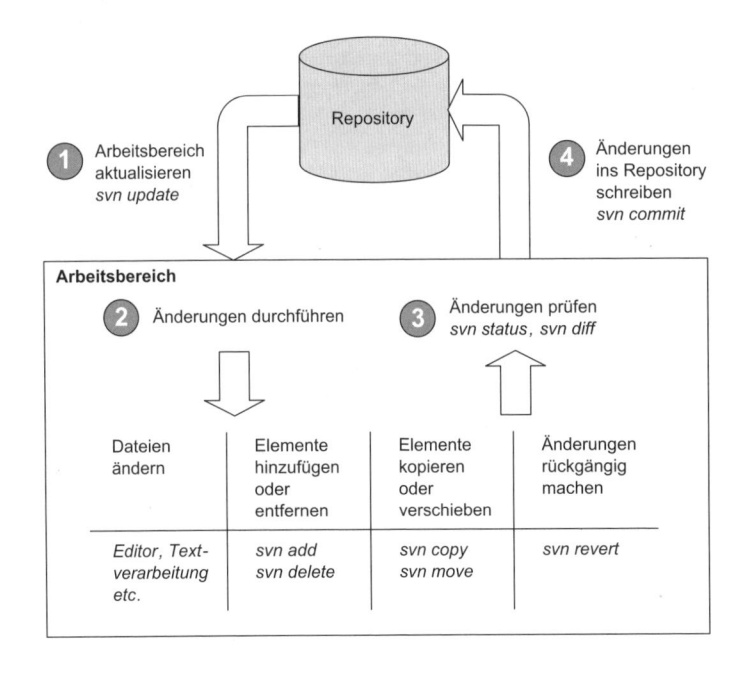

Abb. 4–5

Schritte bei der täglichen Arbeit mit Subversion

Allerdings betrachten wir in diesem Abschnitt nur den Normalfall bei der Arbeit mit Subversion. Darunter verstehe ich die Verwendung des *Copy-Modify-Merge*-Ansatzes und in der Folge die ausschließliche Bearbeitung von Textdateien. Zudem gehe ich davon aus, dass keinerlei Konflikte mit anderen Teammitgliedern auftreten. Subversion kann natürlich auch binäre Dateien verwalten, mit Konflikten umgehen und beherrscht noch eine Vielzahl an weiteren Funktionen. Um diese zu nutzen, sind zusätzliche Subversion-Kommandos notwendig, die wir dann in Abschnitt 4.4 und folgende kennenlernen werden.

> **Etablierung eines »KM-Knigge« im Projekt**
>
> Es empfiehlt sich, den in Abbildung 4–5 gezeigten, täglichen Arbeitszyklus mit ein paar grundlegenden Regeln und Verhaltenshinweisen im Projekt zu untermauern. Dieser »KM-Knigge« ist Bestandteil des Konfigurationsmanagement-Handbuchs (im Beispiel aus Abschnitt 2.2.2 finden sich die entsprechenden Gliederungspunkte in Kapitel 4 des KM-Handbuches). In der folgenden Liste finden Sie einige Beispiele für sinnvolle Regelungen zum Umgang mit Subversion:
>
> - *Arbeitsbereich aktualisieren*
>   `svn update` muss mindestens einmal pro Tag vor der Durchführung der eigenen Änderungen ausgeführt werden. Zusätzlich muss vor jeder größeren Änderung (z. B. Refactorings) eine Aktualisierung erfolgen.
> - *Prüfung auf Konflikte*
>   Nach jedem `svn update` müssen automatisch aufgelöste Konflikte (Statuscode G) kurz überprüft werden.
> - *Änderungen durchführen*
>   Umfangreiche strukturelle Änderungen am Projekt (`svn add`, `delete`, `copy`, `move`) müssen in jedem Fall mit dem Architekten/Projektleiter abgestimmt werden.
> - *Änderungen prüfen*
>   Sollte im Ausnahmefall länger an einem Changeset gearbeitet werden, empfiehlt es sich, regelmäßig mit `svn status --show-updates` auf Konflikte mit anderen Teammitgliedern zu prüfen.
> - *Änderungen ins Repository schreiben*
>   Änderungen sollten in der Regel mindestens einmal pro Tag ins Repository geschrieben werden (`svn commit`). Hierbei ist in jedem Fall ein sinnvoller Changeset-Kommentar einzugeben. Werden durch ein Changeset Bugfixes oder CRs implementiert, ist im Kommentar die jeweilige ID zu nennen. *Wichtig!* Vor dem Wochenende, Urlaub oder sonstiger Abwesenheit muss *in jedem Fall* ein `svn commit` ausgeführt werden!

4.3.1 Arbeitsbereich aktualisieren

Der lokale Arbeitsbereich existiert entkoppelt vom Repository und wird nicht automatisch aktualisiert, wenn andere Teammitglieder Änderungen durchführen. Daher ist es wichtig, regelmäßig eine manuelle Aktualisierung zu starten. Der Subversion-Client kennt zu diesem Zweck das Kommando update[13].

```
>svn update
A    src\java\e2etrace\timer
A    src\java\e2etrace\timer\ITimer.java

Aktualisiert zu Revision 2.
```

Ohne weitere Parameter nimmt der Client an, dass wir den Arbeitsbereich ausgehend vom aktuellen Verzeichnis aktualisieren wollen. Im obigen Beispiel ist dies das Wurzelverzeichnis des Arbeitsbereichs. Alternativ kann man das Kommando auch auf ein bestimmtes Verzeichnis im Arbeitsbereich einschränken.

Der Rückgabe des update-Kommandos ist zu entnehmen, dass dem Arbeitsbereich ein neues Verzeichnis und eine neue Datei hinzugefügt wurden. Das Beispiel geht davon aus, dass diese beiden Elemente zuvor von einem Kollegen ins Repository geschrieben wurden. Neben dem A für Addition kennt das update-Kommando Statuscodes für gelöschte (D), geänderte (U) und bereits existierende (E) Elemente. Auch Konflikte werden über Codes (C und G) kenntlich gemacht, mehr dazu in Abschnitt 4.5.

Bedeutung der Statuscodes

4.3.2 Dateien ändern

Bereits existierende Dateien im Arbeitsbereich können ohne weitere Vorkehrungen nach Belieben geändert werden. Es ist auch nicht notwendig, den Subversion-Client explizit über Änderungen an Dateien zu informieren. Vielmehr erkennt er bearbeitete Dateien mit Hilfe der Zeitstempel im Dateisystem automatisch.

Mit dem Kommando status können die im Arbeitsbereich vorgenommenen Änderungen jederzeit abgefragt werden. Ändern wir beispielsweise das Interface ITimer.java mit einem Editor, liefert ein Aufruf des status-Kommandos anschließend folgendes Ergebnis:

Überprüfung der durchgeführten Änderungen

---

13. Nicht zu verwechseln ist das update-Kommando mit svn upgrade. Letzteres wird nur benötigt, um Arbeitsbereiche, die mit älteren Subversion-Versionen angelegt wurden, auf die jeweils aktuelle Version hochzuziehen. Dieses Upgrade ist nur einmal pro Arbeitsbereich notwendig (beispielsweise dann, wenn Sie von Subversion 1.6 auf 1.7 oder größer umsteigen).

```
>svn status
M    src\java\e2etrace\timer\ITimer.java
```

Der Buchstabe M in der ersten Spalte steht für *Modified*, die Datei wird also als geändert erkannt. Die Änderungen sind zu diesem Zeitpunkt aber noch nicht ins Repository übertragen worden. Diesen Schritt führen wir erst etwas weiter unten mit dem commit-Befehl aus.

4.3.3 Änderungen rückgängig machen

Solange kein commit durchgeführt wurde, reicht ein einziger Befehl, um Änderungen rückgängig zu machen. Das Kommando revert berücksichtigt hierbei nicht nur die bisher besprochenen, direkten Änderungen an einer Datei, sondern auch alle anderen Client-Befehle, die den Arbeitsbereich modifizieren.

```
>svn revert src\java\e2etrace\timer\ITimer.java
Rückgängig gemacht: 'src\java\e2etrace\timer\ITimer.java'
```

Die Datei ITimer.java liegt anschließend wieder in ihrer ursprünglichen Fassung im Arbeitsbereich vor. Alternativ kann revert auch für komplette Verzeichnisse aufgerufen werden:

```
svn revert --recursive .
```

Daraufhin werden ausgehend vom aktuellen Verzeichnis im Arbeitsbereich rekursiv alle Veränderungen in den untergeordneten Verzeichnissen rückgängig gemacht. Diese Art des Aufrufs ist zwar bequem, aber nicht ungefährlich. Es gibt kein *Undo* für den revert-Befehl. Ist eine lokale Änderung erst mal verworfen, kann sie nicht wiederhergestellt werden.

revert funktioniert auch offline.

Der Subversion-Client benötigt zur Ausführung von revert keine Verbindung zum Repository. Das Kommando stellt die ursprüngliche Version der Datei mit Hilfe von Kopien her, die in den versteckten Verzeichnissen des Arbeitsbereichs vorgehalten werden. Dieser Cache wird bei jedem svn update auf den jeweils neuesten Stand gebracht.

4.3.4 Elemente hinzufügen

Sobald der Arbeitsbereich strukturell verändert wird, funktioniert die automatische Erkennung der Änderungen durch den Client nicht mehr. Dieser hat keine Möglichkeit festzustellen, ob eine neu erzeugte Datei im Arbeitsbereich auch dem Repository hinzugefügt werden soll. Handelt es sich bei dem neuen Element beispielsweise um eine Backup-Datei des Texteditors, hat diese im Repository nichts verloren.

Wir müssen dem Subversion-Client daher explizit mitteilen, welche neuen Dateien und Verzeichnisse in das Repository übernommen werden sollen. Hierzu wird der add-Befehl verwendet:

```
>svn add src\java\e2etrace\trace
A        src\java\e2etrace\trace
A        src\java\e2etrace\trace\ITraceStep.java
```

Über add können nur bereits existierende Verzeichnisse und Dateien ins Repository übertragen werden. Vor dem obigen Aufruf muss also ein neues Verzeichnis src\java\e2etrace\trace und die darin enthaltene Datei ITraceStep.java im Arbeitsbereich neu angelegt werden. Erst anschließend informieren wir Subversion mit dem add-Kommando über die neuen Elemente. Die eigentliche Übertragung ins Repository findet auch in diesem Fall nicht sofort, sondern erst später beim Aufruf von commit statt.

4.3.5 Elemente löschen

Zum Löschen von Dateien und Verzeichnissen im Arbeitsbereich wird das Kommando delete in der Form svn delete <Pfad> verwendet. Hier gilt es, einige Besonderheiten zu beachten:

- Wird eine Datei oder ein Verzeichnis über delete gelöscht, entfernt der Subversion-Client das Element *sofort* aus dem Arbeitsbereich (dies entspricht einem rm oder del auf Shell-Ebene). Mit der Option --keep-local kann man das lokale Löschen unterdrücken. Im Repository wird das Element immer erst bei der Ausführung von commit entfernt.
- Versucht man, eine Datei oder ein Verzeichnis mit delete zu entfernen, die im Arbeitsbereich, aber nicht im Repository existiert, liefert der Client eine Fehlermeldung. Man kann das Löschen dann mit dem Parameter --force erzwingen.
- Dasselbe gilt für Dateien und Verzeichnisse, die lokal verändert und noch nicht mit commit ins Repository geschrieben wurden. Auch in diesem Fall wird zunächst eine Fehlermeldung erzeugt, die wiederum mit --force umgangen werden kann. *Vorsicht*: Wurde eine neue Datei mittels add neu hinzugefügt und noch kein commit ausgeführt, löscht delete --force die Datei unwiederbringlich! Bitte lassen Sie daher bei der Verwendung von --force die bei Löschaktionen übliche Sorgfalt walten.

Besonderheiten des delete-Befehls

Vor dem commit kann ein gelöschtes Element mit Hilfe von revert wiederhergestellt werden. Aber auch nachdem der Löschvorgang ins Repository übertragen wurde, sind die betroffenen Dateien und Ver-

Wiederherstellen gelöschter Elemente

zeichnisse in den alten Revisionen weiterhin verfügbar. Wir können also, von der oben beschriebenen Ausnahme abgesehen, gelöschte Elemente jederzeit wiederherstellen[14]. Möglich macht dies der weiter unten vorgestellte Befehl copy.

Direktes Löschen im Repository

Das delete-Kommando kann Elemente nicht nur lokal, sondern auch direkt im Repository löschen. Hierzu gibt man statt eines Datei- oder Verzeichnisnamens eine URL an. Beispielsweise löscht folgender Aufruf das Verzeichnis doc direkt im Repository:

```
>svn delete --message "doc wird nicht benötigt" \
    svn://localhost/e2etrace/trunk/doc
Revision 3 übertragen.
```

Werden Kommandos mit einer Repository-URL ausgeführt, ist kein separater commit notwendig. Die Änderungen werden sofort im Repository wirksam und müssen mit dem --message-Parameter (oder kurz: -m) entsprechend begründet werden.

Direkte Veränderungen im Repository werden nicht automatisch im lokalen Arbeitsbereich nachgezogen. Im obigen Beispiel bedeutet dies, dass das Verzeichnis doc lokal weiterhin existiert. Um das Verzeichnis auch lokal zu entfernen, muss der Arbeitsbereich mit dem Repository synchronisiert werden:

```
>svn update
D    doc
Aktualisiert zu Revision 3.
```

Der Client teilt uns über den Statuscode D (*Deleted*) mit, dass während der Aktualisierung des Arbeitsbereichs das Verzeichnis doc entfernt wurde. Wir sind damit wieder synchron mit dem Zustand des Repositorys.

4.3.6 Elemente kopieren

Das Kopieren von Elementen hat, ähnlich wie das Hinzufügen und Löschen, Auswirkungen auf die Struktur des Projektes. Wir müssen den Subversion-Client daher auch in diesen Fällen mit einbeziehen.

Kopiert wird mit Hilfe des Kommandos copy. Wie üblich erwartet dieser Befehl als Parameter eine oder mehrere Quellen und ein Ziel:

```
svn copy <Quelle 1> ... <Quelle n> <Ziel>
```

---

14. Für zukünftige Versionen von Subversion ist ein Befehl zum endgültigen Löschen von Dateien aus dem Repository geplant. Dieser wird beispielsweise dann benötigt, wenn irrtümlich vertrauliche Informationen in ein Repository geschrieben wurden.

Der Client unterstützt für die Quellen und das Ziel sowohl Pfade im lokalen Arbeitsbereich als auch Repository-URLs. Werden mehrere Quellen angegeben, muss das Ziel in jedem Fall ein Verzeichnis sein. Insgesamt eröffnet dies folgende Möglichkeiten:

- Erstellung von lokalen Kopien innerhalb des Arbeitsbereichs, die erst beim commit ins Repository übertragen werden
- direktes Kopieren aus dem Arbeitsbereich in das Repository
- direktes Kopieren aus dem Repository in den lokalen Arbeitsbereich
- direktes Kopieren innerhalb desselben Repositorys

Varianten des copy-Befehls

Wie Ihnen vielleicht aufgefallen ist, fehlt trotz dieser Flexibilität eine Variante. Das copy-Kommando ist nicht in der Lage, Elemente von einem Repository in ein anderes zu kopieren. Dies funktioniert weder direkt, also durch die Angabe von Repository-URLs, noch über den Umweg des lokalen Arbeitsbereichs. Es können nur Elemente aus dem Repository, das auch für den initialen Check-out verwendet wurde, in den Arbeitsbereich kopiert werden (und umgekehrt).

Trotzdem ist copy einer der mächtigsten Befehle des Subversion-Clients. Er ermöglicht neben der reinen Erstellung von Kopien das Wiederherstellen gelöschter Dateien und bildet die Grundlage für die Arbeit mit Tags und Branches.

Kopieren einer Datei

Befassen wir uns zunächst mit dem einfachsten Anwendungsfall, dem Kopieren einer Datei im Arbeitsbereich. Auf den ersten Blick ist hierfür nicht unbedingt ein spezielles Kommando notwendig. Genauso gut wäre es möglich, eine existierende Datei über die Shell zu kopieren und anschließend mittels svn add dem Repository hinzuzufügen.

Der Haken an dieser Vorgehensweise ist, dass mit add aus Sicht des Repositorys eine neue Datei erzeugt wird. In Wirklichkeit haben wir jedoch eine bestehende Datei kopiert. Diesen feinen Unterschied gilt es festzuhalten, schließlich ist die Nachvollziehbarkeit aller Änderungen ein wichtiges Ziel unseres KM-Prozesses.

Unterschied zwischen add und copy

Im folgenden Beispiel wird eine Kopie der Datei ITimer.java erzeugt. Das Ziel DefaultTimer.java liegt im selben Verzeichnis des Arbeitsbereichs.

```
>svn copy src\java\e2etrace\timer\ITimer.java \
          src\java\e2etrace\timer\DefaultTimer.java
A    src\java\e2etrace\timer\DefaultTimer.java
```

Ein Aufruf von svn status liefert nun folgendes Ergebnis:

```
>svn status
A  +    src\java\e2etrace\timer\DefaultTimer.java
A       src\java\e2etrace\trace
A       src\java\e2etrace\trace\ITraceStep.java
```

Zusätzlich zu den bereits weiter oben neu hinzugefügten Elementen wird jetzt auch die eben erstellte Kopie als Veränderung im Arbeitsbereich erkannt. Das Pluszeichen weist darauf hin, dass DefaultTimer.java nicht völlig neu ist, sondern mit einer bestehenden Versionshistorie ins Repository geschrieben wird. Das copy-Kommando übernimmt die Versionshistorie von der Quelle, in diesem Fall also ITimer.java, und ergänzt sie um einen Hinweis auf die Kopieraktion.

Automatisches Erzeugen der Zielverzeichnisse

Selbstverständlich kann man eine Datei nicht nur innerhalb eines Verzeichnisses kopieren, sondern auch direkt in ein anderes Unterverzeichnis. Gibt man beim Ausführen von copy die Option --parents an, erzeugt Subversion sogar automatisch alle fehlenden Zielverzeichnisse. Die --parents-Option funktioniert übrigens nicht nur für das copy-Kommando, sondern beispielsweise auch für move.

Direktes Kopieren im Repository

Alternativ zum obigen Beispiel hätten wir ITimer.java auch direkt im Repository kopieren können. Hierzu werden statt der lokalen Pfade die entsprechenden Repository-URLs als Quelle und Ziel übergeben. Für das Kopieren einzelner Dateien bringt diese Variante jedoch keine Vorteile. Anders verhält es sich, wenn komplette Verzeichnisse mit sehr vielen einzelnen Dateien kopiert werden sollen. In diesem Fall ist das direkte Kopieren über URLs *deutlich* performanter als der Umweg über den Arbeitsbereich. Wir werden diese Technik etwas später bei der Erstellung von Tags und Branches einsetzen (siehe Abschnitt 4.7 und 4.8).

Wiederherstellen gelöschter Elemente

Neben der Erstellung von echten Kopien kann mit dem copy-Befehl auch ein bereits gelöschtes Element wiederhergestellt werden. Hierzu kopieren wir das gewünschte Element direkt aus der Versionshistorie des Repositorys in den lokalen Arbeitsbereich. Die Voraussetzung hierfür ist, dass wir die Revisionsnummer des Changesets kennen, mit dem das Element aus dem Repository gelöscht wurde. Der Client kennt spezielle Befehle zur Abfrage der Versionshistorie, die ich jedoch erst in Abschnitt 4.4 erläutern werde. Für das folgende Beispiel benötigen wir diese Befehle nicht. Auf Seite 118 haben wir das Verzeichnis doc mit Hilfe des delete-Befehls aus dem Repository gelöscht. Die Revisionsnummer des entsprechenden Changesets hat der Client als Ergebnis des Kommandos geliefert (Revision 3). Um das Verzeichnis wiederherzustellen, kopieren wir es einfach aus Revision 2 des Repositorys direkt in das aktuelle Verzeichnis des Arbeitsbereichs:

```
>svn copy svn://localhost/e2etrace/trunk/doc@2 .
Ausgecheckt, Revision 2.
A       doc
```

Die gewünschte Revision wird mit dem @-Zeichen an den Quellpfad angehängt. Man nennt diese Syntax *Peg-Revision*. Peg-Revisions sind übrigens *kein* Äquivalent zu dem Parameter -r, mit dem ebenfalls eine Quellrevision für das copy-Kommando angegeben werden kann. Dies würde im vorliegenden Fall aber nicht funktionieren. Mit den Details dieses etwas komplizierteren Themas beschäftigen wir uns in Abschnitt 4.4.3.

4.3.7 Elemente verschieben und umbenennen

Ähnlich wie die gängigen Unix-Shells, aber im Gegensatz zu Windows, unterscheidet Subversion nicht zwischen dem Umbenennen und Verschieben eines Elements. Beide Operationen werden mit dem Kommando move durchgeführt.

```
svn move <Quelle 1> ... <Quelle n> <Ziel>
```

Als Quellen und Ziel sind entweder lokale Pfade oder Repository-URLs zulässig, wobei gemischte Angaben nicht möglich sind. Im Unterschied zum copy-Befehl können Elemente also nicht direkt aus der Arbeitskopie in das Repository verschoben werden (oder umgekehrt).

Intern wird das move-Kommando vom Client durch ein svn copy <Quelle> <Ziel> und ein darauf folgendes svn delete <Quelle> realisiert. Wie wir in Abschnitt 4.4 sehen werden, tauchen in der Versionshistorie für jeden move-Befehl genau diese beiden Operationen auf. Das Subversion-Repository kennt (noch) keine native Unterstützung zum Verschieben oder Umbenennen von Elementen, daher behilft man sich zurzeit mit diesem Workaround.

Interne Umsetzung des move-Befehls

4.3.8 Änderungen überprüfen

Man sollte es sich zur Gewohnheit machen, alle lokalen Änderungen im Arbeitsbereich kurz zu überprüfen, bevor diese als Changeset endgültig ins Repository geschrieben werden. Der Client stellt hierfür zwei Kommandos zur Verfügung:

```
svn status
svn diff <Pfad>
```

Den `status`-Befehl haben wir schon mehrfach eingesetzt. Er liefert eine Liste der Änderungen im Arbeitsbereich. Gibt man beim Aufruf die Option `--verbose` (oder kurz: `-v`) an, erzeugt `status` eine ausführlichere Variante des Änderungsberichts für alle Elemente unterhalb des aktuellen Verzeichnisses im Arbeitsbereich.

Abb. 4–6
Aufbau eines ausführlichen Änderungsberichts

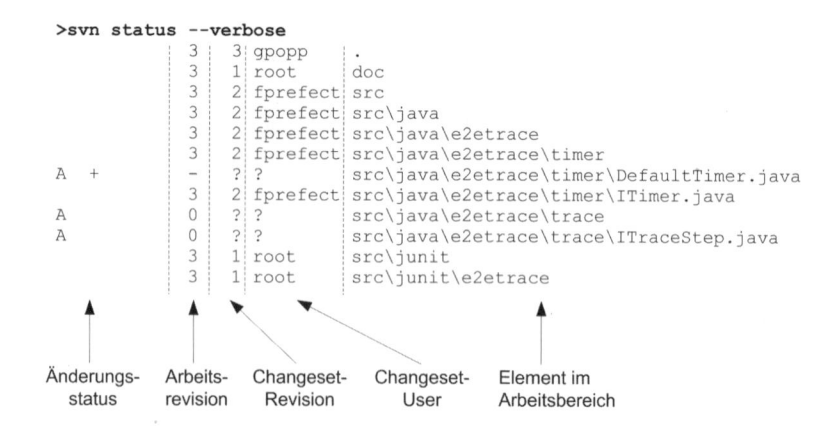

```
>svn status --verbose
         3   3 gpopp    .
         3   1 root     doc
         3   2 fprefect src
         3   2 fprefect src\java
         3   2 fprefect src\java\e2etrace
         3   2 fprefect src\java\e2etrace\timer
 A  +    -   ? ?        src\java\e2etrace\timer\DefaultTimer.java
         3   2 fprefect src\java\e2etrace\timer\ITimer.java
 A       0   ? ?        src\java\e2etrace\trace
 A       0   ? ?        src\java\e2etrace\trace\ITraceStep.java
         3   1 root     src\junit
         3   1 root     src\junit\e2etrace
```

Änderungs-status | Arbeits-revision | Changeset-Revision | Changeset-User | Element im Arbeitsbereich

In Abbildung 4–6 ist ein etwas überarbeiteter Änderungsbericht dargestellt. Ich habe zur besseren Lesbarkeit die einzelnen Spalten markiert und beschriftet:

- *Änderungsstatus*
  Diese Spalte setzt sich aus insgesamt sieben Unterspalten zusammen, die jeweils ein Zeichen breit sind und Statuscodes enthalten können. Insgesamt kann man daraus sehr detailliert den Zustand des jeweiligen Elements ablesen. Teilweise haben wir die möglichen Statuscodes schon kennengelernt, so steht das A beispielsweise für neu hinzugefügte Elemente. Eine vollständige Liste aller möglichen Codes kann der Subversion-Dokumentation entnommen werden.

- *Arbeitsrevision*
  In dieser Spalte wird die Revisionsnummer der Dateien und Verzeichnisse im lokalen Arbeitsbereich angezeigt. Wurde kurz zuvor ein `checkout`- oder `update`-Kommando durchgeführt, sind die Arbeitsrevisionen und die Repository-Revision identisch. Im Gegensatz zum Repository, das ja nur eine globale Revision kennt, können sich die Revisionen der Elemente im lokalen Arbeitsbereich jedoch einzeln und unabhängig voneinander entwickeln. Wird beispielsweise eine einzelne Datei geändert und in das Repository übertragen, ändert sich lokal zunächst nur die Revisionsnummer dieser einzelnen Datei. Im Repository hingegen wurde die Revision für alle Dateien und Verzeichnisse inkrementiert. Erst wenn ein

update-Befehl ausgeführt wird, stimmen die Arbeitsrevisionen und die Repository-Revision wieder überein. Dieses Verhalten ist gewollt und wird auch als *Mixed Revisions* bezeichnet (Näheres hierzu in Abschnitt 4.4).

- *Changeset-Revision*
  Die zweite Revisionsnummer identifiziert das Changeset, mit dem eine Datei oder ein Verzeichnis im Repository das letzte Mal verändert wurde. Verzeichnisse ändern sich implizit immer dann, wenn untergeordnete Dateien oder Verzeichnisse hinzugefügt, gelöscht oder umbenannt werden.

- *Changeset-User*
  Diese Spalte enthält den Namen des Anwenders, der das über die vorige Spalte identifizierte Changeset ins Repository geschrieben hat.

- *Element im Arbeitsbereich*
  Kompletter Pfad und Name der einzelnen Dateien und Verzeichnisse im Arbeitsbereich

Änderungen anderer Teammitglieder ermitteln

Die Berichte des status-Kommandos liefern alle notwendigen Informationen, um die eigenen Änderungen vor dem commit nochmals zu prüfen. Allerdings bleibt hierbei die Arbeit der anderen Teammitglieder unberücksichtigt. Wir können also nicht ausschließen, dass in der Zwischenzeit ein Kollege Changesets ins Repository geschrieben hat, die mit unseren Änderungen kollidieren. Abhilfe schafft die Option --show-updates (oder kurz: -u) des status-Befehls:

```
>svn status --show-updates
A    +         -   doc
A    +         -   src\java\e2etrace\timer\DefaultTimer.java
     *         3   src\java\e2etrace\timer\ITimer.java
A              0   src\java\e2etrace\trace\ITraceStep.java
A              0   src\java\e2etrace\trace
Status bezogen auf Revision:    4
```

Der Client überprüft daraufhin das Repository auf Änderungen, die noch nicht in den lokalen Arbeitsbereich übertragen wurden. Basis für diese Überprüfung ist die neueste Revision des Repositorys. Die entsprechende Revisionsnummer wird als letzte Zeile des Berichts ausgegeben. Wird der Client bei seiner Recherche im Repository fündig, fügt er für jedes geänderte Element neue Zeilen in den Bericht ein und markiert diese mit einem Sternchen (*). Der obige Bericht enthält eine solche Zeile für die Datei ITimer.java. Die Spalte vor dem Elementnamen enthält übrigens die Arbeitsrevision.

Übernahme der Änderungen anderer Benutzer

Anscheinend wurde ITimer.java demnach von einem anderen Anwender geändert. Die Datei enthält eine Schnittstellendefinition und wurde von uns einige Seiten zuvor als Basis für das Element DefaultTimer.java verwendet. Es bietet sich also an, dass wir die neue Version der Schnittstelle in unseren Arbeitsbereich übernehmen und prüfen. Dies erfolgt wie gewohnt mit Hilfe des update-Befehls:

```
>svn update
U    src\java\e2etrace\timer\ITimer.java
Aktualisiert zu Revision 4.
```

Ein kurzer Blick in die Schnittstelle offenbart, dass der werte Kollege einen neuen Service definiert hat, wir müssen DefaultTimer.java daher entsprechend erweitern. Zudem finden wir einen Tippfehler in ITimer.java und korrigieren diesen zusätzlich. Der Änderungsbericht für den Arbeitsbereich besteht anschließend aus folgenden Einträgen:

```
>svn status --show-updates
A  +         -     doc
A  +         -     src\java\e2etrace\timer\DefaultTimer.java
M            4     src\java\e2etrace\timer\ITimer.java
A            0     src\java\e2etrace\trace
A            0     src\java\e2etrace\trace\ITraceStep.java
Status bezogen auf Revision:     4
```

Änderungen in einer Datei überprüfen

Es kommt vor, dass man die in einer Datei durchgeführten Änderungen vor dem abschließenden commit im Detail prüfen will. Hierzu eignet sich das diff-Kommando. Für die Datei ITimer.java könnte das Ergebnis beispielsweise wie folgt aussehen:

```
>svn diff src\java\e2etrace\timer\ITimer.java
Index: src/java/e2etrace/timer/ITimer.java
===========================================================
--- src/java/e2etrace/timer/ITimer.java (Revision 4)
+++ src/java/e2etrace/timer/ITimer.java (Arbeitskopie)
@@ -2,6 +2,6 @@

    public interface ITimer {
        void start();
-       long measur();
+       long measure();

    }
```

Die Ausgabe von diff ist etwas gewöhnungsbedürftig. In Abschnitt 4.4 werde ich daher ein alternatives Werkzeug vorstellen, das die Unterschiede zwischen zwei Dateien sehr übersichtlich in einer GUI anzeigt.

Für die schnelle Kontrolle einer kleineren Änderung an einer Datei reicht aber auch die obige Darstellung aus.

> **Erstellen und Einspielen von Patches**
>
> Die etwas »seltsame« Ausgabe des `diff`-Kommandos hat durchaus einen sinnvollen Hintergrund. Tatsächlich handelt es sich hier um ein standardisiertes Format, das *unified diff* genannt wird. Da das Format textbasiert ist, kann man Änderungen an einer oder mehreren Dateien sehr einfach aufzeichnen und an andere weitergeben. Oft genutzt wird dies beispielsweise in Open Source-Projekten: Hier haben meist nur einige wenige Entwickler Schreibzugriff auf das Repository. Trotzdem kann sich jedermann am Projekt beteiligen, indem die jeweiligen Änderungen einfach als *unified diff*-Datei in Form eines sogenannten Patches an einen der schreibberechtigten Entwickler gesendet werden. Dieser kann den Patch dann über geeignete Werkzeuge bei sich lokal einspielen, prüfen und ggf. ins Repository committen.
>
> Die Erstellung von Patches unterstützt Subversion schon immer. Hierzu muss einfach die Ausgabe des `diff`-Kommandos in eine Textdatei umgeleitet werden. Ab Version 1.7 können Patches auch mit Subversion eingespielt werden:
>
> ```
> svn patch <Patchdatei>
> ```
>
> Das Kommando liest die Patchdatei ein und überträgt alle darin enthaltenen Änderungen in den lokalen Arbeitsbereich. Praktischerweise werden hierbei auch strukturelle Änderungen, also neu hinzugefügte oder gelöschte Dateien, mit den entsprechenden `add` oder `delete`-Kommandos übernommen.

Gehen wir die Ausgabe des Kommandos der Reihe nach durch. Die ersten beiden Zeilen bilden quasi die Überschrift. In der mit --- markierten Zeile wird die Originaldatei genannt, die als Ausgangsbasis für den Vergleich dient. Die darauf folgende +++-Zeile enthält dann die aktuelle Datei, die mit der Ausgangsbasis verglichen werden soll. Im Beispiel ist die Ausgangsbasis die beim letzten `update` aus dem Repository geladene Version von `ITimer.java`. Diese wird mit der Datei `ITimer.java` aus dem Arbeitsbereich verglichen. Im Anschluss folgt der sogenannte *Hunk*, in dem die eigentlichen Änderungen gezeigt werden. Den mit @@ markierten Kopf kann man getrost ignorieren. In den folgenden Zeilen wird die geänderte Stelle durch Minus- und Pluszeichen markiert. Ein Minuszeichen weist darauf hin, dass die Zeile in der aktuellen Datei im Vergleich zur Originaldatei entfernt wurde. Das Plus zeigt neu hinzugefügte Zeilen an. Folgt, wie im Beispiel, auf ein Minus direkt ein Plus, wurde die Zeile in der aktuellen Datei geändert. In `ITimer.java` ist also offensichtlich der Servicename von `measur()` in `measure()` geändert worden.

Interpretation der Rückgabe des diff-Befehls

4.3.9 Änderungen in das Repository schreiben

Der letzte Schritt des Änderungszyklus besteht aus dem schon mehrfach erwähnten `commit`-Befehl. Subversion stellt daraufhin aus den Änderungen im Arbeitsbereich ein Changeset zusammen und schreibt dieses ins Repository. Um die Nachvollziehbarkeit zu gewährleisten, müssen Changesets mit einem kurzen Kommentar begründet werden. Bisher haben wir hierfür die Option `--message` (oder kurz: `-m`) verwendet. Alternativ kann man den Änderungskommentar auch über einen beliebigen Texteditor eingeben. Der zu verwendende Editor wird entweder beim Aufruf des Clients über die Option `--editor-cmd` oder dauerhaft mit der Umgebungsvariablen `%SVN_EDITOR%` festgelegt. Alternativ kann der Editor auch über die Konfigurationsdatei `config` eingestellt werden. In der von mir verwendeten Datei aus Abschnitt 4.2.4 muss hierzu lediglich der Kommentar vor dem Parameter `editor-cmd` entfernt werden.

> **Spielregeln für Kommentare**
>
> Die inhaltliche Gestaltung der Änderungskommentare sollte unbedingt im Konfigurationsmanagement-Handbuch geregelt werden. Simpel formulierte Vorschriften, wie z. B. »Kommentare dürfen nie leer sein«, bringen in der Praxis allerdings wenig. Das Resultat sind dann oft nutzlose Texte wie »Geändert« oder »Neu hinzugefügt«. Änderungskommentare sind jedoch kein Selbstzweck, sondern sie unterstützen wirkungsvoll die Kommunikation im Team und bilden die Basis für die Nachvollziehbarkeit aller Änderungen. Ein Beispiel hierfür ist die konsequente Umsetzung des Fehler- und Änderungsmanagements im Repository. Um jederzeit feststellen zu können, welche konkreten Änderungen für einen Bugfix im System notwendig waren, muss man eine Verbindung zu den entsprechenden Changesets im Repository herstellen. Dies erreicht man am einfachsten, indem die ID des Bugfix in den Änderungskommentar geschrieben wird (z. B. »Defect 200«, falls der Fehler unter der ID »200« im Änderungsmanagementwerkzeug verwaltet wird). In Kapitel 6 werden wir uns mit diesem Thema näher beschäftigen.

Verwendung eines externen Editors für Änderungskommentare

Die bisher im Arbeitsbereich durchgeführten Änderungen werden wie folgt als neues Changeset ins Repository geschrieben:

```
>svn commit --editor-cmd notepad
Hinzufügen      doc
Hinzufügen      src\java\e2etrace\timer\DefaultTimer.java
Sende           src\java\e2etrace\timer\ITimer.java
Hinzufügen      src\java\e2etrace\trace
Hinzufügen      src\java\e2etrace\trace\ITraceStep.java
Übertrage Daten ..
Revision 5 übertragen.
```

Als Editor zur Eingabe des Änderungskommentars habe ich im obigen Beispiel notepad verwendet (siehe Abb. 4–7). Subversion initialisiert den Editor mit einem Änderungsbericht und hilft uns dadurch, einen sinnvollen Kommentar zu formulieren. Wie aus der Abbildung zu ersehen ist, wird der Änderungsbericht natürlich *nicht* als Teil des Kommentars übernommen. Der commit-Vorgang kann übrigens auch abgebrochen werden. Hierzu wird der Editor einfach geschlossen, ohne den Kommentar vorher zu speichern.

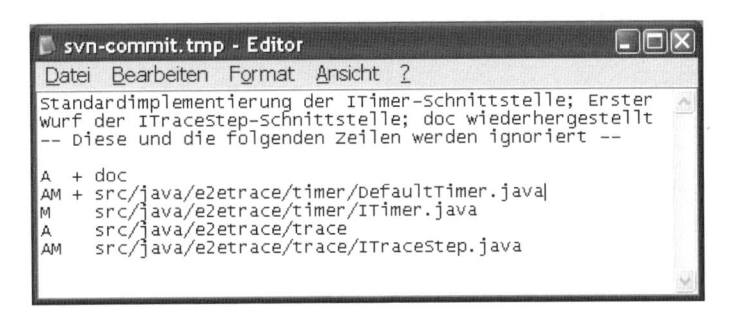

```
svn-commit.tmp - Editor
Datei  Bearbeiten  Format  Ansicht  ?
Standardimplementierung der ITimer-Schnittstelle; Erster
Wurf der ITraceStep-Schnittstelle; doc wiederhergestellt
-- Diese und die folgenden Zeilen werden ignoriert --

A    + doc
AM   + src/java/e2etrace/timer/DefaultTimer.java|
M      src/java/e2etrace/timer/ITimer.java
A      src/java/e2etrace/trace
AM     src/java/e2etrace/trace/ITraceStep.java
```

Abb. 4–7
Eingabe des Änderungskommentars mit Notepad

Changeset vs. Changelist

Seit Version 1.5 unterstützt Subversion eine Untergliederung des Changesets in sogenannte *Changelists*. Changelists stellen eine Art Filter mit eindeutigem Namen dar, der den Wirkungsbereich bestimmter Subversion-Kommandos auf eine definierte Gruppe von Dateien eines Changesets einschränkt. Erzeugt wird eine Changelist über das Kommando changelist:

    svn changelist <CL-Name> <Dateiname 1> ... <Dateiname n>

Später kann dann die Changelist mit Hilfe des Namens als Filter für andere Kommandos verwendet werden. Hierzu wird die Option --changelist verwendet. Der folgende commit-Befehl überträgt beispielsweise nur die Dateien ins Repository, die vorher der Changelist BugFix015 hinzugefügt wurden. Alle anderen geänderten Dateien des Arbeitsbereichs bleiben unberührt:

    svn changelist BugFix015 ITimer.java Timer.java
    svn commit --changelist BugFix015

Verwendet werden Changelists vermutlich hauptsächlich für Fälle, in denen man »mal eben schnell« eine zum aktuellen Changeset orthogonale Änderung, z. B. einen Bugfix, durchführen möchte. Bisher musste man die betroffenen Dateien einzeln beim commit angeben oder eine parallele Arbeitskopie auschecken. Mit Hilfe einer Changelist geht das nun auch einfacher.

Trotzdem eignen sich Changelists meiner Ansicht nach wirklich nur für die kleine Änderung zwischendurch. Diese kann zwar auftreten, sollte aber eigentlich die Ausnahme bleiben. Für alle anderen Fälle finde ich es besser, jeweils separate Changesets für die durchgeführten Änderungen zu verwenden. Daher werde ich auf die Changelists auch nicht näher eingehen.

Fehlerhafte commits

Im Beispiel wurde der commit-Befehl erfolgreich abgeschlossen und eine neue Revision des Repositorys erzeugt. Dies gelingt jedoch nicht in allen Fällen. Neben technischen Problemen, wie z. B. einer fehlenden oder unzuverlässigen Netzwerkverbindung, führen meist zwei Szenarien zum Scheitern eines commit-Kommandos. Erstens könnte ein Konflikt mit einem anderen Teammitglied auftreten, und zweitens besteht die Möglichkeit, dass eines der geänderten Elemente von einem anderen Anwender gesperrt wurde. Beide Fälle lernen wir etwas später noch genauer kennen (Konflikte in Abschnitt 4.5 und Sperren in Abschnitt 4.6).

Unabhängig von der genauen Ursache eines Fehlers während des commits ist in jedem Fall die Konsistenz des Repositorys gewährleistet. Konkret bedeutet dies, dass keinerlei Daten ins Repository geschrieben werden, die Transaktion schlägt also im Zweifelsfall immer komplett fehl.

Inhalt des neuen Changesets

Zum Abschluss sollten wir uns nochmals kurz Gedanken über die Auswirkungen des commit-Befehls machen. Die neue Revision 5 bezieht sich auf zwei unterschiedliche Sachverhalte. Einmal wird dadurch der neue Zustand des Repositorys identifiziert. Zusätzlich bezeichnet Revision 5 aber auch das Changeset, das mittels commit ins Repository geschrieben wurde. Zum Verständnis der folgenden Kapitel ist es wichtig, den genauen Inhalt dieses Changesets zu kennen. Auf den ersten Blick müssten dies die Elemente sein, die laut commit ins Repository geschrieben wurden:

```
Hinzufügen    doc
Hinzufügen    src\java\e2etrace\timer\DefaultTimer.java
Sende         src\java\e2etrace\timer\ITimer.java
Hinzufügen    src\java\e2etrace\trace
Hinzufügen    src\java\e2etrace\trace\ITraceStep.java
```

Aber ist diese Liste wirklich vollständig? Um dies zu überprüfen, fragen wir eine komplette Inhaltsangabe des Repositorys über den list-Befehl ab.

In Abbildung 4–8 ist die wiederum leicht überarbeitete Rückgabe des Befehls abgebildet. Die Option --verbose fordert eine ausführliche Liste an, --recursive liefert den kompletten Inhalt des Repositorys und nicht nur das in der URL übergebene Wurzelverzeichnis.

```
>svn list --verbose --recursive svn://localhost/e2etrace
    5 gpopp           Dez 21 10:53 ./
    1 root            Dez 14 10:09 branches/
    1 root            Dez 14 10:09 tags/
    5 gpopp           Dez 21 10:53 trunk/
    5 gpopp           Dez 21 10:53 trunk/doc/
    5 gpopp           Dez 21 10:53 trunk/src/
    5 gpopp           Dez 21 10:53 trunk/src/java/
    5 gpopp           Dez 21 10:53 trunk/src/java/e2etrace/
    5 gpopp           Dez 21 10:53 trunk/src/.../timer/
    5 gpopp         1 Dez 21 10:53 trunk/src/.../DefaultTimer.java
    5 gpopp        99 Dez 21 10:53 trunk/src/.../ITimer.java
    5 gpopp           Dez 21 10:53 trunk/src/java/e2etrace/trace/
    5 gpopp       794 Dez 21 10:53 trunk/src/.../ITraceStep.java
    1 root            Dez 14 10:09 trunk/src/junit/
    1 root            Dez 14 10:09 trunk/src/junit/e2etrace/
```

Changeset-   Changeset-   Datei-   Änderungs-   Element im
Revision   User   größe   datum   Repository

Abb. 4–8

Tatsächlicher Umfang des Changesets für Revision 5

Mit Hilfe der ersten Spalte können wir den tatsächlichen Umfang des Changesets für Revision 5 leicht ermitteln. In der Abbildung sind die entsprechenden Zeilen grau hinterlegt. Es zeigt sich, dass nicht nur die fünf vom commit-Kommando angegebenen Elemente im Repository geändert wurden, sondern auch die jeweils übergeordneten Verzeichnisse. Wir sollten also im Hinterkopf behalten, dass die Änderung an einem einzelnen, tief in der Projektstruktur versteckten Element zu einer Kette von automatischen Änderungen bis hin zur Wurzel des Repositorys führt.

4.4 Arbeiten mit der Versionshistorie

Die Versionshistorie des Subversion-Repositorys dient gleichzeitig als Logbuch und Archiv. Sie ermöglicht es uns, ältere Versionen einer Datei einzusehen, durchgeführte Änderungen nachträglich zu prüfen und ggf. auch wieder rückgängig zu machen. Erst wenn wir in der Lage sind, mit der Versionshistorie zu arbeiten, erschließt sich das volle Potenzial des Repositorys in einem Projekt.

4.4.1 Abfrage der Versionshistorie

Um mit der Versionshistorie zu arbeiten, müssen wir sie zunächst einsehen können. Dies ermöglicht der Befehl log[15]:

```
>svn log
------------------------------------------------------------
r4 | fprefect | 2012-12-20 13:17:05 +0100 | 1 line

Neuer Service measure()
------------------------------------------------------------
r3 | gpopp | 2012-12-19 10:19:39 +0100 | 1 line

doc wird nicht benötigt
------------------------------------------------------------
r2 | fprefect | 2012-12-14 10:56:56 +0100 | 1 line

Entwurf für ITimer hinzugefügt
------------------------------------------------------------
r1 | root | 2012-12-14 10:09:02 +0100 | 1 line

Import der Projektstruktur
------------------------------------------------------------
```

Fehlerhafte Rückgabe des log-Befehls? Da wir den log-Befehl ohne weitere Parameter ausgeführt haben, verwendet Subversion das aktuelle Verzeichnis (also das Wurzelverzeichnis des Arbeitsbereichs) als Default. Aufmerksamen Lesern wird an dieser Stelle zunächst eine Diskrepanz zum Abschnitt 4.3.9 auffallen. Dort haben wir Revision 5 im Repository erzeugt, die obige Versionshistorie hört jedoch mit Revision 4 auf.

Mixed Revisions

Hierbei handelt es sich nicht um einen offenkundigen Fehler, sondern um eine direkte Folge der bereits erwähnten *Mixed Revisions* im Arbeitsbereich. Durch den commit in Abschnitt 4.3.9 wurden nur die fünf direkt betroffenen Elemente im Arbeitsbereich auf Revision 5 gesetzt. Das Changeset im Repository umfasst zusätzlich alle übergeordneten Verzeichnisse. Im lokalen Arbeitsbereich wurden diese übergeordneten Elemente durch den commit-Befehl jedoch nicht aktualisiert. Aus diesem Grund liegt auch das Wurzelverzeichnis lokal weiterhin in Revision 4 vor – genau wie in der Ausgabe des log-Kommandos angegeben. Erst nach einer expliziten Synchronisierung des Arbeitsbereichs mit dem Repository werden auch die übergeordneten Elemente auf Revision 5 gebracht:

---

15. Die Ausgaben von log habe ich im Buch aus Platzgründen ein wenig gekürzt, daher fehlen im Vergleich zur »echten« Ausgabe des Clients einige Details im Bereich der Datums- und Zeitangaben.

```
>svn update
Revision 5.

>svn log
------------------------------------------------------------
r5 | gpopp | 2012-12-21 10:53:38 +0100 | 2 lines

Standardimplementierung der ITimer-Schnittstelle; erster Wurf der
ITraceStep-Schnittstelle; doc wiederhergestellt
------------------------------------------------------------
r4 | fprefect | 2012-12-20 13:17:05 +0100 | 1 line

Neuer Service measure()
------------------------------------------------------------
r3 | gpopp | 2012-12-19 10:19:39 +0100 | 1 line

doc wird nicht benötigt
------------------------------------------------------------
r2 | fprefect | 2012-12-14 10:56:56 +0100 | 1 line

Entwurf für ITimer hinzugefügt
------------------------------------------------------------
r1 | root | 2012-12-14 10:09:02 +0100 | 1 line

Import der Projektstruktur
------------------------------------------------------------
```

Ausführliche Versionshistorie

Jetzt beinhaltet die Rückgabe von log auch die neueste Revision. Allerdings fehlen in der Versionshistorie trotzdem einige Angaben. Beispielsweise bleibt offen, welche Elemente in Revision 5 geändert wurden. Das log-Kommando bietet daher neben der oben gezeigten, recht übersichtlichen Versionshistorie eine ausführlichere Variante. Konsequenterweise wird diese auch im Falle von log über den Schalter --verbose (kurz: -v) angefordert.

```
>svn log --verbose --change 5
------------------------------------------------------------
r5 | gpopp | 2012-12-21 10:53:38 +0100 | 2 lines
Geänderte Pfade:
    A /trunk/doc (von /trunk/doc:2)
    A /trunk/src/java/e2etrace/timer/DefaultTimer.java
        (von /trunk/src/java/e2etrace/timer/ITimer.java:2)
    M /trunk/src/java/e2etrace/timer/ITimer.java
    A /trunk/src/java/e2etrace/trace
    A /trunk/src/java/e2etrace/trace/ITraceStep.java

Standardimplementierung der ITimer-Schnittstelle; erster Wurf der
ITraceStep-Schnittstelle; doc wiederhergestellt
------------------------------------------------------------
```

Im Beispiel wird nicht die komplette Versionshistorie, sondern nur der Eintrag für Revision 5 angezeigt (die Option --change oder kurz -c steht für Changeset, alternativ könnten wir auch --revision 5 oder kurz -r 5 angeben). Hier finden wir die in Abschnitt 4.3 durchgeführten Änderungen wieder. Für die Datei DefaultTimer.java ist z. B. vermerkt, dass diese nicht als neues Element hinzugefügt wurde, sondern als Kopie der Datei ITimer.java. Zusätzlich wird hinter dem Doppelpunkt die Revision der Quelldatei ausgegeben (oben ist dies Revision 2).

Anzeige einer älteren Version einer Datei

Bisweilen möchte man nach der Abfrage der Versionshistorie schnell einen Blick in eine ältere Version einer Datei werfen. Dies ist zumindest für Textdateien mit dem Befehl cat möglich:

```
svn cat -r 2 src\java\e2etrace\timer\ITimer.java
```

Der Inhalt der Datei wird daraufhin auf der Konsole ausgegeben und kann über die entsprechenden Shell-Kommandos z. B. in eine Datei umgelenkt werden.

Einschränken der Ausgabe

Während die Option --verbose den Detailgrad des log-Kommandos erhöht, kann man mit --limit (kurz: -l) die Anzahl der ausgegebenen Changesets einschränken. Das folgende Beispiel ruft nur die letzten drei Changesets aus dem Repository ab:

```
>svn log --limit 3
------------------------------------------------------------
r5 | gpopp | 2012-12-21 10:53:38 +0100 | 2 lines

Standardimplementierung der ITimer-Schnittstelle; erster Wurf der
ITraceStep-Schnittstelle; doc wiederhergestellt
------------------------------------------------------------
r4 | fprefect | 2012-12-20 13:17:05 +0100 | 1 line

Neuer Service measure()
------------------------------------------------------------
r3 | gpopp | 2012-12-19 10:19:39 +0100 | 1 line

doc wird nicht benötigt
------------------------------------------------------------
```

4.4.2 Auswählen einer Revision

Die Auswahl einer Revision aus der Versionshistorie kann über die bereits im obigen Beispiel verwendeten Optionen --change und --revision erfolgen (wobei nicht alle Kommandos --change verstehen). Wird ein Kommando ohne diese Parameter ausgeführt, verwendet Subversion standardmäßig die jeweils neueste Version der Elemente im Arbeitsbereich[16]. Einige Kommandos erlauben auch die Auswahl zweier Revisionen oder eines ganzen Bereichs aus der Versionshistorie. Hierzu muss allerdings immer die Option `--revision` angegeben werden:

```
svn <Kommando> --revision <RevA>:<RevB>
```

Statt einer Revisionsnummer können alternativ Schlüsselwörter oder Datumsangaben übergeben werden. Folgende Schlüsselwörter sind möglich:

- BASE
  Bezeichnet die lokale Arbeitsrevision eines Elements *ohne* die eventuell durchgeführten Änderungen. Die `BASE`-Revision eines Elements wurde also beim letzten `checkout` oder `update` aus dem Repository übertragen.

Schlüsselwörter zur Auswahl einer Revision

- HEAD
  Referenziert die neueste Revision des Repositorys

- COMMITTED
  Entspricht der Changeset-Revision eines lokalen Elements

- PREV
  Entspricht `COMMITTED-1`, also genau der Revision, bevor ein Element das letzte Mal geändert wurde

Datumsangaben können in geschweiften Klammern und im Format *{JJJJ-MM-TT}* (z. B. `--revision {2012-12-31}`) angegeben werden. Über die weiteren Möglichkeiten, wie z. B. die Einschränkung auf eine Uhrzeit, gibt die Subversion-Dokumentation Auskunft.

Datumsangaben zur Auswahl einer Revision

4.4.3 Verwendung von Peg-Revisions

Der `--revision`-Parameter ermöglicht die Suche nach einer bestimmten Revision eines Elements im Repository. Hierbei werden auch verschobene oder kopierte Elemente korrekt einbezogen. In unserem Beispiel-Repository kann dies sehr schön an der Datei `DefaultTimer.java` nachvollzogen werden:

```
>svn list -r 2 src\java\e2etrace\timer\DefaultTimer.java
ITimer.java
```

---

16. Eine Ausnahme hiervon sind Kommandos, die Elemente direkt über eine Repository-URL unter Umgehung des Arbeitsbereichs auswählen. In diesem Fall wird standardmäßig die `HEAD`-Revision verwendet.

4 Verwaltung der Konfigurationselemente mit Subversion

Verbindung zwischen ITimer.java und DefaultTimer.java

Über das `list`-Kommando wird der Name von `DefaultTimer.java` in Revision 2 abgefragt. Allerdings existiert in dieser Revision des Repositorys `DefaultTimer.java` noch nicht. Die Datei wurde erst in Revision 5 als Kopie von `ITimer.java` erzeugt. Subversion erkennt diesen *Link* zwischen den beiden Dateien in der Versionshistorie und berücksichtigt ihn bei der Suche nach der gewünschten Revision. Die Rückgabe des obigen Kommandos lautet daher korrekterweise `ITimer.java`.

Diesem Verfahren, das auch als *History Tracing* bezeichnet wird, sind allerdings Grenzen gesetzt. Um diese nachvollziehen zu können, beschäftigen wir uns kurz mit dem zugrunde liegenden Mechanismus.

Abb. 4–9
Vorgehensweise beim History Tracing

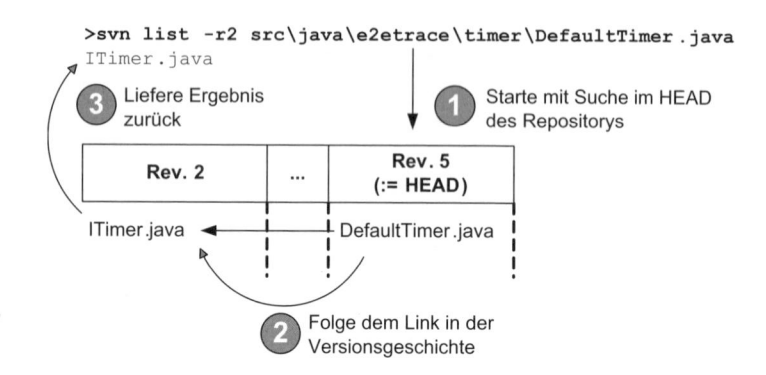

```
>svn list -r2 src\java\e2etrace\timer\DefaultTimer.java
ITimer.java
```

① Starte mit Suche im HEAD des Repositorys
② Folge dem Link in der Versionsgeschichte
③ Liefere Ergebnis zurück

Rev. 2 ... Rev. 5 (:= HEAD)
ITimer.java ← DefaultTimer.java

In Abbildung 4–9 ist die Vorgehensweise von Subversion in unserem einfachen Beispiel dargestellt. Mit dem `list`-Kommando fordern wir von Subversion die Revision 2 der Datei `DefaultTimer.java` an. Subversion ermittelt zunächst die neueste Version der Datei im Repository. In unserem Beispiel ist dies Revision 5 von `DefaultTimer.java`. Ausgehend von dieser Dateiversion arbeitet sich Subversion nun rückwärts durch die Versionshistorie, bis Revision 2 gefunden wird. Hierbei folgt Subversion auch dem Link, der durch die Erstellung von `DefaultTimer.java` als Kopie von `ITimer.java` im Repository erzeugt wurde.

Auflösen der Verbindung zwischen ITimer.java und DefaultTimer.java

Dieses Szenario verkomplizieren wir nun etwas, indem wir die Datei `DefaultTimer.java` zunächst aus dem Repository löschen und anschließend als neue Datei (also nicht als Kopie!) an derselben Stelle wieder hinzufügen. Die nötigen Befehle lauten wie folgt:

```
>svn delete src\java\e2etrace\timer\DefaultTimer.java
D         src\java\e2etrace\timer\DefaultTimer.java

>svn commit --message "..."
Lösche         src\java\e2etrace\timer\DefaultTimer.java
Revision 6 übertragen.
```

4.4 Arbeiten mit der Versionshistorie

Jetzt wird dem Repository eine neue Version der Datei hinzugefügt:

```
>svn add src\java\e2etrace\timer\DefaultTimer.java
A         src\java\e2etrace\timer\DefaultTimer.java

>svn commit --message "..."
Hinzufügen    src\java\e2etrace\timer\DefaultTimer.java
Revision 7 übertragen.
```

Nun versuchen wir nochmals, über den bereits bekannten Befehl den Dateinamen von `DefaultTimer.java` in Revision 2 anzuzeigen:

Aufgelöste Verbindung führt zu einem Fehler.

```
>svn list -r2 src\java\e2etrace\timer\DefaultTimer.java
svn: Kann 'src/java/e2etrace/timer/DefaultTimer.java' in Revision 2
nicht im Projektarchiv finden
```

Statt dem erwarteten Dateinamen liefert Subversion jetzt eine Fehlermeldung. Was ist passiert?

```
>svn list -r2 src\java\e2etrace\timer\DefaultTimer.java
svn: Kann 'src/java/e2etrace/timer/DefaultTimer.java' in
Revision 2 nicht im Projektarchiv finden
```

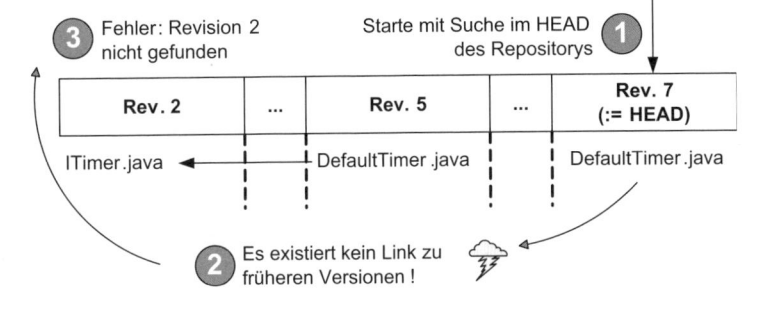

Abb. 4–10
History Tracing bei einem »Bruch« in der Versionshistorie

③ Fehler: Revision 2 nicht gefunden
① Starte mit Suche im HEAD des Repositorys

| Rev. 2 | ... | Rev. 5 | ... | Rev. 7 (:= HEAD) |

ITimer.java ← DefaultTimer.java   DefaultTimer.java

② Es existiert kein Link zu früheren Versionen!

Die Abbildung 4–10 zeigt, dass Subversion über den »Bruch« in der Versionshistorie stolpert. Die neueste Version von `DefaultTimer.java` wurde als komplett neues Element hinzugefügt und besitzt keinerlei Verbindung zu den älteren Revisionen der Datei. Bei der Ausführung des `list`-Befehls sucht Subversion nun wiederum ausgehend von der neuesten Revision von `DefaultTimer.java` in der Versionshistorie rückwärts nach Revision 2. Diesmal existiert jedoch kein Link zu `ITimer.java`, und die Ausführung scheitert mit einer Fehlermeldung.

Um trotzdem an den Dateinamen von `DefaultTimer.java` in Revision 2 zu kommen, müssen wir Subversion durch die Angabe einer *Peg-Revision* (Bezugsrevision) ein wenig auf die Sprünge helfen. Die Syntax lautet wie folgt:

Manuelle Überbrückung der aufgelösten Verbindung

```
svn <Kommando> -r<Rev> <Pfad/URL>@<Peg-Revision>
```

Die Peg-Revision legt den Aufsetzpunkt des History Tracings fest. Standardmäßig beginnt Subversion immer mit der neuesten Revision.

Wenn wir im obigen Beispiel stattdessen bei Revision 5 starten, liefert das Kommando das erwartete Ergebnis:

```
>svn list -r2 src\java\e2etrace\timer\DefaultTimer.java@5
ITimer.java
```

In der Praxis benötigt man Peg-Revisions meistens dann, wenn im Projekt Refactorings oder Umstrukturierungen rückgängig gemacht wurden. Oft werden in diesen Fällen bereits gelöschte Dateien unter Umgehung des copy-Befehls von Subversion wiederhergestellt. In der Folge entstehen die beschriebenen Lücken in der Versionshistorie, die nur durch Peg-Revisions überbrückt werden können.

4.4.4 Unterschiede zwischen Versionen ermitteln

Bei der Arbeit mit der Versionshistorie spielen die W-Fragen eine große Rolle. Wer hat was wann geändert? Warum wurden die Änderungen durchgeführt? Um diese Fragen zu beantworten, ist es oft notwendig, die genauen Unterschiede zwischen zwei Versionen einer Datei oder eines Verzeichnisbaumes zu kennen.

Dateiinhalte vergleichen

Das `diff`-Kommando ist in der Lage, beliebige (Text-)Dateien aus dem Repository und dem lokalen Arbeitsbereich miteinander zu vergleichen. In der folgenden Liste sind die Aufrufarten für die wichtigsten Anwendungsfälle von `diff` zusammengefasst:

Anwendungsfälle des diff-Befehls

- Ermittlung der lokalen Änderungen (bereits bekannt aus Abschnitt 4.3.8):

  ```
  svn diff <Datei>
  ```

- Ermittlung der in einer bestimmten Revision durchgeführten Änderungen:

  ```
  svn diff -c <Rev> <Datei>
  ```

  Dieser Befehl zeigt das mit der Revision `Rev` ins Repository geschriebene Delta an.

- Vergleich einer lokalen Datei mit der neuesten Version im Repository:

  ```
  svn diff --revision HEAD <Datei>
  ```

- Vergleich einer lokalen Datei mit einer älteren Version aus der Versionshistorie:

  ```
  svn diff --revision <Rev> <Datei>
  ```

- Vergleich zweier älterer Versionen einer Datei:

    `svn diff --revision <Rev-A>:<Rev-B> <Datei>`

    Diese Variante funktioniert nur, wenn sowohl `Rev-A` als auch `Rev-B` Bestandteil der Versionshistorie der Datei sind. Dies ist beispielsweise dann nicht der Fall, wenn eine Datei gelöscht und später an derselben Stelle wieder neu hinzugefügt wird. Will man nicht zusammenhängende Versionen vergleichen, muss die Syntax des nächsten Listenpunktes verwendet werden.

- Vergleich zweier beliebiger Dateien im Repository:

    `svn diff <URL-A@Rev-A> <URL-B@Rev-B>`

    Mit dieser Syntax kann man entweder zwei unabhängige Versionen einer Datei oder aber zwei verschiedene Dateien miteinander vergleichen. Einzige Voraussetzung ist, dass beide Dateien im Repository vorliegen, da als Argumente ausschließlich Repository-URLs akzeptiert werden. Der Vergleich einer Datei im lokalen Arbeitsbereich mit dem Repository funktioniert mit dieser Variante demzufolge nicht (siehe nächster Punkt).

- Vergleich einer lokalen Datei mit einer beliebigen Datei aus dem Repository:

    `svn diff --old <URL-A@Rev-A> --new <Datei-B>`

    Im Prinzip kann man mit dieser Syntax alle zuvor genannten Varianten umsetzen, da mit der Option `--new` statt einer lokalen Datei auch eine weitere Repository-URL übergeben werden kann:

    `svn diff --old <URL-A@Rev-A> --new <URL-B@Rev-B>`

    Der wichtigste Anwendungsfall dieser Syntaxvariante ist aber sicherlich der Vergleich einer lokalen Datei mit einem beliebigen anderen Element aus dem Repository.

Ein Vergleich zweier Elemente aus unterschiedlichen Repositorys ist übrigens prinzipiell nicht möglich. Ebenfalls nicht unterstützt wird kurioserweise der simple Vergleich zweier lokaler Dateien im Arbeitsbereich.

Grenzen des diff-Befehls

Die Stärken des `diff`-Befehls liegen meines Erachtens eher in der flexiblen Selektion der gewünschten Dateien aus dem Repository als im eigentlichen Dateivergleich. Es empfiehlt sich daher, für den Vergleich ein zusätzliches, spezialisiertes Tool einzusetzen. Gut geeignet ist beispielsweise das Open-Source-Werkzeug *kdiff3*. Dieses arbeitet sehr gut mit Subversion zusammen, ist auf verschiedenen Plattformen verfügbar und stellt Dateiunterschiede über eine ansprechende grafische Benutzeroberfläche dar. Mit *kdiff3* können sowohl einzelne Dateien

Einsatz eines externen Werkzeuges zum Dateivergleich

als auch komplette Verzeichnisbäume verglichen werden. Der Aufruf erfolgt in der folgenden Form:

```
kdiff3 <Datei-A/Verzeichnis-A> <Datei-B/Verzeichnis-B>
```

Sehr nützlich ist zudem die Möglichkeit, das interne *diff*-Modul von Subversion durch *kdiff3* zu ersetzen. Der Subversion-Client übernimmt dann nur noch die Selektion der gewünschten Elemente aus dem Repository und überlässt den eigentlichen Dateivergleich und vor allem die Präsentation des Ergebnisses *kdiff3*. Ein alternatives *diff*-Modul kann über die Option `--diff-cmd` direkt an den Subversion-Client übergeben werden[17]. Das folgende Beispiel vergleicht die Revisionen 4 und 5 der Datei `ITimer.java` mit Hilfe von *kdiff3*.

```
>svn diff --diff-cmd kdiff3 --revision 4:5 \
    src\java\e2etrace\timer\ITimer.java
```

Abb. 4–11
Vergleich zweier Revisionen einer Datei mit kdiff3

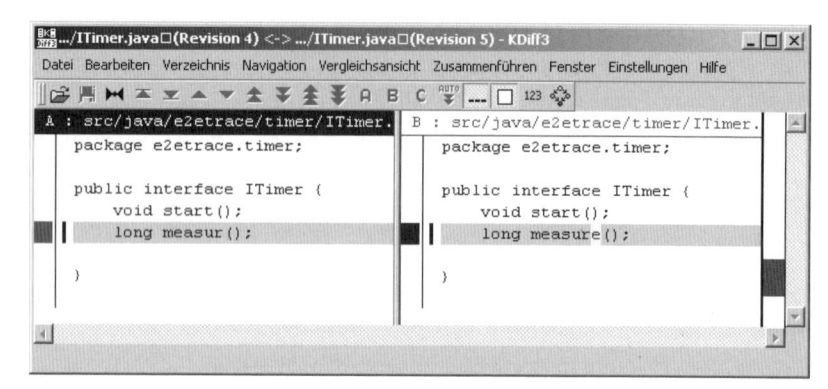

Komplette Verzeichnisbäume vergleichen

Der `diff`-Befehl ermöglicht auch den Vergleich des kompletten oder eines Teils des Verzeichnisbaums des Projekts mit einem älteren Stand. Folgendes Kommando zeigt beispielsweise alle Änderungen an, die im Verzeichnis `src\java\e2etrace\timer` von Revision 4 auf 5 durchgeführt wurden:

---

17. Alternativ kann das *diff*-Modul auch dauerhaft in der Konfigurationsdatei von Subversion hinterlegt werden. In der `config`-Datei aus Abschnitt 4.2.4 muss hierzu lediglich die Zeile `diff-cmd` auskommentiert werden.

```
>svn diff --revision 4:5 src\java\e2etrace\timer
Index: src/java/e2etrace/timer/DefaultTimer.java
===================================================
--- src/java/e2etrace/timer/DefaultTimer.java   (Revision 0)
+++ src/java/e2etrace/timer/DefaultTimer.java   (Revision 5)
@@ -0,0 +1 @@
Index: src/java/e2etrace/timer/ITimer.java
===================================================
--- src/java/e2etrace/timer/ITimer.java (Revision 4)
+++ src/java/e2etrace/timer/ITimer.java (Revision 5)
@@ -2,6 +2,6 @@
 public interface ITimer {
     void start();
-    long measur();
+    long measure();

}
```

Durchführung des Vergleichs mit Subversion

Sehr übersichtlich ist das gelieferte Ergebnis allerdings nicht. Bei einer größeren Anzahl an Dateien wünscht man sich selbst als eingefleischter Shell-Benutzer schnell eine grafische Aufbereitung der Änderungsliste durch ein geeignetes Werkzeug.

kdiff3 ist auch für diesen Anwendungsfall geeignet. Es kann nicht nur einzelne Dateien, sondern auch komplette Verzeichnisbäume miteinander vergleichen. Wir können diese Funktionalität beispielsweise zur Ermittlung der Unterschiede zwischen zwei Revisionen des Hauptentwicklungspfades verwenden. Allerdings ist hierzu ein kleiner Umweg notwendig, denn *kdiff3* kann nicht direkt auf das Subversion-Repository zugreifen. Die zu vergleichenden Revisionen müssen daher über einen Check-out als Arbeitsbereiche auf die lokale Platte angelegt werden.

Einsatz eines externen Werkzeuges

Im folgenden Beispiel gehe ich davon aus, dass die neueste Revision des trunk-Astes mit Revision 4 verglichen werden soll. Ein Arbeitsbereich für die neueste Revision existiert bereits, es muss daher nur für Revision 4 ein zusätzlicher Check-out durchgeführt werden.

```
> svn checkout -r4 svn://localhost/e2etrace/trunk rev4
A    rev4\doc
A    rev4\maven
A    rev4\src
A    rev4\src\java
A    rev4\src\java\e2etrace
A    rev4\src\java\e2etrace\timer
A    rev4\src\java\e2etrace\timer\ITimer.java
A    rev4\src\junit
A    rev4\src\junit\e2etrace
Ausgecheckt, Revision 4.
```

Durch die Verwendung der Option −r bezieht sich der checkout-Befehl auf Revision 4 des Projektes. Zusätzlich wird das Verzeichnis rev4 als Ziel des Check-outs vorgegeben. Anschließend existieren zwei Arbeitsbereiche: der aktuelle, bisher verwendete Arbeitsbereich im Verzeichnis trunk und der neu erzeugte Arbeitsbereich für Revision 4 im Verzeichnis rev4. Diese beiden Verzeichnisse können nun mit Hilfe von kdiff3 verglichen werden.

```
> kdiff3 rev4 trunk
```

Abb. 4–12
Vergleich von Verzeichnisbäumen mit kdiff3

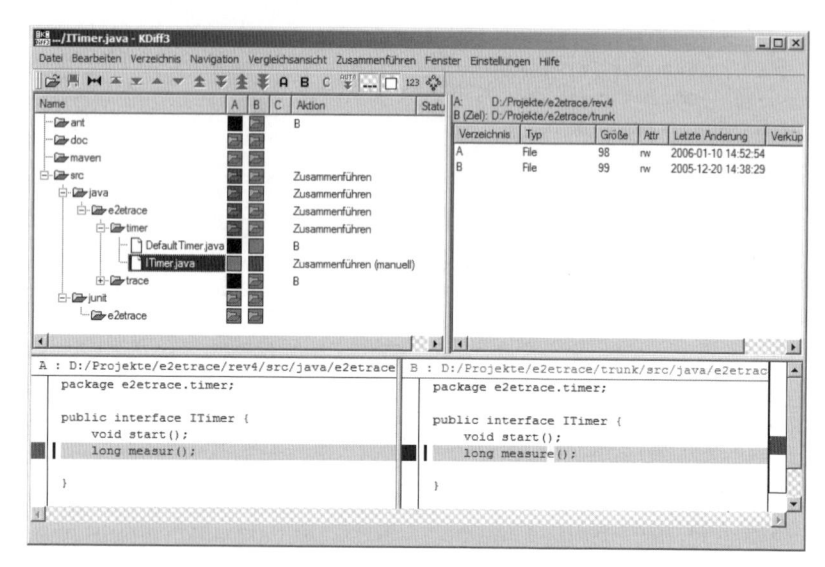

Abbildung 4–12 zeigt das Ergebnis des Vergleichs. Die Unterschiede werden über farbig kodierte Spalten markiert, Näheres hierzu kann der *kdiff3*-Dokumentation entnommen werden. Zusätzlich ist es per Doppelklick möglich, einzelne Dateien näher zu untersuchen. In der Abbildung werden beispielsweise die Unterschiede in der Datei *ITimer.java* angezeigt. Neben dem reinen Vergleich kann *kdiff3* auch die erkannten Unterschiede zwischen den beiden Verzeichnissen zusammenführen. Derartige *Merge*-Operationen sollten allerdings besser dem Subversion-Client überlassen werden. In Abschnitt 4.8 beschäftigen wir uns näher mit dieser Thematik.

> **Die Änderungsdatum-Falle**
>
> Sobald eine Datei geändert wird, aktualisiert das Betriebssystem automatisch das sogenannte *Änderungsdatum* im Dateisystem. Normalerweise kann man daher aus diesem Datum auf die Aktualität einer Datei schließen. Was aber passiert, wenn eine Datei ins Repository übertragen wird und Änderungen außerhalb der Kontrolle des (lokalen) Betriebssystems durchgeführt werden? Im Fall von Subversion geht das Änderungsdatum verloren. Bei einem `checkout` oder `update` wird das Änderungsdatum standardmäßig mit dem aktuellen Datum und der aktuellen Uhrzeit neu initialisiert. Für die Benutzer ist dieses Verhalten irreführend, denn in der Folge besitzen im lokalen Arbeitsbereich auch Dateien, an denen sehr lange nichts geändert wurde, ein aktuelles Änderungsdatum. Aus demselben Grund muss man auch beim Vergleich zweier Subversion-Arbeitsbereiche mittels kdiff3 aufpassen. Ein unterschiedliches Änderungsdatum ist kein Hinweis auf Unterschiede im Inhalt zweier Dateien.
>
> Es gibt allerdings einen guten Grund für die missverständliche Verwendung des Änderungsdatums durch Subversion. Dieser ist im Bereich der Projektautomatisierung zu suchen. Build-Tools, wie make oder Maven, erkennen anhand des Änderungsdatums, ob sie eine Quelltextdatei neu übersetzen müssen. Durch die Initialisierung mit dem Tagesdatum beim `checkout` oder `update` wird sichergestellt, dass die neu übertragenen Dateien garantiert in den nächsten Build-Lauf einbezogen werden.
>
> Dieses Standardverhalten von Subversion kann über eine Konfigurationsoption dahingehend geändert werden, dass das Datum des letzten Commits einer Datei als Änderungsdatum verwendet wird. Hierzu muss in der Client-Konfigurationsdatei `config` im Abschnitt `miscellany` der Parameter `use-commit-times` auf `yes` gesetzt werden.

4.4.5 Unterschiede in der Projektstruktur ermitteln

Will man nicht gleich den ganz großen Wurf wagen und komplette Verzeichnisbäume inklusive der enthaltenen Dateien miteinander vergleichen, bietet die Option `--summarize` des `diff`-Kommandos wertvolle Dienste:

```
>svn diff --summarize --revision 4:HEAD
A
A       src\java\e2etrace\timer\DefaultTimer.java
M       src\java\e2etrace\timer\ITimer.java
A       src\java\e2etrace\trace\ITraceStep.java
A       src\java\e2etrace\trace
```

Die Rückgabe des Befehls entspricht im Prinzip der des status-Befehls. Wir können auf einen Blick erkennen, welche Dateien und Verzeichnisse hinzugefügt bzw. verändert wurden.

Wer auch in diesem Fall nicht auf eine übersichtliche Darstellung der Unterschiede mit einem grafischen Werkzeug verzichten will, kann auf den Befehl list zurückgreifen. Hierzu wird zunächst list für die gewünschten Revisionen des Repositorys ausgeführt und die Ausgabe in temporäre Dateien umgelenkt. Anschließend werden diese beiden Dateien mit *kdiff3* verglichen. Wie im obigen Beispiel ermitteln die folgenden Befehle die Unterschiede des Astes *trunk* in der Revision 4 mit der neuesten Revision. Diesmal wird das Delta jedoch etwas übersichtlicher von *kdiff3* visualisiert.

```
>svn list --recursive --revision 4 \
    svn://localhost/e2etrace/trunk > trunk.r4.tmp

>svn list --recursive --revision HEAD \
    svn://localhost/e2etrace/trunk > trunk.head.tmp

>kdiff3 trunk.r4.tmp trunk.head.tmp
```

Abb. 4–13
Vergleich der Projektstruktur mit kdiff3

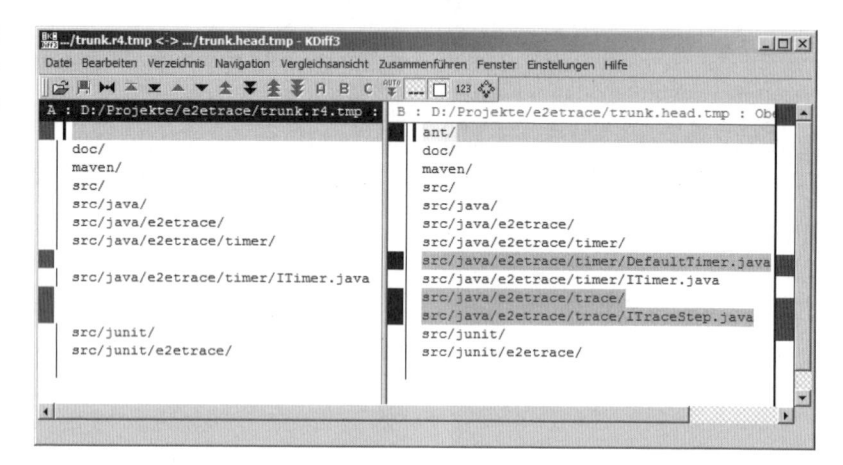

Änderungen zeilenweise verfolgen

Ein weiteres nützliches Subversion-Kommando zur Analyse von Änderungen in einer Datei ist `blame`. Dieser Befehl gibt für jede Zeile einer Datei an, in welcher Revision diese von welchem Benutzer das letzte Mal geändert wurde. Auf Wunsch kann mit Hilfe der Option `--verbose` zusätzlich das Datum der Änderung eingesehen werden. Im folgenden Beispiel verzichte ich aus Gründen der Übersichtlichkeit auf diesen Schalter.

```
>svn blame src\java\e2etrace\timer\ITimer.java
    4       fprefect    package e2etrace.timer;
    4       fprefect
    4       fprefect    public interface ITimer {
    4       fprefect        void start();
    5       gpopp           long measure();
    4       fprefect
    4       fprefect    }
```

Die erste Spalte der Ausgabe enthält die Changeset-Revision der letzten Änderung, die zweite Spalte den Namen des Anwenders, der das Changeset ins Repository geschrieben hat.

4.5 Umgang mit Konflikten

Das Subversion-Repository unterstützt zwei verschiedene Arten der Zusammenarbeit im Team. Der *Copy-Modify-Merge*-Ansatz erlaubt zunächst beliebige Änderungen im lokalen Arbeitsbereich und überprüft erst beim `commit`, ob andere Teammitglieder mit denselben Dateien gearbeitet haben. Wenn dem so ist, tritt ein *Konflikt* auf. Je nach Typ des Konflikts erfolgt die Auflösung entweder automatisch durch Subversion oder aber manuell durch den Anwender, der den `commit` durchführen wollte. *Copy-Modify-Merge* ist rein technisch nicht auf bestimmte Dateitypen eingeschränkt. In der Praxis sollte dieses Verfahren jedoch nur für solche Dateitypen zum Einsatz kommen, welche die Zusammenführung zweier unterschiedlicher Versionen relativ problemlos unterstützen. Dies trifft in jedem Fall für Textdateien zu. Binärdateien, wie z. B. Textverarbeitungsdokumente oder Bilddateien, können hingegen nur mühsam oder gar nicht verglichen und in eine neue, konsolidierte Version zusammengeführt werden. Für derartige Dateien ist daher der alternative *Lock-Modify-Unlock*-Ansatz des Subversion-Repositorys besser geeignet (siehe Abschnitt 4.6).

4.5.1 Entstehung von Konflikten

Streng genommen sollten Konflikte in einem Projekt überhaupt nicht auftreten. Konflikte entstehen nur dann, wenn mindestens zwei Personen gleichzeitig Änderungen an einer Datei vornehmen. Parallele Arbeiten an denselben Elementen ziehen jedoch einen hohen Abstimmungsaufwand nach sich und sollten über eine entsprechende Planung im Projekt vermieden werden.

Doch grau ist alle Theorie, in der Praxis kommen Konflikte erfahrungsgemäß andauernd vor. Kein Projektplan wird so exakt eingehalten, dass parallele Arbeiten wirklich vermieden werden. Zudem ist die zur Vermeidung von Konflikten notwendige, strikte Trennung der Verantwortlichkeiten oft nicht erwünscht. Ich persönlich halte beispielsweise nichts von der sogenannten *Strong Code Ownership*, bei der die Module eines Systems fest bestimmten Entwicklern zugeordnet werden. Sobald das Team jedoch den Code kollektiv verantwortet, sind parallele Änderungen und damit auch Konflikte in den Quelltextdateien an der Tagesordnung.

Konflikte sind unvermeidbar.

4.5.2 Automatische Auflösung einfacher Konflikte

Ein einfacher Konflikt liegt aus der Sicht von Subversion dann vor, wenn sich die von zwei Benutzern durchgeführten Änderungen in einer Textdatei nicht überschneiden. In diesem Fall führt Subversion die beiden Versionen der Datei automatisch in eine konsolidierte Fassung zusammen und löst den Konflikt auf diese Weise auf. Die Einschränkung auf Textdateien ist wichtig, denn die automatische Behebung von Konflikten funktioniert nicht für binäre Dateien. Konflikte in Binärdateien müssen immer manuell behoben werden.

Entstehung des Konfliktes

Im folgenden Beispiel wird ein Konflikt in der Datei `ITimerFactory.java` durch Subversion automatisch behoben. Die Datei wird hierzu zunächst mit dem in Listing 4–6 dargestellten Inhalt im Pfad `src\java\e2etrace\timer` des lokalen Arbeitsbereichs angelegt.

Listing 4–6
Erster Entwurf der Datei ITimerFactory.java

```
package e2etrace.timer;

public interface ITimerFactory {
    ITimer create();
}
```

Anschließend wird die neue Datei dem Repository hinzugefügt:

```
>svn add src\java\e2etrace\timer\ITimerFactory.java
A         src\java\e2etrace\timer\ITimerFactory.java

>svn commit --message "Erster Entwurf der Factory zur \
    Erstellung neuer Timer"
Hinzufügen    src\java\e2etrace\timer\ITimerFactory.java
Revision 8 übertragen.
```

Im nächsten Schritt nehmen wir an, dass der erste Entwurf der Factory sowohl durch einen Kollegen (*fprefect*) als auch durch mich selbst (*gpopp*) erweitert wird. Der Kollege war hierbei schneller als ich und hat seine Änderungen an `ITimerFactory.java` (siehe Listing 4–7) bereits als Revision 9 ins Repository übertragen.

Listing 4–7
Vom Benutzer fprefect ins Repository geschriebene Version von ITimerFactory.java

```
package e2etrace.timer;

/**
 * Factory zur Erstellung neuer Timer.<p>
 */
public interface ITimerFactory {
    ITimer create();
}
```

```
package e2etrace.timer;

public interface ITimerFactory {
  /**
   * Erstellt eine neue Timer-Instanz.<p>
   */
  ITimer create();

}
```

Listing 4–8
Lokale Änderungen vom Benutzer gpopp an ITimerFactory.java

Meine Änderungen liegen hingegen noch im lokalen Arbeitsbereich vor (siehe Listing 4–8). Nehmen wir weiterhin an, dass ich nichts von den Aktivitäten des Kollegen *fprefect* ahne und meine Änderungen via commit ins Repository schreiben will.

```
>svn commit --message "Methoden Doku hinzugefügt"
Sende          src\java\e2etrace\timer\ITimerFactory.java
Übertragen fehlgeschlagen (Details folgen):
svn: Veraltet: '/trunk/src/java/e2etrace/timer/ITimerFactory.java'
```

Der Aufruf schlägt mit einem Hinweis auf veraltete Daten im lokalen Arbeitsbereich fehl. Verursacht wird der Fehler durch die in Listing 4–7 dargestellte, neuere Version von ITimerFactory.java im Repository. Den Konflikt könnte man übrigens über den bereits bekannten Befehl svn status --show-updates schon vor dem eigentlichen commit ermitteln.

Die Fehlermeldung gibt uns einen Hinweis, wie die Konfliktsituation behoben werden kann. Subversion meldet einen veralteten Stand im Arbeitsbereich, wir müssen demzufolge die neuesten Änderungen aus dem Repository abrufen. Dies erfolgt, wie gewohnt, mit dem update-Befehl:

Automatische Auflösung des Konfliktes

```
>svn update
G    src\java\e2etrace\timer\ITimerFactory.java
Aktualisiert zu Revision 9.
```

Während der Ausführung des Kommandos bemerkt Subversion, dass ein Konflikt zwischen der lokalen und der Repository-Version von ITimerFactory.java besteht. Der Unterschied zu einem »normalen« update wird hierbei lediglich über den Statuscode in der ersten Spalte der Rückgabe des Befehls kenntlich gemacht. Statt eines U für *Updated* (Aktualisiert) meldet Subversion für die Datei ITimerFactory.java ein G für *MerGed* (Zusammengeführt). Dieser Code macht uns auf die *automatische Zusammenführung* der Dateiversion aus dem Repository mit der lokalen Arbeitskopie aufmerksam. Subversion hat bei der Analyse der Konfliktsituation erkannt, dass die Änderungen in beiden Dateien unterschiedliche Bereiche betreffen (*fprefect* hat die Klassendokumentation hinzugefügt, *gpopp* die Methodendokumentation). Zur Auflösung des Konflikts überträgt Subversion die Änderungen aus dem

Repository in die lokale Arbeitskopie der Datei. Das Ergebnis der automatischen Zusammenführung ist in Listing 4–9 dargestellt und kann problemlos mit commit ins Repository übertragen werden.

Listing 4–9
Automatisch zusammengeführte Version von ITimerFactory.java

```
package e2etrace.timer;
/**
 * Factory zur Erstellung neuer Timer.<p>
 */
public interface ITimerFactory {
    /**
     * Erstellt eine neue Timer-Instanz.<p>
     */
    ITimer create();
}
```

Überprüfung der zusammengeführten Dateien

So weit, so gut. Zumindest in den meisten Fällen, denn die automatische Zusammenführung arbeitet nach einem sehr einfachen Prinzip. Der Algorithmus geht rein zeilenorientiert vor. Er macht keinen Unterschied zwischen einer simplen *Readme*-Datei und einer Schnittstellendefinition. Es ist nicht garantiert, dass die resultierende Datei inhaltlich noch Sinn ergibt. Trotz aller Automatik kommt man daher um eine manuelle Überprüfung der zusammengeführten Dateien nicht herum (z. B. über svn diff).

4.5.3 Behebung von echten Konflikten

Die manuelle Behebung eines Konfliktes ist immer dann notwendig, wenn die oben beschriebene Automatik von Subversion nicht zum Einsatz kommt. Dies trifft für binäre Dateien immer zu und für Textdateien dann, wenn der Konflikt durch überlappende Änderungen verursacht wurde.

Subversion unterstützt die Behebung von Konflikten durch eine interaktive Benutzerführung während der Ausführung des update-Befehls. Alternativ existiert auch noch die von früheren Versionen bekannte Kennzeichnung der betroffenen Dateien durch den Statuscode C und die anschließende manuelle Auflösung der Konflikte. Wir werden uns im Folgenden mit beiden Varianten beschäftigen.

Interaktive Auflösung von Konflikten

Wie schon im vorigen Abschnitt tritt der Konflikt in der Datei ITimerFactory.java auf, und die Verursacher sind wiederum die Benutzer *fprefect* und *gpopp*. Ausgangspunkt ist der aus Listing 4–9 bekannte Dateiinhalt (Revision 10). In dieser Version ändert *fprefect* den

Methodennamen von create() auf createInstance() und führt einen commit aus. Anschließend befindet sich das Repository in Revision 11.

```
package e2etrace.timer;
/**
 * Factory zur Erstellung neuer Timer.<p>
 */
public interface ITimerFactory {
   /**
    * Erstellt eine neue Timer-Instanz.<p>
    */
   ITimer createInstance();
}
```

Listing 4–10
Änderungen von fprefect in Revision 11 von ITimerFactory.java

Ich benenne parallel dieselbe Methode in newInstance() um (siehe Listing 4–11) und versuche ebenfalls, die Änderung ins Repository zu schreiben. Da *fprefect* schneller war, enthält das Repository bereits eine neuere Version von ITimerFactory.java, und der commit schlägt fehl.

```
package e2etrace.timer;
/**
 * Factory zur Erstellung neuer Timer.<p>
 */
public interface ITimerFactory {
   /**
    * Erstellt eine neue Timer-Instanz.<p>
    */
   ITimer newInstance();
}
```

Listing 4–11
Lokale Version des Anwenders gpopp von der Datei ITimerFactory.java

Bis hierhin verhält sich Subversion wie im Beispiel aus dem vorigen Kapitel. Erst wenn ich den Arbeitsbereich mit dem Repository synchronisiere, erkennt Subversion, dass der Konflikt nicht automatisch behoben werden kann, und bietet mir mehrere Optionen zur Behebung an:

```
>svn update
Konflikt in »src/java/e2etrace/timer/ITimerFactory.java« entdeckt.
Auswahl: (p) zurückstellen, (df) voller Diff, (e) editieren,
         (mc) eigene konfliktbehaftete Datei,
         (tc) fremde konfliktbehaftete Datei,
         (s) alle Optionen anzeigen:
```

Standardmäßig werden nur die am häufigsten verwendeten Optionen angezeigt. Mit der Option s können wir uns einen Hilfetext mit der kompletten Auswahlliste anzeigen lassen. Die folgende Tabelle beschreibt die einzelnen Optionen und die Auswirkungen auf unseren konkreten Konfliktfall.

*Tab. 4-4
Optionen zur Behebung des Konfliktes*

Option	Beschreibung
e	*(edit)* Zusammengeführte Datei in einem Editor ändern. Subversion markiert alle Konflikte in der Datei mit speziellen Konfliktmarkern, die dann manuell überarbeitet werden müssen (siehe auch Option l).
df	*(diff)* Alle Änderungen in der zusammengeführten Datei anzeigen. Die Ausgabe entspricht der Ausführung des `diff`-Kommandos für die jeweilige Datei.
r	*(resolve)* Mit dieser Option kann der Konflikt als aufgelöst markiert werden. Erst nachdem der Konflikt auf diese Weise explizit bereinigt worden ist, schreibt Subversion die Datei zurück ins Repository. Vergisst man diesen Schritt, liefert der `commit`-Befehl eine entsprechende Fehlermeldung (siehe Abschnitt *Manuelle Auflösung von Konflikten*, auf Seite 151). Sinnvoll ist die Option r übrigens nur nach der manuellen Bearbeitung des Konfliktes über die Optionen e bzw. l, die Optionen mc, tc, mf und tf führen `resolve` automatisch aus. **Achtung!** Wählt man r, **ohne** den Konflikt wirklich zu lösen, landet die Datei mit den Konfliktmarkern im Repository!
dc	*(display conflicts)* Zeigt im Unterschied zu df nicht alle Differenzen, sondern nur die Konflikte an.
mc	*(mine conflict)* Übernimmt pauschal für alle Konflikte die eigenen Änderungen. Alle anderen Änderungen in der Datei werden hingegen automatisch zusammengeführt.
tc	*(theirs conflict)* Wie mc, nur dass im Konfliktfall nicht die eigenen Änderungen, sondern die des Kollegen übernommen werden.
mf	*(mine full)* Übernimmt für die Datei *alle eigenen Änderungen* und ignoriert diejenigen des Kollegen. Im Gegensatz zu mc werden also auch diejenigen Änderungen des Kollegen verworfen, die am Konflikt gar nicht beteiligt sind. Diese Variante sollte nur nach sorgfältiger Abstimmung mit dem Kollegen gewählt werden!
tf	*(theirs full)* Im Prinzip das Gegenteil zu mf. Übernimmt *alle Änderungen des Kollegen* und verwirft die eigenen.
p	*(postpone)* Den Konflikt erst später auflösen. In diesem Fall wird die Datei mit dem Status C markiert und muss anschließend manuell bearbeitet werden (siehe Abschnitt *Manuelle Auflösung von Konflikten* auf Seite 151).
l	*(launch)* Starten eines externen Programms zur Konfliktauflösung. Eine Alternative zur Option e, nur dass in diesem Fall ein spezialisiertes externes Werkzeug zur Bearbeitung des Konflikts aufgerufen wird. Mit den Optionen e und l werden wir uns im Anschluss noch näher beschäftigen.
s	*(show)* Die Liste aller Optionen anzeigen.

Um den Konflikt in der Datei `ITimerFactory.java` näher in Augenschein zu nehmen, wählen wir zunächst die Option e. Diese zeigt den in Listing 4–12 dargestellten Dateiinhalt in einem Texteditor an[18]. Jeder Konflikt in der Datei wird durch die auffälligen, mit den Zeichen < bzw. > beginnenden Zeilen eingerahmt. Eine weitere, aus =-Zeichen bestehende Zeile teilt den Konflikt in einen oberen und einen unteren Teil. Im oberen Teil ist die von mir erstellte Version der Änderung dargestellt (.mine). Der untere Teil enthält die vom Benutzer *fprefect* durchgeführte Änderung (.r11).

Bearbeitung des Konfliktes in einem Texteditor

```
package e2etrace.timer;
/**
 * Factory zur Erstellung neuer Timer.<p>
 */
public interface ITimerFactory {
    /**
     * Erstellt eine neue Timer-Instanz.<p>
     */
<<<<<<< .mine
    ITimer newInstance();
=======
    ITimer createInstance();
>>>>>>> .r11
}
```

Listing 4–12
ITimerFactory.java mit der von Subversion hinzugefügten Markierung der überlappenden Änderung

Um den Konflikt zu lösen, muss nun entweder die Änderung vom Kollegen *fprefect* oder meine eigene Änderung aus der Datei entfernt werden. Hierzu sucht man im Texteditor nach den Änderungsmarkierungen. Anschließend werden die nicht erwünschten Zeilen und natürlich die eigentlichen Marker aus der Datei gelöscht. Nachdem die Änderungen gespeichert und der Texteditor geschlossen wurden, kann mit der Option r der Konflikt endgültig als behoben markiert werden. Zumindest für kleinere Konflikte ist dieses Verfahren durchaus praktikabel.

Sobald jedoch sehr viele oder größere Bereiche der Datei den Konflikt verursachen, wird die Arbeit mit den Änderungsmarkierungen von Subversion schnell unübersichtlich. In diesen Fällen empfiehlt sich daher der Einsatz eines externen Tools zum Zusammenführen der Änderungen. Das bereits in Abschnitt 4.4.4 verwendete Werkzeug *kdiff3* ist auch für diese Aufgabe gut geeignet. Allerdings müssen wir einige kleinere Vorbereitungen treffen, bevor *kdiff3* direkt über die Option l aufgerufen werden kann:

Verwendung eines externen Werkzeuges

---

18. Es wird hier derselbe Editor gestartet, der auch zum Erstellen der Änderungskommentare verwendet wird (siehe Abschnitt 4.3.9).

- Das externe Werkzeug zur Konfliktlösung muss in der Subversion-Konfigurationsdatei hinterlegt werden. Der richtige Parameter lautet `merge-tool-cmd`. Alternativ kann hierfür auch die Umgebungsvariable `%SVN_MERGE%` verwendet werden. Als Wert erwarten beide Varianten den absoluten Pfadnamen des Tools. Für kdiff3 wird hier der Name des Wrapper-Skriptes eingetragen (siehe unten):

  ```
  merge-tool-cmd=D:\tools\kdiff3wrp4svn.cmd
  ```

- Subversion übergibt beim Aufruf des Tools vier Dateipfade (in dieser Reihenfolge): die Originaldatei, die Datei mit den Änderungen der Kollegen, die Datei mit den eigenen Änderungen und den Pfad zur Ausgabedatei mit dem Ergebnis der Konfliktlösung. Wenn das von Ihnen präferierte Merge-Tool mit genau dieser Parameterfolge klarkommt, sind Sie jetzt schon einsatzbereit.

- Im Fall von *kdiff3* muss noch ein Wrapper-Skript erstellt werden, das die von Subversion gelieferten Parameter in eine für *kdiff3* verträgliche Form übersetzt. Das Skript besteht aus lediglich einer Zeile:

  ```
  kdiff3 %1 %2 %3 -o %4 -L1 Original -L2 Kollegen -L3 Meins
  ```

Ist alles entsprechend vorbereitet, startet *kdiff3*, sobald die Option 1 gewählt wird. Es stellt die drei übergebenen Dateiversionen im oberen Teil des Anwendungsfensters von links nach rechts dar und vergibt für diese Kürzel von A bis C. Um die Lesbarkeit zu erhöhen, habe ich im Wrapper-Skript zusätzlich Aliase für die einzelnen Dateien mit den Parametern L1 bis L3 festgelegt. Diese werden von *kdiff3* oberhalb des Dateiinhaltes angezeigt.

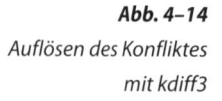

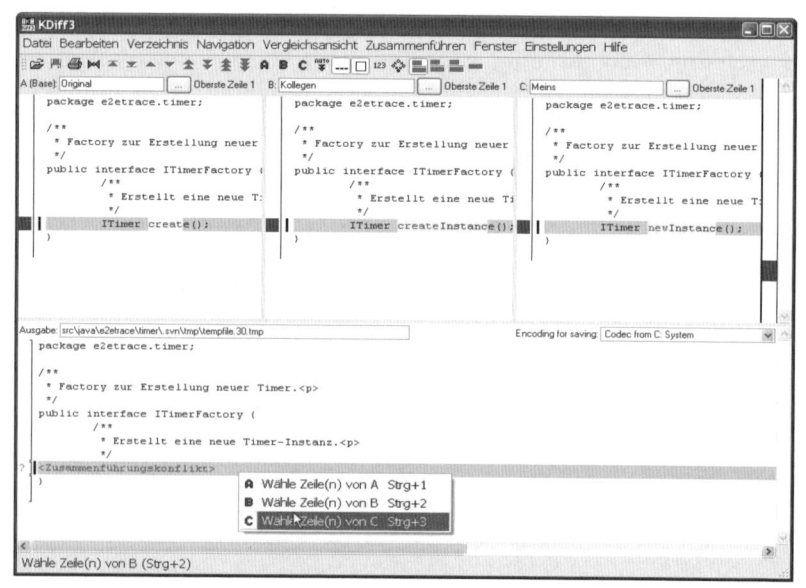

Abb. 4–14
Auflösen des Konfliktes mit kdiff3

Der untere Teil enthält die zusammengeführte Datei. Im Skript wird diese Datei mit dem Parameter -o angegeben. Hier werden zunächst alle Konflikte farbig markiert angezeigt. Mit einem Rechtsklick auf einen Konflikt öffnet sich das in Abbildung 4–14 gezeigte Kontextmenü. Hier kann nun entschieden werden, aus welcher Dateiversion der Konflikt gelöst werden soll. In der Abbildung werden beispielsweise meine Änderungen aus der Version C übernommen[19].

Sobald auf diese Weise alle Konflikte in der Datei aufgelöst wurden, kann man die Änderungen speichern und *kdiff3* beenden. Man landet dann wieder bei der bereits bekannten Auswahl der Optionen. Hier sollte nun der Konflikt durch die Option r als fertig bearbeitet markiert werden:

Konfliktbearbeitung abschließen

```
Auswahl: (p) zurückstellen, (df) voller Diff, (e) editieren,
         (mc) eigene konfliktbehaftete Datei,
         (tc) fremde konfliktbehaftete Datei,
         (s) alle Optionen anzeigen: r
G    src\java\e2etrace\timer\ITimerFactory.java
Aktualisiert zu Revision 11.
```

In unserem Beispiel sind damit alle Konflikte behoben, und der update-Befehl endet mit der Ausgabe der aktuellen Revision. Jetzt müssen die durchgeführten Änderungen lediglich noch ins Repository geschrieben werden:

```
>svn commit --message "Factory-Methode umbenannt"
Sende         src\java\e2etrace\timer\ITimerFactory.java
Revision 12 übertragen.
```

Manuelle Auflösung von Konflikten

Es gibt Szenarien, in denen die bisher beschriebene, interaktive Konfliktlösung während der Ausführung des update-Befehls nicht funktioniert. So kommt es beispielsweise vor, dass man einen der angezeigten Konflikte nicht sofort lösen kann, etwa weil ein für Rückfragen benötigter Kollege gerade abwesend ist. Die Datei wird dann mit der Option p erst mal zurückgestellt. Oder aber man ruft den update-Befehl im Rahmen eines Skriptes mit der Option --non-interactive auf.

Subversion markiert in diesen Fällen Dateien mit Konflikten zunächst mit dem Statuscode C. Solange auch nur eine Datei im Arbeits-

---

19. Im Endeffekt haben wir mit kdiff3 den Konflikt nur etwas näher in Augenschein genommen und dann eine relativ einfache Lösung, nämlich die Übernahme der eigenen Änderungen, gefunden. Dasselbe Ergebnis hätten wir auch schneller durch die Auswahl der Option mc gleich zu Beginn erzielen können. Oft kommt man jedoch in der Praxis nicht um die zeitraubende, detaillierte Untersuchung einer Konfliktsituation mit einem spezialisierten Werkzeug wie kdiff3 herum.

bereich mit diesem Code markiert ist, können wir keinen `commit`-Befehl ausführen. Wir müssen zuvor jeden Konflikt manuell auflösen.

Temporäre Hilfsdateien   Zusätzlich zum Statuscode `C` können Konflikte an einer Reihe von temporären Hilfsdateien erkannt werden. Im bisher verwendeten Beispiel sind dies die folgenden Dateien im Verzeichnis `src\java\e2etrace\timer`:

- `ITimerFactory.java.mine`
  Lokale Arbeitskopie in der Version vor der Ausführung des `update`-Kommandos (vgl. Listing 4–11 auf Seite 147)
- `ITimerFactory.java.r10`
  Revision 10 der Datei. Dies entspricht dem Originalzustand, bevor *fprefect* und ich Änderungen durchgeführt haben (vgl. Listing 4–9 auf Seite 146).
- `ITimerFactory.java.r11`
  Revision 11 der Datei mit den Änderungen des Benutzers *fprefect* (vgl. Listing 4–10 auf Seite 147)
- `ITimerFactory.java`
  Lokale Arbeitskopie mit den von Subversion hinzugefügten Markierungen der überlappenden Änderungen (vgl. Listing 4–12 auf Seite 149). Diese Datei ist entscheidend für die Auflösung des Konfliktes. Ihr Inhalt wird letzten Endes ins Repository übernommen werden. Alle anderen Dateien haben nur unterstützenden Charakter und werden nach Behebung der Konfliktsituation von Subversion automatisch gelöscht.

Auflösung des Konflikts mit resolve   Mit Hilfe dieser Dateien sowie des speziellen Subversion-Kommandos `resolve`[20] kann der Konflikt nun manuell behoben werden. Uns stehen hierfür die vom interaktiven Modus bekannten Möglichkeiten sowie eine zusätzliche Option zur Verfügung:

- *Konflikte mit den Änderungen von fprefect auflösen:*
  Alle Konfliktstellen werden mit den Änderungen von *fprefect* bereinigt. Diejenigen eigenen Änderungen, die letztlich zu den Konflikten geführt haben, werden verworfen. Änderungen, die keinen Konflikt verursachen, werden automatisch zusammengeführt. In diesen Fällen bleiben also meine und die Änderungen des Kollegen erhalten:

  ```
  svn resolve ITimerFactory.java --accept theirs-conflict
  ```

---

[20] Anwender älterer Subversion-Versionen müssen hier aufpassen! Vor Version 1.5 wurden Konflikte mit dem Befehl `resolved` (man beachte das abschließende d) behoben. Dieser Befehl wird auch noch von aktuellen Versionen unterstützt, allerdings nur aus Kompatibilitätsgründen. Der neue Befehl `resolve` ist viel leistungsfähiger, daher gehe ich auf das ältere Kommando an dieser Stelle nicht ein.

- *Konflikte mit eigenen Änderungen auflösen*:
  Im Gegensatz zu `theirs-conflict` verwendet die Option `mine-conflict` zur Auflösung der Konflikte meine Änderungen und nicht die des Kollegen *fprefect*:
  ```
  svn resolve ITimerFactory.java --accept mine-conflict
  ```
- *Eigene Änderungen verwerfen, Änderungen von fprefect behalten*:
  Mit der Option `theirs-full` wird ein etwas radikalerer Ansatz gewählt. Subversion verwirft nun alle eigenen Änderungen, also auch diejenigen, die mit den Konflikten nichts zu tun haben:
  ```
  svn resolve ITimerFactory.java --accept theirs-full
  ```
- *Eigene Änderungen behalten, Änderungen von fprefect verwerfen*:
  Will man lieber die eigenen Änderungen komplett behalten, wird die Option --accept auf `mine-full` gesetzt:
  ```
  svn resolve ITimerFactory.java --accept mine-full
  ```
- *Alle Änderungen verwerfen, zurück zur Originalversion*:
  Für diesen Fall gibt es im interaktiven Modus leider keine Option, obwohl er in der Praxis durchaus vorkommt:
  ```
  svn resolve ITimerFactory.java --accept base
  ```
- *Konfliktlösung mit einem Editor bzw. einem externen Tool*:
  Bis jetzt ging das alles recht schmerzlos vonstatten. In der Praxis kommt man jedoch meist nicht darum herum, die Ursachen eines Konfliktes etwas detaillierter zu betrachten. Hierzu wird die Datei mit den Konfliktmarkierungen (in unserem Fall `ITimerFactory.java`) in einem Texteditor geladen und überarbeitet. Alternativ kann wiederum ein externes Werkzeug, wie beispielsweise *kdiff3*, eingesetzt werden. Im Anschluss muss dann der Konflikt noch über `resolve` beendet werden:
  ```
  > kdiff3 ITimerFactory.java.r10 ITimerFactory.java.mine \
    ITimerFactory.java.r11 -o ITimerFactory.java
  ```
  ```
  > svn resolve ITimerFactory.java --accept working
  > svn commit --message "Factory-Methode umbenannt"
  ```

4.6 Verwaltung binärer Dateien

Subversion unterteilt die Konfigurationselemente im Repository in die Kategorien *Verzeichnis*, *Textdatei* und *Binärdatei*. Der wesentliche Unterschied zwischen Text- und Binärdateien ist aus der Sicht von Subversion die Tatsache, dass für Letztere keine automatische Zusammenführung im Konfliktfall möglich ist. Darüber hinaus unterdrückt Subversion für Binärdateien bestimmte, potenziell gefährliche Operationen. Hierzu gehört beispielsweise das Setzen der Property *svn:eol-*

style, da die Konvertierung von Zeilenendezeichen eine binäre Datei in der Regel gründlich korrumpiert.

4.6.1 Was sind binäre Dateien?

Textdateien und binäre Dateien werden von Subversion mit Hilfe der Property *svn:mime-type* unterschieden. Eine Textdatei liegt dann vor, wenn diese Property nicht gesetzt ist oder einen der vordefinierten Texttypen als Wert enthält. Als Texttyp gelten alle Werte, die mit *text/* beginnen, sowie einige von den Subversion-Entwicklern leider nicht weiter dokumentierte Ausnahmen[21].

Automatische Bestimmung des MIME-Typs

Wird eine neue Datei via `import` oder `add` ins Repository aufgenommen, versucht Subversion, zunächst den MIME-Typ anhand der Dateiendung zu bestimmen. Grundlage hierfür ist der Abschnitt `autoprops` in der Client-Konfigurationsdatei `config`. Findet sich dort die Endung der Datei nicht bzw. wird die Property *svn:mime-type* nicht gesetzt, kommt eine Heuristik zum Einsatz. Diese analysiert den Dateiinhalt und entscheidet anhand einer Reihe von Regeln (z. B. »Enthält die Datei nicht druckbare Zeichen?«), ob eine Text- oder eine Binärdatei vorliegt. Erkennt der Algorithmus eine Binärdatei, wird die Property *svn:mime-type* mit dem Wert *application/octet-stream* belegt. Für Textdateien wird die Property hingegen nicht gesetzt.

Grenzen der Automatik

Die Automatik funktioniert ganz passabel, ist aber natürlich nicht unfehlbar. So werden z. B. PDF-Dateien je nach Inhalt entweder als Binär- oder als Textdatei eingeordnet. Der Grund ist im Dateiformat zu suchen, das gerade am Beginn der Datei sowohl aus ASCII-Text als auch aus binären Inhalten bestehen kann. Da die Heuristik von Subversion aus Performancegründen nur den Anfang einer Datei analysiert, ist das Ergebnis für PDF-Dateien mehr oder weniger zufällig. Dieses Problem ist prinzipbedingt und nicht ausschließlich auf das PDF-Format beschränkt. Um sicherzugehen, sollte für Konfigurationselemente mit binären Dateitypen daher immer ein expliziter MIME-Typ über die `autoprops` in der `config`-Datei zugewiesen werden.

---

21. Laut eher »inoffiziellen« Informationen aus den Subversion-Newsgroups besteht die Liste der Texttypen aus den folgenden Werten: *text/**, *image/x-xbitmap*, *image/x-xpixmap*. Wie gesagt, ein offizielles Statement in der Dokumentation gibt es zu diesem Thema leider nicht.

Überprüfung des Dateityps

Im Beispielprojekt *e2etrace* wird für das Konfigurationselement *KM-Handbuch* ein binärer Dateityp verwendet. Um zu testen, ob Subversion dies korrekt erkennt, lege ich für das folgende Beispiel ein leeres Word-Dokument KMHandbuch.doc im Verzeichnis doc an und füge dieses dem Repository neu hinzu.

```
>svn add doc\KMHandbuch.doc
A  (bin)  doc\KMHandbuch.doc
```

```
>svn commit --message "Leeres KM-Handbuch"
Hinzuf. (bin)  doc\KMHandbuch.doc
Revision 13 übertragen.
```

Mit dem Kürzel (bin) in der Rückgabe informiert uns der Subversion-Client, dass das KM-Handbuch als Binärdatei eingestuft wurde. Zur genaueren Überprüfung des Dateityps müssen wir die Properties der Datei mit den Kommandos proplist und propget abfragen. Das erste Kommando liefert für eine Datei oder ein Verzeichnis die Liste aller gesetzten Properties. Über propget kann man dann den Wert einer Property abfragen. Beide Kommandos funktionieren übrigens auch dann, wenn, wie im Beispiel, ein neu hinzugefügtes Element noch nicht via commit ins Repository übertragen wurde.

Abfrage der Metadaten der Datei

```
>svn proplist doc\KMHandbuch.doc
Properties on 'doc\KMHandbuch.doc':
  svn:needs-lock
  svn:mime-type
```

```
>svn propget svn:mime-type doc\KMHandbuch.doc
application/msword
```

Die Ausgaben im Beispiel zeigen, dass der Datei während des add-Kommandos von Subversion automatisch zwei Properties zugewiesen wurden. Beide Werte haben wir in Abschnitt 4.2.4 mit Hilfe der auto-props in der Client-Konfigurationsdatei festgelegt. Der Dateityp des KM-Handbuchs wird über die Property *svn:mime-type* bestimmt. Da im Beispiel der MIME-Typ *application/msword* vergeben wurde, stuft Subversion das KM-Handbuch als Binärdatei ein.

Weitere Befehle zum Umgang mit Properties

Neben proplist und propget verfügt der Subversion-Client über drei weitere Kommandos zum Umgang mit Properties. Mittels propset können Properties manuell gesetzt werden. Dies ist beispielsweise dann nützlich, wenn eine einzelne binäre Datei dem Repository hinzugefügt wird, deren Typ nicht durch die autoprops in der config-Datei abgedeckt wird. Das Kommando `propdel` löscht einzelne Properties und stellt damit das Gegenstück zu `propset` dar. Über `propedit` können schließlich die Werte einzelner Properties mit Hilfe eines Editors bearbeitet werden.

Alle bisher beschriebenen Arbeitsschritte zur Durchführung von Änderungen an den Inhalten einer Datei, der Behandlung von Konflikten und der Arbeit mit der Versionshistorie gelten auch für Properties. Verändert man beispielsweise eine Property via `propset`, muss anschließend ein `commit` ausgeführt werden. Im nächsten Kapitel werden wir einige einfache Property-Änderungen durchführen. Wer intensiver mit Properties arbeiten will, sollte jedoch zusätzlich die entsprechenden Abschnitte in der Subversion-Dokumentation durchlesen.

4.6.2 Konflikte in binären Dateien

Ohne weitere Vorkehrungen unsererseits treten bei der parallelen Arbeit mit binären Dateien, ähnlich wie bei Textdateien, Konflikte auf. Die Konsequenzen eines Konflikts in einer binären Datei sind allerdings unangenehmer als beispielsweise in einem Quelltextmodul. Denn zur Auflösung eines Konflikts müssen die beteiligten Dateiversionen verglichen und in eine neue, konsolidierte Variante übertragen werden. Ob dies überhaupt gelingt, ist abhängig von der verwendeten Applikation und vom konkreten Dateiformat. In vielen Fällen, z. B. für Grafikdateien, wird man Konflikte von vornherein vermeiden wollen (mehr hierzu im Abschnitt 4.6.3).

Einführung einer »künstlichen« Binärdatei

Ist dies nicht möglich oder erwünscht, sind einige Unterschiede im Vergleich zu Textdateien zu beachten. Im folgenden Beispiel demonstriere ich das Verhalten von Subversion im Falle eines Konflikts mit einer Binärdatei mit Hilfe eines normalen Quelltextmoduls. Hierzu weise ich der Datei einen binären MIME-Typ zu. Das tatsächliche Format der Datei ändert sich dabei natürlich nicht, nur aus der Sicht von Subversion handelt es sich anschließend um eine Binärdatei.

```
>svn propset svn:mime-type application/octet-stream \
    src\java\e2etrace\timer\ITimer.java
Eigenschaft 'svn:mime-type' für
'src\java\e2etrace\timer\ITimer.java' gesetzt

>svn status
 M      src\java\e2etrace\timer\ITimer.java

>svn diff src\java\e2etrace\timer\ITimer.java

Eigenschaftsänderungen: src\java\e2etrace\timer\ITimer.java
_____
Added: svn:mime-type
## -0,0 +1 ##
+application/octet-stream

>svn commit --message \
    "MIME-Typ auf application/octet-stream geändert"
Sende        src\java\e2etrace\timer\ITimer.java

Revision 14 übertragen.
```

Das Kommando propset ändert für die Datei ITimer.java den MIME-Typ auf einen binären Wert. Mit Hilfe von status und diff wird die Änderung im Anschluss kurz überprüft. In der Rückgabe des status-Kommandos wird in der zweiten Spalte der Statuscode M ausgegeben. Dies macht kenntlich, dass nicht der Dateiinhalt, sondern eine Property geändert wurde. Auch das diff-Kommando erkennt Property-Änderungen und verwendet ein spezielles Modul zur Analyse und Darstellung der Unterschiede zwischen zwei Revisionen. Im obigen Beispiel ist dies gut für die neu hinzugefügte Property *svn:mime-type* zu erkennen.

Manuelle Änderung des MIME-Typs

Via commit wird die Änderung schließlich ins Repository übertragen. Es ist hierbei sinnvoll, Property-Name und -Wert im Kommentar festzuhalten. In der Versionshistorie ist sonst nicht ohne Weiteres der Grund für die Änderung zu erkennen (log liefert leider keinen Hinweis auf die geänderte Property).

Entstehung des Konflikts

In Revision 14 enthält ITimer.java den in Listing 4–13 dargestellten Code:

```
package e2etrace.timer;

public interface ITimer {
    void start();
    long measure();
}
```

Listing 4–13

Ursprüngliche Version von ITimer.java

Wie schon in dem in Abschnitt 4.5.2 verwendeten Beispiel gehen wir nun davon aus, dass diese Datei parallel von den Benutzern *fprefect* und mir (*gpopp*) geändert wird. *fprefect* fügt der Datei die Klassendokumentation hinzu, ich hingegen die Methodendokumentation. Die beiden Änderungen überschneiden sich demzufolge nicht. Im Normalfall würde der entstandene Konflikt von Subversion daher automatisch gelöst werden. Da wir ITimer.java jedoch als Binärdatei deklariert haben, findet die automatische Zusammenführung der beiden Dateiversionen nicht statt. Stattdessen erkennt Subversion einen manuell aufzulösenden Konflikt. Unter der Annahme, dass die Änderung von *fprefect* bereits als Revision 15 ins Repository übertragen wurde, tritt der Konflikt in meinem Arbeitsbereich auf.

```
>svn update
Konflikt in »src/java/e2etrace/timer/ITimer.java« entdeckt.
Auswahl: (p) zurückstellen,
         (mf) volle eigene Datei, (tf) volle fremde Datei,
         (s) alle Optionen anzeigen:
```

Auflösung des Konflikts

Zur Auflösung des Konfliktes stehen uns nun die bereits aus Abschnitt 4.5.3 bekannten Optionen zur Verfügung – zumindest erweckt Subversion diesen Eindruck. Tatsächlich sind jedoch nur die folgenden Optionen zulässig:

- **p (postpone)**:
  Den Konflikt erst später auflösen
- **mf (mine full)**:
  Eigene Änderungen behalten, Änderungen des Kollegen verwerfen
- **tf (theirs full)**:
  Eigene Änderungen verwerfen, Änderungen von fprefect behalten
- **s (show)**:
  Hilfetext mit allen Optionen anzeigen

Versucht man eine der anderen Optionen aufzurufen, z. B. l um den Konflikt mit *kdiff3* zu bearbeiten, quittiert Subversion dies mit einer Fehlermeldung.

Der Grund hierfür ist natürlich das (angeblich) binäre Dateiformat von ITimer.java. Subversion geht davon aus, dass es keinen Sinn hat, den Inhalt dieser Datei visuell zu editieren, und sperrt daher von vornherein die entsprechenden Optionen im Konfliktmenü.

Trotzdem kann man in diesem Fall den Konflikt manuell lösen. Hierzu muss zunächst die Option p gewählt werden. Anschließend kann wieder das Werkzeug *kdiff3* zur Auflösung des Konfliktes herangezogen werden. Im Gegensatz zum Beispiel aus Abschnitt 4.5.3 erfolgt der manuelle Aufruf jedoch leicht modifiziert, da ITimer.java gleichzeitig als Ein- und Ausgabedatei dient[22]:

```
>kdiff3 ITimer.java.r14 ITimer.java ITimer.java.r15 \
    -o ITimer.java
```

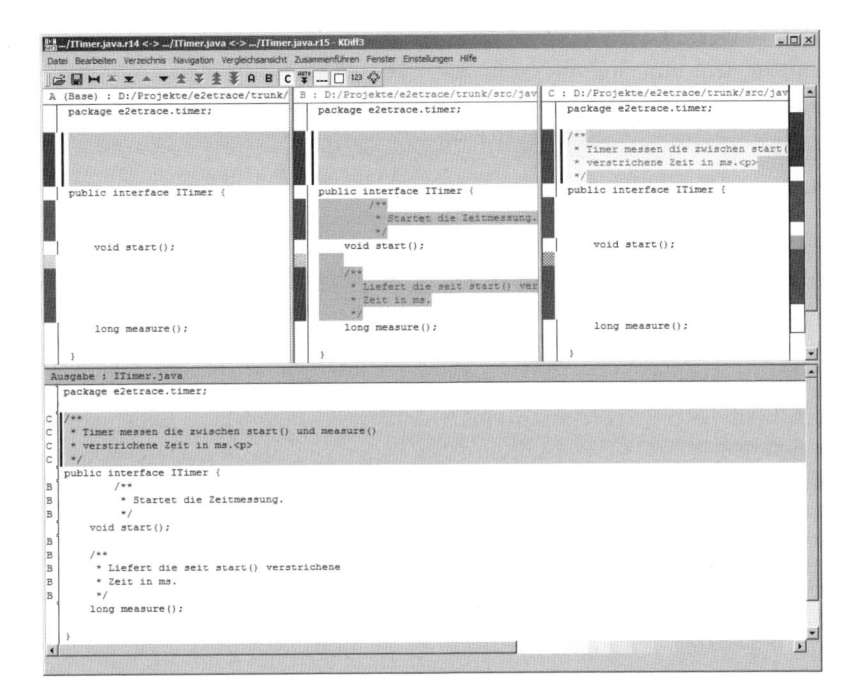

Abb. 4–15
Automatische Auflösung des Konflikts durch kdiff3

In diesem konkreten Fall kann *kdiff3* den Konflikt zwischen den einzelnen Versionen sogar automatisch lösen. Es verfährt dabei nach dem gleichen Prinzip wie Subversion, nur dass man das Ergebnis der Zusammenführung über die GUI sofort kontrollieren und ggf. auch ändern kann. Nachdem dies geschehen ist, wird der Konflikt auch für Subversion als beendet erklärt:

Behebung des Konfliktes abschließen

```
>svn resolve src\java\e2etrace\timer\ITimer.java --accept working
Konflikt von 'src\java\e2etrace\timer\ITimer.java' aufgelöst

>svn commit --message "ITimer Klassen- und Methodendoku \
    zusammengeführt"
Sende         src\java\e2etrace\timer\ITimer.java
Revision 16 übertragen.
```

---

22. Der Grund hierfür ist wiederum das binäre Dateiformat. Subversion erzeugt in diesem Fall keine Datei mit Konfliktmarken. ITimer.java wurde also nicht verändert, und konsequenterweise existiert auch keine Kopie der Originaldatei (ITimer.java.mine).

Der Konflikt aus dem Beispiel ist zugegebenermaßen nicht repräsentativ für Binärdateien. Die manuelle Auflösung funktioniert nur deshalb so reibungslos, weil in Wirklichkeit eine Textdatei vorliegt – auch wenn wir Subversion etwas anderes vorgegaukelt haben. Der prinzipielle Ablauf zur Auflösung eines Konflikts ist allerdings mit »echten« Binärdateien derselbe. Mit dem kleinen, aber wesentlichen Unterschied, dass man in vielen Fällen keinen Editor zur Konfliktlösung verwenden kann. Stattdessen müssen dann wohl oder übel entweder die eigenen oder die Änderungen der Kolleginnen und Kollegen verworfen werden.

4.6.3 Vermeidung von Konflikten

Subversion beherrscht zur Durchführung von Änderungen neben *Copy-Modify-Merge* auch den *Lock-Modify-Unlock*-Ansatz. Dieser hat das Ziel, Änderungen an den Dateien im Repository zu serialisieren und Konflikte von vornherein zu vermeiden. Hierbei kann für jede einzelne Datei entschieden werden, welcher Ansatz besser geeignet ist. Wie ich schon in den vorhergehenden Abschnitten angedeutet habe, sollte *Lock-Modify-Unlock* zumindest für diejenigen binären Dateien aktiviert werden, für die keine praktikable Möglichkeit zur Auflösung von Konflikten besteht. Als Voraussetzung müssen übrigens anonyme Schreibzugriffe auf das Repository ausgeschlossen werden. Unser Beispiel-Repository erfüllt diese Bedingung durch die in Abschnitt 4.1.3 eingerichteten Zugriffsbeschränkungen.

Der *Lock-Modify-Unlock*-Ansatz erweitert den aus Abschnitt 4.3 bekannten Änderungszyklus um einen weiteren Schritt *Datei sperren* (siehe Abb. 4–16).

Abb. 4–16
Erweiterter Änderungszyklus für binäre Dateien

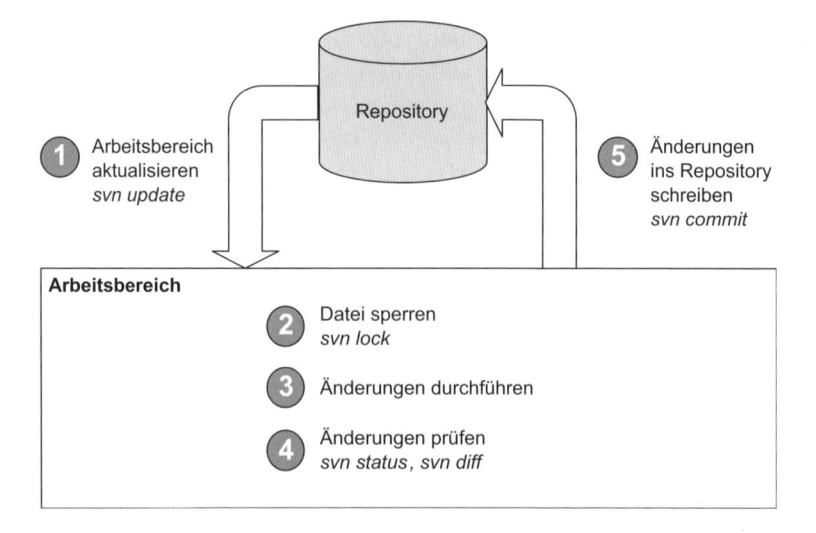

Dateien sperren

Die Grundidee hinter *Lock-Modify-Unlock* ist die Verhinderung paralleler Änderungen an einer Datei im Repository. Technisch umgesetzt wird diese Idee über *Sperren*. Bevor ein Anwender Änderungen an einer Datei im lokalen Arbeitsbereich vornimmt, sperrt er diese für andere Benutzer. Der Subversion-Client kennt hierzu das Kommando lock[23].

```
>svn lock doc\KMHandbuch.doc --message "Arbeite an Gliederung"
'KMHandbuch.doc' gesperrt durch 'gpopp'.
```

Im obigen Beispiel wird die Datei KMHandbuch.doc durch den Benutzer *gpopp* gesperrt. Die Änderungen in der Datei führt er erst nach der erfolgreichen Sperrung durch. Über die Option --message teilt er zudem anderen Teammitgliedern den Grund für die Sperrung mit. Diese Nachricht ist nicht zwingend notwendig, aus meiner Sicht aber empfehlenswert. Wird der *Lock-Modify-Unlock*-Ansatz falsch eingesetzt, kann er die Arbeit in einem Team nahezu zum Erliegen bringen. Es ist daher wichtig, Sperren nur gezielt einzusetzen und die Kollegen über Sinn und Zweck jeder Sperrung zu informieren. Die entsprechenden Richtlinien zum Umgang mit Sperren werden im KM-Handbuch dokumentiert (was im obigen Fall zu einem Henne-Ei-Problem führt, aber es ist ja nur ein Beispiel ...).

Gezielter Einsatz des lock-Befehls

Sperrungen anderer Anwender ermitteln

Nachdem das KM-Handbuch durch den Benutzer *gpopp* gesperrt wurde, stellt sich die Frage, wie die anderen Teammitglieder hiervon in Kenntnis gesetzt werden. Von Haus aus unternimmt Subversion in dieser Angelegenheit nichts. Selbst bei der Aktualisierung eines Arbeitsbereichs über update werden eventuell vorhandene Sperren nicht angezeigt. Erst wenn ein Kollege beschließt, ebenfalls Änderungen am KM-Handbuch vorzunehmen, scheitert das lock-Kommando mit einer Fehlermeldung.

```
(fprefect) > svn lock doc\KMHandbuch.doc
svn: warnung: Pfad '/trunk/doc/KMHandbuch.doc' ist bereits durch
Benutzer 'gpopp' gesperrt
```

Alternativ könnte der Anwender fprefect auch das status-Kommando zur Prüfung auf Sperren verwenden:

```
(fprefect) > svn status --show-updates
        0      16   doc/KMHandbuch.doc
Status bezogen auf Revision:    16
```

---

23. Der Befehl kann nur einzelne Dateien und keine kompletten Verzeichnisse sperren.

Ausgabe des Sperrkommentares

In der Rückgabe des Kommandos wird mit dem Statuscode O (für Other) auf die durch einen anderen Anwender gesperrte Datei hingewiesen. Leider gibt keiner der beiden Befehle den Sperrkommentar aus. Dies ist aus meiner Sicht ein Fehler und wird hoffentlich in einem künftigen Release von Subversion geändert. Bis dahin bleiben zwei Alternativen. Wer XML lesen kann oder den Umgang mit XSLT-Prozessoren beherrscht, kann die Option --xml an das status-Kommando übergeben. Dieses erzeugt dann ein XML-Dokument als Ausgabe, in dem auch der Sperrkommentar enthalten ist.

Die zweite Alternative ist der Befehl info. Er liefert ausführliche Informationen über ein Element im Repository, inklusive des Sperrkommentars:

```
(fprefect) > svn info \
    svn://localhost/e2etrace/trunk/doc/KMHandbuch.doc
Pfad: KMHandbuch.doc
Name: KMHandbuch.doc
URL: svn://localhost/e2etrace/trunk/doc/KMHandbuch.doc
Basis des Projektarchivs: svn://localhost/e2etrace
UUID: 011d8a56-4c44-7149-85a0-246079c8a55b
Revision: 16
Knotentyp: Datei
Letzter Autor: gpopp
Letzte geänderte Rev: 13
Letztes Änderungsdatum: 2006-01-25 10:42:59 +0100
Sperrmarke: 055715e6-c0f8-dc43-8aa1-93860c551e9c
Sperreigner: gpopp
Sperre erzeugt: 2006-01-26 11:58:26 +0100
Sperrkommentar (1 Zeile):
Arbeite an Gliederung
```

Wichtig ist, dass info mit einer Repository-URL aufgerufen wird. Verwendet man stattdessen einen Pfad in der lokalen Arbeitskopie (im Beispiel also doc\KMHandbuch.doc), wird ausgerechnet der Sperrkommentar nicht ausgegeben.

Sperrungen aufheben

Normalerweise wird eine Sperre erst dann aufgehoben, wenn die durchgeführten Änderungen via commit ins Repository übertragen werden. Alternativ kann die Freigabe eines Dokuments jedoch auch unabhängig vom commit erfolgen, beispielsweise dann, wenn Änderungen zurückgenommen werden. Der entsprechende Befehl hierzu heißt unlock. Der Entwickler *gpopp* aus dem obigen Beispiel könnte die von ihm gesperrte Datei demzufolge über svn unlock doc\KMHandbuch.doc wieder freigeben.[24]

Führt hingegen der Anwender *fprefect* denselben Befehl in seinem Arbeitsbereich aus, liefert Subversion eine Fehlermeldung.

```
(fprefect) > svn unlock doc\KMHandbuch.doc
svn: 'KMHandbuch.doc' ist in dieser Arbeitskopie nicht gesperrt
```

Standardmäßig darf im *Lock-Modify-Unlock*-Ansatz nur der Anwender eine Datei freigeben, der auch die entsprechende Sperre erzeugt hat. In der Praxis führt diese strenge Auslegung jedoch häufig zu Problemen. So werden beispielsweise immer wieder gesperrte Dateien vor der Abreise in den Urlaub vergessen. Ohne eine Möglichkeit, die Sperren zu »brechen«, wären die betroffenen Dateien im schlimmsten Fall wochenlang blockiert.

Brechen und Stehlen von Sperren

Subversion unterstützt daher sowohl das Brechen als auch das Stehlen von Sperren durch andere Anwender. Eine gebrochene Sperre führt zur Freigabe der Datei im Repository. Anschließend kann die Datei wieder gesperrt und bearbeitet werden. Durch das Stehlen einer Sperre überträgt man diese hingegen in einem atomaren Schritt in den eigenen Arbeitsbereich. Die Datei bleibt im Repository also durchgehend gesperrt, nur der Eigentümer der Sperre ändert sich.

Der Benutzer *fprefect* kann die Sperre von *gpopp* durch die Angabe der Option --force beim unlock-Befehl brechen und anschließend die Datei via lock selbst sperren:

```
(fprefect) > svn unlock --force doc\KMHandbuch.doc
'KMHandbuch.doc' freigegeben.

(fprefect) > svn lock doc\KMHandbuch.doc
'KMHandbuch.doc' gesperrt durch 'fprefect'.
```

Im Arbeitsbereich von *gpopp* ist zunächst nichts von dem »Diebstahl« der Sperre zu merken. Erst der status-Befehl verschafft Klarheit:

```
> svn status --show-updates
     T      15   doc\KMHandbuch.doc
Status bezogen auf Revision:    16
```

Der Code T steht für sTolen. Hätte *gpopp* den status-Befehl nach dem unlock --force von *fprefect*, aber vor dem erneuten lock aufgerufen, würde Subversion stattdessen den Code B für Broken melden.

gpopp hat nun seinerseits wieder die Möglichkeit, die Sperre zurückzuerobern. Er verwendet hierzu gleich den lock-Befehl, ebenfalls mit der Option --force. Das Kommando überträgt die Sperre in einem Schritt von *fprefect* in seinen eigenen Arbeitsbereich.

---

24. Wurden bereits Änderungen an dem Dokument vorgenommen, müssen diese zusätzlich über revert zurückgenommen werden. Die Befehle unlock und revert arbeiten völlig unabhängig voneinander.

```
>svn lock --force doc\KMHandbuch.doc
'KMHandbuch.doc' gesperrt durch 'gpopp'.
```

Natürlich sollte die obige »Sperren-Jagd« in einem realen Projekt nicht vorkommen. Es empfiehlt sich daher, das Brechen und Stehlen von Sperren im KM-Handbuch zu regeln.

Änderungen ins Repository schreiben

Automatische Freigabe von Sperren

Nach der Durchführung der Änderungen an der binären Datei überträgt man diese wie gewohnt mit `commit` ins Repository. Im Anschluss werden *alle* Sperren im Arbeitsbereich aufgehoben. Dies betrifft also auch Dateien, die nicht geändert wurden und demzufolge auch nicht vom `commit` betroffen sind.

Dieses Verhalten ist gewollt und soll die allzu freizügige Verwendung von Sperren eindämmen. Oft werden Sperren sozusagen auf Vorrat gesetzt, weil zu Beginn nicht sicher ist, welche Dateien wirklich von einer Änderung betroffen sind. Die automatische Freigabe verhindert, dass Sperren vergessen werden.[25]

Unterdrückung der automatischen Freigabe

Man kann das Standardverhalten des `commit`-Kommandos auf zwei Arten beeinflussen. Zum einen besteht die Möglichkeit, den `commit` auf bestimmte Verzeichnisse einzuschränken. Alternativ hierzu kann über die Option `--no-unlock` die Freigabe der Sperren komplett unterdrückt werden.

Auswahl der Dateien für Lock-Modify-Unlock

Rein technisch erzwingt das Subversion-Repository keine explizite Auswahl von Dateien für *Lock-Modify-Unlock*. Jede beliebige Datei, also beispielsweise auch ein Quelltextmodul, kann über die besprochenen Kommandos gesperrt und wieder freigegeben werden. Um unnötigen Aufwand zu vermeiden, sollte der Einsatz von *Lock-Modify-Unlock* in der Praxis allerdings klar geregelt werden. Denn vergisst ein Anwender die Ausführung des `lock`-Kommandos, erfährt er erst nach getaner Arbeit durch die Fehlermeldung während des `commit`-Befehls von der Sperre eines anderen Benutzers. Die bereits durchgeführten Änderungen sind dann entweder verloren oder müssen zumindest mühsam mit den Kollegen im Team abgeglichen werden.

Konsequente Verwendung des lock-Befehls

Mit der bereits in Abschnitt 4.2.4 vorgestellten Property *svn:needs-lock* unterstützt Subversion die konsequente Verwendung des `lock`-Befehls. Wird die Property einer Datei zugewiesen (der Wert spielt

---

25. Natürlich kann dies auch durch regelmäßige Ausführung des `status`-Kommandos verhindert werden. `status` gibt neben den modifizierten auch alle eigenhändig gesperrten Dateien aus (Statuscode K für locKed).

keine Rolle), markiert der Client diese im lokalen Arbeitsbereich zunächst als *Read-Only*. Unbeabsichtigte Änderungen werden dadurch vermieden, denn nahezu alle Anwendungen weisen rechtzeitig auf einen bestehenden Schreibschutz hin. Erst wenn die Datei mit `lock` gesperrt wird, entfernt Subversion das Schreibschutz-Attribut. Es empfiehlt sich, die Property *svn:needs-lock* über die autoprops in der `config`-Datei automatisch zu vergeben.

Allerdings kann auch durch die Verwendung von *svn:needs-lock* die »richtige« Anwendung des *Lock-Modify-Unlock*-Ansatzes nicht erzwungen werden. Der `lock`-Befehl und die Property existieren unabhängig voneinander. Mit etwas bösem Willen kann man eine via *svn:needs-lock* mit Schreibschutz versehene Datei auch ohne vorheriges `lock` problemlos ändern. Hierzu muss lediglich das *Read-Only*-Attribut auf Dateisystemebene manipuliert werden.

Die – meiner Ansicht nach völlig korrekte – Philosophie von Subversion ist, dass man kein Team zur effizienten Arbeit zwingen kann. Aufwendige Funktionen zur Erkennung und Verhinderung von derartigen Manipulationsversuchen haben daher keinen Sinn.

4.7 Festlegung von Tags

Die Markierung eines bestimmten Entwicklungsstandes im Repository über einen Tag erfolgt in Subversion mit einem simplen Kopiervorgang. Als Zielverzeichnis dient in unserem Fall der speziell für Tags reservierte Ast tags des Repositorys.

Im folgenden Beispiel gehen wir davon aus, dass im Projekt *e2etrace* die Vorbereitungsphase für Release 1.0.0 beginnt. Abbildung 4–17 zeigt die beiden hierfür benötigten Tags (die Namen der Tags entsprechen der in Abschnitt 4.2.1 vorgestellten Konvention).

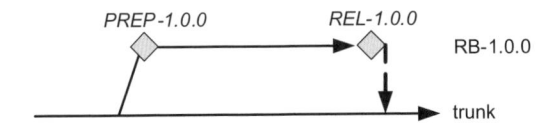

Abb. 4–17
Benötigte Tags für das Release 1.0.0

Insgesamt werden für Release 1.0.0 zwei Tags verwendet. *PREP-1.0.0* wird ausgehend vom Hauptentwicklungspfad *trunk* erstellt und markiert den Beginn der Vorbereitungsphase für das Release. In Abschnitt 4.8 werden wir diesen Tag als Ausgangspunkt für den parallelen Entwicklungszweig *RB-1.0.0* verwenden. Nach dem Abschluss des Release wird dann der zweite Tag *REL-1.0.0* erstellt.

Den Tag erstellen

Das folgende Kommando legt im Repository den Tag *PREP-1.0.0* an:

```
>svn copy --message "Erstelle Tag PREP-1.0.0" \
    --username root --password root            \
    svn://localhost/e2etrace/trunk             \
    svn://localhost/e2etrace/tags/PREP-1.0.0
Revision 17 übertragen.
```

Wie bereits angekündigt, wird der Befehl copy zur Erstellung des Tags verwendet. Als Quelle dient der Ast *trunk* im Repository, als Ziel der Ordner *PREP-1.0.0* im Ast *tags*. Da dieses Verzeichnis noch nicht existiert, wird es vom copy-Kommando automatisch angelegt. Quelle und Ziel werden als Repository-URLs angegeben. Subversion erkennt dies und wickelt den kompletten Kopiervorgang innerhalb des Servers ab, es werden also keinerlei Daten zum Client übertragen. Diese Optimierung und die *Cheap Copies* sorgen dafür, dass der Kopierbefehl – unabhängig von der Größe des *trunk*-Astes – nur wenige Augenblicke benötigt.

In Abschnitt 4.2.2 haben wir das *e2etrace*-Repository so konfiguriert, dass nur der Anwender *root* Schreibrechte auf den Ast *tags* besitzt. Im Beispiel werden daher explizit Username und Passwort dieses Benutzers angegeben.

Auswahl einer geeigneten Revision für den Tag

Oben habe ich dem copy-Befehl keinerlei Revisionsnummer übergeben, es wird demzufolge die neueste Revision des Astes *trunk* zur Erstellung des Tags verwendet. In diesem Fall muss sichergestellt sein, dass alle laufenden Änderungen in den lokalen Arbeitsbereichen der Teammitglieder abgeschlossen und ins Repository übertragen worden sind. Erfahrungsgemäß funktioniert dieser Ansatz in großen Projekten nicht besonders gut. Wer auf Nummer sicher gehen will, sollte sich bei der Festlegung eines Tags daher auf eine als stabil geltende Revision im Repository beziehen. Dies kann beispielsweise die Revision des letzten erfolgreichen *Integrations-Builds* sein (Näheres hierzu in Kapitel 5).

Auf den Tag zugreifen

Der Tag *PREP-1.0.0* referenziert von nun an eindeutig den Stand des Hauptentwicklungspfads zum Beginn der Vorbereitungsphase von Release 1.0.0. In Zukunft kann dieser Stand durch Angabe der Repository-URL von *PREP-1.0.0* abgerufen werden. Das folgende Kommando listet beispielsweise alle durch den Tag gekennzeichneten Verzeichnisse und Dateien auf:

```
>svn list -R svn://localhost/e2etrace/tags/PREP-1.0.0
/
doc/
doc/KMHandbuch.doc
maven/
src/
src/java/
src/java/e2etrace/
src/java/e2etrace/timer/
src/java/e2etrace/timer/DefaultTimer.java
src/java/e2etrace/timer/ITimer.java
src/java/e2etrace/timer/ITimerFactory.java
src/java/e2etrace/trace/
src/java/e2etrace/trace/ITraceStep.java
src/junit/
src/junit/e2etrace/
```

Wer andere Versionskontrollsysteme kennt, wird eventuell in Versuchung geraten, den Namen eines Tags alternativ zu den Revisionsnummern zu verwenden, etwa in der Form:

Tags sind kein Ersatz für Revisionsnummern.

```
svn diff -rPREP1.0.0 DefaultTimer.java
```

Dies funktioniert in Subversion nicht! Tags und Revisionsnummern sind zwar von ihrer Wirkungsweise her ähnlich, rein technisch existiert jedoch zwischen den beiden Konzepten keinerlei Verbindung. Daher akzeptiert Subversion Tag-Namen nicht als Ersatz für Revisionsnummern.

Das Ziel des obigen Befehls ist der Vergleich der Datei `DefaultTimer.java` aus dem aktuellen Arbeitsbereich mit der Version aus dem Tag *PREP-1.0.0*. Es gibt zwei Alternativen, diesen Vergleich mit Hilfe des Kommandos `diff` auszuführen. Das folgende Beispiel ruft das Kommando direkt mit den Repository-URLs des Tags auf:

Vergleich einer aktuellen Dateiversion mit einem Tag

```
svn diff --old svn://localhost/e2etrace/tags/\
         PREP-1.0.0/src/java/e2etrace/\
         timer/DefaultTimer.java\
         --new src/java/e2etrace/timer/DefaultTimer.java
```

Dieser Befehl ist wegen der URL des Tags etwas umständlich einzugeben. Wer die Tipparbeit scheut, kann statt des Tag-Namens dessen Revisionsnummer verwenden. Für den Tag *PREP-1.0.0* lautet das Kommando dann:

```
svn diff -r17 src/java/e2etrace/timer/DefaultTimer.java
```

Ermittlung der Revisionsnummer eines Tags

Diese Variante ist deutlich handlicher. Nur, woher erfährt man die Revisionsnummer eines Tags? Diese wird von Subversion zum einen als Ergebnis des copy-Befehls beim Anlegen eines Tags ausgegeben. Weiterhin kann man jederzeit in der Versionshistorie nachschauen:

```
>svn log --verbose --stop-on-copy                        \
         svn://localhost/e2etrace/tags/PREP-1.0.0
------------------------------------------------------------
r17 | root | 2013-02-01 20:27:42 +0100 | 1 line
Geänderte Pfade:
   A /tags/PREP-1.0.0 (von /trunk:16)

Erstelle Tag PREP-1.0.0
------------------------------------------------------------
```

Die Option --stop-on-copy weist Subversion an, die Versionshistorie nur bis zum Zeitpunkt der Erzeugung eines Elements durch den copy-Befehl anzuzeigen. Im obigen Beispiel liefert das Kommando auf diese Weise genau die Revisionsnummer des Tags *PREP-1.0.0*.

4.8 Arbeiten mit Branches

Alles, was im letzten Kapitel für Tags erläutert wurde, gilt auch für Branches. Subversion macht rein technisch betrachtet keinen Unterschied zwischen Tags und Branches. Konzeptionell repräsentiert ein Branch jedoch einen parallelen Entwicklungszweig im Projekt und damit etwas völlig anderes als ein Tag. Um diesen Unterschied auch im Repository abzubilden, legen wir Branches in einem separaten Ast der Projektstruktur ab.

4.8.1 Einen Branch erstellen

Ein neuer Branch wird mit Hilfe des copy-Befehls erstellt:

```
>svn copy --message "Erstelle Branch RB-1.0.0"           \
      --username root --password root                    \
      svn://localhost/e2etrace/tags/PREP-1.0.0           \
      svn://localhost/e2etrace/branches/RB-1.0.0

Revision 18 übertragen.
```

Als Ausgangspunkt für den neuen Branch *RB-1.0.0* dient nicht der *trunk*, sondern der in Abschnitt 4.7 angelegte Tag *PREP-1.0.0*. Dieser Tag kennzeichnet den Beginn der Vorbereitungsphase für das Release 1.0.0 im Projekt *e2etrace*. Neue Branches sollten immer auf einer gesicherten Basis beginnen. Für den Tag ist dies gewährleistet, der *trunk* hingegen wird ständig geändert und ist daher instabil[26].

Wie schon bei der Erstellung des Tags wird auch der Branch vom Anwender *root* erzeugt. Damit auch die »normalen« Entwickler mit dem neuen Entwicklungszweig arbeiten können, müssen wir die Zugriffsberechtigungen anpassen. Hierzu fügen wir die folgenden Zeilen ans Ende der aus Abschnitt 4.2.2 bekannten Datei access.conf an:

Schreibzugriffe auf den Branch freischalten

```
[/branches/RB-1.0.0]
@developers = rw
```

*Listing 4–14
Anpassung der Zugriffsberechtigungen für den neuen Branch*

4.8.2 Änderungen in einem Branch durchführen

Änderungen im Branch laufen nach demselben Muster wie im *trunk* ab. Zunächst wird mit dem Befehl checkout ein neuer Arbeitsbereich für den Branch erzeugt:

```
> svn checkout svn://localhost/e2etrace/branches/RB-1.0.0
```

Anschließend führt man Änderungen wie gewohnt durch. Im folgenden Beispiel ändere ich im Branch *RB-1.0.0* die Datei ITraceStep.java und erzeuge zudem eine neue Datei ITraceStepFactory.java:

```
(RB-1.0.0)> cd src\java\e2etrace\trace
(RB-1.0.0)> ... (ITraceStep.java wird geändert)
(RB-1.0.0)> svn add ITraceStepFactory.java
A         src\java\e2etrace\trace\ITraceStepFactory.java

(RB-1.0.0)> svn commit --message "Neuen Service    \
                    und Factory hinzugefügt"
Sende      src\java\e2etrace\trace\ITraceStep.java
Hinzufügen src\java\e2etrace\trace\ITraceStepFactory.java
Übertrage Daten ..
Revision 19 übertragen.
```

Im Prinzip ist uns der obige Ablauf bekannt. Trotzdem lohnt es sich, kurz über die Auswirkungen des Beispiels nachzudenken.

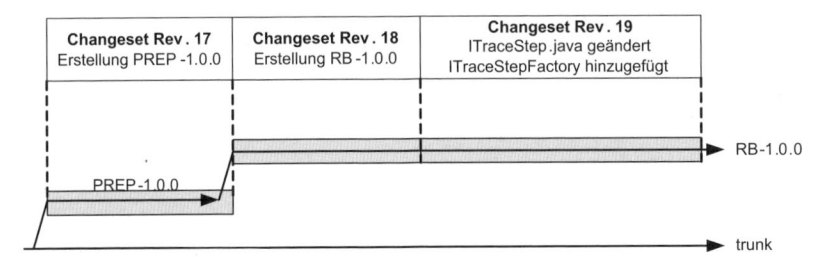

*Abb. 4–18
Auswirkungen der letzten Changesets auf das Repository*

---

26. Die in diesem Kapitel verwendete Branch-Strategie wird daher auch als *Unstable Trunk* bezeichnet. In Abschnitt 4.8.7 werde ich noch eine Reihe alternativer Strategien besprechen, darunter auch das sogenannte *Stable Trunk*-Pattern.

In Abbildung 4–18 ist mit Hilfe der grauen Kästen der Wirkungsbereich der letzten drei Changesets dargestellt. Die Revisions 17 bis 19 haben demnach keinerlei Auswirkungen auf den *trunk* gehabt. Wir überprüfen dies kurz mit Hilfe eines update-Befehls im Arbeitsbereich *trunk*:

```
(trunk)> svn update
Revision 19.
```

Der Befehl synchronisiert den Arbeitsbereich mit der neuesten Revision des Repositorys, meldet aber keinerlei neue oder geänderte Elemente. Um die Änderungen der Revision 19 auch in den *trunk* zu übernehmen, muss der Release-Branch mit dem *trunk* zusammengeführt werden.

4.8.3 Branches zusammenführen

Wir setzen parallele Entwicklungszweige letztlich nur deshalb ein, um die effiziente Arbeit im Team nicht zu gefährden. Im bisher verwendeten Beispiel muss einerseits ein Release vorbereitet werden, und andererseits soll die normale Entwicklung wie gewohnt weiterlaufen. Diese beiden Aufgaben sind schwer unter einen Hut zu bringen, denn im Vorfeld eines Release sind Änderungen stark reglementiert. Daher trennt man im Projekt zunächst die Entwicklungsarbeit von der Vorbereitungsphase. Ein Teil der Änderungen wandert in der Folge in den Branch *RB-1.0.0*, der andere, größere Teil in den *trunk*. Letztlich müssen aber natürlich alle Änderungen aus dem Release-Branch früher oder später auch im *trunk* landen. Damit beginnt der knifflige Teil, das Zusammenführen von Branches. In der Praxis empfehle ich, diesen *Merge* mindestens einmal die Woche und natürlich in jedem Fall beim Abschluss eines Branch (siehe Abschnitt 4.8.6) durchzuführen.

Varianten des merge-Befehls

Dreh- und Angelpunkt bei der Zusammenführung zweier Branches ist das Kommando merge. Dieses ermittelt, ganz ähnlich zum Befehl diff, in einem ersten Schritt die Unterschiede zwischen zwei Entwicklungsständen. Danach überträgt es die gefundenen Differenzen als Änderungen in den lokalen Arbeitsbereich. merge kann auf drei verschiedene Arten aufgerufen werden:

1. svn merge <PfadA> <PfadB> [Arbeitsber.]
2. svn merge –r<RevA>:<RevB> <Pfad> [Arbeitsber.]
3. svn merge [-c Rev1, Rev2, ...] <Quell-URL> [Arbeitsber.]

Die ersten beiden Alternativen erwarten entweder Repository-URLs oder Pfade zu lokalen Arbeitsbereichen als Parameter. Sie werden für manuelle Zusammenführungen verwendet (siehe Abschnitt *Manuelles Zusammenführen von Branches* auf Seite 180).

Automatisches Zusammenführen von Branches

Die oben an dritter Stelle gezeigte Variante des merge-Befehls ermöglicht die weitgehend automatische Übernahme von Änderungen aus einem Branch in den angegebenen Arbeitsbereich. Lässt man den letzten Parameter weg, wird immer das aktuelle Verzeichnis als Ziel verwendet.

Ermöglicht wird die Automatik durch eine interne Buchführungsfunktion, dem sogenannten *Merge Tracking*. Subversion merkt sich, welche Changesets aus einem anderen Branch bereits übernommen worden sind. Aus diesen Informationen wird dann ermittelt, welche Changesets aus dem Branch noch in beispielsweise den *trunk* kopiert werden müssen. Wir müssen also letztlich nur wissen, aus welcher Quelle wir Änderungen kopieren wollen, die genaue Auswahl der »richtigen« Changesets nimmt uns Subversion ab.

Im folgenden Beispiel übertragen wir die Änderungen aus dem Branch *RB-1.0.0* in den *trunk*. Das merge-Kommando führt hierzu im Arbeitsbereich des *trunks* eine Reihe von Änderungen durch, die anschließend mit commit ins Repository geschrieben werden. Geht irgendetwas schief, können wir jederzeit alle Änderungen verwerfen (revert) und wieder von vorne beginnen. Das klappt aber nur dann reibungslos, wenn keine weiteren manuellen Änderungen im Arbeitsbereich existieren. Daher sollte man vor jeder Zusammenführung alle bestehenden Änderungen im Arbeitsbereich abschließen. Um sicherzugehen, dass die Änderungen wirklich auf den neuesten Stand des *trunks* angewendet werden, sollte zudem kurz vor der Zusammenführung eine Synchronisierung mit dem update-Befehl durchgeführt werden. Als Parameter für den merge-Befehl übergeben wir lediglich den Pfad unseres Branch:

Ausführen des merge-Befehls

```
(trunk)> svn update
Revision 19.

(trunk)> svn merge svn://localhost/e2etrace/branches/RB-1.0.0
-- Zusammenführen von r18 bis r19 in ».«:
U    src\java\e2etrace\trace\ITraceStep.java
A    src\java\e2etrace\trace\ITraceStepFactory.java
```

Aus der Rückgabe des Kommandos können wir entnehmen, dass zwei Änderungen aus dem Release-Branch in den Arbeitsbereich des *trunks* übernommen wurden: Die Datei ITraceStep.java wurde geändert (Statuscode U in der ersten Spalte), die Datei ITraceStepFactory.java neu hinzugefügt (Statuscode A).

Im Anschluss sollten die gemeldeten Veränderungen beispielsweise mit dem diff-Befehl kurz überprüft werden. Ist alles in Ordnung, wird die Zusammenführung durch ein commit ins Repository abgeschlossen.

```
(trunk)> svn commit -m "Zusammenführung RB-1.0.0"
Sende           .
Sende           src\java\e2etrace\trace\ITraceStep.java
Hinzufügen      src\java\e2etrace\trace\ITraceStepFactory.java
Übertrage Daten .
Revision 20 übertragen.
```

Merge Tracking

So weit, so gut. Wie bei jeder Automatik tut man allerdings gut daran, erst mal die genaue Funktionsweise der ganzen »Magie« zu hinterfragen. Im obigen Beispiel handelt es sich hierbei um das schon erwähnte *Merge Tracking*, also die interne Buchführung über die bereits durchgeführten Merge-Operationen.

Die Property svn:mergeinfo

Diese Funktionalität basiert auf der Property *svn:mergeinfo*. Subversion merkt sich in dieser Property für jeden Pfad im Repository, welche Changesets per merge-Befehl hineinkopiert wurden. Wir können das für unser obiges Beispiel mit einem einfachen Aufruf überprüfen:

```
(trunk)> svn propget svn:mergeinfo .
/branches/RB-1.0.0:18-19
/tags/PREP-1.0.0:17
```

Ich habe das propget-Kommando im Wurzelverzeichnis des *trunk* ausgeführt. Als Ergebnis liefert Subversion eine Liste von Quellpfaden. Für jeden Quellpfad werden wiederum die bereits per merge-Kommando übertragenen Changesets aufgezählt. Für den trunk wurden demzufolge die Changesets 17, 18 und 19 aus den Quellpfaden */tags/PREP-1.0.0* und */branches/RB-1.0.0* übertragen.

Genau dies entspricht auch unserer Erwartungshaltung. Wir hatten ja zur Vorbereitung des neuen Branch den Start-Tag *PREP-1.0.0* erstellt, daraus dann den Branch *RB-1.0.0* abgeleitet und im Branch zwei Dateien geändert. Wenn Sie einen erneuten Blick auf Abbildung 4–18 auf Seite 169 werfen, finden Sie dort genau die drei oben genannten Changesets 17, 18 und 19 wieder[27].

---

27. Nur um keine Missverständnisse aufkommen zu lassen: Tatsächlich relevant ist natürlich nur die Änderung an den beiden Dateien aus Changeset 19! Die Changesets 17 und 18 enthalten lediglich die Erstellung des Tags bzw. des Branch, d.h., sie betreffen keine Dateien im *trunk* selbst. Sie sind also, aus Sicht des *trunks*, leer. Trotzdem werden sie der Vollständigkeit halber in der svn:mergeinfo-Property vermerkt.

Vor der Ausführung des merge-Kommandos im obigen Beispiel war die Property *svn:mergeinfo* leer, daher wurden die drei relevanten Changesets 17, 18 und 19 in den *trunk* übertragen. Wenn wir merge jetzt ein zweites Mal ausführen, erkennt Subversion die bereits kopierten Changesets mit Hilfe der Property. Da im Branch keine weiteren Änderungen durchgeführt wurden, macht der merge-Befehl konsequenterweise einfach gar nichts:

Doppelte Ausführung von merge

```
(trunk)> svn merge svn://localhost/e2etrace/branches/RB-1.0.0
```

Gezielte Übernahme einzelner Changesets

Zu Beginn des Kapitels habe ich eine gewisse Regelmäßigkeit beim Zusammenführen eines Release-Branch mit dem *trunk* empfohlen. Ich persönlich versuche z. B. mindestens einmal die Woche einen Merge durchzuführen. Es gibt jedoch Situationen, in denen schnell einige Changesets aus dem Branch in den *trunk* übernommen werden müssen, ohne gleich eine komplette Merge-Orgie zu starten. Ein Beispiel hierfür sind Fixes für kritische Fehler, die im Release-Branch implementiert wurden. Derartige Fehler behindern dann oft die Weiterentwicklung im *trunk* und müssen daher schleunigst übernommen werden.

Dank Merge Tracking sind auch deartige Szenarien relativ leicht zu bewältigen. Um dies in unserem Beispielprojekt nachzustellen, nehmen wir an, dass die in der folgenden Tabelle aufgezählten Changesets in unserem Release-Branch RB-1.0.0 eingespielt wurden.

Nr.	Changeset	Kommentar
21	M src\java\e2etrace\timer\ITimer.java	JavaDoc korrigiert
22	M src\javae2etrace\timer\DefaultTimer.java	Defect #123: Zeitmessung korrigiert
23	A src\junit\e2etrace\timer A src\junit\e2etrace\timer\DefaultTimerTest.java	Defect #123: Unit-Tests hinzugefügt
24	M src\java\e2etrace\trace\TraceStep.java	JavaDoc hinzugefügt

Tab. 4–5

Changesets im Branch RB-1.0.0

Zwei dieser Änderungen, nämlich die Fixes für Defect 123 aus den Changesets 22 und 23, wollen wir nun vorab in den *trunk* übernehmen. Das merge-Kommando bietet speziell hierfür die Option -c an:

```
(trunk)> svn merge -c 22,23 \
         svn://localhost/e2etrace/branches/RB-1.0.0
-- Zusammenführen von r22 in ».«:
U    src\java\e2etrace\timer\DefaultTimer.java
-- Zusammenführen von r23 in ».«:
A    src\junit\e2etrace\timer
A    src\junit\e2etrace\timer\DefaultTimerTest.java
```

```
(trunk)> svn commit --message "Defect #123: Fix portiert"
Sende          .
Sende          src\java\e2etrace\timer\DefaultTimer.java
Hinzufügen     src\junit\e2etrace\timer
Hinzufügen     src\junit\e2etrace\timer\DefaultTimerTest.java
Übertrage Daten .
Revision 25 übertragen.
```

Aus der Rückgabe des Kommandos ist ersichtlich, dass tatsächlich nur die gewünschten Änderungen in den *trunk* kopiert wurden. Subversion hat dies wiederum intern vermerkt und »weiß« nun, dass die Changesets 21 und 24 aus dem Branch im *trunk* noch fehlen. Wir wissen es aber nicht unbedingt, zumindest nicht, wenn die Situation etwas komplexer als im Beispiel wird. Es gibt zwei Möglichkeiten, die bereits übertragenen und die noch ausstehenden Changesets von Subversion abzufragen:

- *Anzeige von svn:mergeinfo*
  Diese Variante kennen wir im Prinzip schon, allerdings beantwortet sie nur die erste unserer beiden Fragen:

  ```
  (trunk) > svn propget svn:mergeinfo .
  /branches/RB-1.0.0:18-20,22-23
  /tags/PREP-1.0.0:17
  ```

  Am Ergebnis lässt sich ablesen, dass nun auch die Revisionen 22 und 23 in den *trunk* übernommen wurden. Dass die Revisionen 21 und 24 fehlen, ist hingegen nicht offensichtlich, man müsste schon genauer hinschauen. Gerade in größeren Projekten wird die Ausgabe jedoch zu unübersichtlich für derartige Zahlenakrobatik.

- *Ausführen des mergeinfo-Kommandos*

  mergeinfo-Kommando

  Besser geeignet ist das spezielle Kommando `mergeinfo`. Dieses erlaubt die explizite Abfrage der bereits übertragenen bzw. noch ausstehenden Changesets:

  ```
  (trunk)> svn mergeinfo \
           svn://localhost/e2etrace/branches/RB-1.0.0
  r17
  r18
  r19
  r22
  r23
  ```

  Subversion liefert als Ergebnis eine Liste aller aus der angegebenen Quelle übertragenen Changesets. Alternativ können wir mit der Option `--show-revs` auch nach den noch ausstehenden Changesets fragen:

```
(trunk)> svn mergeinfo \
         svn://localhost/e2etrace/branches/RB-1.0.0 \
         --show-revs eligible
r21
r24
```

Vererbung der svn:mergeinfo-Property

In Abschnitt 4.2.4 habe ich bereits erläutert, dass Subversion mit Hilfe von Properties zusätzliche Informationen über einzelne Dateien oder Verzeichnisse im Repository ablegt. Bei genauer Betrachtung der Funktionsweise der Property *svn:mergeinfo* führt dies zu einem konzeptionellen Problem. In unserem Beispiel »hängt« die Property am Wurzelverzeichnis des *trunk*. Wie kann nun sichergestellt werden, dass Subversion für merge-Operationen immer die richtige *svn:mergeinfo*-Property findet? Denn wir können merge natürlich nicht nur im Wurzelverzeichnis, sondern von jedem beliebigen Unterverzeichnis aus aufrufen.

Tatsächlich mussten die Entwickler von Subversion für dieses Szenario eine spezielle Lösung finden und implementieren: Die Property *svn:mergeinfo* wird vererbt. Ruft man svn merge aus dem Verzeichnis *src/java* heraus auf, sucht Subversion in diesem Verzeichnis und *in allen übergeordneten* Ebenen des Repositorys nach der Property *svn:mergeinfo*. Der erste Treffer zählt und wird für die merge-Operation verwendet.

Nachvollziehen kann man den Vererbungsmechanismus übrigens mit dem mergeinfo-Kommando. Dieses zeigt auch für diejenigen Ordner und Dateien, die keine explizite *svn:mergeinfo*-Property besitzen, die geerbten Daten an.

Gezieltes Blockieren einzelner Changesets

Es gibt Projektsituationen, in denen Änderungen im Branch nicht mehr zurück in den *trunk* übernommen werden sollen. Beispielsweise könnte ein Fix für einen Defect im Branch im *trunk* schon im Rahmen eines Refactorings behoben worden sein. In diesem Fall würde das Kopieren des Changesets aus dem Branch nur zu unnötigen Konflikten führen.

Um ein bestimmtes Changeset für die Übernahme in den *trunk* zu blockieren, kann man das merge-Kommando mit der Option --record-only verwenden:

```
(trunk)> svn merge -c 24 --record-only\
         svn://localhost/e2etrace/branches/RB-1.0.0

(trunk)> svn commit --message "Changeset 24 für weitere Merges \
         blockiert"
Sende       .
Revision 26 übertragen.
```

Das Kommando hat lediglich den Inhalt der Property *svn:mergeinfo* verändert, die eigentliche Zusammenführung von Branch und *trunk* hat hingegen nicht stattgefunden. Wir können dies leicht mit propget überprüfen:

```
(trunk)> svn propget svn:mergeinfo .
/branches/RB-1.0.0:18-19,22-24
/tags/PREP-1.0.0:17
```

Die Property enthält jetzt auch Revision 24, obwohl dieses Changeset nie in den *trunk* übertragen worden ist. Dies wird auch in Zukunft so bleiben, denn das *Merge Tracking* verlässt sich auf den Inhalt von *svn:mergeinfo*. Subversionen betrachtet das Changeset 24 daher als »abgehakt«.

Merge Tracking und die Versionshistorie

Möchte man zu einem späteren Zeitpunkt die genauen Auswirkungen einer Zusammenführung von Branch und *trunk* in der Versionshistorie nachvollziehen, leistet das *Merge Tracking* ebenfalls wertvolle Dienste. Werfen wir jedoch zunächst einen »normalen« Blick auf die Historie der Revision 25:

```
(trunk)> svn log . -r 25 -v
------------------------------------------------------------
r25 | gpopp | 2012-12-16 14:42:13 | 1 line
Geänderte Pfade:
   M /trunk
   M /trunk/src/java/e2etrace/timer/DefaultTimer.java
   A /trunk/src/junit/e2etrace/timer (von /branches/RB-
1.0.0/src/junit/e2etrace/timer:23)

Defect #123: Fix portiert
------------------------------------------------------------
```

Der Eintrag zeigt, wie erwartet, die mit Changeset 25 durchgeführten Änderungen an. Zudem weist Subversion darauf hin, dass das neu erzeugte Verzeichnis mit den Modultests aus dem Branch übernommen wurde. Was wir allerdings nicht erfahren, sind die Details der ursprünglich im Branch vorgenommenen Änderungen. Genau die interessieren uns aber in der Regel. Im konkreten Fall bedeutet dies, dass wir aus der Versionshistorie den exakten Grund für die geänderten und neu hinzugefügten Dateien und Verzeichnisse ablesen wollen. Genau das leistet die Option `--use-merge-history` (kurz: `-g`) für das `log`-Kommando:

```
(trunk)> svn log . -r 25 -v -g
------------------------------------------------------------------
r25 | gpopp | 2012-12-16 14:42:13 | 1 line
Geänderte Pfade:
  M /trunk
  M /trunk/src/java/e2etrace/timer/DefaultTimer.java
  A /trunk/src/junit/e2etrace/timer (von /branches/RB-
1.0.0/src/junit/e2etrace/timer:23)

Defect #123: Fix portiert
------------------------------------------------------------------
r23 | gpopp | 2012-12-16 11:58:56 | 1 line
Geänderte Pfade:
   A /branches/RB-1.0.0/src/junit/e2etrace/timer
   A /branches/RB-
1.0.0/src/junit/e2etrace/timer/DefaultTimerTest.java
Zusammengeführt mittels: r25

Defect #123: Unit-Tests hinzugefügt
------------------------------------------------------------------
r22 | gpopp | 2012-12-16 11:56:47 | 1 line
Geänderte Pfade:
   M /branches/RB-1.0.0/src/java/e2etrace/timer/DefaultTimer.java
Zusammengeführt mittels: r25

Defect #123: Zeitmessung korrigiert
------------------------------------------------------------------
```

Subversion hat nun die `log`-Ausgabe mit Hilfe des *Merge Tracking* um die Original-Einträge aus dem Branch ergänzt. Ersichtlich ist dies an dem Hinweis *Zusammengeführt mittels: r25*. Wir werden also darauf hingewiesen, dass die Changesets 22 und 23 in den *trunk* überführt wurden, und zwar mit Changeset 25.

Grenzen des Merge Tracking

Wie jede Automatik hat auch das *Merge Tracking* seine Grenzen. Letztlich haben die Entwickler beim Entwurf des *Merge Tracking* gewisse Annahmen über unsere Arbeitsweise gemacht. Halten wir uns nicht an diese Annahmen, führt dies beinahe zwangsläufig zu Problemen. Grundsätzlich geht die *Merge Tracking*-Automatik von zwei alternativen Szenarien aus:

a) Wir arbeiten nach dem sogenannten *Feature-Branch*-Pattern. In Abschnitt 4.8.7 werde ich auf dieses Pattern eingehen, bis dahin ignorieren wir diese Variante einfach.

b) Wir arbeiten mit *Release-Branches*, also der bisher von mir verwendeten Branching-Strategie. Änderungen werden im Branch und im *trunk* durchgeführt, aber: Merge-Operationen finden entweder in die eine Richtung (Branch in *trunk*) oder in die andere statt (*trunk* in Branch). Was in diesem Szenario nicht vorkommt, sind sogenannte *zyklische Merges*.

Bevor wir uns ein Beispiel für den Punkt b) ansehen, müssen wir uns mit ein paar technischen Details beschäftigen.

Technische Details des Merge Tracking

Letztlich ist das *Merge Tracking* ein verhältnismäßig einfacher Mechanismus. Subversion merkt sich gewisse Informationen im Repository und ermittelt daraus die »richtigen« Changesets für eine Merge-Operation. Die Betonung liegt hier auf Changesets, d.h., dies ist die kleinstmögliche Granularitätsstufe für das *Merge Tracking*. Anders ausgedrückt: Subversion hat aktuell keine Möglichkeit, die einzelnen Änderungen auf Dateiebene, die in einem Changeset zusammengefasst sind, für das *Merge Tracking* heranzuziehen. In einfachen Szenarien, wie ich sie bis jetzt gezeigt habe, ist dies kein Problem.

Schwierig wird es, wenn wir Änderungen zwischen Branches mehrfach hin und her kopieren. Dieser Fall kann beispielsweise auftreten, wenn wir in unserem bisherigen Szenario plötzlich einen kritischen Fehler im *trunk* beheben und diese Änderung nun in den Branch portieren wollen (bisher war die Richtung ja immer umgekehrt, also vom Branch in den *trunk*). Schauen wir uns das mal genauer an:

```
(trunk)> svn commit --message "Defect #124: Gefixed"
Sende           src\java\e2etrace\timer\DefaultTimer.java
Übertrage Daten .
Revision 27 übertragen.
```

Der Fix ist jetzt in den *trunk* eingespielt, und wir nehmen an, dass er mittels eines einfachen merge-Aufrufes in den Branch übertragen werden kann. Um diese Annahme zu überprüfen, bevor es »ernst« wird, rufe ich das merge-Kommando mit der --dry-run-Option auf. Diese simuliert die Zusammenführung nur, es werden also keinerlei Dateien oder Verzeichnisse geändert:

```
(RB-1.0.0)> svn merge svn://localhost/e2etrace/trunk --dry-run
-- Zusammenführen von r17 bis r27 in ».«:
C    src\java\e2etrace\timer\DefaultTimer.java
U    src\java\e2etrace\trace\ITraceStep.java
A    src\java\e2etrace\trace\ITraceStepFactory.java
Überspringe »src\junit\e2etrace\timer«
A    src\junit\e2etrace\timer\DefaultTimerTest.java
```

Konflikte durch mehrfache Zusammenführung

Das Ergebnis der Simulation ist sicherlich nicht das von uns erwartete. Statt einfach die Änderung an *DefaultTimer.java* in den Branch zu übertragen, werden auch Änderungen übertragen, die im Branch schon längst existieren. Wir haben es mit einer typischen Fehlersituation, der sogenannten *mehrfachen Zusammenführung*, zu tun. Im Endeffekt führt dies zu unnötigen Updates und, wie oben zu sehen, zu ebenso unnötigen Konflikten. Verursacht wird dies alles durch das in diesem Fall fehlerhaft arbeitende *Merge Tracking*. Subversion erkennt offenkundig nicht, dass nur Changeset 27 für die Zusammenführung relevant ist.

Der Grund für diesen »Irrtum« von Subversion liegt in der relativ simplen Funktionsweise des *Merge Tracking*. Es verlässt sich ganz auf die *svn:mergeinfo*-Properties im Branch. Und wie folgender Aufruf zeigt, existiert diese Property im Release-Branch gar nicht:

```
(RB-1.0.0)> svn propget svn:mergeinfo .
```

Daher nimmt Subversion an, dass alle Änderungen aus dem *trunk* seit Erstellung des Branch in Revision 17 übernommen werden sollen. Die Automatik versagt also, und wir müssen Subversion manuell auf die Sprünge helfen:

```
(RB-1.0.0)> svn merge -c27 svn://localhost/e2etrace/trunk
-- Zusammenführen von r27 in ».«:
U    src\java\e2etrace\timer\DefaultTimer.java

(RB-1.0.0)> svn commit --message "Defect 124: Portiert vom trunk"
Sende           .
Sende           src\java\e2etrace\timer\DefaultTimer.java
Übertrage Daten .
Revision 28 übertragen.
```

Nachdem wir beim Aufruf explizit das gewünschte Changeset angegeben haben, funktioniert alles wie gewünscht. Das nächste Problem taucht allerdings auf, sobald wir etwas später wieder den Branch zurück in den *trunk* mergen wollen. Wie Sie sich vielleicht erinnern, muss noch das Changeset 21 aus dem Branch übertragen werden (siehe Tabelle 4–5 auf Seite 173). Dies sollte der folgende Aufruf automatisch erkennen:

Beispiel für einen zyklischen Merge

```
(trunk)> svn merge svn://localhost/e2etrace/branches/RB-1.0.0
-- Zusammenführen von r21 in ».«:
U    src\java\e2etrace\timer\ITimer.java
-- Zusammenführen von r28 in ».«:
U    src\java\e2etrace\timer\DefaultTimer.java

(trunk)> svn commit --message "Vollständig Zusammengeführt mit \
         RB-1.0.0"
Sende           .
Sende           src\java\e2etrace\timer\ITimer.java
Übertrage Daten .
Revision 29 übertragen.
```

Tatsächlich wird jedoch zusätzlich zu Changeset 21 auch noch das Changeset 28 vom merge-Kommando eingespielt! Hier kommen wir nun zur zweiten typischen Fehlersituation beim Einsatz des *Merge Tracking*, einem *zyklischen Merge*. Subversion erkennt nicht, dass die Änderung an der Datei *DefaultTimer.java* in Changeset 28 ursprünglich aus dem *trunk* stammt. Es wird daher fälschlicherweise in die Zusammenführung mit einbezogen. In unserem Beispiel ist dies nicht weiter dramatisch, da lediglich ein redundanter Update im Arbeitsbereich ausgeführt wird[28]. Hätten wir jedoch parallel bereits Änderungen an der Datei im *trunk* durchgeführt, würde eventuell ein unnötiger Konflikt gemeldet werden.

Um diese Situation zu vermeiden, müsste Subversion den Inhalt der Changesets auf Dateiebene analysieren und feststellen, welche Änderungen im *trunk* bereits existieren. Genau dies kann das *Merge Tracking* aber aktuell nicht leisten.

Vermeidung von zyklischen Merges

Und nun? Es gibt Überlegungen, die fehlende Funktionalität in einer zukünftigen Subversion-Version nachzurüsten. Bis es so weit ist, sollte man versuchen, merge-Kommandos immer nur in eine Richtung auszuführen. In unserem Beispiel hätten wir also den Fix für Defect 124 von vornherein nicht im *trunk*, sondern im Branch umsetzen müssen. Dadurch wäre die Richtung des merge-Kommandos (Branch in *trunk*) unverändert geblieben. Alternativ hätten wir auch die spezielle Option --reintegrate des merge-Kommandos nutzen können, die jedoch wieder andere Einschränkungen aufweist. In Abschnitt 4.8.7 werde ich darauf ausführlich eingehen.

Manuelles Zusammenführen von Branches

Eine weitere mögliche Variante im obigen Szenario ist der komplette Verzicht auf das *Merge Tracking*. Die manuelle Zusammenführung von Branches funktioniert eigentlich immer, man muss sich aber auch selber um alle Details kümmern. Der Aufruf des merge-Kommandos beinhaltet in diesem Fall immer zwei Quellen sowie optional ein Ziel:

1. svn merge --ignore-ancestry <PfadA> <PfadB> [Arbeitsber.]
2. svn merge --ignore-ancestry -r<RevA>:<RevB> <Pfad> [Arbeitsber.]

Beide Befehlsvarianten wenden alle Änderungen, die sich aus den ermittelten Differenzen zwischen *A* und *B* ergeben, auf einen Arbeitsbereich an. Die beiden Quellen können entweder direkt als Pfade bzw.

---

28. Dies wird von Subversion selbst übrigens spätestens beim commit erkannt. Im Beispiel überträgt der Client dann konsequenterweise auch nur *ITimer.java* ins Repository.

URLs angegeben werden (z. B. eben Branch und *trunk*) oder als zwei Revisionen desselben Pfades. Alternativ kann als weiteres Argument ein Arbeitsbereich als Ziel der Zusammenführung festgelegt werden. Lässt man diesen Parameter weg, verwendet Subversion den aktuellen Arbeitsbereich als Ziel. Die Option --ignore-ancestry deaktiviert das Merge Tracking, d.h., die Property *svn:mergeinfo* wird weder ausgelesen noch modifiziert.

Um beispielsweise alle Änderungen aus dem Release-Branch in den *trunk* zu übertragen, müsste der merge-Befehl wie folgt aufgerufen werden:

```
svn merge --ignore-ancestry \
          svn://localhost/e2etrace/tags/PREP-1.0.0 \
          svn://localhost/e2etrace/branches/RB-1.0.0
```

Als erste Quell-Revision wird im obigen Beispiel der Tag *PREP-1.0.0* verwendet, also der Startpunkt des Release-Branch. Die zweite Quell-Revision ist der *HEAD* des Branch *RB-1.0.0* selbst.

Die oben gezeigte, manuelle Aufrufsyntax hat allerdings eine Reihe von Nachteilen. So kann man beispielsweise leicht Fehler bei der Auswahl der beiden Quellen *A* und *B* machen – insbesondere dann, wenn man keine Pfade, sondern Revisionsnummern verwendet.

4.8.4 Fehlerquellen beim Zusammenführen

Leider ist das Zusammenführen von Branches in der Praxis eine der fehleranfälligsten Tätigkeiten überhaupt. Je größer die Unterschiede zwischen zwei Entwicklungszweigen sind, desto schwieriger und fehlerträchtiger wird die Zusammenführung. Die wichtigsten Fehlerquellen werden wir uns nun genauer anschauen.

Mehrfache Zusammenführung

Diese Fehlersituation haben wir im vorigen Kapitel schon kennengelernt. Sie tritt immer dann auf, wenn das merge-Kommando dieselben Changesets mehrfach auf das gleiche Ziel anwendet. Man kann in dieses Szenario mit oder ohne Merge Tracking hineingeraten. Die Konsequenzen sind eher lästig als gefährlich. Im schlimmsten Fall generiert man unnötige Konflikte, die jedoch recht schnell behoben werden können.

Auswahl der falschen Changesets

Ein sehr beliebter Fehler bei der manuellen Zusammenführung von Branches ist die Angabe der falschen Quellen. In der Folge ermittelt das merge-Kommando ungültige Changesets, und deren Anwendung auf den lokalen Arbeitsbereich führt zu Inkonsistenzen und Fehlern. Das folgende Beispiel führt diese Situation absichtlich herbei. Ich verwende als Grundlage für das Beispiel ein imaginäres Repository. In einem Branch *B1* wird via add eine neue Datei test.txt erzeugt und ins Repository geschrieben.

```
(B1)>svn add test.txt
A        test.txt

(B1)>svn commit -m "Leere Textdatei"
Revision 61 übertragen.
```

Anschließend wird test.txt im selben Branch verändert und mit Revision 62 ins Repository übertragen. Nun soll *B1* mit dem *trunk* zusammengeführt werden. Statt die Tag-Namen als Quellen für den merge-Befehl anzugeben, verwenden wir nun direkt die Revisionsnummern der Änderungen aus dem Branch.

```
(trunk)>svn merge -r61:62 svn://local/test/branches/B1
Fehlendes Ziel: 'test.txt' übersprungen
```

Als Ergebnis meldet Subversion einen seltsamen Fehler. Was ist passiert? Wir haben die falschen Parameter verwendet. Denn der obige merge-Befehl ermittelt die Unterschiede zwischen den Revisionen 61 und 62. In Revision 61 existiert die Datei test.txt jedoch bereits im Repository! Subversion erkennt in der Folge nur die in test.txt durchgeführte Änderung. Diese Änderung wird nun als Changeset in den *trunk* übertragen – und schlägt dort fehl. Denn im Arbeitsbereich des *trunks* wurde nie eine Datei test.txt erzeugt.

Merge Tracking verhindert diesen Fehler.

Im Beispiel lässt sich das Problem einfach dadurch beheben, dass als Quellen die Revisionen 60 und 62 angegeben werden. In komplexeren Projekten ist die Auswahl der richtigen Revisionen nicht einfach, daher verwende ich bei manuellen Zusammenführungen meistens Tags und Branches als Quellen. Beim Einsatz des Merge Tracking übernimmt Subversion die korrekte Auswahl der Quell-Revisionen.

Parallele Änderungen von Dateiinhalten

Konflikte durch parallele Änderungen im Repository können nicht nur durch verschiedene Benutzer, sondern auch durch Branches verursacht werden. Ein solcher Konflikt entsteht beispielsweise, wenn eine Datei sowohl im Branch als auch im *trunk* geändert wird. Anders als bei »normalen« Konflikten erkennt man diese Situation allerdings nicht schon beim commit, sondern erst wenn die betroffenen Branches wieder zusammengeführt werden.

Im folgenden Beispiel wird eine Datei test.txt parallel im Branch *B1* und im *trunk* geändert. Beide Änderungen können zunächst problemlos ins Repository übertragen werden. Erst bei der Zusammenführung von *B1* und dem *trunk* mit dem merge-Befehl meldet Subversion einen Konflikt (Statuscode C in der Rückgabe des merge-Befehls).

```
(B1)> … (test.txt wird geändert)
(B1)> svn commit -m "Geändert in B1"
Sende           test.txt
Revision 68 übertragen.

(trunk)> … (test.txt wird geändert)
(trunk)> svn commit -m "Geändert im trunk"
Sende           test.txt
Revision 69 übertragen.

(trunk)> svn merge svn://local/test/branches/B1
C    test.txt
```

Die Auflösung des Konflikts erfolgt wie in Abschnitt 4.5 beschrieben. Konflikte in Dateiinhalten sind an sich nicht problematisch, außer eine Zusammenführung produziert Dutzende oder gar Hunderte solcher Kollisionen. Dies passiert beispielsweise dann, wenn im Team Quelltext nach Gutdünken über entsprechende Tools neu formatiert wird. Übrigens: Das Merge Tracking hat auf diese Fehlersituation natürlich keinerlei Einfluss, sie entsteht also unabhängig von der eingesetzten Subversion-Version.

Änderungen an der Projektstruktur

Die größten Probleme bei der Zusammenführung von Branches bereiten erfahrungsgemäß sogenannte *Baumkonflikte* (Tree Conflicts). Ein solcher Konflikt entsteht z. B., wenn ein Entwickler im *trunk* an einer Datei eine Änderung durchführt und ein anderer Entwickler die entsprechende Datei im Branch parallel umbenennt.

Baumkonflikte

Seit Version 1.6 kann Subversion Baumkonflikte zumindest erkennen. Das folgende Beispiel verdeutlicht die Problematik mit Hilfe des move-Befehls. Basis für das Beispiel ist wiederum ein imaginäres Repository mit einem *trunk* und einem Branch *B1*. Zu Beginn liegt das Repository in Revision 6 vor. Es enthält zu diesem Zeitpunkt in *B1* und im *trunk* eine identische Datei test.txt. Im ersten Schritt wird nun der Inhalt der Datei im *trunk* geändert. Anschließend benennen wir im Branch *B1* test.txt in test2.txt um.

```
(trunk)> … (test.txt wird geändert)
(trunk)> svn commit -m "Änderung des Inhalts"
Sende           test.txt
Revision 7 übertragen.

(B1)> svn move test.txt test2.txt
A            test2.txt
D            test.txt

(B1)> svn commit -m "Umbenannt in test2.txt"
Lösche       test.txt
Hinzufügen   test2.txt

Revision 8 übertragen.
```

Verhalten bis einschließlich Subversion 1.5

Diese Art von paralleler Änderung sollte ein Repository eigentlich problemlos meistern, schließlich verfolgt es die Umbenennung der Datei in der Versionshistorie. Im Rahmen einer Zusammenführung von *B1* und *trunk* müsste Subversion demnach den move-Befehl im *trunk* nachvollziehen. Als Ergebnis sollte anschließend der Dateiinhalt aus Revision 7 unter dem Namen test2.txt vorliegen. Bis einschließlich Subversion 1.5 klappt das jedoch in keinster Weise. Vielmehr überträgt Subversion ohne weiteren Kommentar die Revision 8 in den *trunk*. In diesem Changeset wurde im Branch die Datei test.txt aus Revision 6 (also *ohne* die Änderungen im *trunk*) in test2.txt umbenannt. Der merge-Befehl würde diese Dateiversion dem *trunk* hinzufügen und die bestehende test.txt entfernen. Damit wären die in Revision 7 durchgeführten inhaltlichen Änderungen in test.txt faktisch verloren. Man könnte sie zwar aus der Versionshistorie wiederherstellen, hierzu wäre jedoch einiges an manuellem Aufwand notwendig.

Erkennung des Baumkonflikts ab Subversion 1.6

Ältere Subversion-Versionen erkennen schlicht den Baumkonflikt nicht und verhalten sich daher komplett falsch. Das ist natürlich kein Zustand für ein professionelles Versionskontrollsystem, daher war die Erkennung und der korrekte Umgang mit Baumkonflikten eines der wichtigsten neuen Features von Subversion 1.6. Führen wir das merge-Kommando für das obige Beispiel mit einer neueren Version von Subversion aus, werden wir auf den Konflikt hingewiesen:

```
(trunk)> svn merge svn://local/test/branches/B1
-- Zusammenführen von r6 bis r8 in ».«:
A    test2.txt
   C test.txt
Konfliktübersicht:
  Baumkonflikte: 1
```

Behebung des Konfliktes

Die Frage ist nun, wie der Konflikt behoben werden kann. Hierzu müssen wir uns die Rückgabe des Kommandos etwas genauer ansehen. Offensichtlich wurde der Konflikt durch die Datei test.txt ausgelöst. Der entsprechende Marker C wird von Subversion etwas eingerückt angezeigt, um auf den Baumkonflikt hinzuweisen (bei »normalen« Konflikten erscheint das C ja in der ersten Spalte). So weit, so gut. Zusätzlich wurde die Datei test2.txt dem lokalen Arbeitsbereich hinzugefügt. Wir haben jetzt im *trunk* also zwei Dateien im Arbeitsbereich. Dies ist durchaus etwas irritierend, denn erwartet hätten wir genau eine Datei test2.txt, und zwar mit dem entsprechend abgeänderten Inhalt aus dem *trunk*.

Subversion kann also offensichtlich den Baumkonflikt, der durch die parallele Änderung und Umbenennung der Datei entstanden ist, nur erkennen. Die Behebung bleibt uns überlassen. Hierfür benötigen wir genau die beiden Dateien im Arbeitsbereich, wobei am Schluss natürlich nur eine davon übrig bleiben darf. Im ersten Schritt informieren wir uns über die genaue Ursache für den Konflikt. Das status-Kommando liefert uns eine etwas detailliertere Beschreibung:

```
(trunk)> svn status
 M      .
 A  +   test2.txt
     C test.txt
     >   lokal editiert, eingehend gelöscht bei Zusammenführung
```

Subversion gibt unterhalb der Datei, die den Konflikt ausgelöst hat, eine Beschreibung der Ursache. In unserem Fall wurde test.txt lokal, also im *trunk*, editiert und im Branch gelöscht. Dies stimmt zumindest aus unserer Sicht nur teilweise, denn wir haben test.txt im Branch nicht gelöscht, sondern lediglich umbenannt. Verursacht wird dieses etwas verwirrende Verhalten durch die bereits an anderer Stelle erwähnte, fehlende Unterstützung von Subversion für »echte« move-Operationen. Intern realisiert Subversion die Umbenennung daher notgedrungen durch einen Kopier- und einen Löschvorgang (also in etwa so: svn copy test.txt test2.txt , svn delete test.txt). Als Konfliktauslöser erkennt Subversion anschließend nur noch das Löschen der »alten« Datei test.txt.

Hier müssen wir jetzt einspringen. Um den Konflikt aufzulösen, müssen wir die Änderungen aus test.txt in test2.txt übertragen. In unserem Beispiel reicht es, einfach den kompletten Dateiinhalt zu kopieren. Oft wird man jedoch die Inhalte beider Dateien manuell abgleichen müssen, beispielsweise über ein Werkzeug wie *kdiff3*. Anschließend kann dann die Datei test.txt im Arbeitsbereich gelöscht und der Konflikt als aufgelöst markiert werden.

```
(trunk)> svn remove --force test.txt
D         test.txt

(trunk)> svn resolve --accept=working test.txt
Konflikt von »test.txt« aufgelöst

(trunk)> svn ci --message "Baumkonflikt behoben"
Sende          trunk
Lösche         trunk\test.txt
Hinzufügen     trunk\test2.txt

Revision 9 übertragen.
```

Das gezeigte Beispiel ist eines von mehreren typischen Szenarien, in denen Baumkonflikte auftreten können. Je nach Szenario reagiert Subversion leicht unterschiedlich. Ändert man das Beispiel so ab, dass die Datei im selben Branch von zwei Entwicklern parallel bearbeitet und umbenannt wird, erkennt Subversion den Baumkonflikt schon beim commit- bzw. update-Befehl. Die Schritte zur Behebung des Konfliktes sind jedoch unabhängig davon dieselben wie oben gezeigt.

4.8.5 Binäre Dateien und Branches

Der *Lock-Modify-Unlock*-Ansatz verhindert das Auftreten von Konflikten für Binärdateien. Leider gilt dies jedoch nur dann, wenn keine parallelen Entwicklungszweige im Repository existieren. Sobald ein Branch im Projekt aktiv ist, existiert jede Binärdatei zwei Mal im Repository: Eine Version steht im *trunk* und eine weitere im Branch. Werden beide Dateiversionen parallel geändert, entsteht ein Konflikt. Der lock-Befehl kann diesen Konflikt nicht verhindern, da er lediglich parallele Änderungen an derselben Datei unterdrückt.

Strategien zum Umgang mit Binärdateien in Branches

Für derartige Konflikte gilt das in Abschnitt 4.6 Gesagte: Konflikte in echten Binärdateien sind schwierig oder gar nicht lösbar, daher sollte man sie von vornherein vermeiden. Da der lock-Befehl parallele Entwicklungszweige nicht automatisch berücksichtigt, müssen an dieser Stelle zusätzliche Maßnahmen ergriffen werden. Meiner Erfahrung nach gibt es nur drei praktikable Varianten zum Umgang mit Binärdateien in Branches:

1. Änderungen an Binärdateien werden verboten, solange ein Branch aktiv ist. Diese Vorgehensweise kann mit Hilfe der Zugriffsberechtigungen sogar erzwungen werden. Voraussetzung ist allerdings, dass die Projektstruktur separate Verzeichnisse für die einzelnen Konfigurationselemente vorsieht. Für Konfigurationselemente mit binären Dateiformaten wird dann in der Datei access.conf kurzzeitig lediglich der Lesezugriff freigeschaltet. Der Nachteil dieser

Methode ist offensichtlich: Alle Teammitglieder, die schwerpunktmäßig mit Binärdateien arbeiten, müssen pausieren, solange ein Branch aktiv ist.

2. Änderungen an Binärdateien werden ausschließlich im *trunk* vorgenommen. Bevor ein Release fertiggestellt und der entsprechende Tag im Repository erzeugt wird, werden die Änderungen an Binärdateien aus dem *trunk* in den Release-Branch übertragen. Diese Methode ist etwas weniger restriktiv als die unter Punkt 1 genannte. Sie erlaubt die Durchführung von kleineren Änderungen und Erweiterungen, allerdings dürfen diese nicht spezifisch für einen der Entwicklungszweige sein. Es ist beispielsweise nicht möglich, in einem Dokument eine Ergänzung speziell für das anstehende Release vorzunehmen.

3. Vor Änderungen an einer Binärdatei wird diese im Branch und im *trunk* gesperrt. Diese Methode lässt sich technisch nur schwer erzwingen, man ist also auf die Kooperation der Teammitglieder angewiesen. Sobald ein Anwender den lock-Befehl in einem der Branches einsetzt, muss er daran denken, das Kommando für dieselbe Datei im anderen Entwicklungszweig zu wiederholen. Anschließend darf die Datei dann geändert werden. Parallele Änderungen durch andere Benutzer sind dadurch ausgeschlossen. Nach Abschluss der Änderungen müssen diese in den anderen Branch übernommen werden. Werden in den beiden Zweigen verschiedene Versionen desselben Dokuments gepflegt, bleibt dem Anwender nichts anderes übrig, als die Änderungen manuell nachzuführen. Sind die Dateiversionen in den Branches identisch, kann die geänderte Datei mit dem merge-Befehl in den anderen Zweig übertragen werden. Diese Variante ist relativ aufwendig, funktioniert aber auch in Projekten mit langlebigen Branches.

4.8.6 Einen Branch abschließen

Nachdem alle Änderungen in einem Branch durchgeführt wurden, sollte dieser abgeschlossen werden. Technisch notwendig ist dies nicht, man kann einen Branch beliebig lange offen halten und darin weiter entwickeln. Tatsächlich tun wir in unserem Beispiel-Repository nichts anderes mit dem Hauptentwicklungszweig *trunk*. Wie wir in den vorhergehenden Kapiteln gesehen haben, gibt es aber gute Gründe, alle Branches neben dem *trunk* nur temporär zu verwenden.

In unserem Beispiel kann der Branch *RB-1.0.0* mit der Fertigstellung des Release 1.0.0 abgeschlossen werden. Hierzu wird zunächst der Tag *REL-1.0.0* erstellt:

```
>svn copy --message "Erstelle Tag REL-1.0.0"          \
          --username root --password root             \
          svn://localhost/e2etrace/branches/RB-1.0.0  \
          svn://localhost/e2etrace/tags/REL-1.0.0
```

Revision 30 übertragen.

Fixierung eines Release im Repository

Jetzt ist das Release »fixiert«, es dürfen also keinerlei Änderungen im Release-Branch mehr durchgeführt werden. Es gibt zwei Möglichkeiten, diese Anforderung im Repository umzusetzen. Die naheliegende ist, den Branch *RB-1.0.0* einfach zu löschen. Sollte später ein ungeplanter Patch notwendig werden, können wir auf Basis des Tags *REL-1.0.0* jederzeit einen neuen Release-Branch *RB-1.0.1* erzeugen.

```
>svn delete --message "RB-1.0.0 wird abgeschlossen"  \
            svn://localhost/e2etrace/branches/RB-1.0.0
```

Revision 31 übertragen.

Allerdings hat diese Vorgehensweise gerade in sehr großen Projekten auch Nachteile, denn die für die Wartung der Release-Branches zuständigen Teammitglieder müssen mit jedem Releasewechsel ihre lokalen Arbeitsbereiche neu anlegen (siehe Abb. 4–19). In der Folge muss auch die Konfiguration der verwendeten Entwicklungsumgebungen auf die neuen Arbeitsbereiche angepasst und das Projekt mit den Build-Skripten neu erstellt werden. In Projekten mit mehreren tausend Dateien können auf diese Weise pro Entwickler schnell ein bis zwei Stunden Aufwand für einen Releasewechsel anfallen.

Abb. 4–19
Wechsel des Branch und Arbeitsbereichs bei jedem neuen Release

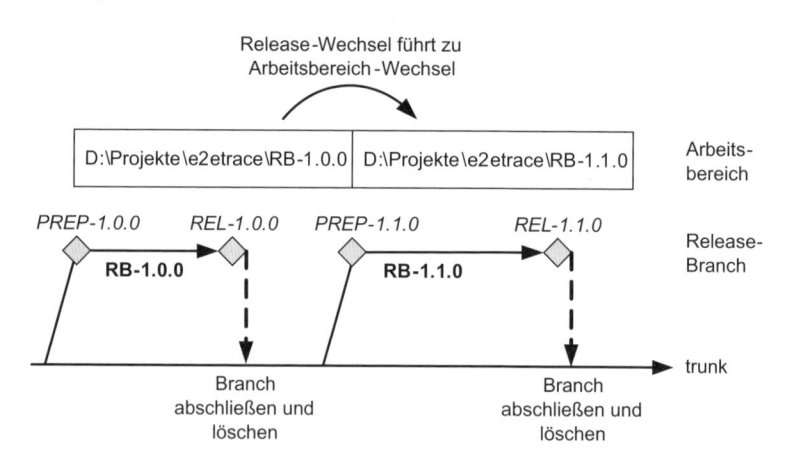

Um dies zu vermeiden, können Branches auch auf Hauptreleaseebene erstellt werden. In unserem Beispiel würde dann ein gemeinsamer Branch *RB-1.x* für die Releases 1.0.0, 1.1.0 und alle folgenden verwendet werden (siehe Abb. 4–20). Die *PREP*- und *REL*-Tags werden unverändert gesetzt, nur ein Abschluss des Release-Branch findet nicht statt. Auf diese Weise entfallen die zeitaufwendigen Releasewechsel.

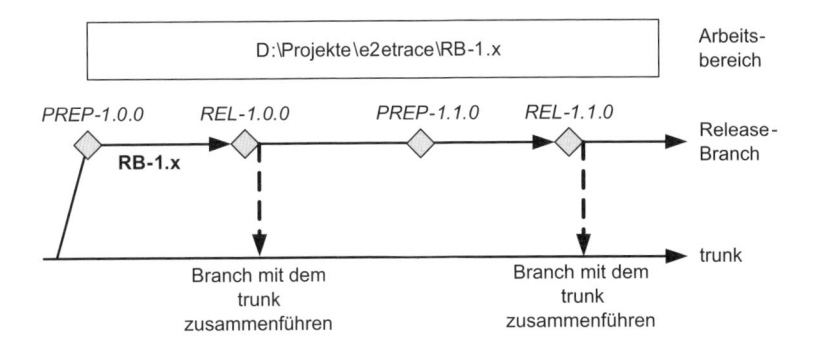

Abb. 4–20

Verwendung eines Release-Branch und Arbeitsbereiches für alle 1.x-Releases

Ich persönlich bevorzuge trotzdem die Verwendung von eindeutigen Release-Branches. Der Nachteil eines *RB-1.x*-Branch ist der unklare Status zwischen den einzelnen Releases. Es ist nicht ohne Weiteres zu erkennen, ob und wenn ja, welche Änderungen in den Branch beispielsweise zwischen den Tags *REL-1.0.0* und *PREP-1.1.0* einfließen. Nicht immer ist im hektischen Projektalltag Zeit, diese Fragen ad hoc zu klären, daher meine Vorliebe für klare Regelungen von Anfang an.

4.8.7 Alternative Branch-Strategien

Bis jetzt habe ich aus dem gesamten Spektrum der möglichen Strategien beim Einsatz paralleler Entwicklungszweige letztlich nur eine einzige Variante vorgestellt: die des kurzlebigen, sehr fokussiert eingesetzten Release-Branch, der am Schluss wieder mit dem Hauptentwicklungspfad zusammengeführt wird.

Branches bieten darüber hinaus noch wesentlich mehr Einsatzmöglichkeiten. Welche Branch-Strategien für ein Projekt geeignet sind, ist vom Leistungsumfang des verwendeten Repository-Werkzeuges und dem Projektumfeld abhängig.

Branching-Patterns

Unstable Trunk

Dieses Branching-Pattern ist die Grundlage für die bisher im Buch empfohlene Vorgehensweise. Konkret bedeutet dies, dass das Team hauptsächlich im *trunk* arbeitet, dieser also prinzipiell eher instabil ist. Parallele Entwicklungszweige, die Release-Branches, werden nur während der Vorbereitungsphase eines neuen Release verwendet. Änderungen aus den Release-Branches werden regelmäßig oder zumindest am Ende des Branch in den *trunk* überführt. Der Einsatz kurzlebiger

Branches ist eine eher defensive Branch-Strategie und funktioniert auch für weniger erfahrene Teams.

Stable Trunk

Dieses Pattern wird insbesondere in Open-Source-Projekten recht häufig verwendet. Jede größere Änderung, also beispielsweise die Umsetzung eines neuen Features oder die Behebung eines Defects, wird in diesem Fall nicht direkt im *trunk*, sondern zunächst in einem isolierten Branch durchgeführt. Oft spricht man dementsprechend auch von einem *Feature-*, *Task-* oder *Issue-Branch*. Erst wenn die Arbeiten vollständig abgeschlossen und getestet sind, wird der Branch mit dem *trunk* zusammengeführt. Der Hauptentwicklungszweig ist also stabil und jederzeit lauffähig. Dieser Ansatz ist insbesondere für große Projekte mit vielen, potenziell weltweit verteilten Entwicklern geeignet.

Voraussetzung ist allerdings, dass die Entwickler profunde Kenntnisse über das verwendete Repository-Werkzeug besitzen und die Auswirkungen ihrer Änderungen auf das Projekt richtig einschätzen können. Dies gilt insbesondere dann, wenn während der Zusammenführung Konflikte auftreten. Dieses hohe Niveau an technischem und fachlichem Wissen ist typisch für das Open-Source-Umfeld. Ob das Pattern auch für ein kommerzielles Projekt geeignet ist, muss man anhand der konkreten Projektsituation entscheiden. Meiner Ansicht nach ist der erhöhte Verwaltungsaufwand nur dann zu rechtfertigen, wenn keine andere Möglichkeit besteht, den *trunk* wenigstens einigermaßen stabil zu halten. Solange ein Team an einem Ort zusammenarbeitet, kann dies beispielsweise auch durch einen automatisierten Integrations-Build sichergestellt werden.

Unterstützung durch Subversion

Subversion bietet explizite Unterstützung für dieses Branching-Pattern. Speziell hierfür wurde die Option --reintegrate für das merge-Kommando eingeführt. Um die Funktionsweise dieser Option zu verstehen, muss man etwas tiefer in die Arbeitsweise eines *Stable-Trunk*-Projektes eintauchen.

Wie ich schon erwähnt hatte, erstellen Entwickler in derartigen Projekten für jede (größere) Änderung einen eigenen Branch. In diesem Feature-Branch wird dann gearbeitet, meist über Tage oder gar Wochen hinweg. Damit sich der Branch in dieser Zeitspanne nicht »zu weit« vom *trunk* entfernt, werden regelmäßig alle neuen Changesets aus dem *trunk* in den Branch übertragen. In Subversion wird hierfür das merge-Kommando eingesetzt, also in etwa so:

```
(Feature-Branch)> svn merge svn://localhost/repo/trunk
```

4.8 Arbeiten mit Branches

Sobald die Entwicklung abgeschlossen ist, muss dann der Feature-Branch zurück in den *trunk* überführt werden. Das merge-Kommando wird also »in die andere Richtung« ausgeführt.

In Abbildung 4–21 habe ich die prinzipielle Vorgehensweise mit drei Feature-Branches und dem *trunk* illustriert. Für jede Änderungsanforderung wird ein neuer Feature-Branch erstellt. Im Beispiel verwende ich die Ticketnummer der Änderungsanforderung direkt im Branch-Namen, um eine einfache Zuordnung von Branches zu Tickets zu ermöglichen. Die eigentliche Entwicklung findet jetzt in den Branches und nicht im *trunk* statt. Erst sobald beispielsweise *FB-31* fertiggestellt wurde, werden alle Änderungen in den *trunk* übertragen. Da zwischenzeitlich ein weiterer Feature-Branch *FB-45* erstellt wurde, müssen die neuen Changesets aus dem *trunk* zusätzlich in *FB-45* übernommen werden. Dieser Vorgang wird etwas später nochmals für *FB-40* wiederholt. Am Ende von *FB-45* erfolgt dann schließlich die Zusammenführung mit dem *trunk*.

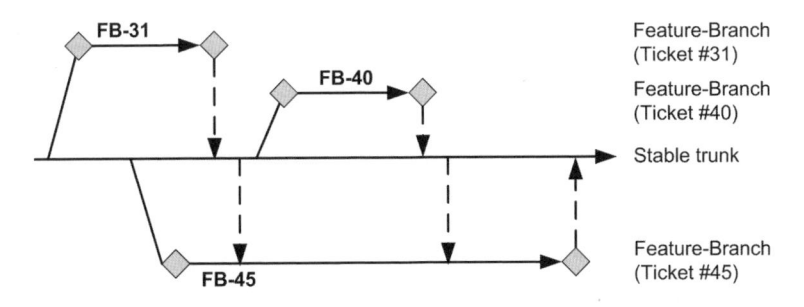

Abb. 4–21
Stable Trunk mit Feature-Branches

Eine ähnliche Situation habe ich in Abschnitt 4.8.3 beschrieben, wir haben es hier mit einem *zyklischen Merge* zu tun. In *FB-45* wurden diverse Changesets aus dem *trunk* übernommen. Am Schluss soll dann eine merge-Operation in die andere Richtung, nämlich vom Branch zum *trunk*, durchgeführt werden. Und wie wir festgestellt haben, führt dies in der Regel zu Problemen.

Zumindest zum Teil gelöst werden diese Probleme mit der Option --reintegrate:

```
(trunk)> svn merge --reintegrate \
         svn://localhost/repo/branches/FB-45
```

Subversion ermittelt daraufhin alle originären Änderungen im Feature-Branch und überträgt diese in den *trunk*. Alle Änderungen, die zuvor mittels merge vom *trunk* in den Branch übertragen wurden, werden also ausgeschlossen. Dadurch vermeidet Subversion doppelte Updates und unnötige Konfliktsituationen.

Das alles klingt natürlich prima, hat aber einen großen Haken: Der Feature-Branch kann im Anschluss nicht mehr verwendet werden. Die Erläuterung der genauen technischen Gründe hierfür würde an dieser Stelle zu weit führen. Daher nur kurz: Die Option führt dazu, dass die *Merge Tracking*-Informationen im Feature-Branch keine Gültigkeit mehr haben. Es können also anschließend keine Changesets mehr vom *trunk* in den Feature-Branch übernommen werden. Auch eine weitere Zusammenführung von Branch und *trunk* mit --reintegrate würde nicht funktionieren bzw. die falschen Ergebnisse liefern.

Arbeitet man wirklich streng nach dem *Unstable Trunk*-Pattern, ist das alles kein Problem, in anderen Szenarien sollte man von --reintegrate wegen der genannten Einschränkungen jedoch meines Erachtens Abstand nehmen.

Echte Parallelentwicklung

Bei der echten Parallelentwicklung sind Release-Branches nicht kurzlebig, sondern werden dauerhaft verwendet. Dieses Branching-Pattern muss beispielsweise dann eingesetzt werden, wenn nicht alle Kunden bereit sind, sofort das jeweils neueste Release eines Produktes zu verwenden. Wichtige funktionale Erweiterungen und Bugfixes müssen dann wohl oder übel auch in älteren Releases nachgezogen werden.

Backporting

Eine Möglichkeit, hier den Überblick zu behalten, ist die Einführung einer Variante der Feature-Branches. Wie schon im Modell des *Stable Trunks* erstellt man für die umzusetzenden funktionalen Erweiterungen und Bugfixes jeweils einen separaten Branch ausgehend vom *trunk*. Beim Abschluss eines Feature-Branch werden die Änderungen, wie gehabt, zunächst in den *trunk* übernommen. Sollen auch andere Entwicklungszweige von den Änderungen profitieren, müssen die Changesets aus dem Feature-Branch zusätzlich in die Branches der älteren Releases portiert werden. Man spricht in diesem Fall daher auch von *Backporting*.

Der Vorteil von Feature-Branches ist in diesem Szenario weniger der stabile *trunk*, sondern die einfache Identifizierung aller Changesets im Repository, die zusammengenommen ein neues Feature oder einen Bugfix implementieren. In der Praxis verläuft die Übernahme dieser Changesets in die Entwicklungszweige älterer Releases selten reibungslos. Ob die Übernahme der Änderungen gelingt, hängt wesentlich davon ab, wie viele Unterschiede zwischen dem *trunk* und den Release-Branches bestehen.

5 Projektautomatisierung mit Maven

In diesem Kapitel erstellen wir einen Build-Prozess mit dem Open-Source-Werkzeug Maven. Ausgangspunkt ist hierbei der in Maven integrierte Standardprozess. Wer die Maven-Webseite durchblättert, wird in diesem Zusammenhang mehrfach auf die *Maven-Konventionen* hingewiesen. Hierbei handelt es sich um eine Sammlung von Best Practices aus dem Bereich der Projektautomatisierung, die den Standard-Build-Prozess von Maven maßgeblich bestimmen. Ich werde im Verlauf dieses Kapitels auf diese Vorgaben eingehen und erläutern, an welchen Stellen wir aus welchen Gründen korrigierend eingreifen müssen.

Wie schon in Kapitel 4 verwende ich auch in den folgenden Abschnitten das *e2etrace*-Projekt als Grundlage für alle Beispiele. Ich habe es hierzu etwas erweitert, da für einen aussagekräftigen Build-Prozess ein Mindestmaß an Komplexität erforderlich ist. Aufmerksame Leserinnen und Leser werden daher einige neue Module und ein erweitertes Repository entdecken.

5.1 Umsetzung eines einfachen Build-Prozesses

Wir beginnen mit einer einfachen Basisversion des Build-Prozesses. Dieser soll in der Lage sein, das Projekt *e2etrace* aus den Quellelementen zu erstellen, mit Hilfe der Modultests zu prüfen und in Form einer Installationsdatei auszuliefern. Eine Reihe von Punkten bleibt hierbei unberücksichtigt. Beispielsweise verwendet der Prozess die Voreinstellungen für die Maven-Repositorys und ist damit, aus Gründen, die ich später noch erläutern werde, nicht verträglich mit dem übergeordneten KM-Prozess. In Abschnitt 5.2 machen wir den Prozess dann auch vom Standpunkt des Konfigurationsmanagements aus »wasserdicht«.

5.1.1 Aufbau des Projektmodells

Maven basiert auf einem deklarativen Ansatz. Wir implementieren nicht den Build-Prozess selbst, sondern beschreiben diesen mit Hilfe des *Projektmodells* (POM). Das POM enthält die Metadaten des Projektes, also z. B. die Verweise zu den benötigten externen Bibliotheken. Maven erzeugt dann aus den Informationen im POM einen auf das jeweilige Produkt angepassten Build-Prozess und führt diesen aus. Abbildung 5–1 zeigt die wichtigsten Bausteine des POM.

Abb. 5–1
Aufbau des Projektmodells

```
Projekt
 ├─ Allgemeine Angaben
 ├─ Properties
 ├─ Build-Prozess
 ├─ Build-Varianten (Profile)
 ├─ Repositorys
 ├─ Abhängigkeiten zu ext. Bibliotheken
 ├─ Projektdokumentation
 └─ Auslieferung des Produktes
```

Erfasst wird das Projektmodell in einer XML-Datei, die standardmäßig `pom.xml` genannt wird. Listing 5–1 enthält eine erste Fassung dieser Datei mit den allgemeinen Angaben für das Beispielprojekt *e2etrace*. Abgelegt wird die Datei im Wurzelverzeichnis der Projektstruktur.

```
<!-- Projektmodell für e2etrace -->
<project>
  <!-- Allgemeine Angaben zum Projekt -->
  <modelVersion>4.0.0</modelVersion>
  <groupId>org.e2etrace</groupId>
  <artifactId>e2etrace</artifactId>
  <packaging>jar</packaging>
  <version>1.2.0-SNAPSHOT</version>
  <name>e2etrace-Bibliothek</name>
  <description>
    e2etrace ist eine Java-Bibliothek für
    End-to-End-Tracing-Funktionalität speziell in
    mehrschichtigen,verteilten Java-Applikationen.
  </description>
  <url>http://www.e2etrace.org</url>
  <organization>
    <name>Gunther Popp</name>
    <url>http://www.e2etrace.org</url>
  </organization>
</project>
```

Listing 5–1
Projektmodell mit allgemeinen Angaben zum Produkt

Genau betrachtet beschreibt das obige Modell nicht das Projekt *e2etrace*, sondern das zu erstellende *Artefakt*. Maven versteht unter einem Artefakt eine in sich abgeschlossene (Teil-)Funktionalität eines Projektes, die eigenständig ausgeliefert werden kann. In unserem Beispiel ist die Unterscheidung von Projekt und Artefakt eher theoretischer Natur, da das Projekt *e2etrace* nur aus einem einzigen Artefakt besteht: der jar-Datei mit der *e2etrace*-Bibliothek. Für komplexe Projekte spielt das Konzept der Artefakte jedoch eine große Rolle. Besteht ein Projekt beispielsweise aus drei Komponenten, wird für jede Komponente ein separates Projektmodell und in der Folge auch ein eigenes Artefakt erstellt. Ein viertes Modell bildet dann die Klammer und generiert die Auslieferungsdatei mit allen Artefakten des Gesamtprojektes. Maven bietet eine hervorragende Unterstützung für derartige Projektszenarien. Wer mehr über diese Thematik erfahren will, findet in [URL: MavenBook] eine gute Beschreibung von Multi-Modul-Projekten.

Ein Artefakt pro Projektmodell

Zurück zum Projektmodell in Listing 5–1. Dieses enthält die folgenden Informationen:

- modelVersion
  Version des Maven-Projektmodells. Diese ist theoretisch abhängig von der verwendeten Maven-Version. In der Praxis hat sich die Version allerdings in den letzten Jahren nie geändert. Alle Beispiele im Buch basieren auf der Projektmodell-Version 4.0.0.

- groupId

  Eindeutige Identifikation des Herstellers des Produktes. Hier wird in der Regel der Domain-Name des Herstellers in umgekehrter Reihenfolge angegeben. Für *e2etrace* ist dies beispielsweise org.e2etrace, da die Domain des »Herstellers« e2etrace.org lautet.

- artifactId

  Name des zu erstellenden Artefaktes. Die ID wird später als Grundlage für die Namen der Auslieferungsdateien verwendet.

- packaging

  Typ des Artefaktes. Für *e2etrace* ist dies jar, da die Bibliothek eben in Form einer jar-Datei ausgeliefert wird. Maven unterstützt eine ganze Reihe von Artefakttypen, wie beispielsweise auch war und ear.

- version

  Version des Projektes bzw. Artefaktes. Die Versionsnummer wird automatisch in den Dateinamen eines Artefaktes aufgenommen. Was es mit dem Anhängsel –*SNAPSHOT* auf sich hat und welche Auswirkungen die Versionsbezeichnung ganz allgemein auf den Build-Prozess hat, werde ich in Abschnitt 5.2.5 noch näher erläutern.

- name, description, url

  Name, kurze Beschreibung und URL des Projektes

- organization

  Enthält Informationen über den Hersteller des Produktes. Diese Daten werden beispielsweise zur Generierung der Copyright-Zeile in der JavaDoc-Dokumentation verwendet.

5.1.2 Benutzerspezifische Einstellungen festlegen

Zusätzlich zu den projektspezifischen Einstellungen im POM benötigt man meist noch eine separate Konfigurationsdatei pro Benutzer. Diese enthält alle Parameter, die nicht global für das ganze Projekt gültig sind. Typischerweise sind dies Benutzernamen und Passwörter für die von Maven verwendeten Repositorys (mehr dazu in Abschnitt 5.2) und die Proxy-Einstellungen für den Internetzugriff.

Wie wir in Kürze sehen werden, muss Maven zumindest für den in diesem Kapitel besprochenen, einfachen Build-Prozess regelmäßig auf das Standard-Remote-Repository unter der URL *http://repo1.maven.org/maven2* zugreifen. Wenn Sie hinter einer Firewall arbeiten, gelingt dies nur über den Proxy-Server Ihres Netzwerkes. Oft sind für den Internetzugang über den Proxy zusätzlich ein Benutzername und ein

Kennwort erforderlich, daher würde es keinen Sinn ergeben, diese Daten im POM zu hinterlegen.

Stattdessen verwendet Maven für derartige Einstellungen eine benutzerspezifische Konfigurationsdatei mit dem Namen settings.xml. Man erstellt diese Datei in einem Ordner .m2 im Benutzerverzeichnis des angemeldeten Anwenders. Unter Windows lautet der vollständige Pfad demzufolge %USERPROFILE%\.m2\settings.xml. Listing 5–2 zeigt ein Beispiel zur Festlegung eines Proxy-Servers in der Konfigurationsdatei. Wir werden im Verlauf von Kapitel 5 mehrfach Ergänzungen in der Konfigurationsdatei vornehmen. Wer eine vollständige Referenz der möglichen Einstellungen sucht, findet diese unter [URL: MavenSettings].

```
<settings>
  <proxies>
    <proxy>
      <active>true</active>
      <protocol>http</protocol>
      <host>proxy.anyhost.de</host>
      <port>8080</port>
      <username>Benutzername</username>
      <password>Kennwort</password>
    </proxy>
  </proxies>
</settings>
```

Listing 5–2
Festlegung eines Proxy-Servers in den benutzerspezifischen Einstellungen

5.1.3 Quellelemente ermitteln

Nachdem die allgemeinen Daten erfasst wurden, gilt es nun, die Pfade zu den Quellelementen von *e2etrace* im Projektmodell zu hinterlegen. Dies ist übrigens nur notwendig, weil die für *e2etrace* verwendete Projektstruktur aus didaktischen Gründen nicht in allen Punkten den Standardvorgaben[1] von Maven entspricht. Anhand dieser Abweichungen werde ich in den folgenden Kapiteln einige Maven-Features, wie beispielsweise Properties und mögliche Parameter der wichtigsten Plugins, erläutern. In einem realen Projekt würde ich hingegen versuchen, so weit wie möglich den Maven-Konventionen zu entsprechen. Die folgende Tabelle fasst die Unterschiede zwischen der Projektstruktur von *e2etrace* und den Standards von Maven zusammen.

---

1. siehe [URL: MavenDirectories]

Tab. 5–1
Abweichungen von den Maven-Standards

e2etrace-Pfad	Standard	Beschreibung
src\java	src\main\java	Konfigurationselement *Java-Quelltext*
src\junit	src\test\java	Konfigurationselement *JUnit-Tests*
target\java	target\main\java	Kompilierter Java-Quelltext
target\junit	target\test\java	Kompilierte JUnit-Tests
doc	.	Maven legt README-Dateien zusammen mit dem POM im Wurzelverzeichnis des Projektes an. In der e2etrace-Struktur gibt es für die README-Dateien einen separaten Ordner *doc*. Die pom.xml wird hingegen auch von e2etrace im Wurzelverzeichnis abgelegt.

Die genannten Abweichungen müssen wir an unterschiedlichen Stellen im POM explizit angeben. Ähnlich wie in einem »normalen« Programm sollte man auch bei der Umsetzung eines Build-Prozesses fest kodierte Werte vermeiden. Daher werden wir im POM alle Konstanten in der Form von sogenannten *Properties* definieren. Hierzu erweitern wir das Projektmodell zunächst um das in Listing 5–3 gezeigte <properties>-Element:

Listing 5–3
Properties mit den Quell- und Zielverzeichnissen

```xml
<project>
  (...)
  <!-- Properties -->
  <properties>
    <src>src</src>
    <target>target</target>
    <doc>doc</doc>

    <!-- Quellverzeichnisse der KM-Elemente -->
    <src.java>${src}/java</src.java>
    <src.junit>${src}/junit</src.junit>

    <!-- Verzeichnisse für generierte Elemente -->
    <target.java>${target}/java</target.java>
    <target.junit>${target}/junit</target.junit>

    <!-- Encoding explizit festlegen -->
    <project.build.sourceEncoding>Cp1252
      </project.build.sourceEncoding>

  </properties>
</project>
```

Im Listing werden für die in Tabelle 5–1 genannten Verzeichnisse jeweils eigene Properties definiert. Jede einzelne Property wird hierbei als separates Subelement angegeben. Der Elementname ist gleichzeitig der Property-Name, der Wert steht innerhalb des Subelements. Sobald eine Property definiert wurde, kann sie im POM mit Hilfe des Platzhalters ${<Property-Name>} verwendet werden.

Ein Spezialfall ist die Property project.build.sourceEncoding. Hier handelt es sich um eine *vordefinierte Property* (siehe Kasten), mit der das Encoding für alle Quelldateien im Projekt explizit festgelegt werden kann. Lässt man diese Property weg, verwendet Maven automatisch das Standard-Encoding der jeweiligen Plattform. Der Haken daran ist, dass sich dadurch eine implizite Abhängigkeit zu eben dieser Plattform in den Build einschleicht. Das ist unschön, und Maven gibt folgerichtig bei jeder Ausführung eine entsprechende Warnung aus.

Im nächsten Schritt müssen wir Maven über die Projektstruktur von *e2etrace* informieren. Dies erfolgt mit dem <build>-Element im POM:

```
<project>
  (...)
  <!-- Anpassung des Standard-Build-Prozesses -->
  <build>
    <!-- Angaben zur Projektstruktur -->
    <sourceDirectory>${src.java}</sourceDirectory>
    <testSourceDirectory>${src.junit}
    </testSourceDirectory>
    <directory>${target}</directory>
    <outputDirectory>${target.java}</outputDirectory>
    <testOutputDirectory>${target.junit}
    </testOutputDirectory>
  </build>
</project>
```

Listing 5–4
Festlegung der Projektstruktur im POM

Die im Listing 5–4 verwendeten Elemente sind weitgehend selbsterklärend, mit Ausnahme von <directory>. Hiermit kann das Basisverzeichnis für generierte Dateien festgelegt werden. In unserem Beispiel ist dies das Verzeichnis target der Projektstruktur.

> **Vordefinierte Properties**
>
> Neben den über das `<properties>`-Element festgelegten Werten kann man im POM auch auf eine Reihe vordefinierter Properties zugreifen:
>
> - `${basedir}`: Enthält das Verzeichnis, in dem die POM-Datei abgelegt ist.
> - Alle Java-System-Properties der Maven-JVM. `${user.home}` liefert z. B. das Benutzerverzeichnis des angemeldeten Anwenders).
> - Alle Elemente des POM (`pom.xml`) und der benutzerspezifischen Einstellungen (`settings.xml`). Auf die Elemente des POM kann mit `${project.<element>}` zugegriffen werden. So liefert `${project.artifactId}` beispielsweise im Fall des e2etrace-POM den Wert `e2etrace`. Auch die Navigation zu Unterelementen ist möglich (z. B. `${project.build.sourceDirectory}`). Die Werte in der Datei `settings.xml` können über `${settings.<element>}` referenziert werden.
> - Alle Umgebungsvariablen der Shell. Hierzu muss dem eigentlichen Variablennamen das Präfix `env` vorangestellt werden. Das Installationsverzeichnis von Maven kann somit über die Property `${env.M2_HOME}` abgefragt werden.

5.1.4 Projektexterne Dateien einbinden

Bevor wir die *e2etrace*-Bibliothek mit Hilfe von Maven das erste Mal erstellen können, müssen im POM noch die benötigten externen Bibliotheken festgelegt werden.

Prinzipielle Vorgehensweise

Maven kennt zur Definition von Abhängigkeiten ein spezielles `<dependencies>`-Element:

Listing 5–5
Definition der Abhängigkeiten zu externen Bibliotheken

```xml
<project>
  (...)
  <!-- Einbindung externer Bibliotheken -->
  <dependencies>
    <dependency>
      <groupId>junit</groupId>
      <artifactId>junit</artifactId>
      <version>4.3.1</version>
      <scope>test</scope>
    </dependency>
    <dependency>
      <groupId>commons-logging</groupId>
      <artifactId>commons-logging</artifactId>
      <version>1.1</version>
    </dependency>
  </dependencies>
</project>
```

Aus Listing 5–5 ist ersichtlich, dass für jede externe Bibliothek ein eigenes <dependency>-Subelement definiert wird. Da *e2etrace* auf dem commons-logging-Paket und dem JUnit-Framework aufbaut, habe ich im POM zwei derartige Elemente angelegt.

Die Auswahl der benötigten Bibliotheken erfolgt über die Subelemente <groupId>, <artifactId> und <version>. Die Bedeutung dieser Elemente kennen wir schon aus Abschnitt 5.1.1 (auf das <scope>-Element gehe ich später noch ein). Hier macht sich das durchdachte Konzept von Maven bezahlt. Jedes Maven-Projekt legt für die erzeugten Artefakte mit der groupId, artifactId und version eindeutige Schlüssel in den POMs fest. Andere Projekte können diese Artefakte dann über das <dependency>-Element ebenso eindeutig referenzieren.

Die Definition der Abhängigkeiten ist allerdings nur die halbe Miete. Um den Build-Prozess durchführen zu können, muss Maven die entsprechenden Bibliotheken auch im Zugriff haben. An dieser Stelle kommen die Maven-Repositorys ins Spiel.

Verwendung der Maven-Repositorys

Maven sucht externe Bibliotheken zunächst im lokalen Repository. Ist die Bibliothek dort nicht vorhanden, setzt Maven die Suche im Remote-Repository fort und überträgt die Bibliothek im Erfolgsfall in das lokale Repository. Anschließend wird die Bibliothek dann direkt aus dem lokalen Repository in den Build-Prozess eingebunden.

Jedes Maven-Repository, egal ob lokal oder remote, ist nichts anderes als eine hierarchisch organisierte Verzeichnisstruktur. Die einzelnen Ebenen der Hierarchie bestehen aus der groupId, der artifactId und der version der Artefakte. Hierbei kann die groupId mit Hilfe von Punkten in weitere Hierarchiestufen unterteilt werden. Auf der untersten Stufe des Repositorys finden sich schließlich die einzelnen Bibliotheksdateien. Abbildung 5–2 zeigt einen Ausschnitt aus der Verzeichnisstruktur eines Maven-Repositorys.

Aufbau eines Maven-Repositorys

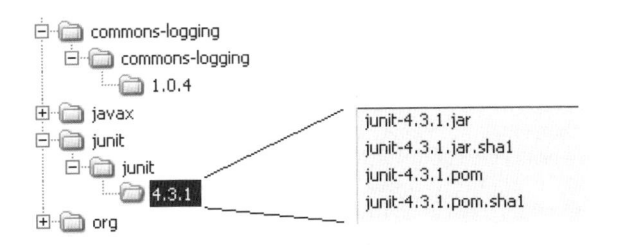

Abb. 5–2

Ausschnitt aus der Verzeichnisstruktur eines Maven-Repositorys

Absicherung der Artefakte im Repository über Prüfsummen

Wie in der Abbildung zu sehen ist, enthält das Repository neben der eigentlichen jar-Datei zusätzlich das POM für die externe Bibliothek. Sowohl die jar-Datei als auch das POM werden außerdem mit Hilfe von Prüfsummen abgesichert. Im obigen Beispiel enthalten die beiden *sha1*-Dateien[2] diese Prüfsummen. Maven gibt eine Warnung aus, wenn nach dem Download einer Bibliothek aus dem Remote-Repository die berechnete Prüfsumme nicht mit dem Wert in der *sha1*-Datei übereinstimmt. Gibt man beim Aufruf von Maven die Option –C an, wird der Build-Prozess in diesem Fall sogar abgebrochen.

Ermittlung der Schlüsseldaten einer externen Bibliothek

In Listing 5–5 habe ich die von *e2etrace* benötigten Bibliotheken commons-logging und JUnit als Abhängigkeiten festgelegt. Hierfür musste ich die `groupId`, `artifactId` und `version` der beiden Bibliotheken ermitteln und in das POM von *e2etrace* übertragen.

Die Schlüsseldaten einer Bibliothek kann man direkt an der Quelle, also im entsprechenden Remote-Repository, nachschlagen. Das Standard-Remote-Repository von Maven ist unter der URL *http://search.maven.org*[3] zu finden. Gibt man hier im Suchfeld *junit* ein und wählt dann in der angezeigten Liste die Version 4.3.1 aus, wird direkt das entsprechende *dependency*-Element angezeigt. Jetzt fehlt nur noch einmal Copy & Paste und schon wird JUnit beim nächsten Build-Lauf miteinbezogen.

Eine Alternative zum direkten Zugriff basiert auf dem Repository-Manager Nexus, der eine sehr komfortable und schnelle Suchfunktion bereitstellt. Mehr dazu dann in Abschnitt 5.2.

---

2. Die Dateiendung deutet auf den verwendeten Hash-Algorithmus SHA1 hin (siehe [Wikipedia: SHA1]). Alternativ unterstützt Maven auch das etwas ältere MD5-Verfahren (siehe [Wikipedia: MD5]). Beide Algorithmen erzeugen aus den Inhalten einer Datei einen Hash-Wert von 128 (MD5) bzw. 160 Bit (SHA1) Länge. Ändert sich der Dateiinhalt nur minimal, z. B. durch einen Übertragungsfehler, wird auch ein unterschiedlicher Hash-Wert generiert.
3. Um genau zu sein: Unter dieser URL findet man eine Oberfläche mit Suchfunktion zum Zugriff auf das zentrale Remote-Repository. Die »echte« URL des Repositorys lautet *http://repo1.maven.org/maven2*. Maven selbst und auch Repository-Manager wie Nexus verwenden die »echte« URL. Der Grund für die Entkopplung der interaktiven Benutzersuchen von den tatsächlichen Repository-Zugriffen ist hauptsächlich in der zunehmend hohen Last zu suchen, die das zentrale Repository zu bewältigen hat.

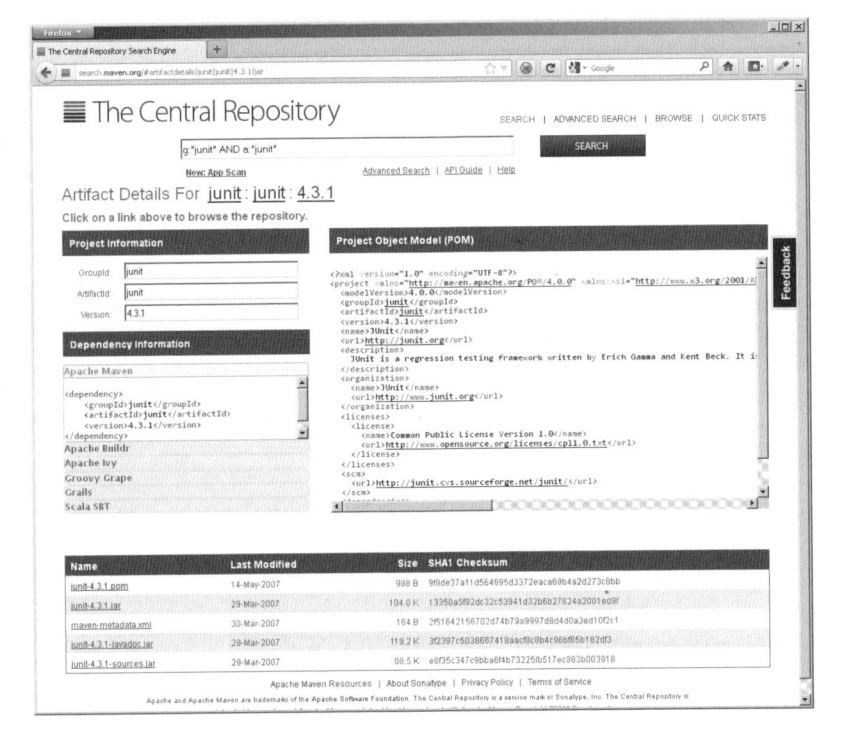

Abb. 5-3
Schlüsseldaten von JUnit aus dem Standard-Remote-Repository ermitteln

Geltungsbereich einer Abhängigkeit

In komplexen Projekten kommt man schnell auf eine ansehnliche Menge von externen Abhängigkeiten. Da Maven nicht nur für die Erstellung, sondern auch für die Auslieferung des Produktes verwendet wird, benötigt man Mittel und Wege, um den Lieferumfang festzulegen. Nicht alle Bibliotheken, die referenziert werden, sollen auch wirklich beim Kunden landen. Im Fall von *e2etrace* ist beispielsweise JUnit nur für die Ausführung der Modultests notwendig. Reine Endnutzer der Bibliothek führen die Tests nie aus und benötigen daher auch kein JUnit. Im Fall von Webapplikationen werden viele für die Kompilierung notwendige Bibliotheken bei der Ausführung vom Container gestellt und dürfen daher nicht in der war-Datei enthalten sein.

Maven löst dieses Problem durch die Möglichkeit, explizit einen Geltungsbereich für jede definierte Abhängigkeit festzulegen. Dies geschieht über das Element <scope>:

```
<dependency>
    <groupId>junit</groupId>
    <artifactId>junit</artifactId>
    <version>4.3.1</version>
    <scope>test</scope>
</dependency>
```

Listing 5-6
Geltungsbereich einer Abhängigkeit

Im Listing wird der Geltungsbereich der Abhängigkeit zu JUnit auf test eingeschränkt. Die Bibliothek steht im Build-Lifecycle daher nur in den Phasen zur Verfügung, in denen Modultests kompiliert oder ausgeführt werden. Sie wird aber beispielsweise nicht in eine Auslieferungsdatei von *e2etrace* mit aufgenommen. Neben test stehen noch eine Reihe anderer Geltungsbereiche zur Verfügung. Die folgende Tabelle erläutert alle möglichen Werte des <scope>-Elements[4].

Tab. 5–2
Unterstützte Geltungsbereiche

Geltungsbereich	Build-Lifecycle-Phasen	Auslieferung?
compile	Alle	Ja
provided	Alle	Nein
test	Alle, in denen Tests kompiliert oder ausgeführt werden	Nein
runtime	Alle, in denen das System oder Tests ausgeführt werden (also *nicht* die, in denen kompiliert wird)	Ja
system	Alle Im Unterschied zu provided muss jedoch die jar-Datei lokal vorliegen und entsprechend im POM referenziert werden. Die Abhängigkeit wird also **nicht** aus dem Repository geladen!	Nein

Anhand der Tabelle können Sie feststellen, in welchen Phasen eine Abhängigkeit mit dem angegebenen Scope verfügbar ist. Die Spalte *Auslieferung?* gibt an, ob eine Abhängigkeit ggf. mit dem Produkt ausgeliefert wird.

Transitive Abhängigkeiten

Eine der leistungsfähigsten Funktionen von Maven erschließt sich paradoxerweise erst auf den zweiten oder dritten Blick: die sogenannten *transitiven Abhängigkeiten*. Rein formal versteht man unter Transitivität, dass wenn A $\Rightarrow$ B und B $\Rightarrow$ C gilt, daraus folgt, dass A $\Rightarrow$ C. Ersetzen wir A durch *e2etrace* und B durch beispielsweise commons-logging, ist demzufolge *e2etrace* auch von den Bibliotheken abhängig, die von commons-logging referenziert werden. Abbildung 5–4 illustriert diese Tatsache anhand des vollständigen Graphen aller direkten und indirekten Abhängigkeiten von *e2etrace*.

---

4. Den sehr speziellen Geltungsbereich import habe ich in der Tabelle unterschlagen. Er fällt etwas aus dem Rahmen und ist nur in sehr großen Projekten relevant. Im Prinzip wird er verwendet, um ganze Blöcke von Abhängigkeiten in ein Projekt zu importieren. Details zu diesem Geltungsbereich finden Sie unter [URL: MavenDependencyMechanism].

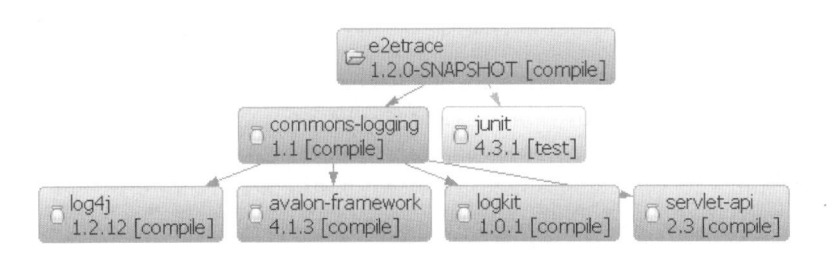

Abb. 5–4
Transitive Abhängigkeiten für e2etrace

Offensichtlich bindet Maven vollautomatisch zusätzlich zu commons-logging und JUnit vier zusätzliche Bibliotheken in *e2etrace* ein. Auslöser hierfür sind die in Abbildung 5–4 dargestellten, transitiven Abhängigkeiten von commons-logging.

Diese Automatik ist einerseits eine feine Sache. Wir müssen nicht selbst mühselig aus irgendeiner Online-Dokumentation die von commons-logging benötigten Bibliotheken heraussuchen, diese manuell downloaden und installieren. Andererseits ist *e2etrace* ein denkbar simples Projekt und produziert trotzdem schon einen ansehnlichen Abhängigkeitsgraph. Man kann sich leicht vorstellen, wie dieser Graph in einem großen, komplexen Projekt mit Dutzenden von Abhängigkeiten aussieht.

Vor- und Nachteile transitiver Abhängigkeiten

Transitive Abhängigkeiten sind also ein zweischneidiges Schwert. In einigen meiner Projekte war beispielsweise streng reglementiert, welche Bibliotheken eingesetzt werden dürfen. So wäre commons-logging und Log4J in Ordnung gewesen, das mittlerweile schon veraltete Apache Avalon Framework aber nicht. Natürlich muss man die Avalon-Bibliotheken auch nicht referenzieren, nur um commons-logging einzusetzen. Nur kann Maven nicht wissen, wie das Projekt konkret implementiert ist, und bindet die Referenz quasi vorsichtshalber mit ein[5]. Noch etwas komplizierter wird der Fall, wenn nur bestimmte Versionen einer Bibliothek freigegeben sind und Maven irgendwo im Abhängigkeitsgraph automatisch eine andere Version in das Projekt »reinzieht«. Wie und warum das passieren kann, und was wir dagegen unternehmen können, erläutere ich im folgenden Abschnitt.

---

5. Im Projekt muss man letztlich nur eine konkrete Logging-Implementierung einbinden, die dann über die vereinheitlichte commons-logging-API verwendet wird. Eine der möglichen Implementierungen ist eben das in Avalon enthaltene LogKit. Aus dieser Historie heraus werden die Avalon-Bibliotheken immer noch von commons-logging referenziert.

Versionskonflikte

Eines der grundlegenden Probleme bei der Einbindung einer externen Bibliothek ist die Auswahl der richtigen Version. Oft gibt es Inkompatibilitäten zwischen diversen Bibliotheken oder Vorgaben des Kunden, die die Version einschränken. Oder ein bestimmtes Feature ist nur in einer der neuesten Versionen verfügbar. Wie auch immer, man muss sich entscheiden und sicherstellen, dass der Build-Prozess wirklich die richtige Version der Bibliothek einbindet. Im Fall von *e2etrace* haben wir bisher folgende Versionen im POM festgelegt:

- JUnit: Version 4.3.1
- commons-logging: Version 1.1

Gewünschte Version

Ob Maven diese Versionen auch tatsächlich verwendet oder aber stillschweigend eine andere Version einbindet, ist nach dem bisherigen Stand unseres POM aber keinesfalls garantiert. Denn wir haben lediglich eine *gewünschte Version* angegeben. Das ist ohne Belang, solange eine Bibliothek nur ein einziges Mal im gesamten Abhängigkeitsgraph vorkommt (so wie bisher in unserem Beispiel). Kompliziert wird die Angelegenheit, wenn diese Bedingung nicht mehr erfüllt ist, also wenn beispielsweise Log4J zweimal im Graph mit unterschiedlichen Versionsangaben auftaucht. In diesem Fall haben wir es mit einem *Versionskonflikt* zu tun.

Tatsächlich ist dieses Szenario eher die Regel als die Ausnahme. Der transitive Abhängigkeitsgraph nimmt, wie schon erwähnt, oft enorme Ausmaße an. Man kann mit großer Sicherheit davon ausgehen, dass bestimmte Kandidaten, wie beispielsweise zentrale APIs oder Bibliotheken aus dem Apache *commons*-Projekt, mehrfach im Graph mit unterschiedlichen Versionen auftauchen. Konsequenterweise ist der Mechanismus in Maven zur Auflösung von Versionskonflikten recht komplex und leistungsfähig. Wer mit Maven in nichttrivialen Projekten arbeiten will, tut gut daran, die Grundlagen zu verstehen. Also schauen wir uns die Sache mal an.

Zunächst müssen wir einen Fall mit einem Versionskonflikt konstruieren. Hierzu füge ich *e2etrace* eine weitere Abhängigkeit hinzu:

Listing 5–7
Erzeugung eines Versionskonfliktes

```
(...)
<!-- Einbindung externer Bibliotheken -->
<dependencies>
  <dependency>
    <groupId>junit</groupId>
    <artifactId>junit</artifactId>
    <version>4.3.1</version>
    <scope>test</scope>
  </dependency>
```

```
<dependency>
  <groupId>commons-logging</groupId>
  <artifactId>commons-logging</artifactId>
  <version>1.1</version>
</dependency>
<dependency>
  <groupId>log4j</groupId>
  <artifactId>log4j</artifactId>
  <version>1.2.13</version>
</dependency>
</dependencies>
(...)
```

Nach der fett gedruckten Erweiterung des POMs ist *e2etrace* also auch direkt von Log4J in der Version 1.2.13 abhängig. Ein kurzer Blick auf Abbildung 5–4 auf Seite 205 offenbart den Versionskonflikt: commons-logging referenziert ebenfalls Log4J, allerdings in der Version 1.2.12. Die Frage ist nun: Welche Version von Log4J wird wirklich für den Build verwendet?

Die richtige Antwort lautet: Version 1.2.13. Allerdings ist die Begründung für die Wahl von Maven nicht so offenkundig, wie es auf den ersten Blick erscheint. Man könnte zunächst spekulieren, dass 1.2.13 verwendet wird, weil diese Version eben größer als 1.2.12 ist. Doch dem ist nicht so. Denn die eigentliche Versionsnummer von Log4J hat in unserem Beispiel überhaupt nichts mit der ganzen Sache zu tun. Sobald wir in Listing 5–7 die Abhängigkeit auf *log4j-1.2.11* ändern, verwendet Maven knallhart diese Version, obwohl an anderer Stelle im Graph eine höhere Version gefordert wird.

Die Erklärung für dieses Verhalten finden wir in den von Maven angewendeten Lösungsstrategien für Versionskonflikte. Solange alle an einem Konflikt beteiligten Knoten im Graph nur gewünschte Versionen verwenden, nimmt Maven einfach den *nächstgelegenen Knoten*. In unserem Beispiel ist das eben *log4j-1.2.11*, denn diese Abhängigkeit steht direkt im POM von *e2etrace*. Intern hat sie damit die »Entfernung« null vom Wurzelknoten des Abhängigkeitsgraphen und ist per Definition am nächsten gelegen. Die von commons-logging referenzierte Version *log4j-1.2.12* hat hingegen die Entfernung eins.

Auswahl der nächstgelegenen Version

So weit, so gut. Maven bietet aber natürlich auch die Möglichkeit, die zu verwendende Version ganz genau festzulegen. Hierfür wurde eigens eine spezielle Syntax für die Versionsangaben von Abhängigkeiten entwickelt. Hier ein paar Beispiele:

Explizite Versionsangabe

- `<version>1.00</version>`:
  Die gewünschte Version ist 1.00. Liegt ein Versionskonflikt mit einer transitiven Abhängigkeit vor, kann Maven eine andere Version verwenden.

- `<version>[1.00]</version>`:
  Es soll exakt Version 1.00 eingebunden werden. Wenn dies nicht möglich ist, bricht der Build mit einer Fehlermeldung ab.
- `<version>[1.00,]</version>`:
  Es soll Version 1.00 oder größer eingebunden werden.
- `<version>[1.00,1.20)</version>`:
  Es soll eine Version >= 1.00 und < 1.20 eingebunden werden.

Abgesehen von der am Anfang der Liste gezeigten Standardsyntax werden also letztlich Versionsintervalle festgelegt. Die eckige Klammer definiert die entsprechende Intervallgrenze *inklusive* der angegebenen Version, die runde Klammer *exklusive* dieser Version. Ein offenes Intervall legt man fest, indem einfach keine Version angegeben wird.

Sobald nun einer oder mehrere der an einem Versionskonflikt beteiligten Knoten im Graph eine Version explizit fordern, ändern sich die Spielregeln. Maven vergleicht nun alle am Konflikt beteiligten, expliziten Versionsangaben und wählt die größte passende Version aus. Und wichtig: Alle gewünschten Versionen fallen unter den Tisch! Wenn also in unserem Beispiel commons-logging explizit *log4j-1.2.12* fordern würde (über `<version>[1.2.12]</version>`), würde Maven diese Version verwenden – und nicht mehr *log4j-1.2.11*, die wir im POM von *e2etrace* definiert haben.

Steuerung der Konfliktlösung

Je nach Projektumfeld kann der zuletzt genannte Fall ziemliche Probleme machen. Schön ist er eigentlich nie, denn letztlich möchte man als Architekt und Entwickler schon eine gewisse Kontrolle darüber, welche Bibliotheksversionen nun tatsächlich für den Build verwendet werden.

Maven bietet uns daher diverse Möglichkeiten, die Versionsauflösung zuverlässig zu steuern. Zum Beispiel könnten wir einfach im POM nicht eine gewünschte, sondern eben eine explizite Version angeben. Besser geeignet ist allerdings das Element `dependencyManagement`[6]. Für unser Beispiel schaut das dann wie folgt aus:

---

[6]. Besser geeignet ist das Element hauptsächlich für Multi-Modul-Projekte. Hier kann man in einem übergeordneten Eltern-Projekt alle Bibliotheksversionen per `dependencyManagement` festlegen. Die Kind-Projekte erben dann diese Definitionen. Auf diese Weise behält man auch in komplexen Projekten die volle Kontrolle über die verwendeten Bibliotheken.

```xml
<!-- Einbindung externer Bibliotheken -->
<dependencies>
  <dependency>
    <groupId>junit</groupId>
    <artifactId>junit</artifactId>
  </dependency>
  <dependency>
    <groupId>commons-logging</groupId>
    <artifactId>commons-logging</artifactId>
  </dependency>
  <dependency>
    <groupId>log4j</groupId>
    <artifactId>log4j</artifactId>
  </dependency>
</dependencies>

<!-- Versionen und Scope festzurren -->
<dependencyManagement>
  <dependencies>
    <dependency>
      <groupId>junit</groupId>
      <artifactId>junit</artifactId>
      <version>4.3.1</version>
      <scope>test</scope>
    </dependency>
    <dependency>
      <groupId>commons-logging</groupId>
      <artifactId>commons-logging</artifactId>
      <version>1.1</version>
    </dependency>
    <dependency>
      <groupId>log4j</groupId>
      <artifactId>log4j</artifactId>
      <version>1.2.11</version>
    </dependency>
  </dependencies>
</dependencyManagement>
```

Listing 5–8
Steuerung der Versionsauflösung

Im Listing ist gut zu erkennen, dass im Element dependencyManagement alle referenzierten Bibliotheken noch mal aufgezählt werden – und zwar mit Version und Scope. Eine explizite Version muss man hier nicht angeben, Maven nimmt die Angaben in diesem Element ernst und garantiert uns die Verwendung der dort genannten Versionen. Man kann und soll im dependencyManagement auch Bibliotheken festzurren, die vom Projekt nur indirekt (also transitiv) gezogen werden.

Wichtig ist allerdings, dass die vom eigenen Projekt direkt referenzierten Bibliotheken auch weiterhin unterhalb von dependencies definiert werden. Nur die dort genannten Abhängigkeiten werden auch wirklich für den Build-Prozess verwendet. Nicht mehr notwendig ist dann natürlich die Angabe von Versionsnummer und Scope.

5.1.5 Produkt erstellen

In Listing 5–9 ist die erste funktionsfähige Fassung des POM für *e2etrace* nochmals komplett dargestellt (jetzt wieder ohne Abhängigkeit zu Log4J, das habe ich ja nur für die Erläuterung der Versionskonflikte benötigt).

Listing 5–9
Erste funktionsfähige Fassung des Beispiel-POM

```xml
<project>
  <!-- Allgemeine Angaben zum Projekt -->
  <modelVersion>4.0.0</modelVersion>
  <groupId>org.e2etrace</groupId>
  <artifactId>e2etrace</artifactId>
  <packaging>jar</packaging>
  <version>1.2.0-SNAPSHOT</version>
  <name>e2etrace-Bibliothek</name>
  <description>
    e2etrace ist eine Java-Bibliothek für
    End-to-End-Tracing-Funktionalität speziell in
    mehrschichtigen,verteilten Java-Applikationen.
  </description>
  <url>http://www.e2etrace.org</url>
  <organization>
    <name>Gunther Popp</name>
    <url>http://www.e2etrace.org</url>
  </organization>

  <!-- Properties -->
  <properties>
    <src>src</src>
    <target>target</target>
    <doc>doc</doc>

    <!-- Quellverzeichnisse der KM-Elemente -->
    <src.java>${src}/java</src.java>
    <src.junit>${src}/junit</src.junit>

    <!-- Verzeichnisse für generierte Elemente -->
    <target.java>${target}/java</target.java>
    <target.junit>${target}/junit</target.junit>

    <!-- Encoding explizit festlegen -->
    <project.build.sourceEncoding>Cp1252
      </project.build.sourceEncoding>

  </properties>

  <!-- Anpassung des Standard-Build-Prozesses -->
  <build>
    <!-- Angaben zur Projektstruktur -->
    <sourceDirectory>${src.java}</sourceDirectory>
    <testSourceDirectory>${src.junit}
      </testSourceDirectory>
```

```xml
      <directory>${target}</directory>
      <outputDirectory>${target.java}</outputDirectory>
      <testOutputDirectory>${target.junit}
      </testOutputDirectory>
  </build>

  <!-- Einbindung externer Bibliotheken -->
  <dependencies>
    <dependency>
      <groupId>junit</groupId>
      <artifactId>junit</artifactId>
    </dependency>
    <dependency>
      <groupId>commons-logging</groupId>
      <artifactId>commons-logging</artifactId>
    </dependency>
  </dependencies>

  <!-- Versionen und Scope festzurren -->
  <dependencyManagement>
    <dependencies>
      <dependency>
        <groupId>junit</groupId>
        <artifactId>junit</artifactId>
        <version>4.3.1</version>
        <scope>test</scope>
      </dependency>
      <dependency>
        <groupId>commons-logging</groupId>
        <artifactId>commons-logging</artifactId>
        <version>1.1</version>
      </dependency>
    </dependencies>
  </dependencyManagement>
</project>
```

Im nächsten Schritt wird es ernst. Maven soll auf Basis dieses POM die noch fehlenden Zielverzeichnisse neu anlegen, den Java-Quelltext kompilieren und die JavaDoc-Dokumentation erzeugen.

Einführung in den Maven-Build-Lifecycle

Ein Maven-Build-Prozess besteht aus einer Reihe von standardisierten Build-Phasen. Die Namen dieser Phasen und deren inhaltliche Bedeutung sind im *Build-Lifecycle* zusammengefasst (siehe Tabelle 5–3).

Tab. 5–3
Standardphasen des Build-Lifecycles

Build-Phase	Beschreibung
validate	Prüft, ob die Vorbedingungen zur Ausführung des Build-Prozesses erfüllt sind.
initialize	Bereitet die eigentliche Ausführung des Build-Prozesses vor.
generate-sources	Generiert Quelltext, der in späteren Schritten dann als Teil des Produktes kompiliert wird.
process-sources	Bearbeitet existierenden Quelltext. Dieser Schritt übernimmt im Prinzip die Funktion eines Präprozessors.
generate-resources	Generiert Ressourcen. Ein Beispiel hierfür sind Properties-Dateien mit landesspezifischen Dialogtexten, die aus einer zentralen Datenbank heraus erzeugt werden.
process-resources	Bearbeitet existierende Ressourcen.
compile	Kompiliert den Quelltext.
process-classes	Bearbeitet den übersetzten Quelltext. Ein Beispiel hierfür sind Werkzeuge, die Java-Klassendateien um bestimmte Funktionalität erweitern.
generate-test-sources	Generiert Quelltext für Modultests.
process-test-sources	Bearbeitet existierenden Quelltext für Modultests.
generate-test-resources	Generiert Ressourcen für Modultests.
process-test-resources	Bearbeitet existierende Ressourcen für Modultests.
test-compile	Kompiliert den Quelltext für Modultests.
process-test-classes	Bearbeitet die kompilierten Modultest-Klassen. In dieser Phase können Tools den Bytecode der Klassen nochmals verändern.
test	Führt die Modultests aus.
prepare-package	Bereitet die Erstellung der Auslieferungsdatei vor. In dieser Phase können die Verzeichnisse und Dateien der geplanten Auslieferungsdatei noch im »ungepackten« Zustand angepasst werden.
package	Erstellt die Auslieferungsdatei, also das Artefakt, für das Projekt.
pre-integration-test	Führt alle notwendigen Schritte zur Vorbereitung von Integrationstests aus. Im Gegensatz zu Modultests werden Integrationstests auf Basis der Auslieferungsdatei des Projektes in einer speziellen Testumgebung (z. B. einem Applikationsserver) ausgeführt.
integration-test	Installiert die Auslieferungsdatei in der Testumgebung und führt die Integrationstests aus.
post-integration-test	Führt alle notwendigen Schritte zum Abschluss der Integrationstests aus. Beispielsweise sollte die Testumgebung wieder in ihren Ursprungszustand zurückversetzt werden.

→

Build-Phase	Beschreibung
verify	Prüft, ob die Auslieferungsdatei vollständig und korrekt ist.
install	Überträgt die Auslieferungsdatei und damit das Artefakt in das lokale Maven-Repository.
deploy	Überträgt das Artefakt in ein Remote-Repository.

Die Abarbeitung der Phasen erfolgt immer sequenziell von oben nach unten. Wie wir gleich feststellen werden, führt Maven aber meistens nur einen Teil der in der Tabelle genannten Phasen wirklich aus.

Neben dem in der Tabelle beschriebenen Build-Lifecycle kennt Maven noch zwei spezielle Varianten: den Site- und den Clean-Lifecycle. Letzteren werde ich etwas später in diesem Abschnitt noch besprechen, um den Site-Lifecycle kümmern wir uns dann in Abschnitt 5.4.

Site- und Clean-Lifecycle

Ausführung des Build-Lifecycles durch Plugins

Der Build-Lifecycle ist zunächst nur eine Konvention, die Namen und Semantik der einzelnen Phasen des Build-Prozesses festlegt. Um den Lifecycle sozusagen mit Leben zu füllen, müssen den einzelnen Phasen Build-Ziele zugeordnet werden. Das Ergebnis dieser Zuordnung, die auch als *Lifecycle-Mapping* bezeichnet wird, ist dann ein konkreter Build-Prozess, der von Maven auch ausgeführt werden kann.

Als Ausgangspunkt für das Lifecycle-Mapping dient der mit dem Element `<packaging>` im POM angegebene Artefakttyp. Jeder von Maven unterstützte Artefakttyp ist intern mit einem Standard-Mapping ausgestattet. In Abbildung 5–5 ist beispielsweise das Mapping für den von *e2etrace* verwendeten Artefakttyp *jar* dargestellt. Eine umfassende Referenz der Lifecycle-Mappings für die von Maven unterstützten Artefakttypen finden Sie in [URL: MavenBook].

Die Abbildung zeigt, dass für die Erstellung einer jar-Datei von den insgesamt 23 Phasen des Build-Lifecycles nur acht verwendet werden. Diesen Phasen werden von Maven die in der zweiten und dritten Spalte aufgezählten Plugins und Build-Ziele zugewiesen. Der konkrete Build-Prozess ergibt sich dann aus der Abarbeitung der Build-Ziele von oben nach unten.

Abb. 5–5
Lifecycle-Mapping für den Artefakttyp jar

Lifecycle-Phase	Plugin	Build-Ziel
① process-resources	maven-resources-plugin	resources
② compile	maven-compiler-plugin	compile
③ process-test-resources	maven-resources-plugin	testResources
④ test-compile	maven-compiler-plugin	testCompile
⑤ test	maven-surefire-plugin	test
⑥ package	maven-jar-plugin	jar
⑦ install	maven-install-plugin	install
⑧ deploy	maven-deploy-plugin	deploy

Referenz der verfügbaren Plugins

Die Tabelle nennt übrigens nur einen kleinen Teil der verfügbaren Plugins und Build-Ziele. Eine vollständige Referenz der vom Maven-Projekt bereitgestellten Plugins ist unter [URL: MavenPlugins] zu finden. Plugins werden jedoch auch außerhalb des eigentlichen Maven-Projektes entwickelt. Insbesondere das Mojo-Projekt stellt unter *http://mojo.codehaus.org* eine große Auswahl an zusätzlichen Maven-Plugins zur Verfügung.

Aufruf des Java-Compilers

Nachdem wir jetzt die einzelnen Phasen des für *e2etrace* verwendeten Build-Prozesses kennen, sollte der Aufruf des Java-Compilers kein großes Problem mehr darstellen. Hierfür müssen wir Maven lediglich mitteilen, dass wir die Phase *compile* ausführen wollen. Der entsprechende Aufruf im Arbeitsbereich von *e2etrace* lautet wie folgt:

```
> mvn compile
```

Maven führt daraufhin zunächst alle übergeordneten Phasen des Lifecycles aus. Für jar-Dateien ist dies laut Abbildung 5–5 lediglich die Phase *process-resources*. Anschließend lädt Maven das der Phase *compile* zugeordnete Plugin *maven-compiler-plugin* und führt das in diesem Plugin enthaltene Build-Ziel *compile* aus. Abbildung 5–6 zeigt den gesamten Ablauf im Überblick.

Aus der Abbildung geht hervor, dass Maven Plugins ähnlich wie die in Abschnitt 5.1.4 erläuterten Abhängigkeiten zu externen Bibliotheken behandelt. Genau wie diese werden auch Plugins in Maven-

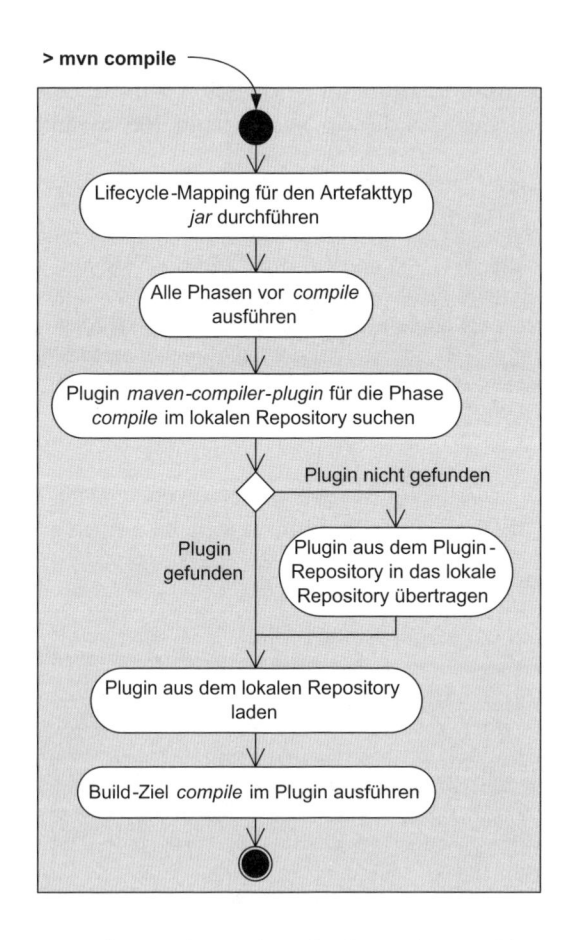

Abb. 5-6
Ablauf vom Aufruf der Build-Phase bis zur Ausführung des Build-Ziels

Repositorys verwaltet und von dort direkt in den Build-Prozess eingebunden. Allerdings sind bei Plugins einige Besonderheiten zu beachten:

- Maven unterscheidet logisch zwischen einem »normalen« Remote-Repository für externe Bibliotheken und einem *Plugin-Repository*. In der Standardeinstellung wird für beide Repository-Arten die URL *http://repo1.maven.org/maven2* verwendet.
- Externe Bibliotheken werden immer über die groupId, artifactId und version referenziert. Maven verwendet diese Schlüsselattribute auch für Plugins. Im Rahmen des Lifecycle-Mappings werden die Plugins anhand der groupId und der artifactId den einzelnen Build-Phasen zugeordnet. Alle bisher erwähnten Plugins verwenden die groupId *org.apache.maven.plugins*. Als artifactId dient der Name des Plugins, also beispielsweise *maven-compiler-plugin*.
- Seit Maven 3.x wird die Versionsnummer eines Plugins ebenfalls im Rahmen des Lifecycle-Mappings festgelegt. In älteren Maven-Versionen wurde einfach immer das neueste verfügbare Plugin oder eine

Standardversion aus dem sogenannten *Super-POM* (siehe Kasten) verwendet. Man kann dieses Verhalten auf unterschiedliche Arten beeinflussen; mehr zu diesem Thema dann in Abschnitt 5.2.

> **Das Super-POM**
>
> Der Begriff »Super-POM« klingt irgendwie schon wichtig, und tatsächlich verbirgt sich dahinter nichts anderes als die Stelle in Maven, an der nahezu sämtliche Standardeinstellungen festgelegt sind. Dies umfasst beispielsweise die bereits erwähnten Konventionen zur Projektstruktur, die URL des zentralen Remote-Repositorys und eben die Versionen der Maven-Plugins. Es lohnt sich also, einen Blick in das Super-POM zu werfen (siehe [URL: MavenSuperPOM]).

Nachdem die prinzipielle Vorgehensweise von Maven jetzt klar ist, wird es Zeit, die Build-Phase *compile* wirklich zu starten:

Aufruf der Build-Phase compile

```
> mvn compile
[INFO] ------------------------------------------------------------
[INFO] Building e2etrace-Bibliothek 1.2.0-SNAPSHOT
[INFO] ------------------------------------------------------------
Downloading: ...
[INFO] --- maven-resources-plugin:2.5:resources @ e2etrace ---
[INFO] Using 'Cp1252' encoding to copy filtered resources.
INFO] skip non existing resourceDirectory
D:\Projekte\e2etrace\trunk\src\main\resources
[INFO] --- maven-compiler-plugin:2.3.2:compile @ e2etrace ---
[INFO] Compiling 31 source files to
D:\Projekte\e2etrace\trunk\target\java
[INFO] ------------------------------------------------------------
[INFO] BUILD SUCCESS
[INFO] ------------------------------------------------------------
[INFO] Total time: 1.278s
```

Unter der Annahme, dass Maven wirklich das erste Mal auf dem lokalen Rechner gestartet wird, fällt die zurückgelieferte Ausgabe in der Realität deutlich umfangreicher als im obigen Beispiel aus. Dort habe ich ganze Passagen mit *Downloading*-Meldungen weggekürzt und durch drei Punkte ersetzt.

Laden der verwendeten Plugins aus dem Plugin-Repository

Gehen wir kurz durch, was im Beispiel vor sich geht. Wir rufen Maven auf und starten die Build-Phase *compile*. Maven ermittelt daraufhin die auszuführenden Plugins *maven-resources-plugin* und *maven-compiler-plugin*. Da wir Maven das erste Mal starten, sind beide Plugins noch nicht im lokalen Repository vorhanden. Sie werden demzufolge aus dem Plugin-Repository geladen. Hierbei stellt Maven fest, dass die Plugins selbst Abhängigkeiten zu weiteren Modulen besitzen. Also müssen auch diese Module aus dem Repository übertragen werden. Da Module wieder Abhängigkeiten zu anderen Modulen besitzen können, wird letzten Endes eine recht umfangreiche Bibliothekssammlung in das lokale Repository übertragen.

Sobald alle notwendigen Dateien lokal vorliegen, werden schließlich die Build-Ziele *resources* und *compile* in den beiden Plugins ausgeführt.

Kompilierung der Modultests

Die Modultests wurden bis jetzt nicht übersetzt. Der Grund hierfür ist im Lifecycle zu suchen. Maven kompiliert Modultests erst in der Build-Phase *test-compile*. Diese folgt im Lifecycle nach *compile*, daher wurde sie oben nicht ausgeführt. Um den kompletten Quelltext inklusive Tests zu kompilieren, ist der folgende Aufruf notwendig:

```
> mvn test-compile
[INFO] ---------------------------------------------------------
[INFO] Building e2etrace-Bibliothek 1.2.0-SNAPSHOT
[INFO] ---------------------------------------------------------
Downloading:
http://repo1.maven.org/maven2/junit/junit/4.3.1/junit-4.3.1.jar
[INFO] --- maven-resources-plugin:2.5:resources @ e2etrace ---
[INFO] Using 'Cp1252' encoding to copy filtered resources.
[INFO] skip non existing resourceDirectory
D:\Projekte\e2etrace\trunk\src\main\resources
[INFO]
[INFO] --- maven-compiler-plugin:2.3.2:compile @ e2etrace ---
[INFO] Nothing to compile - all classes are up to date
[INFO]
[INFO] --- maven-resources-plugin:2.5:testResources @ e2etrace ---
[INFO] Using 'Cp1252' encoding to copy filtered resources.
[INFO] skip non existing resourceDirectory
D:\Projekte\e2etrace\trunk\src\test\resources
[INFO]
[INFO] --- maven-compiler-plugin:2.3.2:testCompile @ e2etrace ---
Compiling 8 source files to D:\...\trunk\target\junit
[INFO] ---------------------------------------------------------
[INFO] BUILD SUCCESSFUL
[INFO] ---------------------------------------------------------
```

Kompilieren des kompletten Quelltextes inklusive Modultests

Maven führt den Lifecycle jetzt bis zur Phase *test-compile* aus. Dies umfasst auch alle vorherigen Phasen, wie beispielsweise *compile*. Ein bemerkenswertes Detail ist übrigens die oben angezeigte Meldung bezüglich des Downloads von JUnit. In einem »normalen« Build-Prozess hätte ich an dieser Stelle zunächst beschreiben müssen, wie JUnit installiert und eingebunden wird (interessierte Leser können dies im Online-Kapitel zur Projektautomatisierung mit Ant nachprüfen).

Maven nimmt uns diese Aufgabe vollständig ab. JUnit wird automatisch aus dem Repository geladen und in den Build-Prozess integriert.

Generierung der JavaDoc-Dokumentation

Im Fall von *e2etrace* gehört zur vollständigen Erstellung des Produktes auch die Generierung der JavaDoc-Dokumentation. Der Standard-Build-Prozess von Maven sieht diesen Schritt jedoch leider nicht vor.

Direkter Aufruf eines beliebigen Plugins

Uns bleiben nun zwei Möglichkeiten. Was immer funktioniert, ist der direkte Aufruf eines Build-Ziels in einem beliebigen Plugin. Die entsprechende Aufrufsyntax lautet wie folgt (die eckigen Klammern deuten an, dass die Angabe der Plugin-Version nicht zwingend ist):

```
mvn pluginGroupId:pluginArtifactId[:pluginVersion]:goal
```

Für die Erzeugung der JavaDoc-Dokumentation ist das Plugin *maven-javadoc-plugin* zuständig. Dieses stellt eine umfangreiche Auswahl an Build-Zielen zur Verfügung. Uns interessiert an dieser Stelle nur das Ziel *javadoc* zur Generierung der klassischen HTML-Dateien aus den JavaDoc-Elementen im Quelltext. Der vollständige Aufruf lautet:

```
mvn org.apache.maven.plugins:maven-javadoc-plugin:javadoc
```

Plugin-Präfix

Um den Anwendern von Maven Tipparbeit zu ersparen, wurde das *Plugin-Präfix* eingeführt. Der Name eines Plugins entspricht standardmäßig dem Muster *maven-<Präfix>-plugin*. Für das *maven-javadoc-plugin* lautet das Präfix also *javadoc*. Mit dem Präfix verkürzt sich der Befehl deutlich:

```
mvn javadoc:javadoc
```

Wenn nur die Standard-Plugins von Maven verwendet werden, kann man das Präfix einfach aus dem Plugin-Namen ableiten. Sobald jedoch »externe« Plugins zum Einsatz kommen, sollte man unbedingt [URL: MavenPrefixes] zurate ziehen. Denn in diesem Fall müssen Maven die *groupId* und eventuell auch die individuellen Präfixe der externen Plugins mitgeteilt werden.

Das *javadoc*-Plugin verwendet automatisch das bereits im POM definierte Verzeichnis für den Java-Quelltext als Ausgangsbasis zur Generierung der Dokumentation. Die Quellen der Modultests werden hingegen, wie von uns erwünscht, standardmäßig von der Dokumentation ausgeschlossen. Als Zielverzeichnis für die HTML-Dateien verwendet das Plugin *target/site/apidocs*. Solange wir keine Probleme damit haben, das *javadoc*-Plugin bei Bedarf separat aufzurufen, sind also keinerlei Erweiterungen im POM notwendig.

Die oben erwähnte zweite Möglichkeit geht hingegen einen Schritt weiter und baut das *javadoc*-Plugin direkt in den Build-Prozess ein. Hierzu wird das `<build>`-Element im POM wie folgt erweitert:

```
<!-- Anpassung des Standard-Build-Prozesses -->
<build>
  <!-- Angaben zur Projektstruktur -->
  <sourceDirectory>${src.java}</sourceDirectory>
  <testSourceDirectory>${src.junit}</testSourceDirectory>
  <directory>${target}</directory>
  <outputDirectory>${target.java}</outputDirectory>
  <testOutputDirectory>${target.junit}
    </testOutputDirectory>

  <!-- Anpassung des Build-Prozesses -->
  <plugins>
    <!-- JavaDoc-Plugin konfigurieren -->
    <plugin>
      <groupId>org.apache.maven.plugins</groupId>
      <artifactId>maven-javadoc-plugin</artifactId>
      <executions>
        <execution>
          <phase>package</phase>
          <goals>
            <goal>javadoc</goal>
          </goals>
        </execution>
      </executions>
    </plugin>
  </plugins>
</build>
```

Listing 5–10
Integration des javadoc-Plugins in den Build-Lifecycle

Unterhalb des Elementes `<plugins>` können zusätzliche Plugins in den Build-Prozess aufgenommen werden. Im Listing lege ich für das *javadoc*-Plugin eine Lifecycle-Phase fest, in der es automatisch ausgeführt werden soll. Das `<execution>`-Element kennt zu diesem Zweck zwei Unterelemente `<phase>` und `<goals>`. Für jedes Build-Ziel (`<goal>`) des Plugins kann eine Zuordnung zu einer Build-Phase (`<phase>`) erfolgen. Im Beispiel weise ich dem Build-Ziel *javadoc* die Phase *package* zu. Wie wir etwas später sehen werden, erstellt diese Phase die Auslieferungsdatei von *e2etrace*. Mit der obigen Änderung im POM stellen wir sicher, dass gleichzeitig die JavaDoc-Dokumentation neu erzeugt wird.

Erzeugte Dateien löschen

Ein wichtiger Bestandteil jedes Build-Prozesses ist das automatische Entsorgen aller generierten Artefakte, falls diese nicht mehr benötigt werden. Maven verwendet zu diesem Zweck einen speziellen *Clean*-Lifecycle. Dieser kann über den folgenden Befehl gestartet werden:

Ausführung des Clean-Lifecycles

```
> mvn clean
[INFO] ------------------------------------------------------------
[INFO] Building e2etrace-Bibliothek 1.2.0-SNAPSHOT
[INFO] ------------------------------------------------------------
[INFO]
[INFO] --- maven-clean-plugin:2.4.1:clean @ e2etrace ---
[INFO] Deleting directory D:\...\trunk\target
[INFO] ------------------------------------------------------------
[INFO] BUILD SUCCESSFUL
[INFO] ------------------------------------------------------------
```

5.1.6 Produkt prüfen

Zur Prüfung von *e2etrace* verlassen wir uns zunächst auf die Modultests. Weitergehende Möglichkeiten zur Qualitätssicherung werde ich in Abschnitt 5.3 besprechen.

Die Ausführung von Modultests ist Bestandteil des Standard-Build-Prozesses. Verantwortlich hierfür ist die Phase *test*. In unserem Beispiel wurde dieser Phase durch das Lifecycle-Mapping das Build-Ziel *test* des Plugins *maven-surefire-plugin* zugeordnet. Daher können wir die Modultests sofort ausführen:

Durchführen der Modultests

```
> mvn test
[INFO] ------------------------------------------------------------
[INFO] Building e2etrace-Bibliothek 1.2.0-SNAPSHOT
[INFO] ------------------------------------------------------------
[INFO]
[INFO] --- maven-resources-plugin:2.5:resources @ e2etrace ---
(...)
[INFO] --- maven-compiler-plugin:2.3.2:compile @ e2etrace ---
(...)
[INFO] --- maven-resources-plugin:2.5:testResources @ e2etrace ---
(...)
[INFO] --- maven-compiler-plugin:2.3.2:testCompile @ e2etrace ---
(...)
[INFO] --- maven-surefire-plugin:2.10:test @ e2etrace ---
[INFO] Surefire report directory:
D:\Projekte\e2etrace\trunk\target\surefire-reports

-------------------------------------------------------
 T E S T S
-------------------------------------------------------
Running e2etrace.timer.DefaultTimerFactoryTest
Tests run: 1, Failures: 0, Errors: 0
(...)
Running e2etrace.trace.DefaultTraceStepTest
Tests run: 5, Failures: 1, Errors: 0 <<< FAILURE!

Results :
Tests run: 12, Failures: 1, Errors: 0
(...)
```

```
[INFO] ------------------------------------------------
[INFO] BUILD FAILURE
[INFO] ------------------------------------------------
```

Umgang mit fehlerhaften Tests

Aus der Sicht von Maven ist die Ausführung der Lifecycle-Phase *test* nur dann erfolgreich, wenn keiner der Modultests einen Fehler meldet. Im obigen Beispiel ist jedoch genau dieser Fall eingetreten, daher bricht Maven den Build-Prozess ab.

Nun stellt sich die Frage, ob wir im Fall von *e2etrace* mit dem Standardverhalten einverstanden sind oder eher eine etwas lockere Variante bevorzugen, die das Produkt auch bei fehlerhaften Tests erstellt. Für Entwickler ist das Standardverhalten von Maven meiner Erfahrung nach nicht praktikabel. Ein Beharren auf jederzeit fehlerfreie Unit-Tests führt oft dazu, dass einzelne Tests »mal kurz« auskommentiert werden – und später komplett in Vergessenheit geraten. Meines Erachtens empfiehlt sich daher die folgende Regelung im Projekt: Solange die Entwickler lokal am Quelltext arbeiten, dürfen Modultests auch fehlschlagen. Sobald Quelltext jedoch ins Repository geschrieben wird, müssen alle korrespondierenden Tests zu 100% fehlerfrei sein. De facto müssen wir im POM also zwischen einem lokalen Entwickler-Build und einem »ernst gemeinten« Integrations-Build unterscheiden. Genau das werden wir etwas später in Abschnitt 5.2 auch tun. Vorerst interessiert uns allerdings nur der lokale Build.

Ignorieren fehlerhafter Testfälle

Wir müssen nun das *surefire*-Plugin so umkonfigurieren, dass es fehlerhafte Tests ignoriert. Dies erfolgt im POM über eine kleine Erweiterung des `<build>`-Elements:

```xml
<!-- Anpassung des Standard-Build-Prozesses -->
<build>
  <!-- Angaben zur Projektstruktur -->
  (...)

  <!-- Anpassung des Build-Prozesses -->
  <plugins>
    <!-- JavaDoc-Plugin konfigurieren -->
    (...)

    <!-- Konfiguration des surefire-Plugins anpassen -->
    <plugin>
      <groupId>org.apache.maven.plugins</groupId>
      <artifactId>maven-surefire-plugin</artifactId>
      <configuration>
        <testFailureIgnore>true</testFailureIgnore>
      </configuration>
    </plugin>
  </plugins>
</build>
```

Listing 5–11
Anpassung des surefire-Plugins

Über das <configuration>-Element wird dem *surefire*-Plugin der Parameter <testFailureIgnore> mitgeteilt. Dieser verhindert den Abbruch des Build-Prozesses durch fehlerhafte Tests.

5.1.7 Produkt ausliefern

Das Beispielprojekt *e2etrace* implementiert eine Bibliothek mit Trace-Funktionen. Wie für Java-Bibliotheken üblich, verwenden wir zur Auslieferung daher eine *Java-Archivdatei* (jar-Datei). Andere Projekte binden *e2etrace.jar* dann als externe Bibliothek in ihre jeweiligen Build-Skripte ein.

Wir haben das Format der Auslieferungsdatei bereits in Abschnitt 5.1.1 mit dem Element <packaging> im POM festgehalten. Um die Auslieferungsdatei zu erstellen, muss laut Build-Lifecycle die Phase *package* ausgeführt werden. In unserem Fall wurde dieser Phase durch das Lifecycle-Mapping das Build-Ziel *jar* im Plugin *maven-jar-plugin* zugewiesen.

Erstellung der Archivdatei

Bevor wir die Phase *package* starten, müssen wir zunächst die Standardkonfiguration des *jar*-Plugins in einigen Punkten ändern:

Listing 5–12
Anpassung des jar-Plugins im POM

```
<!-- Anpassung des Standard-Build-Prozesses -->
<build>
  <!-- Angaben zur Projektstruktur -->
  (...)

  <!-- Anpassung des Build-Prozesses -->
  <plugins>
    (...)

    <!-- Konfiguration des jar-Plugins anpassen -->
    <plugin>
      <groupId>org.apache.maven.plugins</groupId>
      <artifactId>maven-jar-plugin</artifactId>
      <configuration>
        <archive>
          <addMavenDescriptor>false
          </addMavenDescriptor>
        </archive>
      </configuration>
    </plugin>
  </plugins>
</build>
```

Mit den geschachtelten Parametern <archive> und <addMavenDescriptor> verhindere ich, dass das POM und eine daraus abgeleitete properties-Datei in die jar-Datei aufgenommen werden. Standardmäßig legt das Plugin die Dateien *pom.xml* und *pom.properties*[7] unterhalb des Verzeichnisses *META-INF* in der jar-Datei ab. Die Idee dahinter ist, dass Anwendungen auf diese Weise zur Laufzeit Zugriff auf die Daten im POM erhalten. Im Beispielprojekt *e2etrace* nutze ich diese Möglichkeit nicht, daher verzichte ich von vornherein auf die Auslieferung der beiden Maven-spezifischen Dateien.

Über den folgenden Aufruf wird nun die Generierung der Auslieferungsdatei gestartet[8]. Gleichzeitig wird die JavaDoc-Dokumentation neu erstellt, da wir die Lifecycle-Phase *package* weiter oben (Listing 5–10) entsprechend erweitert haben.

```
> mvn package
[INFO] ------------------------------------------------
[INFO] Building e2etrace-Bibliothek 1.2.0-SNAPSHOT
[INFO] ------------------------------------------------
[INFO] --- maven-resources-plugin:2.5:resources @ e2etrace ---
(...)
[INFO] --- maven-compiler-plugin:2.3.2:compile @ e2etrace ---
(...)
[INFO] --- maven-resources-plugin:2.5:testResources @ e2etrace ---
(...)
[INFO] --- maven-compiler-plugin:2.3.2:testCompile @ e2etrace ---
(...)
[INFO] --- maven-surefire-plugin:2.10:test @ e2etrace ---
(...)
[INFO] --- maven-jar-plugin:2.4:jar @ e2etrace ---
[INFO]
[INFO] --- maven-javadoc-plugin:2.9:javadoc @ e2etrace ---
(...)
[INFO] ------------------------------------------------
[INFO] BUILD SUCCESSFUL
[INFO] ------------------------------------------------
```

Ausführung der package-Phase

---

7. pom.properties enthält eine kleine Teilmenge der Informationen aus der Datei pom.xml. Hierzu gehört beispielsweise die Versionsnummer des Produktes. Die properties-Datei wurde eingeführt, um Anwendungen auch ohne den Einsatz eines XML-Parsers den Zugriff auf einige grundlegende Daten des POM zu ermöglichen.
8. Die Darstellung ist hier etwas »geschönt«, denn tatsächlich würde Maven 3 ganz zu Beginn eine dicke Warnung ausgeben. Ursache hierfür sind unsere Erweiterungen des Build-Prozesses. Wir haben im POM einige Plugins umkonfiguriert und dabei nie eine konkrete Plugin-Version angegeben. Maven betrachtet dieses Vorgehen, ganz zu Recht, als unsauber. Warum dies so ist und wie man es besser macht, werde ich auf Seite 271 im Abschnitt *Eindeutige Identifizierung der verwendeten Plugins* ausführlich erläutern.

Nach der Ausführung des Kommandos hat Maven eine Datei *e2etrace-1.2.0-SNAPSHOT.jar* erstellt. Die Versionsnummer, inklusive des Postfix *–SNAPSHOT*, übernimmt Maven direkt aus dem Element <version> im POM. Als *Snapshots* werden von Maven die »Zwischenstände« eines Produktes bezeichnet, die während der normalen Entwicklungsarbeit entstehen. Wir werden uns in Abschnitt 5.2.5 noch ausführlich mit der Frage auseinandersetzen, welche Bedeutung der Snapshot-Mechanismus für unseren KM-Prozess hat.

Auslieferung der Archivdatei über Repositorys

Die, zugegebenermaßen selbstbewusste, Philosophie von Maven ist, dass fertige Produkte über Maven-Repositorys ausgeliefert werden. Dies ist teilweise in der Historie von Maven begründet, das aus einem Open-Source-Projekt heraus entstanden ist. In diesem Umfeld hat die Bereitstellung einer zentralen Infrastruktur zur Auslieferung und öffentlichen Bereitstellung von Bibliotheken und Komponenten durchaus Sinn. Hinzu kommt natürlich, dass auch Maven selbst zu großen Teilen über Repositorys an uns, die Anwender, ausgeliefert wird. In der Folge spielen die Repositorys eine zentrale Rolle im Build-Lifecycle. Dieser sieht die Phasen *install* und *deploy* für die Auslieferung vor, getrennt nach dem lokalen Repository und dem Remote-Repository.

Im kommerziellen Umfeld kommt die Bereitstellung eines Produktes in einem öffentlich zugänglichen Maven-Repository eher nicht in Frage. Trotzdem kann man sich die von Maven vorgegebenen Abläufe zunutze machen, beispielsweise für die firmeninterne Verteilung von Bibliotheken oder Frameworks. Ich werde in Abschnitt 5.2 näher auf die Rolle der Maven-Repositorys in unserem KM-Prozess eingehen.

In unserem einfachen Build-Prozess verzichten wir zunächst auf die Auslieferung über ein Repository. Wir gehen stattdessen davon aus, dass die im nächsten Abschnitt erzeugte Installationsdatei manuell verteilt wird.

Installationsdatei erzeugen

Die eigentliche Installationsdatei für *e2etrace* besteht aus der eben erstellten jar-Datei, der JavaDoc-Dokumentation, dem Java-Quelltext (ohne Unit-Tests) und einer Reihe von ASCII-Textdateien. Die von *e2etrace* verwendeten externen Bibliotheken *commons-logging* und *JUnit* sind hingegen nicht Teil der Installationsdatei. *JUnit* wird nur für die Durchführung der Modultests benötigt und ist für Anwender von *e2etrace* daher uninteressant. Auf die Abhängigkeit zu *commons-logging* weise ich in der Dokumentation hin. In vielen Projekten wird *com-*

mons-logging sowieso eingesetzt, daher wären bei einer Auslieferung der Bibliothek als Teil von *e2etrace* Versionskonflikte vorprogrammiert.

Aus den genannten Bestandteilen soll nun im Verzeichnis `target\install` ein zip-Archiv erstellt werden. Da Maven davon ausgeht, dass für Auslieferungen primär die Repositorys zum Einsatz kommen, gibt es im Build-Lifecycle keine eigene Phase zur Erstellung von Installationsdateien. Die Phase *install* klingt zwar gut, ist aber ebenfalls für den Upload der Auslieferungsdatei in ein Repository reserviert.

Stattdessen setzen wir zur Erstellung des zip-Archivs das *maven-assembly-plugin*-Plugin ein. Dieses erlaubt die Erstellung von Archivdateien in einer Vielzahl von Formaten. Was genau in unserer Auslieferungsdatei landen soll, teilen wir dem Plugin mit Hilfe einer speziellen Konfigurationsdatei, dem sogenannten *Assembly-Deskriptor*, mit.

Einsatz des assembly-Plugins

Im folgenden Listing ist der Deskriptor für die *e2etrace*-Installationsdatei dargestellt. Er wird unter dem Namen `assembly.xml` im Wurzelverzeichnis des Projektes abgelegt.

```xml
<!-- Assembly-Deskriptor für die e2etrace-Installationsdatei -->
<assembly>
  <id>install</id>
  <formats>
    <format>zip</format>
  </formats>
  <includeBaseDirectory>false</includeBaseDirectory>
  <fileSets>
    <!-- e2etrace-Bibliothek -->
    <fileSet>
      <directory>${target}</directory>
      <outputDirectory></outputDirectory>
      <includes>
        <include>*.jar</include>
      </includes>
    </fileSet>
    <!-- Readme und sonstige Textdateien -->
    <fileSet>
      <directory>${doc}</directory>
      <outputDirectory></outputDirectory>
      <includes>
        <include>*.txt</include>
      </includes>
    </fileSet>
    <!-- JavaDoc-Dokumentation -->
    <fileSet>
      <directory>${project.reporting.outputDirectory}
              /apidocs</directory>
      <outputDirectory>doc</outputDirectory>
    </fileSet>
    <!-- Java-Quelltext -->
```

Listing 5–13
Assembly-Deskriptor für die e2etrace-Installationsdatei

```
            <fileSet>
              <directory>${src.java}</directory>
              <outputDirectory>src</outputDirectory>
            </fileSet>
          </fileSets>
        </assembly>
```

Zu Beginn wird mit dem Element `<id>` eine eindeutige Identifikation für den Deskriptor angegeben. Unterhalb des Elements `<formats>` wird das Format der Archivdatei festgelegt. Im Fall von *e2etrace* wird »nur« eine zip-Datei erzeugt. Das Plugin unterstützt darüber hinaus noch eine ganze Reihe anderer Formate, wie z. B. `jar` und `tar`. Gibt man mehrere Formate an, erstellt das Plugin auch entsprechend viele Archivdateien. Über `<includeBaseDirectory>` habe ich festgelegt, dass das Projektverzeichnis nicht im Archiv auftauchen soll. Wenn dieser Parameter auf `true` gesetzt wird, beginnen alle Pfade im Archiv mit `e2etrace\`.

Die eigentliche Auswahl der Dateien für das Archiv erfolgt über die `<fileset>`-Elemente. Jedes Fileset wählt die Dateien unterhalb des mit `<directory>` festgelegten Verzeichnisses aus. Im Listing werden für die Verzeichnisse größtenteils Property-Namen verwendet. Mit dem Element `<outputDirectory>` kann das Zielverzeichnis im Archiv beeinflusst werden. Das `<include>`-Element legt schließlich die Auswahlmaske für die Dateien fest. Fehlt das Element, selektiert das Fileset alle Dateien unterhalb des angegebenen Verzeichnisses.

Bevor wir die Installationsdatei erstellen können, müssen wir das *assembly*-Plugin noch über die eben erstellte Konfigurationsdatei informieren und einige zusätzliche Parameter festlegen. Dies erfolgt über einen weiteren Eintrag unterhalb des `<build>`-Elements im POM:

Listing 5–14
Konfiguration des assembly-Plugins

```
<!-- Anpassung des Standard-Build-Prozesses -->
<build>
  (...)

  <!-- Anpassung des Build-Prozesses -->
  <plugins>
    (...)

    <!-- Assembly-Plugin konfigurieren -->
    <plugin>
      <groupId>org.apache.maven.plugins</groupId>
      <artifactId>maven-assembly-plugin</artifactId>
      <configuration>
        <descriptors>
          <descriptor>assembly.xml</descriptor>
        </descriptors>
      </configuration>
    </plugin>
  </plugins>
</build>
```

Mit dem Parameter <descriptors> weise ich dem Plugin den Assembly-Deskriptor aus Listing 5–13 zu. Der Name der Installationsdatei wird vom Plugin übrigens automatisch durch den im Deskriptor festgelegten Identifikationsstring ergänzt. In unserem Fall lautet dieser Wert install, die generierte Datei wird daher e2etrace-1.2.0-SNAPSHOT-install.zip heißen.

Sobald das POM angepasst wurde, kann das *assembly*-Plugin über die Kommandozeile aufgerufen werden:

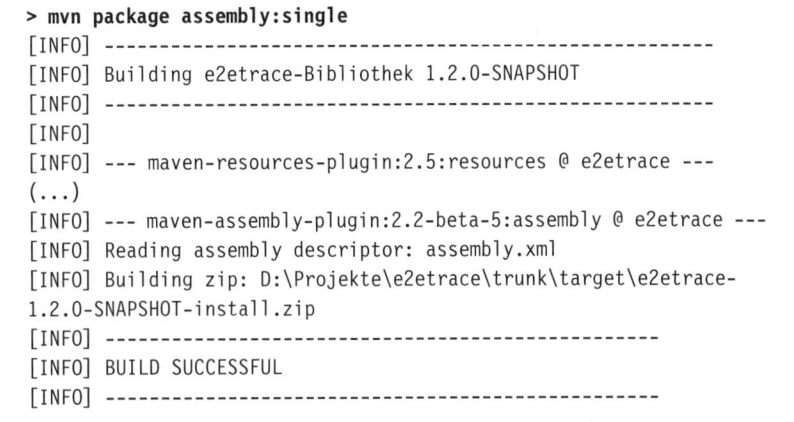

```
> mvn package assembly:single
[INFO] ------------------------------------------------------
[INFO] Building e2etrace-Bibliothek 1.2.0-SNAPSHOT
[INFO] ------------------------------------------------------
[INFO]
[INFO] --- maven-resources-plugin:2.5:resources @ e2etrace ---
(...)
[INFO] --- maven-assembly-plugin:2.2-beta-5:assembly @ e2etrace ---
[INFO] Reading assembly descriptor: assembly.xml
[INFO] Building zip: D:\Projekte\e2etrace\trunk\target\e2etrace-1.2.0-SNAPSHOT-install.zip
[INFO] ------------------------------------------------------
[INFO] BUILD SUCCESSFUL
[INFO] ------------------------------------------------------
```

Erstellung der Installationsdatei

Das von uns gewählte Build-Ziel *single* des Plugins wird im Anschluss an die Build-Phase *package* gestartet. Dadurch stellen wir sicher, dass die für die Auslieferungsdatei benötigten Artefakte auch tatsächlich existieren. Nachdem die Build-Phase erfolgreich durchgelaufen ist, verpackt das Plugin die im Assembly-Deskriptor spezifizierten Dateien und Verzeichnisse in ein zip-Archiv. Natürlich kann man die Ausführung des *assembly*-Plugins auch direkt in den Build-Lifecycle integrieren. Diese Alternative werden wir etwas später noch genauer kennenlernen.

5.1.8 Zusammenfassung und Ausblick

Wir haben in diesem Kapitel mit verhältnismäßig geringem Aufwand einen durchaus soliden Build-Prozess erstellt. Wir können das Produkt *e2etrace* aus den Konfigurationselementen erstellen, überprüfen und ausliefern. Allerdings habe ich eine Reihe von typischen Problemstellungen in einem KM-Prozess vernachlässigt. Beispielsweise fehlt bisher jegliche Unterstützung für die Vorbereitung und Erstellung eines neuen Release. In den folgenden Kapiteln werden wir das POM daher so ausbauen, dass es auch den Anforderungen eines KM-Prozesses genügt.

5.2 Einführung von Build-Varianten

Das POM für *e2etrace* beschreibt bisher eine Art universellen Build-Prozess. Es macht keinen Unterschied zwischen den lokalen Builds eines Entwicklers und der »offiziellen« Auslieferung des Produktes. Um dies zu ändern, führen wir nun drei verschiedene Varianten des Build-Prozesses ein: den Entwickler-, den Integrations- und den Release-Build. Zudem kümmern wir uns um einige bisher vernachlässigte Aspekte, die jedoch zur Umsetzung unseres KM-Prozesses unverzichtbar sind. Hierzu gehört insbesondere die Automatisierung und die Sicherstellung der Wiederholbarkeit von Builds.

5.2.1 Prinzipielle Vorgehensweise

Profilmechanismus — Maven unterstützt die Definition von Build-Varianten in einem POM mit Hilfe von *Profilen*. Profile werden über das Element `<profiles>` festgelegt:

Listing 5–15
Definition eines Profils

```
<profiles>
  <profile>
    <id>Profil-Name</id>
    ...
  </profile>
</profiles>
```

Unterhalb von `<profiles>` können beliebige viele einzelne Profile eingetragen werden. Jedes Profil erhält über das Element `<id>` einen eindeutigen Namen. Im Anschluss können dann einzelne Elemente des POM im Profil neu definiert werden. Wir werden dies beispielsweise in Abschnitt 5.2.5 nutzen, um das *compiler*-Plugin in einem Profil für den Integrations-Build so umzukonfigurieren, dass keine Debug-Informationen in die erzeugten class-Dateien eingebettet werden.

Benutzerspezifische Profile — Über Profile können Einstellungen nicht nur global im POM, sondern auch speziell für einzelne Benutzer geändert werden. Man fügt hierzu in der benutzerspezifischen Konfigurationsdatei `settings.xml` ebenfalls einen Abschnitt `<profiles>` ein. Darunter können dann, analog zum obigen Beispiel, Profile für den aktuellen Anwender festgelegt werden. Ein entsprechendes Beispiel lernen wir in Abschnitt 5.2.2 kennen.

Profile aktivieren — Profile müssen, damit die in ihnen definierten Einstellungen wirksam werden, explizit oder automatisch aktiviert werden. Die einfachste Variante ist die direkte Angabe des Profilnamens auf der Kommandozeile:

```
mvn <phase>/<plugin> -P<Profil-Name1>,<Profil-Name2>
```

In den folgenden Beispielen werden wir ausschließlich mit dieser Methode arbeiten. Zusätzlich ermöglicht Maven auch die automatische Aktivierung eines Profils auf der Basis von Regeln. Ein Beispiel hierfür ist die Aktivierung abhängig vom Vorhandensein einer bestimmten Umgebungsvariablen. Wer hierzu Genaueres wissen will, findet unter [URL: MavenProfiles] eine ausführliche Beschreibung des Profilmechanismus.

5.2.2 Einrichtung von Nexus

Ein weiterer wichtiger Unterschied des erweiterten Build-Prozesses im Vergleich zu der Version aus Abschnitt 5.1 ist der Umgang mit den Maven-Repositorys. Bisher haben wir schlicht die Standardeinstellungen verwendet, ohne uns große Gedanken über die Auswirkungen auf den KM-Prozess zu machen. Dies holen wir nun nach.

Wenn man mit Maven das erste Mal in Berührung kommt, fallen die Repositorys oft gar nicht auf (zumindest ist es mir so gegangen). Der modellbasierte Ansatz und das schnelle »In-die-Gänge-Kommen« stehen zunächst im Vordergrund. Tatsächlich ist aber die Idee, einen Build-Prozess um das Konzept zentraler Repositorys herum zu entwerfen, *das* Unterscheidungsmerkmal zu anderen Werkzeugen wie beispielsweise Ant.

Allerdings hat die konsequente Umsetzung des Repository-Konzeptes in Maven auch einen schwerwiegenden Nachteil: Man gibt einen großen Teil der Verantwortung für die Installation und Konfiguration des Build-Werkzeuges »nach außen« ab. Denn die Installationsdatei von Maven enthält ja nur die Kernfunktionalität. Die eigentlichen Build-Ziele werden durch Plugins implementiert – und diese lädt Maven bei Bedarf aus dem Remote-Repository nach. Kein Mensch kann garantieren, dass dieses Repository in Zukunft noch in genau demselben Zustand existiert wie heute. In der Folge kann auch die Wiederholbarkeit des Build-Prozesses nicht garantiert werden. Neben diesem, aus KM-Sicht zentralen, Kritikpunkt kommen noch ein paar ganz praktische Probleme ins Spiel:

Nachteile des Repository-Konzeptes

- *Lizenzierte Software*:
  Das zentrale Remote-Repository enthält natürlich nur Open-Source-Software. Sobald in einem Projekt lizenzpflichtige Bibliotheken eingesetzt werden, scheidet das Renmote-Repository als Quelle aus. Wer nicht auf jedem Entwicklerrechner die Bibliothek manuell im lokalen Maven-Repository installieren will, benötigt eine andere Lösung.

- *Firmeninterne Bibliotheken*:
Für diese gilt im Prinzip dasselbe wie für lizenzierte Software. Zudem ist hier zu beachten, dass die firmeninternen Bibliotheken durch einen internen Entwicklungs- und Releaseprozess laufen. Wenn in diesen Prozessen ebenfalls Maven eingesetzt wird, bietet es sich geradezu an, die Maven-Repositorys direkt zur Verteilung der Releases zu verwenden. Allerdings benötigt man hierfür eben »interne« Repositorys.

Das Standardverhalten von Maven in Hinsicht auf die Verwendung von Repositorys ist für uns also nicht zufriedenstellend. Glücklicherweise gibt es jedoch die Möglichkeit, dieses Standardverhalten zu ändern.

Erstellung privater Repositorys

Maven kann mit den unterschiedlichsten Arten von Repositorys umgehen. Bisher haben wir zwischen dem lokalen und den Remote-Repositorys unterschieden. Das lokale Repository verwenden wir auch in Zukunft weiter, hier ergeben sich keinerlei Änderungen. Die Remote-Repositorys für Bibliotheken und Maven-Plugins ersetzen wir jedoch durch sogenannte *private Repositorys*[9] auf der Basis von Nexus. Wie ich in Kapitel 3 schon erläutert habe, ist Nexus ein sogenannter Maven-Repository-Manager. Nexus agiert ab jetzt als Proxy zwischen unserer lokalen Entwicklungsumgebung und den Remote-Repositorys im Internet.

Dadurch lösen wir alle zuvor genannten Probleme auf einen Schlag. Da Nexus lokal bzw. irgendwo im Intranet läuft, ist die Wiederholbarkeit von Builds gesichert – schließlich haben wir den konkreten Inhalt der privaten Repositorys unter eigener Kontrolle. Auch das Einspielen von lizenzierter bzw. firmeninterner Software ist in dieser Konstellation unproblematisch.

Einrichtung der privaten Repositorys

Nexus verfügt über eine komfortable Administrationsoberfläche, die wir nach der Installation (siehe Abschnitt 3.4) unter der URL *http://localhost:8081/nexus/index.html* erreichen. Um alle Funktionen zur Verfügung zu haben, müssen wir uns zunächst einloggen. Der Benutzername lautet standardmäßig *admin*, das entsprechende Kennwort *admin123*.

---

9. Unter einem privaten Maven-Repository verstehe ich ein spezifisch für ein Unternehmen oder ein Projekt eingerichtetes Repository.

Nach dem Login erscheint das recht ausführlichen Menü auf der linken Seite. Ich werde im Buch allerdings nicht auf alle Funktionen und Einstellungsmöglichkeiten von Nexus eingehen. Wer eine gut geschriebene und vollständige Dokumentation zu Nexus sucht, findet diese unter [URL: NexusBook]. Für uns sind zunächst nur die bereits in der Standardkonfiguration verfügbaren Repositorys interessant. Um diese anzuzeigen, wählen wir den Menüpunkt *Repositories* (unterhalb von *Views/Repositories*).

Abb. 5–7
Repository-Konfiguration in Nexus

In der Abbildung sind insgesamt sieben vordefinierte Repositorys und zwei Repository-Gruppen zu sehen. Widmen wir uns zunächst den Repositorys:

- *3rd party*:
  In der Spalte *Type* wird für dieses Repository der Wert *hosted* angezeigt. Darunter versteht Nexus ein Repository, das ausschließlich lokal existiert – es gibt also kein Pendant im Internet. Dieses Repository kann beispielsweise für lizenzierte Software verwendet werden.

- *Apache Snapshots*:
  Hier handelt es sich um ein Repository vom Typ *proxy*. Werden von Maven Artefakte aus diesem Repository angefordert, sucht Nexus zunächst in einem lokalen Cache danach. Erst wenn es dort nicht fündig geworden ist, kontaktiert Nexus das hinterlegte Remote-Repository und lädt die benötigten Dateien in den Cache. Das Remote-Repository ist in diesem Fall das Snapshot-Repository der ASF mit der URL *http://repository.apache.org/snapshots*.

- *Central*:
  Dieser Eintrag repräsentiert das für uns wichtigste Remote-Repository. Es ist ebenfalls vom Typ *proxy* und referenziert das zentrale Maven-Remote-Repository unter der URL *http://repo1.maven.org/maven2*. Die Mehrzahl der für *e2etrace* benötigten Plugins und Bibliotheken werden von diesem Repository geladen.

- *Central M1 shadow*:
  Dieses *virtual*-Repository ist für uns nicht relevant. Repositorys dieses Typs werden zur Veröffentlichung eines bestehenden Nexus-Repositorys in einem anderen Format verwendet. Konkret wird hier das Repository *Central* im Format für Maven 1.x veröffentlicht.

- *Codehaus snapshots*:
  Proxy-Repository für die Codehaus-Snapshot-Projekte. Die URL des Remote-Repositorys lautet *http://nexus.codehaus.org/snapshots*.

- *Releases* und *Snapshots*:
  Die zwei letzten Repositorys sind wieder vom Typ *hosted*. Sie sind für firmeninterne Bibliotheken vorgesehen. Wir werden sie später verwenden, um die Snapshots und endgültigen Releases von *e2etrace* auszuliefern.

Diese Liste ist erfreulicherweise bereits sehr vollständig und umfasst alle von uns benötigten Repositorys. Es sind also keine weiteren Konfigurationsschritte notwendig. Bevor wir jedoch Nexus in den Maven-

Build-Prozess einbinden, beschäftigen wir uns noch mit dem Konzept der Repository-Gruppen.

Repository-Gruppen

Im Prinzip sind Repository-Gruppen nicht unbedingt notwendig. Wir können auf jedes in Nexus definierte Repository auch einzeln zugreifen. Die jeweilige URL ist in Abbildung 5–7 in der letzten Spalte *Repository-Path* dargestellt. Um also beispielsweise das Nexus-Repository *Central* anzusprechen, müssten wir in der Maven-Konfiguration »irgendwie« (mehr dazu gleich) die Repository-URL *http://localhost:8081/nexus/content/repositories/central/* eintragen.

In der Praxis ist die Konfiguration einzelner Repositorys aber zu umständlich. Beispielsweise wären in einem firmeninternen Projekt neben *Maven Central* zumindest die lizenzierten Bibliotheken aus dem Repository *3rd party* sowie die internen Bibliotheken aus *Releases* und *Snapshots* notwendig. Damit sind dann schon vier Repositorys in Maven zu konfigurieren. Einfacher ist es stattdessen, in Nexus die gewünschten Repositorys in einer Gruppe zusammenzufassen. Diese Gruppe stellt Nexus dann unter einer URL als virtuelles Gesamt-Repository zur Verfügung (s. Abb. 5–8).

Repository-Gruppen werden in der bereits bekannten Liste ganz oben angezeigt. Standardmäßig sind die beiden Gruppen *Public Repositories* und *Public Snapshot Repositories* konfiguriert:

- *Public Repositories*:
  In der Abbildung ist die Konfiguration dieser Gruppe dargestellt. Sie enthält die Repositorys *3rd party, Central, Releases* und *Snaphots*. Die URL der Gruppe lautet *http://localhost:8081/nexus/content/groups/public*.

- *Public Snaphots Repositories*:
  Diese Gruppe enthält die beiden standardmäßig definierten, öffentlichen Snapshot-Repositorys (*Apache Snapshots* und *Codehaus Snapshots*). Nicht in allen Projekten ist die Verwendung von Snapshot-Artefakten gewünscht bzw. zulässig, daher ist es sinnvoll, diese beiden Repositorys separat zu gruppieren. Je nachdem, wie man mit Snapshots umgehen möchte, sollte eventuell auch das private *Snapshots*-Repository von der Gruppe *Public Repositories* in diese Gruppe verschoben werden (mehr zu der Snapshot-Thematik folgt im Abschnitt *Verwendung des Snapshot-Mechanismus* auf Seite 256). Die URL dieser Gruppe lautet *http://localhost:8081/nexus/content/groups/public-snapshots*.

Abb. 5–8 Repository-Gruppen in Nexus

Verwendung von Nexus für den Build-Prozess

Damit schließen wir mit dem Thema Nexus-Administration zunächst mal ab. Im nächsten Schritt müssen wir Maven so konfigurieren, dass es in Zukunft ausschließlich auf unsere privaten, von Nexus verwalteten Repositorys zugreift. Hierzu stehen uns mehrere Alternativen zur Verfügung, die ich der Reihe nach im folgenden Kapitel erläutern werde.

5.2.3 Verwendung von Nexus

Maven unterscheidet intern zwischen einem Plugin- und einem »normalen« Repository. Aus dem Plugin-Repository werden die für den Build-Prozess benötigten Maven-Plugins geladen, aus dem »normalen« Repository die vom Projekt referenzierten Bibliotheken. Wenn wir Maven vollständig auf Nexus »umbiegen« wollen, müssen wir beide Repository-Varianten im POM entsprechend konfigurieren.

Beginnen wir mit dem Plugin-Repository. Dieses kann über das Element `<pluginRepositories>` unterhalb von `<project>` im POM verändert werden:

```xml
<project>
  (...)
  <pluginRepositories>
    <pluginRepository>
      <id>central</id>
      <name>Privates Repository für Plugins</name>
      <url>http://localhost:8081/nexus/content/groups/public</url>
      <releases>
        <enabled>true</enabled>
        <updatePolicy>daily</updatePolicy>
      </releases>
      <snapshots>
        <enabled>false</enabled>
      </snapshots>
    </pluginRepository>
  </pluginRepositories>
  (...)
</project>
```

Listing 5–16
Ersetzen des Standard-Plugin-Repositorys im POM

Im Listing wird ein neues privates Plugin-Repository mit der URL der Nexus-Gruppe *Public Repositories* definiert. Damit Maven in Zukunft wirklich nur noch auf Nexus und nicht mehr auf das Remote-Repository im Internet zugreift, ist allerdings die Angabe der »richtigen« Repository-ID entscheidend. Diese wird im POM mit dem Element `<id>` festgelegt. Jedes Repository verfügt über eine eindeutige ID. Die ID `central` wird Maven-intern für das zentrale Remote-Repository verwendet. Benutzen wir im POM denselben Wert für unser privates Plugin-Repository, überschreiben wir damit die Standardeinstellung. Verwenden wir eine beliebige andere ID, wird unser privates Repository nur *zusätzlich* zum Standard-Repository verwendet!

Repository-ID

Weitere wichtige Einstellungen im Listing sind die Werte unterhalb von `<releases>` und `<snapshots>`. Man hat dadurch die Möglichkeit, pro Repository festzulegen, ob nur freigegebene Releases oder auch Snapshot-Versionen eines Plugins bzw. einer Bibliothek geladen werden dürfen. Zusätzlich kann mit Hilfe der `<updatePolicy>` definiert

Automatische Updates

werden, wie oft Maven nach neuen Versionen im Repository sucht. Für Plugins lautet die Standardeinstellung never, es wird also nach dem initialen Download nicht mehr nach Updates gesucht. Der im Listing verwendete Wert daily[10] veranlasst Maven zu einer täglichen Überprüfung (dies dient hier nur als Beispiel, unbedingt sinnvoll ist dieser Wert zumindest für Plugins nicht).

Ersetzen des Standard-Repositorys für externe Bibliotheken

Damit die Nexus-Repositorys auch für die vom Projekt referenzierten Bibliotheken verwendet werden, muss im POM jetzt noch das »normale« Repository über das Element <repositories> geändert werden:

Listing 5–17
Ersetzen des »normalen« Repositorys im POM

```
<project>
  (...)
  <repositories>
    <repository>
      <id>central</id>
      <name>Privates Repository für externe
            Bibliotheken</name>
      <url>http://localhost:8081/nexus/content/groups/public</url>
      <releases>
        <enabled>true</enabled>
        <updatePolicy>daily</updatePolicy>
      </releases>
      <snapshots>
        <enabled>false</enabled>
      </snapshots>
    </repository>
  </repositories>
</project>
```

Nach dieser Änderung lädt Maven alle benötigten Dateien aus den in Nexus definierten Repositorys.

Verwendung eines Repository-Mirrors

Die oben gezeigte Vorgehensweise funktioniert einwandfrei, wurde von den Maven-Entwicklern so aber nicht vorgesehen (sie ist, anders ausgedrückt, eigentlich ein »Hack«). Sie haben stattdessen *Repository-Mirrors* eingeführt. Diese ermöglichen es, ein bestehendes Repository ganz offiziell durch ein beliebiges anderes zu ersetzen. Allerdings funktioniert dies nur in der benutzerspezifischen Konfigurationsdatei settings.xml. Um das Standard-Repository central sowohl für Plugins

---

10. Weitere mögliche Werte sind always (bei jedem Build-Lauf wird nach Updates gesucht) und interval:<min> (interval:60 sucht einmal pro Stunde nach Updates).

als auch für Bibliotheken durch die Nexus-Repositorys zu ersetzen, muss die Datei settings.xml wie folgt erweitert werden:

```
<settings>
  (...)
  <mirrors>
    <mirror>
      <id>PublicRepositories</id>
      <name>Public Repositorys aus Nexus</name>
      <url>http://localhost:8081/nexus/content/groups/public</url>
      <mirrorOf>central</mirrorOf>
    </mirror>
  </mirrors>
</settings>
```

Listing 5–18
Konfiguration eines Repository-Mirrors in settings.xml

Genau genommen ist allerdings auch die im Listing gezeigte Variante noch nicht wirklich wasserdicht. Denn bisher haben wir immer nur das Repository *Central* auf Nexus umgeleitet. Natürlich könnten wir in der Mirror-Konfiguration auch alle anderen, uns bekannten Repository-IDs ergänzen, aber eben nur diese. Sobald wir neue, uns unbekannte Projekte mit Maven bauen wollen, könnten in den jeweiligen POMs durchaus neue Repositorys mit entsprechend anderen IDs definiert sein. Diese würden dann von unserer Konfiguration nicht erfasst werden, und Nexus wäre im Build außen vor. Um dies zu verhindern, schlagen die Entwickler von Nexus eine trickreiche Mirror-Konfiguration vor, die alle bekannten und unbekannten Repositorys auf Nexus umleitet. Ein Beispiel für die nötigen Anpassungen in der Datei settings.xml findet sich unter [URL: NexusBook].

POM oder settings.xml?

Welche Variante zur Einbindung von Nexus in den Maven-Build ist nun besser? Die Antwort hängt ein wenig vom Projektumfeld und den eigenen Präferenzen ab. Ich habe lange Zeit die Ansicht vertreten, dass diese Einstellungen Teil der Projektkonfiguration sein müssen und daher im POM durchzuführen sind. Dadurch ist zumindest für Projekte im Unternehmensumfeld sichergestellt, dass alle Entwickler dieselbe Repository-Konfiguration verwenden.

Mittlerweile sehe ich das allerdings anders und bevorzuge die Veränderung der lokalen settings.xml. Der Grund hierfür ist, dass das Produkt bzw. die URL des verwendeten Repository-Managers in der Regel nicht unter der Kontrolle eines einzelnen Projektes steht. Diese Werte können sich also jederzeit ändern. Solange der Betreiber des Repository-Managers, also z. B. eine zentrale IT-Stelle im Unternehmen, garantiert, dass die Inhalte der Repositorys erhalten bleiben, ist gegen einen Wechsel des Repository-Managers auch nichts einzuwenden. Durch die Konfiguration in settings.xml ist sichergestellt, dass die POMs in den Projekten auch nach einer Anpassung der Infrastruktur lauffähig bleiben. Konsequenterweise gehe ich im Folgenden also davon aus, dass für *e2etrace* die Maven-Konfiguration wie in Listing 5–18 gezeigt angepasst wurde.

Test der privaten Repositorys

Um die neu eingerichteten privaten Repositorys zu testen, löschen wir zunächst das komplette lokale Repository von der Platte. Dadurch zwingen wir Maven, alle Plugins und benötigten Bibliotheken wirklich neu zu laden. Im Anschluss starten wir den Build-Prozess und erwarten, dass alle Downloads wirklich von der in settings.xml konfigurierten URL erfolgen:

```
> (Löschen von %USERPROFILE%\.m2\repository)
> mvn clean package
[INFO] ------------------------------------------------------------
[INFO] Building e2etrace-Bibliothek 1.2.0-SNAPSHOT
[INFO] ------------------------------------------------------------
[INFO]
Downloading:http://localhost:8081/.../maven-clean-plugin-2.4.1.pom
(...)
[INFO] ------------------------------------------------------------
[INFO] BUILD SUCCESSFUL
[INFO] ------------------------------------------------------------
```

Dieser initiale Build-Lauf dauert noch relativ lange, da im Nexus-Cache noch keinerlei Artefakte enthalten sind. Nexus muss also jedes Plugin und jede Bibliothek einmalig vom entsprechenden Remote-Repository laden. Maven selbst greift jedoch nicht mehr auf die Repositorys im Internet zu. In der Ausgabe des Build-Prozesses findet sich ausschließlich die URL von Nexus.

Wann ist Nexus einsatzbereit?

Die Proxy-Repositorys werden von Nexus erst bei Bedarf gefüllt. Nexus ist also erst dann vollständig einsatzbereit, wenn alle von einem Projekt benötigten Bibliotheken und Plugins im Nexus-Cache liegen. Wann dieser Zustand genau erreicht ist, lässt sich allerdings nicht so ohne Weiteres feststellen. Letztlich müssen alle Bibliotheken und Plugins von Maven einmal aus dem Repository angefordert worden sein. Hierfür ist es notwendig, dass alle Build-Phasen wirklich vollständig durchlaufen und beispielsweise auch die Projekt-Homepage sowie die Code-Metriken generiert werden. In der Praxis wird dies erst nach einer gewissen Laufzeit des Projektes tatsächlich der Fall sein.

Wer auf Nummer sicher gehen will, kann die vollständige Befüllung von Nexus für ein Projekt durch folgenden Aufruf erzwingen:

→

```
mvn dependency:go-offline
```
Das Build-Ziel *go-offline* im *dependency*-Plugin analysiert das POM und lädt alle benötigten Bibliotheken und Plugins in das lokale Repository. Dadurch könnte man im Anschluss auch ohne Verbindung zu den Remote-Repositorys bzw. Nexus arbeiten. Ein angenehmer Nebeneffekt ist, dass alle angeforderten Artefakte anschließend auch im Nexus-Cache vorhanden sind. Noch ein Hinweis: Wenn im Projekt Profile verwendet werden, muss der Aufruf für alle definierten Profile jeweils separat durchgeführt werden.

Anzeige der Nexus-Repositorys

Nachdem Nexus nun initialisiert ist, können wir uns mit einigen weiteren Funktionen der Administrationsoberfläche beschäftigen. Eine davon zeigt die bereits im Cache vorhandenen Dateien an. Hierzu wählt man den Tab *Browse Storage* in der Repository-Anzeige.

Abb. 5–9 Repository-Anzeige in Nexus

In der Abbildung wird ein Ausschnitt aus dem Repository *Central* angezeigt. Gelistet werden hierbei nur diejenigen Plugins und Bibliotheken, die Nexus wirklich schon aus dem zentralen Remote-Repository geladen hat.

Suchen in den Nexus-Repositorys

Ein echtes Highlight ist die in Nexus integrierte Suchfunktion. Damit kann man genial einfach nach Artefakten in den konfigurierten Repositorys suchen. Die Suche umfasst hierbei den *gesamten Umfang* der jeweiligen Remote-Repositorys. Wer etwas intensiver mit Maven arbeitet, wird diese Funktion schnell schätzen lernen. Denn wenn man nicht zufällig die »richtige« *groupId* und *artifactId* einer Bibliothek kennt, steht man ohne Nexus recht verloren vor dem oft immens großen Verzeichnisbaum eines Remote-Repositorys.

Die Suchfunktion basiert auf einer Indexdatei, die die im Remote-Repository enthaltenen Dateien in einer für die Suche optimierten Form bereitstellt. Diese Indexdatei muss Nexus zunächst mal aus dem jeweiligen Repository in einen lokalen Cache herunterladen. Es kann also nach dem ersten Start von Nexus etwas dauern, bis der Index tatsächlich zur Verfügung steht.[11]

Sobald der Index geladen ist, dauert der eigentliche Suchvorgang nur ein paar Augenblicke. Die folgende Abbildung zeigt das Ergebnis einer Suche nach *commons-logging*.

Nexus zeigt als Ergebnis sämtliche Artefakte aus allen konfigurierten Repositorys an, die auf den Suchtext passen. In der Ergebnisliste tauchen demzufolge viele verschiedene Versionen der commons-logging-Bibliothek auf. Im unteren Teil des Ergebnisfensters generiert Nexus praktischerweise für die ausgewählte Bibliothek direkt das passende `<dependency>`-Element. Dieses kann man dann einfach per Copy & Paste in ein Maven-POM übernehmen.

---

11. Wenn der Index von Nexus nicht geladen wird, ist der Download eventuell in der Repository-Konfiguration deaktiviert worden. Der entsprechende Parameter lautet *Download Remote Index* und muss auf *true* gesetzt werden.

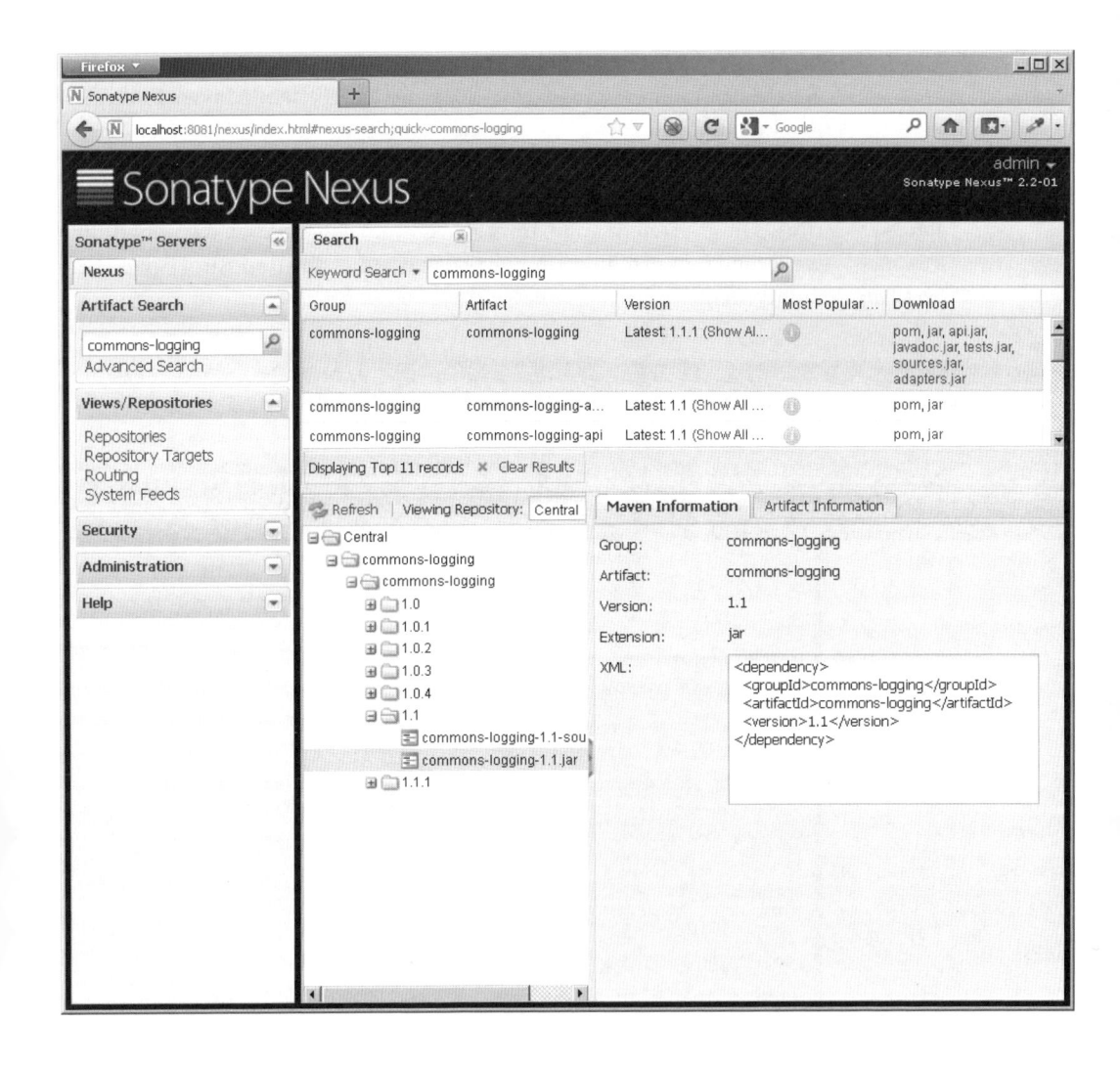

Manuelles Befüllen von Nexus-Repositorys

Solange die von einem Projekt benötigten Artefakte in einem Remote-Repository existieren, müssen wir uns nicht um das Befüllen der Nexus-Repositorys kümmern. Wie wir gesehen haben, lädt Nexus automatisch alle fehlenden Artefakte nach.

Sobald ein Projekt jedoch lizenzierte oder firmeninterne Bibliotheken einsetzt, läuft die automatische Befüllung ins Leere. In Nexus sind für diese Anwendungsfälle bereits die lokalen Repositorys *3rd Party*, *Releases* und *Snapshots* vorhanden. Alle drei müssen manuell befüllt werden. Nexus und Maven bieten hierfür unterschiedliche Funktionen an. Wir verwenden zunächst den Upload-Mechanismus von Nexus und im Anschluss das *deploy*-Plugin von Maven im Standalone-

Abb. 5–10
Suche nach einer Bibliothek in Nexus

Modus. In Abschnitt 5.2.5 lernen wir dann die Auslieferung eines Artefaktes in ein Nexus-Repository direkt aus dem Maven-Build heraus kennen.

Die einfachste Möglichkeit, eine bestehende Bibliothek in eines der lokalen Nexus-Repositorys zu laden, ist sicherlich die *Upload*-Funktion. Diese erreicht man im Tab *Artifact Upload*. In der Abbildung wird die *Upload*-Funktion beispielsweise für das Repository *3rd Party* aufgerufen.

Abb. 5–11
Upload einer Bibliothek mit Nexus

Es ist nun allerdings nicht damit getan, die hochzuladende Datei auszuwählen. Maven erwartet für jede Komponente im Repository ein minimales POM mit *groupId*, *artifactId* und noch ein paar weiteren Angaben. Nexus fragt daher zusätzlich zum Dateinamen auch die Daten für das POM ab und erzeugt im Repository eine entsprechende XML-Datei. In Abbildung 5–12 habe ich als Beispiel die Werte für *e2etrace* eingegeben. Alternativ kann auch auf ein bereits existierendes POM verwiesen werden.

Abb. 5–12
Manuelle Eingabe der POM-Daten

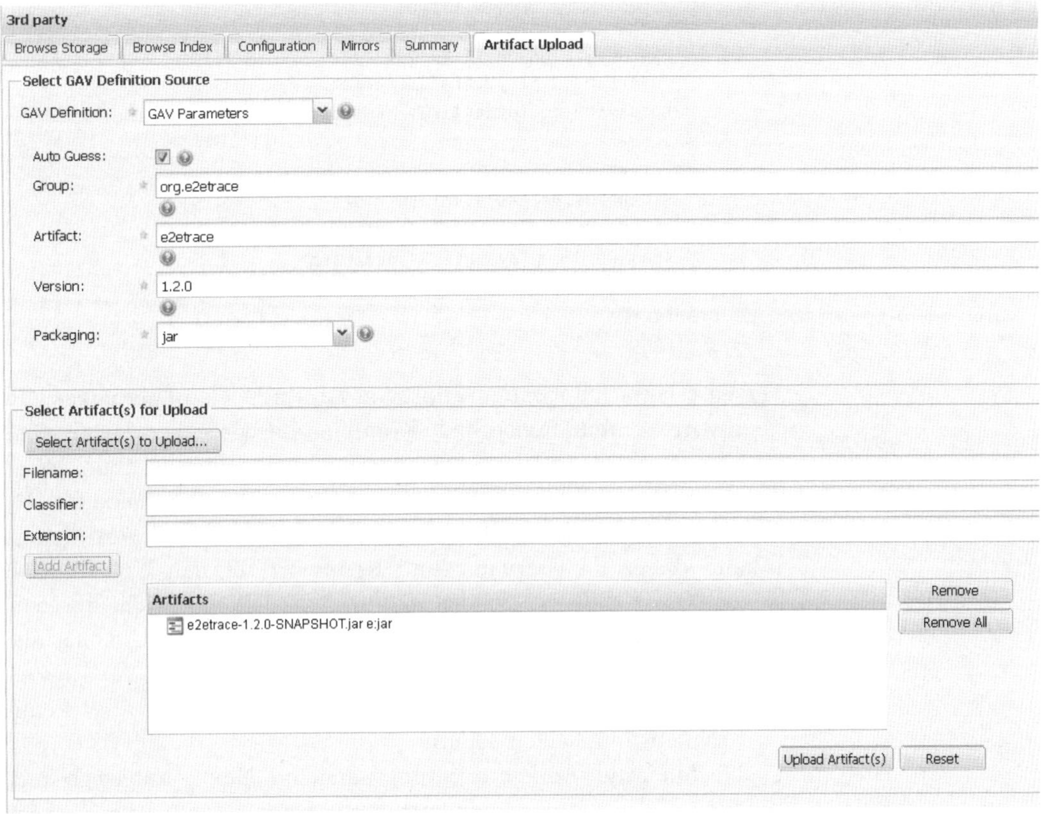

Wer nicht mit der GUI von Nexus arbeiten will, z. B. weil diese keine Möglichkeit zum Scripting bietet, kann auf das Maven-Plugin *maven-deploy-plugin* ausweichen. Dieses bietet über das Build-Ziel *deploy-file* die Möglichkeit, gezielt eine Bibliothek in ein Repository hochzuladen.

Einsatz des deploy-Plugins

Nexus akzeptiert allerdings in der Standardkonfiguration keinen Upload ohne korrekte Authentifizierung des Aufrufers. Im obigen Beispiel waren wir ja als Administrator bei Nexus angemeldet und konnten daher direkt die Upload-Funktion aufrufen. Wenn wir Maven verwenden, erfolgt die Authentifizierung für ein Repository über die Datei settings.xml. Diese erweitern wir nun wie folgt:

Listing 5–19
Festlegen der Authentifizierungsdaten für Repositorys in settings.xml

```xml
<settings>
  (...)
  <servers>
    <server>
      <id>nexus.thirdparty.upload</id>
      <username>deployment</username>
      <password>deployment123</password>
    </server>
    <server>
      <id>nexus.snapshots.upload</id>
      <username>deployment</username>
      <password>deployment123</password>
    </server>
    <server>
      <id>nexus.releases.upload</id>
      <username>deployment</username>
      <password>deployment123</password>
    </server>
  </servers>
</settings>
```

Maven erlaubt die Konfiguration von beliebig vielen Username- und Kennwort-Kombinationen. Jede Kombination wird über das Element <id> eindeutig identifiziert. Ich habe im Listing für die drei Nexus-Repositorys *3rd Party*, *Snapshots* und *Releases* unterschiedliche IDs definiert. Maven ermittelt später beim Aufruf des *deploy*-Plugins anhand dieser ID Username und Kennwort für den Upload nach Nexus. Das Kennwort für den *deployment*-User entspricht übrigens dem Standardwert nach der Nexus-Installation. Dieser User hat alle notwendigen Rechte für den Upload eines Artefaktes in ein Repository. Im wirklichen Leben empfiehlt es sich selbstredend, das Kennwort schnellstmöglich zu ändern.

Nachdem die Authentifizierungsdaten für Nexus festgelegt sind, können wir das *deploy*-Plugin ausführen. Ähnlich wie bei der Verwendung der Nexus-GUI geben wir auch in diesem Fall zusätzlich zum Pfad der hochzuladenden Datei die Werte für das POM an[12]:

---

12. Das Beispiel ergibt eher aus didaktischen als aus praktischen Gründen Sinn. Im konkreten Fall könnte man mit ein paar kleineren Änderungen am POM einfach direkt *mvn deploy* aufrufen. Diese Variante stelle ich aber erst auf Seite 256 in Abschnitt 5.2.5 vor.

```
> mvn deploy:deploy-file \
  -DgroupId=org.e2etrace \
  -DartifactId=e2etrace \
  -Dversion=1.2.0-SNAPSHOT \
  -Dpackaging=jar \
  -Dfile=target\e2etrace-1.2.0-SNAPSHOT.jar \
  -Durl=http://localhost:8081/nexus/content/repositories/snapshots
  -DrepositoryId=nexus.snapshots.upload

[INFO] ------------------------------------------------------------
[INFO] Building e2etrace-Bibliothek 1.2.0-SNAPSHOT
[INFO] ------------------------------------------------------------
[INFO] --- maven-deploy-plugin:2.7:deploy-file ---
Uploading:
http://localhost:8081/nexus/content/repositories/snapshots/org/e2e
trace/e2etrace/1.2.0-SNAPSHOT/e2etrace-1.2.0-20130102.104206-9.jar
(...)
[INFO] ------------------------------------------------------------
[INFO] BUILD SUCCESSFUL
[INFO] ------------------------------------------------------------
```

Das Kommando kopiert die mittels target\e2etrace-1.2.0-SNAPS-HOT.jar ausgewählte Datei (wobei ich davon ausgehe, dass das Kommando im Wurzelverzeichnis des Projektes ausgeführt wird) in das *Snapshots*-Repository und erzeugt gleichzeitig eine minimale POM-Datei aus den Angaben auf der Kommandozeile. Über -Durl wird die URL des Ziel-Repositorys angegeben. Mit dem Parameter -DrepositoryId wird schließlich die bereits erwähnte Server-ID nexus.snapshots.upload übergeben.

Sollte für eine Bibliothek oder ein Plugin bereits ein POM existieren, können Sie statt der im Beispiel gezeigten Syntax auch folgende Alternative verwenden:

Alternative bei vorhandenem POM

```
mvn deploy:deploy-file
    -DpomFile=<POM-Datei>
    -Dfile=<Pfad>\<Datei>
    -DrepositoryId=...
    -Durl=...
```

Zusätzlich zum Nexus-Repository ergänzt das *deploy*-Plugin auch das lokale Repository. Wer eine Bibliothek, z. B. für Testzwecke, ausschließlich dem lokalen Repository hinzufügen will, kann hierfür das Build-Ziel *install-file* im Plugin *maven-install-plugin* verwenden (mvn install:install-file). Das Build-Ziel verwendet dieselben Parameter wie *deploy-file* (mit Ausnahme von –DrepositoryId und –Durl, die für das lokale Repository natürlich nicht angegeben werden müssen).

5.2.4 Entwickler-Build

Der Entwickler-Build wird im Rahmen der täglichen Projektarbeit auf den lokalen Rechnern des Entwicklerteams ausgeführt. Ziel des Entwickler-Builds ist primär die schnelle und unkomplizierte Kompilierung des Quelltextes und, bei Bedarf, die Ausführung der Modultests. In einigen Fällen werden Entwickler zudem die Bibliotheksdatei von *e2etrace* erstellen wollen. Alles in allem erfüllt der in Abschnitt 5.1 erstellte Build-Prozess bereits alle Anforderungen des Entwickler-Builds. Wir werden also einfach das bereits bestehende POM für den Entwickler-Build verwenden.

In der Praxis wird der Entwickler-Build allerdings meist nicht mit Maven ausgeführt. Stattdessen verwendet das Team eine IDE. Eclipse bietet beispielsweise einen inkrementellen Compiler, der in puncto Performance jedem separaten Build-Prozess um Größenordnungen überlegen ist. Die Verwendung der IDE für den Entwickler-Build ist aus Sicht eines KM-Prozesses völlig in Ordnung. Schließlich ist eines der Prozessziele die Steigerung der Produktivität im Team. Wichtig ist nur, dass der Build-Prozess in der IDE nicht manuell, sondern durch das Maven-POM konfiguriert wird (siehe Kasten). Dadurch ist sichergestellt, dass die Erstellung des Produktes auch lokal bei den Entwicklern nach den einmal festgelegten Vorgaben erfolgt[13].

Integrierte Entwicklungsumgebungen und Maven

Die verwendete IDE spielt eine zentrale Rolle in jedem Entwicklungsprojekt, daher stellt sich natürlich die Frage nach deren Kompatibilität mit Maven. Schließlich muss beispielsweise der in die IDE integrierte Compiler ebenso Zugriff auf die vom Projekt referenzierten externen Bibliotheken haben wie Maven selbst.

Im Prinzip muss man hierfür lediglich die im lokalen Repository vorhandenen Bibliotheken in den CLASSPATH der IDE einbinden. Je nach Umfang des Projektes kann dieses Vorhaben allerdings recht mühsam sein. Glücklicherweise gibt es mittlerweile sehr gut funktionierende Alternativen:

- *Maven-Plugins*:
  Maven bietet spezielle Plugins an, welche die Konfiguration automatisch durchführen (siehe [URL: MavenPlugins]). So sind beispielsweise lediglich die folgenden beiden Aufrufe nötig, um aus einem POM eine Projektdatei für die Eclipse-Entwicklungsumgebung zu erstellen:

  ```
  mvn eclipse:configure-workspace -Declipse.workspace=
      <Pfad zum Eclipse-Arbeitsbereich>
  mvn eclipse:eclipse
  ```

---

13. Bei dieser Gelegenheit zeigt sich übrigens ein Vorteil des deklarativen Ansatzes von Maven. Da das POM den Build-Prozess nur beschreibt, kann diese Beschreibung auch durch ein anderes Tool, also beispielsweise Eclipse, in die Tat umgesetzt werden.

> *IDE-Integration*:
> Einige IDEs bieten von Haus aus bzw. über IDE-Plugins die Integration von Maven an. Für Eclipse ist beispielsweise das Plugin *M2Eclipse* sehr zu empfehlen ([URL: M2Eclipse]). Sobald ein Eclipse-Projekt mit M2Eclipse in den »Maven-Modus« versetzt wurde, verwendet der interne Compiler automatisch die im POM konfigurierten Bibliotheken aus dem Repository. Darüber hinaus bietet M2Eclipse aber auch eine sehr weitgehende Integration von Maven in Eclipse. Dazu gehören z. B. spezielle POM-Editoren, die Erzeugung von Maven-Projekten per Wizard, das Ausführen von Maven-Build-Phasen direkt aus Eclipse, die Suche nach Bibliotheken im Repository u.v.m.

5.2.5 Integrations-Build

Über den Integrations-Build stellen wir fest, in welcher Verfassung sich das Projekt befindet. In dieser Build-Variante laufen, zumindest vom Standpunkt des Entwicklungsteams aus betrachtet, alle Fäden zusammen. Die mehr oder weniger isoliert durchgeführten Änderungen der einzelnen Entwickler werden jetzt zusammengeführt und getestet. Wenn der Integrations-Build inklusive aller Tests durchläuft, hat das Team gute Arbeit geleistet. Wenn nicht, hat jemand geschlafen oder schlicht gepfuscht. Es ist meines Erachtens wichtig, dem Integrations-Build eine zentrale Rolle im Projekt einzuräumen und fehlerhafte Builds nicht auf die leichte Schulter zu nehmen.[14]

Erweiterungen im Integrations-Build

Im Vergleich zum Entwickler-Build werden im Integrations-Build folgende Erweiterungen realisiert:

- *Kennzeichnung und Auslieferung des Produktes*
  Als Ergebnis des Integrations-Builds wird eine Installationsdatei von *e2etrace* erstellt und in ein Maven-Repository ausgeliefert. Jede Auslieferung von *e2etrace* wird eindeutig mit einer Build-Nummer gekennzeichnet und kann damit auch im Nachhinein einer Revision des Repositorys zugeordnet werden.

- *Abgleich mit dem Repository*
  Vor dem eigentlichen Build-Lauf werden automatisiert alle neuen Changesets aus dem Subversion-Repository abgerufen.

---

14. In [Clark04] werden diverse, teilweise recht amüsante Möglichkeiten beschrieben, wie ein fehlerhafter Integrations-Build allen Teammitgliedern eindrucksvoll mitgeteilt werden kann. In einem der beschriebenen Szenarien werden beispielsweise zwei per USB angesteuerte Lava-Lampen (eine grüne und eine rote) verwendet.
   Ich werde etwas später noch eine vergleichsweise banale Alternative in Form einer E-Mail-Benachrichtigung beschreiben, finde die Lava-Lampen-Idee aber sehr cool.

- *Benachrichtigung der Teammitglieder*
  Die Teammitglieder werden per E-Mail über das Ergebnis des Integrations-Builds benachrichtigt.

- *Automatischer, zeitgesteuerter Ablauf des Skriptes*
  Der Integrations-Build soll vollständig automatisch durchgeführt werden.

Einsatz spezialisierter Werkzeuge

Die genannten Punkte könnte man prinzipiell alle manuell umsetzen, wenn auch nicht alleine mit Maven. Der Einsatz einer weiteren Skriptsprache, wie beispielsweise Ant oder Groovy, wäre also in jedem Fall unumgänglich.

Eine bessere Alternative ist aber die Verwendung spezialisierter *Continuous Integration Engines*, wie beispielsweise das bereits in Kapitel 3 vorgestellte Werkzeug *Hudson*. Hudson unterstützt fast alle oben genannten Anforderungen an unseren Integrations-Build ad hoc. Lediglich für die Kennzeichnung von *e2etrace* mit einer Build-Nummer werden wir zusätzlich auf ein geeignetes Maven-Plugin zurückgreifen. Mit diesem ersten Schritt zur Umsetzung des Integrations-Builds werden wir auch gleich beginnen.

Erweiterung des POM um den Integrations-Build

Bevor wir uns in die Details stürzen, bereiten wir das POM zunächst auf die neue Build-Variante vor. Hierzu definieren wir ein Profil `build-int`, in dessen Kontext anschließend alle Erweiterungen für den Integrations-Build umgesetzt werden. Build-Profile werden im POM unterhalb des `<project>`-Elements angelegt:

Listing 5–20
Erweiterung des bestehenden POM um ein Build-Profil build-int

```
<project>
  (...)
  <!-- Profile -->
  <profiles>
    <profile>
      <id>build-int</id>
      (...)
    </profile>
  </profiles>
  (...)
</project>
```

Im Profil selbst können nahezu alle Elemente des POM angepasst werden. Wenn wir den Integrations-Build ausführen wollen, müssen wir in Zukunft einfach das Profil `build-int` auf der Kommandozeile aktivieren:

```
mvn <Phase> -Pbuild-int
```

Die erste Anpassung im Profil nehmen wir sofort vor. Der Integrations-Build soll, im Gegensatz zum Entwickler-Build, nur die minimal notwendigen Debug-Informationen in die vom Compiler erzeugten class-Dateien einbinden. Um dies zu erreichen, passen wir die Konfiguration des *compiler*-Plugins wie folgt an:

Kompilieren mit minimalen Debug-Informationen

```
<project>
  (...)
  <!-- Profile -->
  <profiles>
    <profile>
      <id>build-int</id>
      <build>
        <plugins>
          <!-- compiler-Plugin anpassen -->
          <plugin>
            <groupId>org.apache.maven.plugins</groupId>
            <artifactId>maven-compiler-plugin
            </artifactId>
            <configuration>
              <debug>false</debug>
            </configuration>
          </plugin>
        </plugins>
      </build>
    </profile>
  </profiles>
  (...)
</project>
```

Listing 5–21
Anpassung des compiler-Plugins im Profil build-int

Der entscheidende Parameter hört auf den Namen <debug>. Wird hier false übergeben, kompiliert das Plugin den Quelltext ohne Debug-Informationen – jedenfalls beinahe. Denn tatsächlich werden auch in diesem Fall die Zeilennummern in die class-Dateien aufgenommen. Dies ist durchaus sinnvoll, da ohne Zeilennummern eventuelle Fehlermeldungen des Produktes (Stack-Traces) nur schwierig zu interpretieren sind. Setzt man den Parameter hingegen auf true, werden die vollständigen Debug-Informationen verwendet. Da true die Standardeinstellung ist, konnten wir für den Entwickler-Build auf die Anpassung des Plugins verzichten.

Um den Quelltext mit den neuen Einstellungen zu kompilieren, müssen wir Maven wie folgt aufrufen:

Ausführen des Integrations-Builds

```
mvn compile -Pbuild-int
```

Intern wird nun vor der eigentlichen Ausführung des Build-Prozesses aus den Angaben im »normalen« POM und dem aktivierten Profil build-int ein neues, *wirksames POM* mit den für den Prozess gültigen

Einstellungen erstellt. Hierbei haben die Elemente aus dem Profil Priorität und überschreiben identische Elemente im »normalen« POM.

Im konkreten Fall übernimmt Maven die Einstellungen unterhalb des Elementes <build> aus dem Profil build-int in das übergeordnete <build>-Element des POM. In Abbildung 5–13 ist dieser Vorgang nochmals dargestellt.

Abb. 5–13
Generierung des internen, wirksamen POM

```
<!-- Projektmodell für e2etrace -->
<project>
  <!-- Allgemeine Angaben zum Produkt -->
  (...)
  <!-- Anpassung des Standard-Build-Prozesses -->
  <build>
    (...)
    <!-- Anpassung des Build-Prozesses -->
    <plugins>
      <!-- JavaDoc-Plugin konfigurieren -->
      <plugin>
        (...)
      </plugin>

      (...)

      <!-- compiler-Plugin anpassen -->
      <plugin>
        <groupId>org.apache.maven.plugins</groupId>
        <artifactId>maven-compiler-plugin</artifactId>
        <configuration>
          <debug>false</debug>
        </configuration>
      </plugin>

    </plugins>
  </build>

  (...)

  <!-- Profile -->
  <profiles>
    <profile>
      <id>build-int</id>
      <build>
        <plugins>
          <!-- compiler-Plugin anpassen -->
          <plugin>
            <groupId>org.apache.maven.plugins</groupId>
            <artifactId>maven-compiler-plugin</artifactId>
            <configuration>
              <debug>false</debug>
            </configuration>
          </plugin>
        </plugins>
      </build>
    </profile>
  </profiles>
</project>
```

Man kann sich das wirksame POM von Maven praktischerweise auch separat erstellen und auf der Konsole ausgeben lassen. Für unser Beispiel erledigt dies der folgende Aufruf des *help*-Plugins:

```
mvn help:effective-pom -Pbuild-int
```

Verwendung von Build-Nummern

Integrations-Builds dienen nicht nur als regelmäßiges Feedback für die Entwickler, sondern bilden auch die Grundlage für die Arbeit des restlichen Projektteams. So werden beispielsweise in fortgeschritteneren Projektphasen die vom Skript erstellten Installationsdateien in regelmäßigen Abständen an Testanwender ausgeliefert. Diese finden unweigerlich Fehler und melden diese über den Änderungsmanagement-Prozess an die Entwickler zurück. Für das Entwicklerteam ist es nun wichtig, die genaue Produktversion zu kennen, auf die sich eine Fehlermeldung bezieht. Da für interne Auslieferungen keine Releasenummern verwendet werden, benötigen wir ein alternatives Identifikationsschema.

Gut geeignet sind meiner Erfahrung nach die sogenannten *Build-Nummern*. Hierbei wird für jede durch den Integrations-Build erstellte Produktversion eine eindeutige Nummer vergeben. Werden später beispielsweise Fehlerberichte für eine interne Auslieferung erfasst, beziehen sich diese immer auf eine bestimmte Build-Nummer. Das Entwicklerteam kann dann für die Fehlersuche die richtige Version des Quelltextes verwenden.

Ermittlung der Build-Nummer aus dem Repository

Build-Nummern werden in Projekten auf unterschiedlichste Arten erzeugt. Populär ist beispielsweise das Hochzählen einer Nummer in einer Textdatei. Jeder neue Build liest die Textdatei ein, erhöht die Build-Nummer um eins und speichert den neuen Wert wieder ab. Diese Variante ist in der Regel sehr einfach umzusetzen, hat aber einen entscheidenden Nachteil: Sequenziell vergebene Build-Nummern erlauben keinen direkten Rückschluss auf die korrespondierenden Quelltext-Versionen im Repository. Man braucht also zusätzlich irgendeine Art von Buchführung, die die Build-Nummern auf Quelltext-Versionen abbildet.

Beim Einsatz von Subversion als Repository gibt es eine meiner Ansicht nach elegantere Alternative. Wir verwenden direkt die Repository-Revision als Build-Nummer. Dies garantiert zum einen die Eindeutigkeit der Nummern und stellt zudem ohne weiteren Aufwand eine Verbindung zwischen Build-Nummer und Repository her.

Changeset-Revision als Build-Nummer

Da der Integrations-Build unter Umständen parallel in mehreren Entwicklungspfaden durchgeführt wird, dürfen wir jedoch nicht die globale Repository-Revision als Grundlage für die Build-Nummer verwenden. Diese wäre in allen Zweigen identisch. Relevant ist vielmehr die Changeset-Revision des aktuellen Entwicklungszweigs.

Um unser Vorhaben in die Tat umzusetzen, müssen wir nun Maven dazu bringen, die Subversion-Revision während des Build-Laufes auszulesen und in geeigneter Form in der *e2etrace*-Bibliothek unterzubringen. Jetzt kommen wir erstmalig an einen Punkt, wo der deklarative Ansatz von Maven zum Problem zu werden droht. Denn wir können nicht ohne Weiteres einen neuen Zwischenschritt im Build-Prozess implementieren, der eben diese Aufgaben durchführt. Vielmehr brauchen wir ein Maven-Plugin, das diese Aufgabe für uns übernimmt. Und im Standardumfang von Maven gibt es dieses Plugin nicht.

Alternativen zur Erweiterung des Maven-Builds

Dieser Fall ist exemplarisch für komplexere Projekte, daher lohnt es sich, kurz über die nun zur Verfügung stehenden Alternativen nachzudenken:

- *Entwicklung eines eigenen Plugins*:
  Zugegeben, diese Variante klingt sehr nach mit »Kanonen auf Spatzen geschossen«. Tatsächlich ist die Entwicklung eines eigenen Plugins aber der von der Maven-Community empfohlene Weg, wenn man eine spezielle, bisher durch Maven-Plugins nicht abgedeckte Anforderung an den Build-Prozess hat. Idealerweise sollte man das Plugin dann anschließend der Community zur weiteren Verwendung und Verbesserung überlassen. Für das Buch scheidet die Variante jedoch aus Platzgründen aus.

- *Einbindung eines Skript-Plugins*:
  Naheliegender ist die Einbindung einer Skriptsprache, wie beispielsweise Ant oder Groovy, in den Maven-Build. Hierfür stehen schon entsprechende Plugins bereit. Sie erlauben die Ausführung eines Skriptes in einer der Lifecycle-Phasen. Damit lassen sich alle denkbaren Build-Probleme spielend lösen.

- *Finden eines Plugins, das unsere Anforderungen erfüllt*:
  Oben habe ich erwähnt, dass im Standardumfang von Maven kein Plugin für die Verwendung von Build-Nummern existiert. Allerdings ist der »Standardumfang« von Maven ein recht weich definierter Begriff. Ich verstehe darunter die auf der Maven-Webseite referenzierten Plugins (siehe [URL:MavenPlugins]), es stehen aber noch eine Vielzahl alternativer Maven-Plugins auf diversen anderen Webseiten zur Verfügung. In diesem erweiterten Feld findet sich dann auch das *buildnumber-maven-plugin*, das die Erzeugung einer

Build-Nummer aus der Subversion-Revision unterstützt. Für unseren Anwendungsfall ist diese Variante daher am besten geeignet.

Verwendung des buildnumber-Plugins

Das *buildnumber-maven-plugin* wird im *Mojo-Projekt* (siehe [URL: MojoProjekt]) gepflegt. Mojo ist auf Maven-Plugins spezialisiert, ein Besuch der Webseite lohnt sich also in jedem Fall. Der Einbau in den Build-Prozess gestaltet sich, wie bei Maven üblich, einfach. Wir müssen hierzu lediglich das *buildnumber*-Plugin im Profil *build-int* konfigurieren:

Listing 5–22
Einbau des buildnumber-Plugins in das POM

```xml
<project>
  (...)
  <!-- Repository-Konfiguration -->
  <scm>
    <connection>scm:svn:svn://localhost/e2etrace/trunk</connection>
    <developerConnection>scm:svn:svn://localhost/e2etrace/trunk
      </developerConnection>
  </scm>
  (...)
  <!-- Profile -->
  <profiles>
    <profile>
      <id>build-int</id>
      <build>
        <plugins>
          (...)
          <!-- buildnumber-Plugin konfigurieren -->
          <plugin>
            <groupId>org.codehaus.mojo</groupId>
            <artifactId>buildnumber-maven-plugin</artifactId>
            <executions>
              <execution>
                <phase>validate</phase>
                <goals>
                  <goal>create</goal>
                </goals>
                <configuration>
                  <useLastCommittedRevision>true
                    </useLastCommittedRevision>
                </configuration>
              </execution>
            </executions>
          </plugin>
        </plugins>
      </build>
    </profile>
  </profiles>
  (...)
</project>
```

Die Build-Nummer soll ganz zu Beginn des Build-Laufes ermittelt werden. Daher binde ich das Plugin über das Element <execution> an die Lifecycle-Phase *validate*. Über den untergeordneten Knoten <goals> habe ich weiterhin festgelegt, dass in der genannten Phase das Build-Ziel *create* ausgeführt werden soll. Dieses generiert die Build-Nummer aus der Repository-Revision. Die Nummer steht anschließend in der Property ${buildNumber} zur Verfügung. Wichtig ist weiterhin der Parameter <useLastCommittedRevision>, der im Listing auf true gesetzt wird. Er weist das Plugin an, wirklich die letzte Changeset-Revision des aktuellen Arbeitsbereiches zu verwenden. Lässt man den Parameter weg, bzw. setzt man ihn auf false, wird die Build-Nummer aus der globalen Repository-Revision erstellt. Wie ich weiter oben schon erläutert habe, funktioniert diese Variante der Build-Nummer nicht für Projekte mit parallelen Entwicklungszweigen.

Damit das *buildnumber*-Plugin die Revision aus Subversion überhaupt ermitteln kann, benötigt es noch die Verbindungsdaten zum Repository. Diese werden über das Element <scm> im POM festgelegt. Wie üblich werden diese Daten dann von unterschiedlichen Plugins ausgewertet. Beispielsweise werden wir in Abschnitt 5.4 feststellen, dass die hier gemachten Angaben von Maven automatisch bei der Erzeugung der Projekt-Homepage berücksichtigt werden. Auch das *scm*-Plugin, auf das ich etwas später noch zu sprechen komme, verwendet die hier gemachten Angaben, um eine Verbindung zum Subversion-Repository herzustellen.

Der erste Schritt, also die Generierung der Build-Nummer, ist damit schon erledigt. Jetzt müssen wir die Nummer noch in geeigneter Weise in die jar-Datei von *e2etrace* einbetten. Ein passender Platz hierfür ist beispielsweise die Manifest-Datei des Archivs (also META-INF\MANIFEST.MF). Diese Datei generiert Maven sowieso für uns während des Build-Laufes. Wir müssen also nur noch dafür sorgen, dass die Build-Nummer mit aufgenommen wird. Hierzu ist wiederum eine kleine Erweiterung im POM notwendig:

Listing 5–23
Erweiterung der Manifest-Datei um die Build-Nummer

```
<project>
  (...)
  <!-- Profile -->
  <profiles>
    <profile>
      <id>build-int</id>
      <build>
        <plugins>
          (...)
          <!-- jar-Plugin konfigurieren -->
          <plugin>
            <groupId>org.apache.maven.plugins</groupId>
```

```
            <artifactId>maven-jar-plugin</artifactId>
            <configuration>
              <archive>
                <manifestEntries>
                  <Build-Number>${buildNumber}</Build-Number>
                </manifestEntries>
                <addMavenDescriptor>false</addMavenDescriptor>
              </archive>
            </configuration>
          </plugin>
        </plugins>
      </build>
    </profile>
  </profiles>
  (...)
</project>
```

Im Listing wird das *jar*-Plugin im Profil *build-int* neu konfiguriert. Unterhalb des Elementes `<archive>` habe ich mit Hilfe des Knotens `<manifestEntries>` einen neuen Schlüssel `Build-Number` in der Manifest-Datei definiert. Der zugehörige Wert wird durch die Property `${buildNumber}` festgelegt, die ja vom *buildnumber*-Plugin entsprechend initialisiert worden ist.

Um die Einbindung der Build-Nummer in die jar-Datei zu testen, erstellen wir die *e2etrace*-Bibliothek komplett neu. Nicht vergessen dürfen wir hierbei die Angabe des Profils *build-int*, denn nur dort ist das *buildnumber*-Plugin ja konfiguriert:

```
> mvn clean package -Pbuild-int

[INFO] ------------------------------------------------------------
[INFO] Building e2etrace-Bibliothek 1.2.0-SNAPSHOT
[INFO] ------------------------------------------------------------
[INFO]
[INFO] --- maven-clean-plugin:2.4.1:clean @ e2etrace ---
[INFO] Deleting D:\Projekte\e2etrace\trunk\target
[INFO]
[INFO] --- buildnumber-maven-plugin:1.2:create @ e2etrace ---
[INFO] Checking for local modifications: skipped.
[INFO] Updating project files from SCM: skipped.
[INFO] Executing: cmd.exe /X /C "svn --non-interactive info"
[INFO] Working directory: D:\Projekte\e2etrace\trunk
[INFO] Storing buildNumber: 32 at timestamp: 1357139696293
[INFO] Executing: cmd.exe /X /C "svn --non-interactive info"
[INFO] Working directory: D:\Projekte\e2etrace\trunk
[INFO] Storing buildScmBranch: trunk
[INFO]
(...)
[INFO] ------------------------------------------------------------
[INFO] BUILD SUCCESSFUL
[INFO] ------------------------------------------------------------
```

In der Ausgabe ist zu erkennen, dass die Build-Nummer gleich als Erstes nach der Phase *clean* ermittelt wird. Auf der Konsole ist allerdings nicht ersichtlich, ob Maven die Nummer auch korrekt in die Manifest-Datei übernommen hat. Daher prüfen wir kurz deren Inhalt:

Listing 5-24
Inhalt von META-INF\MANIFEST.MF

```
Manifest-Version: 1.0
Archiver-Version: Plexus Archiver
Created-By: Apache Maven
Built-By: gpopp
Build-Jdk: 1.6.0_35
Build-Number: 32
```

Die letzte Zeile ist die für uns interessante. Hier steht, wie gewünscht, die letzte Changeset-Revision aus Subversion als Build-Nummer. Sie kann nun beispielsweise als zusätzliche Information an Fehlermeldungen angehängt werden.

Auslieferung des Produktes

Maven verwendet zur Auslieferung fertiger Artefakte in ein Repository das schon aus Abschnitt 5.2.3 bekannte *deploy*-Plugin. Bisher haben wir das Plugin immer explizit aufgerufen, im nächsten Schritt integrieren wir es direkt in den Integrations-Build. Als Ziel verwenden wir zunächst das Nexus-Repository *Snapshots*.

Die Bereitstellung des Produktes im Integrations-Build ist übrigens nicht zu verwechseln mit einer offiziellen Lieferung des fertigen Release. Dies übernehmen in kommerziellen Projekten nach der Freigabe eines Produktes spezialisierte Werkzeuge und nachgelagerte Prozesse. Vielmehr wollen wir mit dem Integrations-Build die Ergebnisse der eigenen Arbeit lediglich intern im Projekt zur Verfügung stellen.

Verwendung des Snapshot-Mechanismus

Der bereits mehrfach erwähnte Snapshot-Mechanismus ist eine ideale Grundlage zur Umsetzung unseres Integrations-Builds. Denn die Definition eines Snapshots in Maven entspricht genau der Zielsetzung des Integrations-Builds: die regelmäßige Bereitstellung eines Zwischenstandes der Entwicklungsarbeit im Projekt.

Fortlaufende Nummern und Zeitstempel

Man kann die Snapshot-Logik von Maven in zwei Bereiche aufteilen. Einmal verändert sich das Verhalten des *deploy*-Plugins beim Upload eines Artefaktes in ein Repository. Es markiert die hochgeladenen Dateien einer Snapshot-Version automatisch mit einer fortlaufenden Nummer[15] und einem Zeitstempel. Man kann daher, im Gegensatz zu fertigen Releases, mehrere Varianten eines Artefaktes mit derselben Versionsnummer im Repository verwalten.

5.2 Einführung von Build-Varianten

Weiterhin unterscheidet Maven bei der Auflösung externer Referenzen zwischen Releases und Snapshots. Diese Funktionalität von Snapshots werden wir für das *e2etrace*-Beispielprojekt nicht benötigen, sie ist aber trotzdem erwähnenswert. Wird eine Snapshot-Version einer Bibliothek oder eines Plugins im POM referenziert, prüft Maven bei der Ausführung des Builds automatisch, ob im Repository mittlerweile eine neuere Version der entsprechenden Komponente vorliegt. Der entscheidende Unterschied zu normalen Releases ist, dass zusätzlich zur Versionsnummer der Komponente auch die fortlaufende Nummer und der Zeitstempel in die Überprüfung einbezogen werden. Findet Maven eine neuere Snapshot-Version, wird diese in das lokale Repository übertragen und in den Build-Prozess eingebunden.[16] Dieses Verhalten ist insbesondere in großen Projekten mit mehreren Subsystemen sehr nützlich. In derartigen Projekten bestehen nicht nur Abhängigkeiten zu externen Bibliotheken, sondern auch zwischen den internen Modulen. Die Snapshot-Logik stellt in diesem Fall sicher, dass der Austausch der jeweils neuesten Module zwischen den einzelnen Entwicklungsteams reibungslos klappt. Sobald ein Team einen neuen Zwischenstand eines Moduls im Snapshot-Repository veröffentlicht hat, wird diese neue Version automatisch in die Build-Prozesse der anderen Module einbezogen.

Snapshot-Versionen externer Bibliotheken

Ob eine Snapshot-Version vorliegt oder nicht, entscheidet Maven anhand der `<version>`-Elemente im POM. Enthält eine Versionsangabe das Postfix –SNAPSHOT, wird das entsprechende Artefakt als Snapshot klassifiziert. Im Fall von *e2etrace* schaut dies beispielsweise wie folgt aus:

```
<project>
  <!-- Allgemeine Angaben zum Projekt -->
  <modelVersion>4.0.0</modelVersion>
  <groupId>org.e2etrace</groupId>
  <artifactId>e2etrace</artifactId>
  <packaging>jar</packaging>
  <version>1.2.0-SNAPSHOT</version>
  <name>e2etrace-Bibliothek</name>
  (...)
</project>
```

Listing 5–25

Festlegung einer Snapshot-Version für e2etrace im POM

---

15. Maven bezeichnet diese fortlaufende Nummer als *Build-Number*. Ich vermeide diesen Begriff an dieser Stelle, um einer Verwechslung mit »unserer« Build-Nummer vorzubeugen. Die Maven-Build-Nummern funktionieren für Snapshots zwar einwandfrei, sie erlauben aber beispielsweise nicht ohne weitere Maßnahmen einen Rückschluss auf die entsprechende Repository-Revision. Zudem sind sie eben nur für Snapshots und nicht für das endgültige Release verfügbar. In der ersten und zweiten Auflage des Buches habe ich die Snapshot-Build-Nummer noch verwendet, diese über einige Tricks sogar aus dem Repository ausgelesen und in das Produkt eingebettet. Mittlerweile gibt es das *buildnumber*-Plugin, das für diesen Zweck sehr viel besser geeignet ist.

16. Hierzu muss im POM allerdings ein Repository definiert werden, bei dem der Parameter `<snapshots>`/`<enabled>` auf `true` gesetzt ist.

Die Versionsangabe 1.2.0-SNAPSHOT legt fest, dass die *e2etrace*-Bibliothek als Snapshot erstellt wird. Wir haben diese Einstellung von Anfang an verwendet, da sie keinen Einfluss auf den normalen Build-Prozess hat. Erst wenn es darangeht, die fertig erstellte Bibliothek in ein Repository auszuliefern, wird der Snapshot-Mechanismus von Maven in Gang gesetzt.

Auslieferung in das Snapshots-Repository

Im Build-Lifecycle sind die Phasen *install* und *deploy* zur Auslieferung des Produktes in Repositorys vorgesehen. *install* liefert lediglich in das lokale Repository aus und kann beispielsweise für Testzwecke verwendet werden. Für den Integrations-Build ist diese Phase nicht interessant, schließlich wollen wir das Produkt dem gesamten Projektteam zugänglich machen. Daher setzen wir uns im Folgenden mit der Phase *deploy* auseinander.

Bevor *deploy* das erste Mal ausgeführt werden kann, muss im POM das Auslieferungs-Repository festgelegt werden. Dies erfolgt über das Element <distributionManagement>:

Listing 5-26
Definition eines Auslieferungs-Repositorys im POM

```xml
<project>
  (...)
  <!-- Profile -->
  <profiles>
    <profile>
      <id>build-int</id>
      (...)

      <!-- Auslieferung des Produktes -->
      <distributionManagement>
        <snapshotRepository>
          <id>nexus.snapshots.upload</id>
          <name>Nexus-Repository für SNAPSHOTs</name>
          <url>
            http://localhost:8081/nexus/content/repositories
            /snapshots
          </url>
        </snapshotRepository>
      </distributionManagement>
    </profile>
  </profiles>
  (...)
</project>
```

Das neue Auslieferungs-Repository wird über das Element <snapshot-Repository> im Kontext des Profiles build-int definiert. Alternativ könnte man den Block <distributionManagement> direkt unterhalb von <project> platzieren. In diesem Fall würden die Einstellungen für das gesamte Projekt gelten, sie wären also auch im Entwickler-Build aktiv. Wir wollen jedoch explizit nur mit dem Integrations-Build in das Repository ausliefern, daher schränken wir die Gültigkeit der Definition von vornherein auf das entsprechende Profil ein.

Neben der obligatorischen URL, die im Beispiel auf das Nexus-Repository *Snapshots* zeigt, ist insbesondere die Repository-ID wichtig. Diese wird über das Element <id> festgelegt. Im Beispiel verwende ich den Wert nexus.snapshots.upload, den wir in Abschnitt 5.2.3 bereits in der Datei *settings.xml* definiert haben. Maven lädt dann anhand dieser ID Benutzernamen und Kennwort für die Anmeldung bei Nexus aus *settings.xml*.

Die erste Auslieferung in das Repository führen wir nun wie folgt aus: *Ausführen der deploy-Phase*

```
> mvn deploy -Pbuild-int
[INFO] ------------------------------------------------------------
[INFO] Building e2etrace-Bibliothek 1.2.0-SNAPSHOT
[INFO] ------------------------------------------------------------
[INFO]
(...)
[INFO] --- maven-deploy-plugin:2.7:deploy @ e2etrace ---
(...)
Uploaded:
http://localhost:8081/nexus/content/repositories/snapshots/org/e2e
trace/e2etrace/1.2.0-SNAPSHOT/e2etrace-1.2.0-20130102.152844-1.jar
(25 KB at 161.0 KB/sec)
(...)
Uploaded:
http://localhost:8081/nexus/content/repositories/snapshots/org/e2e
trace/e2etrace/1.2.0-SNAPSHOT/e2etrace-1.2.0-20130102.152844-1.pom
(6 KB at 17.2 KB/sec)
(...)
[INFO] ------------------------------------------------------------
[INFO] BUILD SUCCESSFUL
[INFO] ------------------------------------------------------------
```

Das Kommando hat die jar-Datei mit der *e2etrace*-Bibliothek erstellt und zusammen mit dem POM in das Nexus-Repository *Snapshots* übertragen. Hierbei wurden alle notwendigen Ordner, die Prüfsummendateien und die Metadaten für *e2etrace* automatisch erzeugt (s. Abb. 5–14).

Abb. 5-14
Im Snapshots-Repository erzeugte Ordner und Dateien

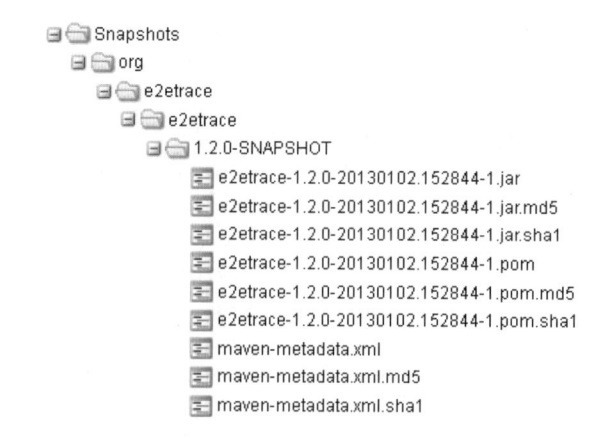

```
Snapshots
  org
    e2etrace
      e2etrace
        1.2.0-SNAPSHOT
          e2etrace-1.2.0-20130102.152844-1.jar
          e2etrace-1.2.0-20130102.152844-1.jar.md5
          e2etrace-1.2.0-20130102.152844-1.jar.sha1
          e2etrace-1.2.0-20130102.152844-1.pom
          e2etrace-1.2.0-20130102.152844-1.pom.md5
          e2etrace-1.2.0-20130102.152844-1.pom.sha1
          maven-metadata.xml
          maven-metadata.xml.md5
          maven-metadata.xml.sha1
```

In der Abbildung ist auch zu erkennen, dass Maven die Dateinamen automatisch um den bereits erwähnten Zeitstempel und die fortlaufende Nummer ergänzt hat.[17] Wenn ein anderes Projekt die Snapshot-Version von *e2etrace* einbinden möchte, reicht trotzdem der folgende Eintrag im POM:

Listing 5-27
Einbindung der Snapshot-Version in andere Projekte

```
<dependency>
    <groupId>org.e2etrace</groupId>
    <artifactId>e2etrace</artifactId>
    <version>1.2.0-SNAPSHOT</version>
</dependency>
```

Maven erkennt am Postfix `-SNAPSHOT` automatisch, dass aus dem Repository die jeweils neueste Auslieferungsdatei verwendet werden soll. Der Zeitstempel und die fortlaufende Nummer werden also nicht explizit im POM angegeben, sondern automatisch von Maven hinzugefügt.

Auslieferung der Installationsdatei

Zusätzlich zur jar-Datei soll im Fall von *e2etrace* auch das Installationsarchiv ausgeliefert werden. Das Archiv haben wir in Abschnitt 5.1.7 mit Hilfe des *assembly*-Plugins manuell erstellt. Im Integrations-Build soll Maven die Auslieferungsdatei automatisch generieren und ins *Snapshots*-Repository übertragen. Damit das klappt, ist eine kleine Anpassung am POM notwendig:

---

17. Hier drängt sich die Frage auf, was mit diesen ganzen automatisch erzeugten Dateivarianten im Nexus-Repository auf die Dauer geschehen soll. Maven unternimmt an dieser Stelle von sich aus nichts. Es generiert beliebig viele Snapshot-Versionen, das entsprechende Repository wird also regelrecht »zugemüllt«. Nexus bietet jedoch glücklicherweise integrierte Verwaltungsfunktionen speziell für Snapshot-Versionen. Diese erlauben es beispielsweise, »alte« Snapshots regelmäßig aus dem Repository zu entfernen. Details zu diesen Funktionen finden sich in [URL: NexusBook].

```xml
<project>
  (...)
  <!-- Profile -->
  <profiles>
    <profile>
      <id>build-int</id>
      (...)
      <build>
        <plugins>
        (...)
          <!-- Assembly-Plugin konfigurieren -->
          <plugin>
            <groupId>org.apache.maven.plugins</groupId>
            <artifactId>maven-assembly-plugin</artifactId>
            <executions>
              <execution>
                <phase>package</phase>
                <goals>
                  <goal>single</goal>
                </goals>
              </execution>
            </executions>
          </plugin>
        </plugins>
      </build>
      (...)
    </profile>
  </profiles>
  (...)
</project>
```

Listing 5–28
Übertragen der Auslieferungsdatei ins Snapshots-Repository

Mit dieser Erweiterung des Profils *build-int* legen wir fest, dass das Build-Ziel *single* des *assembly*-Plugins in der Build-Phase *package* automatisch ausgeführt werden soll. Interessanterweise fehlt in der Plugin-Konfiguration jeglicher Hinweis auf den Assembly-Deskriptor. Diesen haben wir ja schon an anderer Stelle, außerhalb des Profils *build-int*, definiert (siehe Listing 5–13 auf Seite 225). Maven übernimmt diese Basiskonfiguration für das *assembly*-Plugin und ergänzt sie mit den in Listing 5–28 gezeigten Angaben.

Sobald wir jetzt die *deploy*-Phase im Integrations-Build ausführen, wird die zip-Datei für *e2etrace* automatisch erstellt und in das *Snapshots*-Repository geladen:

```
> mvn deploy -Pbuild-int
[INFO] ------------------------------------------------------------
[INFO] Building e2etrace-Bibliothek 1.2.0-SNAPSHOT
[INFO] ------------------------------------------------------------
(...)
[INFO] --- maven-assembly-plugin:2.2-beta-5:single @ e2etrace ---
[INFO] Reading assembly descriptor: assembly.xml
[INFO] Building zip: D:\...\e2etrace-1.2.0-SNAPSHOT-install.zip
[INFO]
[INFO] --- maven-install-plugin:2.3.1:install @ e2etrace ---
(...)
[INFO] --- maven-deploy-plugin:2.7:deploy @ e2etrace ---
(...)
Uploaded:
http://localhost:8081/nexus/content/repositories/snapshots/org/e2e
trace/e2etrace/1.2.0-SNAPSHOT/e2etrace-1.2.0-20130102.155223-2.jar
(25 KB at 277.5 KB/sec)
(...)
Uploaded:
http://localhost:8081/nexus/content/repositories/snapshots/org/e2e
trace/e2etrace/1.2.0-SNAPSHOT/e2etrace-1.2.0-20130102.155223-2.pom
(6 KB at 42.6 KB/sec)
(...)
Uploaded:
http://localhost:8081/nexus/content/repositories/snapshots/org/e2e
trace/e2etrace/1.2.0-SNAPSHOT/e2etrace-1.2.0-20130102.155223-2-
install.zip (255 KB at 2927.0 KB/sec)
[INFO] ------------------------------------------------------------
[INFO] BUILD SUCCESSFUL
[INFO] ------------------------------------------------------------
```

Automatischer Abgleich mit dem Repository

Der Integrations-Build konsolidiert alle Änderungen und Erweiterungen des Entwicklungsteams in einer neuen Version des Produktes. Daher war die automatische Synchronisation mit dem Repository eine der zu Beginn von Abschnitt 5.2.5 genannten Anforderungen. Auf den ersten Blick bietet es sich vielleicht an, diese Anforderung direkt mit Maven umzusetzen. Mit dem *scm*-Plugin existiert sogar ein passendes Plugin für diese Aufgabe. So führt beispielsweise folgender Aufruf ein *update*-Kommando im *e2etrace*-Arbeitsbereich durch:

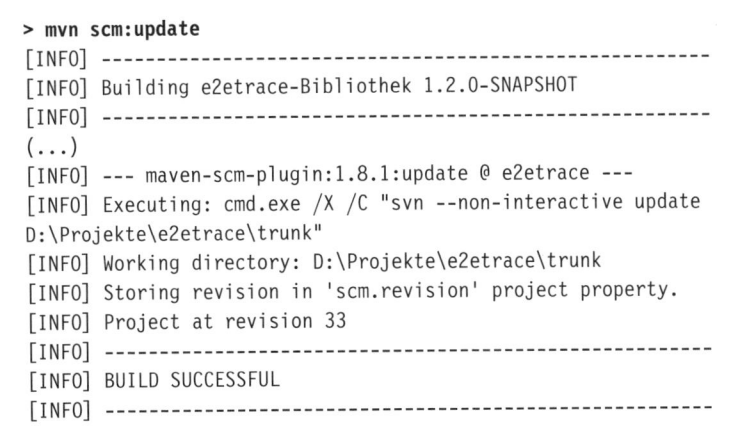

```
> mvn scm:update
[INFO] ------------------------------------------------------
[INFO] Building e2etrace-Bibliothek 1.2.0-SNAPSHOT
[INFO] ------------------------------------------------------
(...)
[INFO] --- maven-scm-plugin:1.8.1:update @ e2etrace ---
[INFO] Executing: cmd.exe /X /C "svn --non-interactive update
D:\Projekte\e2etrace\trunk"
[INFO] Working directory: D:\Projekte\e2etrace\trunk
[INFO] Storing revision in 'scm.revision' project property.
[INFO] Project at revision 33
[INFO] ------------------------------------------------------
[INFO] BUILD SUCCESSFUL
[INFO] ------------------------------------------------------
```

Update des Arbeitsbereiches mit dem scm-Plugin

Um diesen Update automatisiert am Beginn des Integrations-Builds auszuführen, müssten wir das *scm*-Plugin lediglich im POM entsprechend konfigurieren und beispielsweise an die Phase *validate* binden.

Allerdings würden wir uns in der Folge ein Henne-Ei-Problem einhandeln. Maven muss das POM laden, *bevor* es das *update*-Kommando ausführen kann. Wenn dann während der Aktualisierung des Arbeitsbereiches auch das POM geändert wird, bekommt Maven dies nicht mehr mit.

Um dies zu verhindern, müssen wir die Aktualisierung des Subversion-Arbeitsbereiches vor dem eigentlichen Build-Lauf ausführen. Diese und einige weitere Aufgaben im Integrations-Build übernimmt nun Hudson, unsere *Continuous Integration Engine* für *e2etrace*.

Anlegen eines Projektes in Hudson

Hudson verfügt, ähnlich wie Nexus, über eine recht komfortable Weboberfläche zur Administration.

Um *e2etrace* als neues Projekt in Hudson anzulegen, rufen wir die Hudson-Konsole unter der URL *http://localhost:8080* auf und wählen dort den Punkt *Neuen Job anlegen*. Als Job-Name bietet sich *e2etrace-trunk* an. Der vorselektierte Typ *»Free Style«-Softwareprojekt bauen* ist für die meisten Projekte geeignet, daher können wir diese Auswahl unverändert lassen.

Sobald der Dialog mit *OK* bestätigt wurde, können auf einer weiteren Seite die Parameter des neuen Projektes festgelegt werden (siehe Abb. 5–16). Im Fall von *e2etrace* müssen wir zunächst die Felder unterhalb von *Source Code Management* ausfüllen. Sobald der Repository-Typ auf *Subversion* eingestellt ist, kann in das entsprechende Feld die URL des *trunks* eingetragen werden. Mit dem Parameter *Check-out Strategy* legen wir fest, dass Hudson tatsächlich svn update

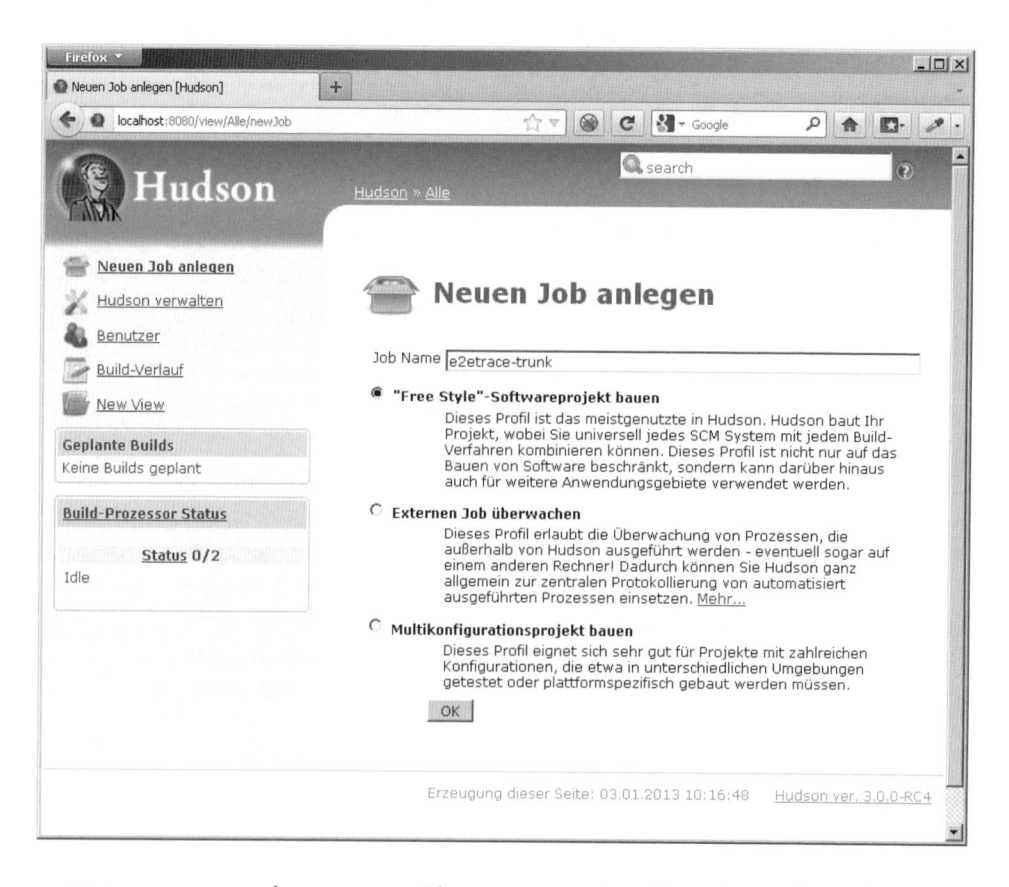

Abb. 5-15
Neues Projekt in Hudson anlegen

verwendet, um neue Changesets aus dem Repository abzurufen. Hudson bietet hier mehrere alternative Strategien an. Beispielsweise kann vor jedem Build der lokale Hudson-Arbeitsbereich gelöscht und das Projekt komplett neu per `checkout`-Befehl abgerufen werden. Dies garantiert einen wirklich »sauberen« Build-Lauf. In der Praxis dauern Checkouts für größere Projekte einfach zu lange und erzeugen zu viel Last im Repository sowie auf dem Rechner, der Hudson ausführt. Daher sollte man in der Regel tatsächlich `svn update` verwenden und stattdessen einfach vor dem eigentlichen Build `mvn clean` ausführen. Die restlichen Optionen betreffen die Details des Checkouts und können im Normalfall unverändert bleiben.

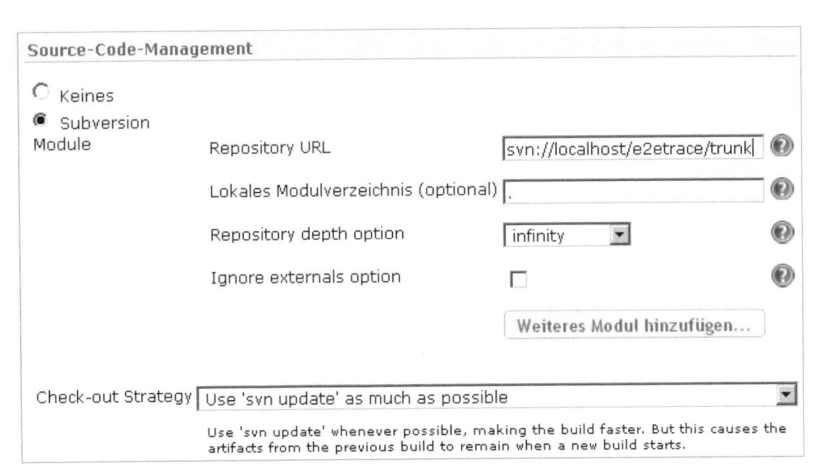

Abb. 5–16
Festlegen der Subversion-URL

Zeitgesteuerte Ausführung des Integrations-Builds

Im nächsten Schritt legen wir etwas weiter unten auf der Seite fest, in welchen Abständen der Integrations-Build von Hudson automatisch ausgeführt werden soll.

Abb. 5–17
Automatische Ausführung des Integrations-Builds

Für *e2etrace* habe ich die Option *Builds zeitgesteuert starten* selektiert. Im Textfeld *Zeitplan* muss dann definiert werden, wie oft der Build starten soll. Die Syntax entspricht der von *crontab* unter Unix. Ich habe es mir einfach gemacht und mit `@hourly` einen stündlichen Build-Lauf festgelegt.

Eine Alternative zu festen Build-Intervallen ist die Option *Source Code Management System abfragen*. Hudson startet in diesem Fall den Build automatisch, sobald ein neues Changeset in das Repository geschrieben wurde. Diese Variante entspricht damit der »reinen Lehre« der Continuous Integration. Die beiden restlichen Optionen sind für *e2etrace* nicht relevant, es lohnt sich aber trotzdem, kurz darauf einzugehen:

- *Build when Maven dependencies have been updated by Maven 3 integration*:
  Diese Option wurde in meiner Hudson-Version noch nicht ins Deutsche übersetzt. Sie veranlasst einen neuen Build-Lauf, sobald ein vom Projekt referenziertes Artefakt mit Hudson neu erstellt wurde. Gedacht ist dieser Parameter für komplexe Umgebungen, in denen viele verschiedene Projekte in einer Hudson-Instanz verwaltet werden.
- *Starte Build, nachdem andere Projekte gebaut wurden*:
  Auch dieser Parameter ist für komplexe Projekte interessant. Er erlaubt die Ausführung des Build-Laufes, sobald beliebige andere Projekte erfolgreich durch Hudson erstellt wurden.

Nachdem die automatische Ausführung konfiguriert ist, müssen wir Hudson im Abschnitt *Buildverfahren* noch mitteilen, wie Maven für den Integrations-Build aufgerufen werden muss. Hierzu legen wir mit dem entsprechenden Button zunächst einen neuen Build-Schritt an. Hudson unterstützt diverse Varianten. Für uns relevant ist *Invoke Maven 3*. Da wir während der Konfiguration von Hudson in Abschnitt 3.5 explizit eine externe Maven-Installation angelegt haben, wählen wir diese hier auch für den Job aus. Im Anschluss legen wir die Parameter für die Ausführung von Maven fest. Für *e2etrace* geben wir die Build-Phasen *clean* und *deploy* sowie das Profil *build-int* an.

Abb. 5–18
Build-Ziele festlegen

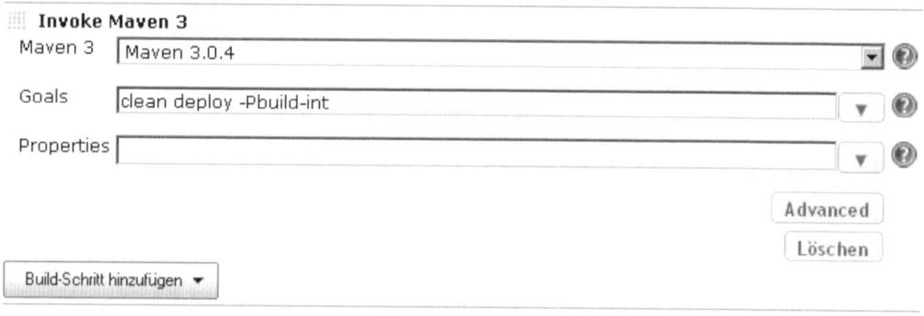

Falls nötig könnte man nun noch weitere Build-Schritte hinzufügen, für *e2etrace* nutzen wir diese Möglichkeit allerdings nicht.

Benachrichtigung der Teammitglieder per E-Mail

Da der Integrations-Build automatisch ausgeführt wird, sollten wir das Team in geeigneter Weise über das Ergebnis informieren. Dies gilt insbesondere für fehlgeschlagene Builds, da in diesem Fall der oder die Verursacher möglichst umgehend eine Korrektur in das Subversion-Repository einchecken sollten. Hudson bietet standardmäßig das Versenden von E-Mails bei Fehlern im Build-Lauf an. Konfiguriert wird diese Funktion im Abschnitt *Post-Build-Aktionen*.

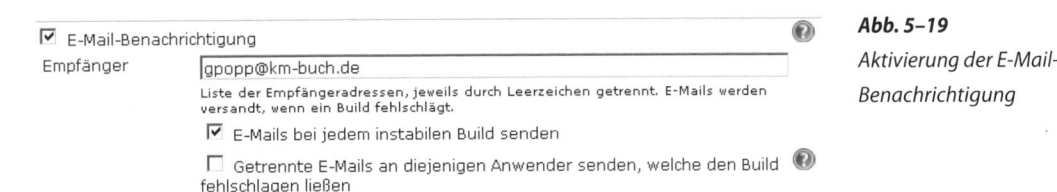

Abb. 5–19
Aktivierung der E-Mail-Benachrichtigung

Sobald die Option *E-Mail-Benachrichtigung* aktiviert ist, versendet Hudson bei fehlgeschlagenen Builds E-Mails an die angegebenen Adressen. Die beiden anderen Parameter haben die folgende Bedeutung:

- *E-Mail bei jedem instabilen Build senden*:
  Diese Option ist standardmäßig aktiviert. Sie veranlasst Hudson dazu, bei wirklich jedem fehlgeschlagenen Build eine E-Mail zu versenden. Ich empfehle, diese Einstellung immer zu verwenden, da Integrations-Builds in jeder Projektphase einigermaßen stabil sein sollten. Die Gefahr von »Spam-Mails« durch wiederholt fehlgeschlagene Builds besteht dadurch nicht. Und wenn die Builds doch mal eine Zeit lang regelmäßig fehlschlagen, bekommen wenigstens alle Beteiligten beständig Erinnerungen, etwas dagegen zu tun.
- *Getrennte E-Mails an diejenigen Anwender senden, welche den Build fehlschlagen ließen*:
  Mit diesem Parameter wird bewirkt, dass Hudson zusätzlich zu den im Eingabefeld *Empfänger* definierten Adressen Mails an die Entwickler schickt, die zuletzt in Subversion eingecheckt haben. Die Idee hinter diesem Feature ist, dass die Fehler im Build vermutlich von den Personen verursacht wurden, die wirklich seit dem letzten erfolgreichen Build Changesets ins Repository geschrieben haben.

Veröffentlichung der JUnit-Testergebnisse

Als letzten Schritt vor der Fertigstellung des Jobs aktivieren wir nun noch die Option *Veröffentliche JUnit-Testergebnisse* im Abschnitt *Post-Build-Aktionen*. Sobald hier der Haken gesetzt ist, fragt Hudson nach einem Dateipattern, mit dem die Testergebnisse gefunden werden können. Für Maven-Projekte kann man immer folgendes Pattern eingeben: `**/surefire-reports/*.xml`.

Damit sind alle notwendigen Parameter festgelegt. Sobald wir ganz unten auf der Seite den Button *Übernehmen* anklicken, wird der neue Job *e2etrace-trunk* von Hudson erstellt.

Status des automatisierten Integrations-Builds

Der Job *e2etrace-trunk* erscheint jetzt auf der Startseite in der Übersicht. Hudson führt von nun an automatisch den Integrations-Build einmal pro Stunde aus. Den hierfür notwendigen Subversion-Arbeitsbereich legt Hudson bei der ersten Ausführung des Builds unterhalb des Arbeitsverzeichnisses .hudson an[18].

Über Erfolg oder Misserfolg der Build-Läufe informiert die Projektübersicht auf der Startseite von Hudson. Eine kleine Sonne steht für einwandfreie Builds; sobald Fehler auftreten, trübt sich das Wetter sozusagen ein.

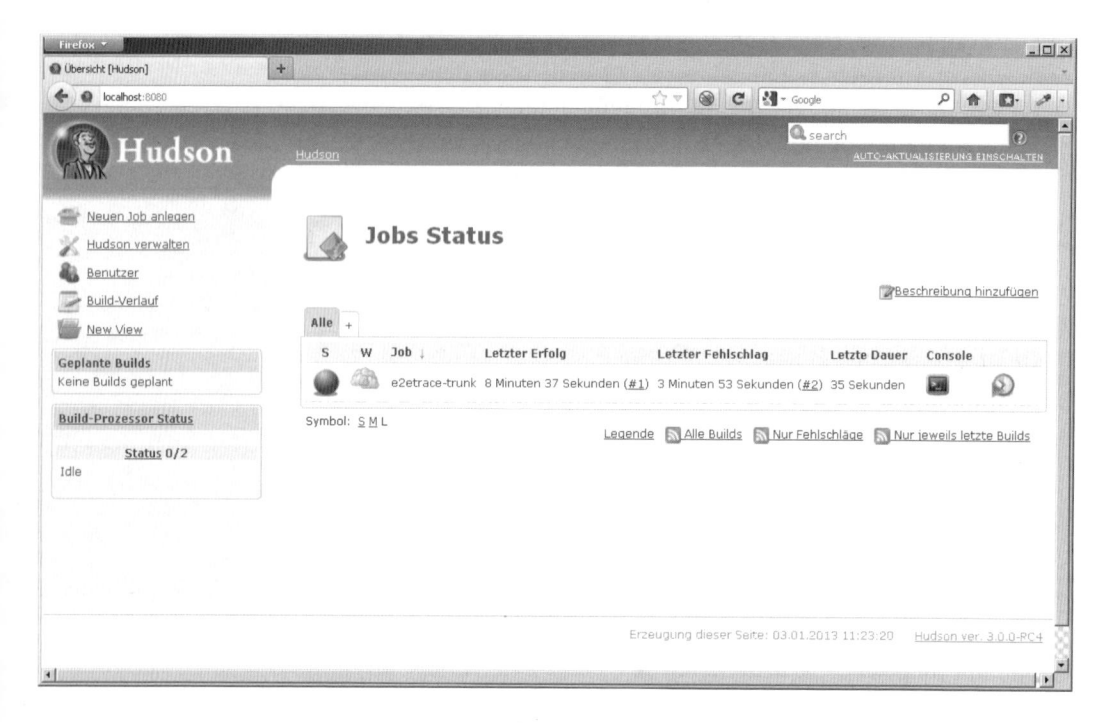

Abb. 5–20
Projektübersicht auf der Hudson-Startseite

---

18. Um genau zu sein: Unter Windows liegt der Subversion-Arbeitsbereich für e2etrace-trunk im Verzeichnis %USERPROFILE%\.hudson\jobs\e2etrace-trunk\workspace\trunk. Der Arbeitsbereich wird von Hudson mit svn checkout erzeugt und vor jedem Build mit svn update aktualisiert.

In der Abbildung ist der Integrations-Build bereits zweimal ausgeführt worden, wobei der erste Lauf erfolgreich und der zweite fehlerhaft war. Über den fehlerhaften Build hat Hudson mich mit folgender Mail informiert:

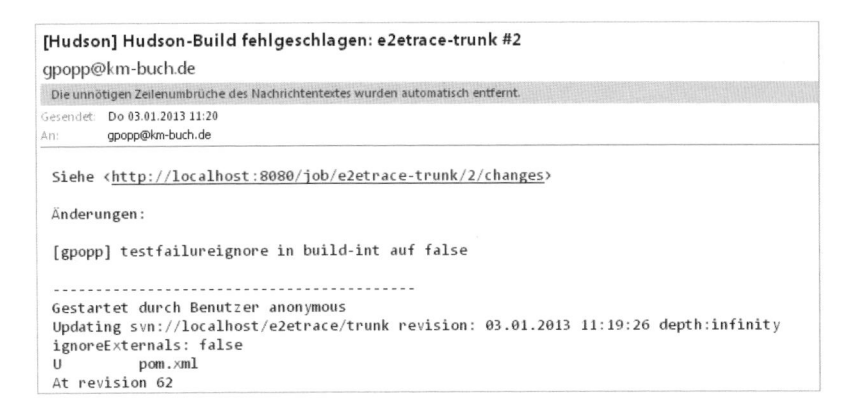

```
[Hudson] Hudson-Build fehlgeschlagen: e2etrace-trunk #2
gpopp@km-buch.de
Die unnötigen Zeilenumbrüche des Nachrichtentextes wurden automatisch entfernt.
Gesendet:  Do 03.01.2013 11:20
An:        gpopp@km-buch.de

Siehe <http://localhost:8080/job/e2etrace-trunk/2/changes>

Änderungen:

[gpopp] testfailureignore in build-int auf false

-----------------------------------------
Gestartet durch Benutzer anonymous
Updating svn://localhost/e2etrace/trunk revision: 03.01.2013 11:19:26 depth:infinity
ignoreExternals: false
U         pom.xml
At revision 62
```

Abb. 5–21
Statusmail für
fehlgeschlagenen Build

Verursacht wurde der Fehler im Build-Lauf durch die zu Beginn der Mail genannten Changesets. Sie weisen auf die folgende Änderung im POM hin:

```xml
<project>
  (...)
  <!-- Profile -->
  <profiles>
    <profile>
      <id>build-int</id>
      <build>
        <plugins>
        (...)
          <!-- Konfiguration des surefire-Plugins anpassen -->
          <plugin>
            <groupId>org.apache.maven.plugins</groupId>
            <artifactId>maven-surefire-plugin</artifactId>
            <configuration>
              <testFailureIgnore>false</testFailureIgnore>
            </configuration>
          </plugin>
        </plugins>
      </build>
    </profile>
  </profiles>
  (...)
</project>
```

Listing 5–29
Abbrechen des Builds bei
fehlerhaften Modultests

Die Änderung führt dazu, dass fehlgeschlagene Modultests im Integrations-Build nicht mehr toleriert werden. Offensichtlich sind einige Tests im Projekt *e2etrace* nicht in Ordnung, denn Hudson hat nach der Änderung im POM den Build als fehlerhaft gemeldet. Welche Tests Probleme bereiten, können wir auf der Projektseite für *e2etrace-trunk* in der Hudson-Konsole nachschlagen. Man erreicht diese Seite durch einen Klick auf den Projektnamen in der Übersicht.

Abb. 5–22
Projekt-Status in Hudson

In der Abbildung ist zu erkennen, dass offensichtlich ein Modultest beim letzten Build-Lauf fehlgeschlagen ist. Man kann sich jetzt durch einen Klick auf den entsprechenden Link natürlich auch die Details zum fehlerhaften Test anzeigen lassen. Zudem bietet die Projektseite noch weitere Möglichkeiten, wie beispielsweise das manuelle Starten eines Builds (*Jetzt bauen*). Es würde den Rahmen sprengen, an dieser

Stelle auf die weiteren Möglichkeiten von Hudson einzugehen. Hudson ist aber sehr intuitiv bedienbar, es lohnt sich also, einfach ein wenig mit den verfügbaren Funktionen herumzuspielen.

Eindeutige Identifizierung der verwendeten Plugins

Der Integrations-Build ist jetzt vollständig umgesetzt. Bevor wir uns im nächsten Kapitel um den Release-Build kümmern, müssen wir die dauerhafte Nachvollziehbarkeit des Build-Prozesses sicherstellen. Vermutlich fragen Sie sich nun, was hier noch an zusätzlichem Aufwand anfallen soll, schließlich haben wir zu diesem Zweck schon Nexus eingerichtet und Maven entsprechend konfiguriert. Dies war jedoch sozusagen nur die Pflicht, die Kür kommt jetzt. Denn im POM von *e2etrace* werden die für den Build-Prozess verwendeten Plugins nur unvollständig identifiziert. Ein Beispiel aus dem Profil `build-int`:

```
<!-- compiler-Plugin anpassen -->
<plugin>
  <groupId>org.apache.maven.plugins</groupId>
  <artifactId>maven-compiler-plugin</artifactId>
  <configuration>
    <debug>false</debug>
  </configuration>
</plugin>
```

Listing 5–30
Einbindung des compiler-Plugins ohne explizite Versionsangabe

Der obige Ausschnitt aus dem POM passt die Konfiguration des *compiler*-Plugins an. Hierbei werden lediglich die `<groupId>` und die `<artifactId>` des Plugins genannt, jedoch keine Versionsnummer. Es stellt sich daher die Frage, was passiert, wenn irgendwann ein Update des *compiler*-Plugins erfolgt und demzufolge mehrere Versionen zur Auswahl stehen. Welche Version wird dann von Maven für den Build-Prozess verwendet?

Die Antwort auf diese Frage ist zunächst abhängig von der Maven-Version. Bis einschließlich Version 2.0.8 ist das konkrete Verhalten von Maven abhängig von mehreren Parametern im POM und dem Zustand des lokalen Repositorys. Wenn, aus welchen Gründen auch immer, ein Plugin im lokalen Repository fehlt, lädt Maven die neueste verfügbare Version aus dem Remote-Repository. Wenn ein Plugin bereits im lokalen Repository vorliegt, ist das Verhalten von Maven abhängig von den Angaben im POM. Verwendet man die Standardeinstellungen und die Standard-Repositorys, passiert im Falle eines Plugin-Updates zunächst gar nichts. Denn Maven sucht von sich aus nicht nach neuen Versionen von Plugins, die bereits im lokalen Repository installiert sind. Erst wenn Maven explizit mit der Option –U aufgerufen wird, sucht es im Plugin-Repository nach Updates und lädt

Welche Version eines Plugins wird verwendet?

diese ggf. in das lokale Repository. Aus Sicht eines KM-Prozesses ist dieses Verhalten bestenfalls unbefriedigend, da die Nachvollziehbarkeit von Builds erschwert wird. Selbst bei Einsatz eines Repository-Managers wie Nexus müsste man beispielsweise die verfügbaren Plugin-Versionen manuell kontrollieren und Updates nur gezielt durchführen. In der Praxis ist das einfacher gesagt als getan, da Nexus beispielsweise ohne weitere Rückfragen neue Plugin-Versionen vom Remote-Repository nachlädt.

In Version 2.0.9 wurde das Standardverhalten aus den genannten Gründen geändert. Neuere Maven 2.x-Distributionen definieren die Plugin-Versionen im sogenannten Super-POM. Allerdings gilt dies nur für die »gebräuchlichsten« Plugins aus Sicht des Maven-Teams. Das von uns eingesetzte *buildnumber*-Plugin fällt nicht unter diese Kategorie und ist daher auch nicht im Super-POM von Maven 2.x enthalten. In diesem Fall greift dann wieder das oben beschriebene Verfahren zur Versionsauflösung.

Ab Maven 3.x hat sich das Verhalten abermals geändert. Die Plugin-Versionen wurden aus dem Super-POM in die Lifecycle-Mappings verschoben. Das führt dazu, dass beispielsweise für jar-Dateien potenziell andere Default-Plugin-Versionen gelten als für wars.

Auswirkungen auf den Build-Prozess

Zusammenfassend lässt sich feststellen, dass keine der im Laufe der Zeit umgesetzten Strategien zur Ermittlung von Plugin-Versionen die Anforderungen unseres KM-Prozesses erfüllt. Der Build-Prozess funktioniert nur dann auch in der Zukunft genauso wie heute, wenn wir selbst für eine *eindeutige Identifikation* der Plugins im e2etrace-POM sorgen.

Angabe der gewünschten Plugin-Version im POM

Die eindeutige Identifikation erfolgt, indem neben der <groupId> und der <artifactId> auch die gewünschte Version eines Plugins explizit im POM eingetragen wird. Dies betrifft auch diejenigen Plugins, die aktuell gar nicht im POM auftauchen, da sie durch das Lifecycle-Mapping automatisch in den Build-Prozess eingebunden werden.

Die entsprechende Anpassung des POM erfordert leider etwas Aufwand, auch wenn wir uns einen Teil der Arbeit durch das *help*-Plugin abnehmen lassen können:

```
> mvn clean deploy help:effective-pom \
    -Pbuild-int -Doutput=effective-pom.xml
```

Dieser Aufruf führt den kompletten Integrations-Build durch und speichert gleichzeitig das *wirksame POM* in der Datei effective-pom.xml. Wir haben das wirksame POM bereits bei der Erläuterung des Profilmechanismus kennengelernt. Neben der Auflösung der Profilangaben ist eine weitere nützliche Eigenschaft des wirksamen POM, dass es die

Versionsnummern aller verwendeten Plugins enthält. Listing 5–31 zeigt einen Ausschnitt aus der für den Integrations-Build von *e2etrace* generierten Datei effective-pom.xml.

```xml
<!-- ====================================================== -->
<!-- Effective POM for project 'org.e2etrace:e2etrace:jar:1.2.0-
SNAPSHOT' -->
<!-- ====================================================== -->
<project>
  (...)
  <build>
    (...)
    <plugins>
      <plugin>
        <artifactId>maven-javadoc-plugin</artifactId>
        <version>2.9</version>
        <executions>
          <execution>
            <phase>package</phase>
            <goals>
              <goal>javadoc</goal>
            </goals>
          </execution>
        </executions>
      </plugin>
      <plugin>
        <artifactId>maven-compiler-plugin</artifactId>
        <version>2.3.2</version>
        <configuration>
          <debug>false</debug>
        </configuration>
      </plugin>
      <plugin>
        <artifactId>maven-surefire-plugin</artifactId>
        <version>2.10</version>
        <configuration>
          <testFailureIgnore>true</testFailureIgnore>
        </configuration>
      </plugin>
      (...)
    </plugins>
  </build>
  (...)
</project>
```

Listing 5–31
Ausschnitt aus der Datei effective-pom.xml

Im nächsten Schritt müssen wir die Versionsangaben aus dem wirksamen POM in die Datei pom.xml übernehmen. Maven erleichtert uns diese Aufgabe mit dem speziell hierfür vorgesehenen Element <pluginManagement>. Dieses Element wird auch vom Profilmechanismus berücksichtigt, d. h., wir müssen die Plugin-Versionen nicht redundant in den einzelnen Profilen des POM nachziehen[19]. Wichtig! Die Datei `effective-pom.xml` enthält ebenfalls ein Element `<pluginManagement>`. Dieses sollte explizit *nicht* eins zu eins in das Projekt-POM übernommen werden! Maven hat hier lediglich die Angaben aus dem Super-POM direkt in die Datei `effective-pom.xml` kopiert. Das Element enthält daher einerseits viele überflüssige Plugins und andererseits fehlen einige von *e2etrace* verwendeten Plugins.

Listing 5–32 zeigt die erweiterte Fassung des POM mit den aus `effective-pom.xml` kopierten Versionsangaben. In Zukunft werden von allen Build-Varianten nur noch die unterhalb von `<pluginManagement>` genannten Plugins verwendet.

Listing 5–32
Eindeutige Identifizierung der Plugins in der Datei pom.xml

```xml
<project>
  (...)
  <!-- Anpassung des Standard-Build-Prozesses -->
  <build>
    (...)
    <!-- Verwendete Plugin-Versionen festschreiben -->
    <pluginManagement>
      <plugins>
        <plugin>
          <artifactId>maven-javadoc-plugin</artifactId>
          <version>2.9</version>
        </plugin>
        <plugin>
          <artifactId>maven-compiler-plugin</artifactId>
          <version>2.3.2</version>
        </plugin>
        <plugin>
          <artifactId>maven-surefire-plugin</artifactId>
          <version>2.10</version>
        </plugin>
        <plugin>
          <groupId>org.codehaus.mojo</groupId>
          <artifactId>buildnumber-maven-plugin</artifactId>
          <version>1.2</version>
        </plugin>
        <plugin>
          <artifactId>maven-jar-plugin</artifactId>
          <version>2.3.2</version>
        </plugin>
```

---

19. Dasselbe gilt übrigens auch für Projekte mit mehreren Modulen. In diesem Fall wird das Element `<pluginManagement>` nur einmal in einem übergeordneten POM definiert. Alle davon abgeleiteten Module erben automatisch die dort gemachten Versionsangaben.

```xml
    <plugin>
      <artifactId>maven-assembly-plugin</artifactId>
      <version>2.2-beta-5</version>
    </plugin>
    <plugin>
      <artifactId>maven-clean-plugin</artifactId>
      <version>2.4.1</version>
    </plugin>
    <plugin>
      <artifactId>maven-resources-plugin</artifactId>
      <version>2.5</version>
    </plugin>
    <plugin>
      <artifactId>maven-install-plugin</artifactId>
      <version>2.3.1</version>
    </plugin>
    <plugin>
      <artifactId>maven-deploy-plugin</artifactId>
      <version>2.7</version>
    </plugin>
   </plugins>
  </pluginManagement>
 </build>
 (...)
</project>
```

5.2.6 Release-Build

Mit dieser Build-Variante wird ein »offizielles« Release des Produktes erstellt. Abbildung 5–23 zeigt den kompletten Ablauf zur Erstellung eines Release, unterteilt in fünf Abschnitte. Die Beispiele in der Abbildung beziehen sich auf ein neues Release 1.2.0 von *e2etrace*. Zur Vorbereitung des Release werden in Abschnitt eins ein Tag *PREP-1.2.0* und der Release-Branch erzeugt. In Abschnitt zwei wird der Integrations-Build im Release-Branch durchgeführt. In Block drei wird die so erstellte Version von *e2etrace* getestet und das Ergebnis mit Hilfe von Redmine dokumentiert (mit den Details dieses Schrittes beschäftigen wir uns in Kapitel 6). Sobald alle Qualitätskriterien erfüllt sind, wird die entsprechende Build-Nummer in Block drei zur Auslieferung freigegeben. Erst jetzt, im vierten Block, kommt der noch zu erstellende Release-Build zum Einsatz. Dieser erstellt auf Basis der freigegebenen Build-Nummer das neue Release von *e2etrace*. Im letzten, fünften Block des Prozesses werden die Änderungen aus dem Release-Branch wieder in den *trunk* übernommen.

Abb. 5–23
Prozess zur Erstellung eines Release

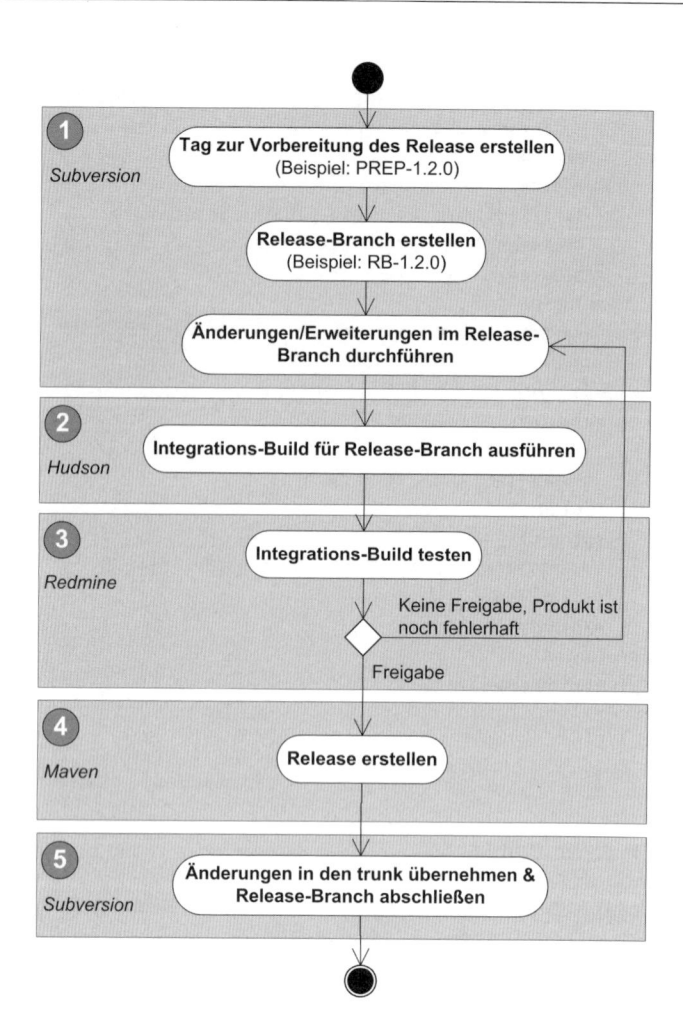

1 Subversion
- Tag zur Vorbereitung des Release erstellen (Beispiel: PREP-1.2.0)
- Release-Branch erstellen (Beispiel: RB-1.2.0)
- Änderungen/Erweiterungen im Release-Branch durchführen

2 Hudson
- Integrations-Build für Release-Branch ausführen

3 Redmine
- Integrations-Build testen
- Keine Freigabe, Produkt ist noch fehlerhaft
- Freigabe

4 Maven
- Release erstellen

5 Subversion
- Änderungen in den trunk übernehmen & Release-Branch abschließen

Erstellung eines Release mit dem release-Plugin

Das Plugin *maven-release-plugin* stellt uns einen fertig implementierten Release-Build zur Verfügung. Dieser setzt sich aus den beiden Phasen *prepare* und *perform* zusammen, die jeweils durch ein eigenes Build-Ziel im Plugin aufgerufen werden können. In der Phase *prepare*, die pro Release nur einmal ausgeführt werden darf, wird die Auslieferung des Produktes vorbereitet. Dies umfasst beispielsweise die Festlegung der endgültigen Releasenummer und die Erstellung eines entsprechenden Tags im Subversion-Repository. Die Ergebnisse der Vorbereitungsphase speichert das Plugin in einer Datei release.properties im lokalen Arbeitsbereich. Mit Hilfe dieser Datei kann im Anschluss die eigentliche Erstellung des Release durchgeführt wurden. Das Build-Ziel *perform* setzt auf dem in der Vorbereitungsphase erstellten Tag im Repository auf und erstellt daraus die Auslieferungsdateien des Produktes.

Vorbereitung des POM

Wir werden im Folgenden mit Hilfe des Plugins Schritt für Schritt ein neues Release des Beispielprojektes *e2etrace* erstellen. Als Erstes sind hierzu einige kleinere Ergänzungen im POM notwendig. Das *release*-Plugin durchläuft während der Erstellung der Auslieferungsdateien den normalen Build-Lifecycle. Um auf die Ausführung des Lifecycles Einfluss nehmen zu können, müssen wir im POM ein neues Profil für den Release-Build definieren:

Listing 5–33
Erweiterung des POM um ein Profil für den Release-Build

```
<project>
    (...)
    <!-- Profile -->
    <profiles>
        <!-- Integrations-Build -->
        <profile>
            <id>build-int</id>
            (...)
        </profile>

        <!-- Release-Build -->
        <profile>
            <id>build-rel</id>
            <!-- Auslieferung des Produktes -->
            <distributionManagement>
                <repository>
                    <id>nexus.releases.upload</id>
                    <name>Nexus-Repository für Releases</name>
                    <url>
                        http://localhost:8081/nexus/content/
                        repositories/releases
                    </url>
                </repository>
            </distributionManagement>
        </profile>
    </profiles>
</project>
```

Im Profil `build-rel` wird »nur« das Auslieferungs-Repository festgelegt. Als URL verwende ich das Nexus-Repository *Releases*, die Repository-ID dient, wie schon beim Integrations-Build, als Referenz auf die Authentisierungsdaten in `settings.xml`.

Weitere Angaben sind im Profil nicht nötig, denn wir werden bei der Ausführung des Release-Builds immer die Profile *build-int* und *build-rel* angeben. Dadurch vermeiden wir viel Redundanz im POM, und auch konzeptionell ist diese Herangehensweise in Ordnung. Schließlich wurden während der Vorbereitung des Release die Integrations-Builds qualitätsgesichert, sie sind also per Definition die Basis für den Release-Build.

Manuelle Vorbereitung des Release

Nun können wir mit der Vorbereitung des neuen Release 1.2.0 von *e2etrace* beginnen. Hierzu müssen wir zunächst die folgenden Arbeiten manuell durchführen:

1. Erstellung eines separaten Branch zur Vorbereitung des neuen Release. Der Branch wird auf Basis eines als stabil erachteten Integrations-Builds aus dem *trunk* angelegt. Diesen stabilen Build kann man beispielsweise aus der Hudson-Konsole ermitteln. Im folgenden Beispiel ist dies die Build-Nummer 63 im *trunk*:

   ```
   > svn copy --message "Erstelle Tag PREP-1.2.0"     \
              --username root --password root         \
              -r63
              svn://localhost/e2etrace/trunk \
              svn://localhost/e2etrace/tags/PREP-1.2.0
   > svn copy --message "Erstelle Branch RB-1.2.0"    \
              --username root --password root         \
              svn://localhost/e2etrace/tags/PREP-1.2.0 \
              svn://localhost/e2etrace/branches/RB-1.2.0
   ```

2. Auschecken des neuen Release-Branch in einen neuen Arbeitsbereich:

   ```
   > svn checkout svn://localhost/e2etrace/branches/RB-1.2.0
   ```

3. Ändern der Subversion-URL im POM des *RB-1.2.0* im Element `<scm>` auf `svn://localhost/e2etrace/branches/RB-1.2.0`.

4. Aufsetzen eines Hudson-Projektes *e2etrace-RB-1.2.0* für den automatisierten Integrations-Build wie in Abschnitt 5.2.5 beschrieben. Statt der Subversion-URL für den *trunk* wird in den Projektparametern natürlich die URL des Release-Branch angegeben (`svn://localhost/e2etrace/branches/RB-1.2.0`). Wichtig! Auch wenn es sich um den Release-Branch handelt, wird in Hudson der Integrations-Build konfiguriert. Bei der Ausführung von Maven darf also lediglich das Profil *build-int* übergeben werden. Dementsprechend landen die von Hudson generierten Artefakte auch im *Snapshots*-Repository. Das *Releases*-Repository befüllen wir dann während der manuellen Ausführung des Release-Builds.

5. Zum Schluss dürfen wir eine weitere, wichtige Änderung im POM des *trunk* keinen Fall vergessen: die Anpassung der Versionsnummer. Der *trunk* repräsentiert ja ab sofort den Entwicklungsstand für das Release nach 1.2.0. Daher ändere ich die Versionsnummer auf `1.3.0-SNAPSHOT`.

Im Anschluss können wie gewohnt alle noch ausstehenden Tests und Änderungen im Release-Branch *RB-1.2.0* durchgeführt werden. Sobald alle Tests abgeschlossen sind und das Release freigegeben ist, kommt das *release*-Plugin ins Spiel.

Aufruf des release-Plugins

Die eigentliche Erstellung des Release erfolgt in zwei Schritten. Den Anfang macht ein Aufruf das Build-Ziels *prepare* des *release*-Plugins:

```
> mvn release:prepare -Pbuild-int -Pbuild-rel\
      -Dusername=root -Dpassword=root
[INFO] -------------------------------------------------------
[INFO] Building e2etrace-Bibliothek 1.2.0-SNAPSHOT
[INFO] -------------------------------------------------------
(...)
[INFO] --- maven-release-plugin:2.0:prepare @ e2etrace ---
[INFO] Verifying that there are no local modifications...
[INFO] Executing: cmd.exe /X /C "svn --username root --password
***** --non-interactive status"
[INFO] Working directory: D:\Projekte\e2etrace\RB-1.2.0
[INFO] Checking dependencies and plugins for snapshots ...
What is the release version for "e2etrace-Bibliothek"?
(org.e2etrace:e2etrace) 1.2.0: : 1.2.0
What is SCM release tag or label for "e2etrace-Bibliothek"?
(org.e2etrace:e2etrace) e2etrace-1.2.0: : REL-1.2.0
What is the new development version for "e2etrace-Bibliothek"?
(org.e2etrace:e2etrace) 1.2.1-SNAPSHOT: : 1.2.1-SNAPSHOT
[INFO] Transforming 'e2etrace-Bibliothek'...
[INFO] Not generating release POMs
[INFO] Executing goals 'clean verify'...
(...)
[INFO] Checking in modified POMs...
(...)
[INFO] Working directory: D:\Projekte\e2etrace\RB-1.2.0
[INFO] Tagging release with the label REL-1.2.0...
[INFO] Release preparation complete.
[INFO] -------------------------------------------------------
INFO] BUILD SUCCESSFUL
[INFO] -------------------------------------------------------
```

Bei der Ausführung des Plugins übergebe ich die beiden Profile `build-int` und `build-rel`. Zusätzlich erwartet *prepare* die in Tabelle 5-4 erläuterten Parameter.

Tab. 5–4
Parameter des Build-Ziels release:prepare

Parameter	Beschreibung
username	Subversion-Anwendername mit den entsprechenden Rechten zur Erstellung eines Tags
password	Passwort des obigen Anwenders

Während der Ausführung fragt das Plugin zudem einige weitere Daten des neuen Release ab. Im obigen Beispiel habe ich die Antworten auf die Fragen in Fettdruck markiert. Die Bedeutung der Fragen und meiner Antworten erschließt sich, wenn man die interne Vorgehensweise des Plugins näher beleuchtet. Dieses arbeitet folgende Schritte ab:

Interne Arbeitsschritte des release-Plugins

1. Überprüfung, ob das Projekt in einer Snapshot-Version vorliegt. Im Beispiel ist diese Voraussetzung erfüllt (*1.2.0-SNAPSHOT*).
2. Überprüfung des Arbeitsbereichs auf lokale Änderungen. Findet das Plugin Änderungen, die noch nicht ins Subversion-Repository übertragen wurden, bricht es die Vorbereitung des Release mit einer Fehlermeldung ab.
3. Überprüfung, ob im POM Plugins oder externe Bibliotheken mit einer Snapshot-Version referenziert werden. Findet es entsprechende Verweise, wird die Vorbereitung ebenfalls abgebrochen. Der Hintergrund dieses Tests ist, dass ein Release-Build nicht reproduzierbar wäre, wenn im POM Snapshot-Versionen eingebunden werden.
4. Ersetzen der Versionsnummer des Produktes im POM durch die abgefragte Releasenummer. Im Fall von *e2etrace* habe ich auf die Frage nach der neuen Releasenummer mit *1.2.0* geantwortet. Genau dieser Wert wird vom Plugin in das POM geschrieben. Der bisherige Wert *1.2.0-SNAPSHOT* wird also durch *1.2.0* ersetzt.
5. Erstellen des Release-Tags im Subversion-Repository. Der Tag-Name wird ebenfalls bei der Ausführung abgefragt, ich habe hier gemäß unserer Konventionen den Namen *REL-1.2.0* gewählt. Das Plugin erstellt den Tag auf Basis des lokalen Arbeitsbereiches plus der oben beschriebenen Änderung im POM.
6. Ersetzen der Versionsnummer im POM durch die nächste Entwicklungsversion. Das Plugin geht davon aus, dass wir nach der Erstellung dieses Release im Branch *RB-1.2.0* weiterarbeiten. Man könnte dann eventuelle Fehler in 1.2.0 mit einem Release 1.2.1 ausliefern, ohne dafür einen separaten Branch zu erstellen. Die Vor- und Nachteile von kurz- bzw. langlebigen Release-Branches haben wir in Kapitel 4 bereits diskutiert. Im Beispiel habe ich an dieser Stelle einfach mal 1.2.1-SNAPSHOT eingetragen. Das Plugin fügt diese Versionsnummer in das POM ein und überträgt die Änderung als weiteres Changeset ins Repository. Wenn der

Branch nach dem Release geschlossen wird, kann man dieses Changeset einfach ignorieren. Wenn weitergearbeitet wird, ist die Version schon mal richtig gesetzt.

Neben dem erstellten Tag im Repository und den diversen Änderungen am POM hat das Build-Ziel auch eine Datei release.properties im lokalen Arbeitsbereich erstellt. Die Datei enthält im Prinzip die durch das Build-Ziel *prepare* erfassten Daten und ist Grundlage für den nächsten Schritt im Release-Build. Mit dem Build-Ziel *perform* wird das Produkt neu erstellt und in das im Profil build-rel definierte Repository ausgeliefert:

Erstellung des neuen Release

```
> mvn release:perform -Pbuild-int -Pbuild-rel
[INFO] --------------------------------------------------------
[INFO] Building e2etrace-Bibliothek 1.2.1-SNAPSHOT
[INFO] --------------------------------------------------------
[INFO]
[INFO] --- maven-release-plugin:2.0:perform @ e2etrace ---
[INFO] Checking out the project to perform the release ..
(...)
[INFO]
[INFO] --------------------------------------------------------
[INFO] Building e2etrace-Bibliothek 1.2.0
[INFO] --------------------------------------------------------
(...)
[INFO] --- maven-deploy-plugin:2.7:deploy @ e2etrace ---
[INFO] Uploaded:
http://localhost:8081/nexus/content/repositories/releases/org/e2etrace/e2etrace/1.2.0/e2etrace-1.2.0.jar
[INFO] Uploaded:
http://localhost:8081/nexus/content/repositories/releases/org/e2etrace/e2etrace/1.2.0/e2etrace-1.2.0.pom
[INFO] Uploaded:
http://localhost:8081/nexus/content/repositories/releases/org/e2etrace/e2etrace/1.2.0/e2etrace-1.2.0-install.zip
(...)
[INFO] --------------------------------------------------------
[INFO] BUILD SUCCESSFUL
[INFO] --------------------------------------------------------
```

Der obige Befehl wird ebenfalls im Arbeitsbereich *RB-1.2.0* ausgeführt. Allerdings verwendet das Release nicht die lokalen Dateien, sondern den in der Phase *prepare* erstellten Tag *REL-1.2.0* als Grundlage für das Release. Die aus dem Subversion-Repository ausgecheckten Dateien dieses Tags landen im Verzeichnis target\checkout des lokalen Arbeitsbereiches. In diesem Verzeichnis wird anschließend der eigentliche Build-Prozess ausgeführt. Hierbei startet das Plugin standardmäßig die Build-Phase *deploy*. Der Build-Prozess erstellt also zunächst die

Installationsdatei von *e2etrace*. Anschließend werden die normale jar-Datei und zwei zusätzliche Archive mit der JavaDoc-Dokumentation und dem Quelltext generiert. Zum Schluss überträgt das *deploy*-Plugin alle erzeugten Dateien in das im Profil `build-rel` definierte *Releases*-Repository. Die Erstellung des Release ist damit abgeschlossen.

5.3 Qualitätssicherung durch Audits und Metriken

Zusätzlich zur funktionalen Absicherung von *e2etrace* durch die Modultests möchte ich eine Reihe von automatisierten Audits mit Hilfe eines Werkzeuges zur statischen Quelltextanalyse durchführen. Hierbei sollen folgende Ziele erreicht werden:

Ziele der Qualitätssicherung durch automatisierte Audits

1. In Abschnitt 4.2 wurden folgende Namenstemplates für das Konfigurationselement *Java-Quelltext* festgelegt: *<Klassenname>.java* für normale Klassen, *I<Interfacename>.java* für Schnittstellen und *Abstract<Klassenname>.java* für abstrakte Klassen. Die Einhaltung dieser Vorgaben soll geprüft werden.
2. Die Dokumentation von *e2etrace* wird aus den JavaDoc-Kommentaren im Quelltext erzeugt. Daher muss sichergestellt werden, dass wirklich für jede Klasse, jede Schnittstelle und jede öffentliche Methode ein vollständiger JavaDoc-Kommentar vorliegt.
3. Der Quelltext von *e2etrace* soll einfach zu verstehen und zu erweitern sein. Dies lässt sich im Detail natürlich nicht durch eine Automatik sicherstellen. Wir können aber zumindest nach Hinweisen suchen, ob übermäßig komplexe Methoden im Quelltext existieren.

Auswahl der geeigneten Checkstyle-Module

Die statische Codeanalyse wird mit dem bereits in Abschnitt 3.6 vorgestellten Werkzeug Checkstyle durchgeführt. Dieses bietet eine große Auswahl an Audits und Metriken in Form von *Prüfmodulen* an. Aus diesem umfangreichen Angebot wählen wir nun mit Hilfe des GQM-Verfahrens die für *e2etrace* geeigneten Module aus. Tabelle 5–5 dokumentiert diese Entscheidungsfindung:

Tab. 5–5 Auswahl der geeigneten Checkstyle-Prüfungen

Ziel	Fragen	Checkstyle-Modul
Einhaltung der Namens-konventionen	Beginnen die Namen aller abstrakten Klassen mit dem Präfix »Abstract«?	`AbstractClassName`
	Beginnen die Namen aller Schnittstellen mit dem Präfix »I«?	`TypeName`

→

5.3 Qualitätssicherung durch Audits und Metriken

Ziel	Fragen	Checkstyle-Modul
Vollständige JavaDoc-Kommentare für Klassen, Schnittstellen und öffentliche Methoden	Existiert für jede Klasse und Schnittstelle ein JavaDoc-Kommentar?	`JavadocType`
	Existiert für jede öffentliche Methode ein JavaDoc-Kommentar?	`JavadocMethod`
	Sind die JavaDoc-Kommentare vollständig?	`JavadocStyle`
Verständlichkeit und Erweiterbarkeit des Quelltextes	Gibt es außergewöhnlich komplexe Methoden im Quelltext?	`Cyclomatic Complexity` (Maximale CC=10)

Die konkrete Auswahl der geeigneten Prüfmodule habe ich anhand der Checkstyle-Dokumentation durchgeführt. Hier ist genau beschrieben, welche Kriterien des Quelltextes durch die einzelnen Module überprüft werden. Es lohnt sich in jedem Fall, diese Dokumentation auf der Checkstyle-Webseite kurz durchzublättern. Wie ich bereits in Abschnitt 2.3.2 erläutert habe, sollte man jedoch keinesfalls der Versuchung erliegen und einfach »so viel wie möglich« Prüfmodule verwenden. Die Folge wären mit Sicherheit lange Listen von »Verstößen«, in denen die wirklich wichtigen Hinweise dann untergehen.

Konfiguration der Prüfmodule

Die Konfiguration, welche Prüfmodule von Checkstyle verwendet werden, erfolgt über eine XML-Datei. Sie bekommt den Namen `checkstyle-config.xml` und wird im Wurzelverzeichnis des *trunks* abgelegt:

```xml
<?xml version="1.0"?>
<!DOCTYPE module PUBLIC
    "-//Puppy Crawl//DTD Check Configuration 1.2//EN"
    "http://www.puppycrawl.com/dtds/configuration_1_2.dtd">
<!-- e2etrace: Checkstyle-Konfiguration -->
<module name="Checker">
<module name="TreeWalker">
    <module name="AbstractClassName"/>
    <module name="TypeName">
      <property name="format"
            value="^I[A-Z][a-zA-Z0-9]*$"/>
      <property name="tokens"
            value="INTERFACE_DEF"/>
    </module>
    <module name="JavadocMethod"/>
    <module name="JavadocType"/>
    <module name="JavadocStyle"/>
    <module name="CyclomaticComplexity"/>
  </module>
</module>
```

Listing 5–34
Checkstyle-Konfiguration für e2etrace

Eine Checkstyle-Konfiguration besteht aus geschachtelten `module`-Elementen. Das oberste Element trägt immer den Namen `Checker`. Unterhalb erfolgt dann die Festlegung, welche Audits und Metriken von Checkstyle ausgeführt werden sollen. Die Namen der Module in der Konfigurationsdatei entsprechen denen aus Tabelle 5–5.

Festlegung von Parametern und Schwellwerten

Die Parameter und Schwellwerte der einzelnen Module können mit Hilfe von *Properties* an die eigenen Bedürfnisse angepasst werden. Welche Properties möglich sind und wie die Standardwerte lauten, ist pro Modul ebenfalls in der Online-Dokumentation beschrieben. Im Listing musste ich lediglich für das Modul `TypeName` eigene Properties festlegen, in allen anderen Fällen waren die Standardwerte ausreichend. Das Modul `TypeName` prüft, ob die Namen von Klassen und Schnittstellen einem vorgegebenen Muster entsprechen. Standardmäßig sind alle Namen zulässig, die mit einem Großbuchstaben beginnen. Unsere Konvention lautet jedoch, dass Schnittstellen immer nach dem Muster *I<Schnittstellenname>* benannt werden müssen. Um das Standardverhalten des Moduls zu ändern, habe ich die beiden Properties `format` und `tokens` definiert. Über `format` gebe ich eine *Regular Expression* an, die das erwünschte Namensmuster beschreibt. Mit `tokens` lege ich fest, dass das Muster nur für Schnittstellennamen anzuwenden ist. Das Muster für Klassennamen musste ich nicht ändern, hier entspricht die Standardeinstellung des Moduls meinen Vorstellungen.

Umgang mit fehlgeschlagenen Audits

Da Audits der Qualitätssicherung im Projekt dienen, muss ein Verstoß gegen eine der definierten Richtlinien spürbare Auswirkungen haben. Werden die Ergebnisse der automatisierten Audits nur als unverbindliche Hinweise kommuniziert, verlieren sie erfahrungsgemäß innerhalb kürzester Zeit jegliche Bedeutung im Projekt. Daher müssen wir Audits letztlich genauso wie Modultests behandeln und im Fehlerfall den Build-Prozess abbrechen.

Dieser Ansatz funktioniert allerdings nur dann, wenn wirklich nur die für die Softwarequalität kritischen Prüfungen durchgeführt werden. Checkstyle bietet beispielsweise auch Audits an, welche die Einhaltung von Formatierungsregeln verifizieren. Es ist nun sicherlich nicht angemessen, einen Integrations-Build nur wegen einer falsch positionierten Klammer scheitern zu lassen.

Ähnliches gilt für Audits, die keine eindeutigen Aussagen, sondern nur Hinweise auf potenzielle Probleme liefern. Ein Beispiel hierfür ist das auch in der *e2etrace*-Konfigurationsdatei verwendete Modul `CyclomaticComplexity`. Standardmäßig schlägt dieser Audit fehl, wenn für eine Methode ein CC-Wert größer als zehn ermittelt wird. Auch wenn dieser Fall eintritt, sollte deswegen nicht der Integrations-Build abgebrochen werden. Eventuell ist der implementierte Algorithmus schlicht und einfach komplex. Eine Aufteilung in mehrere kleinere Methoden vereinfacht dann nicht unbedingt das Verständnis des Quelltextes – und darum geht es uns ja schließlich. Für solche Situationen kann in der Konfigurationsdatei festgelegt werden, welche Auswirkungen ein fehlgeschlagenes Audit hat. Standardmäßig gilt jeder Verstoß als Fehler, der im Zweifelsfall auch zu einem Abbruch des Build-Skriptes führt. Mit der Property severity kann man diese Einstellung ändern. Über die folgende Erweiterung in der Konfigurationsdatei lege ich fest, dass ein zu hoher CC-Wert lediglich als Warnung interpretiert wird:

```
<module name="CyclomaticComplexity">
  <property name="severity" value="warning"/>
</module>
```

Listing 5–35
Anpassung des Schärfegrades eines Audits

Ausführung von Checkstyle

Maven kennt von Haus aus ein spezielles *checkstyle*-Plugin, wir können die Audits daher ohne weitere Vorbereitung mit dem folgenden Kommando ausführen:

```
> mvn checkstyle:checkstyle                           \
    -Dcheckstyle.output.file=                         \
       target\checkstyle\checkstyle-report.txt        \
    -Dcheckstyle.output.format=plain \
    -Dcheckstyle.config.location=checkstyle-config.xml
[INFO] ------------------------------------------------------------
[INFO] Building e2etrace-Bibliothek 1.3.0-SNAPSHOT
[INFO] ------------------------------------------------------------
(...)
[INFO] --- maven-checkstyle-plugin:2.9.1:checkstyle @ e2etrace ---
[INFO]
[INFO] There are 4 checkstyle errors.
[WARNING] Unable to locate Source XRef to link to - DISABLED
[INFO] ------------------------------------------------------------
[INFO] BUILD SUCCESSFUL
[INFO] ------------------------------------------------------------
```

Als Ergebnis wird eine Textdatei checkstyle-report.txt im Verzeichnis target\checkstyle erstellt (die angezeigte Warnung können wir ignorieren. Auf die Verlinkung mit dem Quelltext komme ich später noch zu sprechen). Man kann mit dieser Datei durchaus arbeiten, wirklich schön ist der Report aber nicht. Muss er auch nicht sein, denn in der Praxis wird man Checkstyle zusammen mit Maven selten in der obigen Form einsetzen. Stattdessen wird der Checkstyle-Bericht als Teil der Projekt-Homepage automatisch generiert.

5.4 Einrichtung einer Projekt-Homepage

Die Erstellung einer Projekt-Homepage ist in Maven nicht hübsches Beiwerk, sondern eine der zentralen Funktionen. Die Maven-Entwickler messen der Bedeutung einer Projekt-Homepage für die Kommunikation im Projekt eine hohe Bedeutung bei. Dies ist erfreulich, denn auch in unserem KM-Prozess spielt die Projekt-Homepage eine wichtige Rolle.

Site-Lifecycle

Maven stellt für die Generierung und Veröffentlichung der Projekt-Homepage einen speziellen *Site-Lifecycle* zur Verfügung. Dieser besteht aus den Phasen *pre-site*, *site*, *post-site* und *site-deploy*. Standardmäßig werden durch das Lifecycle-Mapping nur die Phasen *site* und *site-deploy* auf die Build-Ziele *site* und *deploy* des Plugins *maven-site-plugin* abgebildet. Die Phase *site* übernimmt hierbei die eigentliche Generierung der Homepage. Mit *site-deploy* kann die fertige Homepage dann auf einem Webserver veröffentlicht werden.

Festlegung der Struktur der Homepage

Die von Maven erzeugten Homepages basieren auf Templates. Wir müssen uns also lediglich um die Inhalte kümmern, die Umsetzung in HTML nimmt uns Maven komplett ab. Der Vorteil dieses Ansatzes ist, dass eine Projekt-Homepage konkurrenzlos einfach und schnell erstellt werden kann. Das zentrale Element ist hierbei der *Site-Deskriptor*. Dieser liegt, wie sollte es anders sein, in Form einer XML-Datei vor und beschreibt den strukturellen Aufbau der Projekt-Homepage. Der Deskriptor und alle anderen Quelldateien für die Homepage werden unterhalb des Ordners `src\site` abgelegt. Listing 5–36 zeigt den Inhalt des Site-Deskriptors.

Listing 5–36
Site-Deskriptor für das e2etrace-Beispielprojekt

```
<?xml version="1.0" encoding="ISO-8859-1"?>
<project name="e2etrace">
  <bannerLeft>
    <name>e2etrace</name>
    <src>images/e2etrace_logo.png</src>
    <href>http://www.e2etrace.org</href>
  </bannerLeft>
  <body>
    <menu name="Allgemeine Informationen">
      <item name="Projektziel" href="mgmtsummary.html"/>
      <item name="Zeitplan" href="plan.html"/>
      <item name="Meilensteine"
            href="meilensteine.html"/>
    </menu>
    <menu name="Aktuelles">
      <item name="Projekt-News" href="newsticker.html"/>
```

```
            <item name="Termin" href="termine.html"/>
            <item name="Audits und Reviews"
                  href="audits.html"/>
        </menu>
        <menu name="Wichtige Dokumente">
            <item name="Überblick" href="overview-docs.html"/>
        </menu>
        ${reports}
    </body>
</project>
```

Ich verwende im Beispiel nur einen Teil der möglichen Elemente eines Site-Deskriptors. Wer eine vollständige Referenz sucht, findet diese beispielsweise in [URL: MavenBook].

Mit dem Element <bannerLeft> wird das *Banner*, also quasi die Überschrift der Projekt-Homepage, festgelegt. Diese besteht aus einem Teil, der linksbündig ausgerichtet wird (<bannerLeft>), und einem optionalen rechtsbündigen Teil (<bannerRight>, wird im Beispiel nicht verwendet). Ich verwende für *e2etrace* eine png-Datei mit einem Logo als Banner. Diese Datei muss in einem speziellen resources-Ordner abgelegt werden, damit sie während der Generierung der Homepage vom *site*-Plugin auch gefunden wird.

Unterhalb des <body>-Elements wird die eigentliche Struktur der Homepage festgelegt. Dies erfolgt mit mehreren <menu>-Elementen, die wiederum jeweils aus verschiedenen Menüeinträgen bestehen. Der Aufbau der Menüs im Beispiel entspricht in etwa den Vorschlägen zur Gestaltung einer Projekt-Homepage aus Abschnitt 2.3.2.

Die in den Menüeinträgen, also den einzelnen <item>-Elementen, referenzierten HTML-Dateien existieren zum jetzigen Zeitpunkt noch nicht. Diese Dateien enthalten den manuell gepflegten Inhalt der Homepage. Um ihre Erstellung kümmern wir uns im nächsten Abschnitt.

Eine besondere Bedeutung hat der Platzhalter ${reports}, der im Listing unterhalb der <menu>-Definitionen auftaucht. Maven setzt an dieser Stelle bei der Generierung der Homepage die automatisch erzeugten Inhalte ein. Hierzu gehören z. B. die Ergebnisse der Modultests und die vom *checkstyle*-Plugin erzeugten Berichte.

Manuell erstellte Inhalte der Homepage

In Listing 5–36 wird eine ganze Reihe von HTML-Seiten referenziert. Sie sind jeweils einem Menüpunkt zugeordnet und werden angezeigt, sobald ein Besucher der Homepage auf den entsprechenden Menüeintrag klickt. Zusätzlich zu den explizit genannten Seiten existiert die Datei index.html, die zur Begrüßung auf der Homepage dargestellt wird.

APT-Format

Allerdings mutet uns Maven nicht die manuelle Kodierung von HTML-Code zu. Stattdessen wird eine Reihe von mehr oder weniger einfach strukturierten Beschreibungssprachen unterstützt, aus denen Maven dann den eigentlichen HTML-Code generiert. Die Liste der unterstützten Quellformate kann unter [URL: MavenSite] abgerufen werden. Im folgenden Beispiel werde ich das APT-Format verwenden. APT steht für *Almost Plain Text*. Es basiert auf einfachen ASCII-Textdateien und ist meiner Ansicht nach für die schnelle und problemlose Erstellung der einzelnen Inhaltsseiten der Homepage hervorragend geeignet.

Um die *e2etrace*-Homepage vollständig zu beschreiben, müssen wir für jede im Site-Deskriptor genannte HTML-Datei eine entsprechende APT-Datei erstellen. Zusätzlich sollten wir auch eine Datei index.apt mit der Begrüßungsseite bereitstellen. Maven erwartet, dass alle APT-Dateien in einem Ordner apt unterhalb des Basisverzeichnisses der Homepage erstellt werden. Zusätzlich benötigen wir den weiter oben bereits erwähnten Ordner resources, der alle auf der Homepage verwendeten Bilder und die sonstigen referenzierten Ressourcen enthält. Abbildung 5–24 zeigt alle Dateien und Verzeichnisse der Homepage nochmals im Überblick.

Abb. 5–24
Verzeichnisse und Dateien der e2etrace-Projekt-Homepage

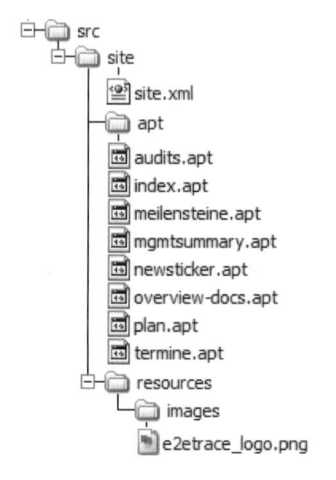

```
src
└── site
    ├── site.xml
    ├── apt
    │   ├── audits.apt
    │   ├── index.apt
    │   ├── meilensteine.apt
    │   ├── mgmtsummary.apt
    │   ├── newsticker.apt
    │   ├── overview-docs.apt
    │   ├── plan.apt
    │   └── termine.apt
    └── resources
        └── images
            └── e2etrace_logo.png
```

Erstellung der APT-Datei für die Begrüßungsseite

Das APT-Format ist sehr einfach gehalten, man benötigt daher keine große Einarbeitungszeit zur Erstellung der Homepage-Inhalte. Das folgende Listing zeigt exemplarisch die Datei index.apt, welche die Begrüßungsseite der Projekt-Homepage enthält.

```
Willkommen auf der Projekt-Homepage von e2etrace

  Sie finden auf der Projekt-Homepage von e2etrace die folgenden
Informationen:

  * Allgemeine Informationen: "Management Summary" des
Projektinhaltes, Zeitplan und wichtige Meilensteine

  * Aktuelles: Neueste Informationen zum Projektverlauf, Kalender
mit den demnächst anstehenden Terminen und Audits

  * Wichtige Dokumente: Überblick aller wichtigen Dokumente im
Projekt

  * Projektreporte: Ergebnisse der automatisierten Audits und
Modultests
```

Listing 5–37
Inhalt der Datei
index.apt

Im APT-Format spielt die Einrückung der ersten Zeile eines Absatzes eine wichtige Rolle bei der Festlegung der Struktur einer Seite. Ist eine Zeile nicht eingerückt, wird sie als Überschrift interpretiert. Absätze unterhalb einer Überschrift werden hingegen in der ersten Zeile eingerückt. Beginnt eine eingerückte Zeile mit einem *, interpretiert Maven den entsprechenden Absatz als Teil einer Auflistung. Aus dem obigen »Quelltext« erzeugt Maven das in Abbildung 5–25 gezeigte HTML-Dokument.

Abb. 5–25
Aus Listing 5–37
erzeugtes
HTML-Dokument

Das APT-Format beherrscht neben der im Beispiel gezeigten grundlegenden Strukturierung eines Dokuments eine Reihe zusätzlicher Gestaltungselemente. So können z. B. mit Hilfe von ASCII-Zeichen HTML-Tabellen erzeugt werden. Eine vollständige Referenz des APT-Formates steht unter [URL: MavenAPT] zur Verfügung.

Automatisch generierte Berichte

Zusätzlich zu den manuell erstellten Seiten kann die Projekt-Homepage durch automatisch generierte Berichte ergänzt werden. Als Datenquellen dienen hierbei entweder das POM selbst oder die Ergebnisse der von Maven durchgeführten Tests und Audits. Im Fall von *e2etrace* sollen drei automatisch erzeugte Berichte auf der Projekt-Homepage erscheinen:

1. Eine Liste aller Teammitglieder. Maven bietet die Möglichkeit, diese Liste direkt im POM zu definieren. Anschließend kann dann über einen vorgefertigten Bericht eine entsprechende Übersicht für die Projekt-Homepage generiert werden.
2. Die Ergebnisse der JUnit-Tests
3. Die Ergebnisse der von Checkstyle durchgeführten Audits

Für die eigentliche Erstellung der einzelnen Berichte sind spezielle Report-Plugins verantwortlich, von denen wir etwas weiter unten einige genauer kennenlernen werden. Die übergeordnete Steuerung der Generierung übernimmt hingegen ein »normales« Plugin mit dem Namen *maven-site-plugin*. Die Konfiguration dieses Plugins erfolgt, wie üblich, unterhalb der Elemente <build>/<plugins> im POM[20]:

Listing 5–38
Anpassung der Konfiguration des site-Plugins

```xml
<project>
  (...)
  <!-- Anpassung des Standard-Build-Prozesses -->
  <build>
    (...)
    <plugins>
      <!-- Konfiguration des site-Plugins -->
      <plugin>
        <groupId>org.apache.maven.plugins</groupId>
        <artifactId>maven-site-plugin</artifactId>
        <version>3.2</version>
        <configuration>
          <outputEncoding>UTF-8</outputEncoding>
        </configuration>
      </plugin>
      (...)
    </plugins>
  </build>
  (...)
</project>
```

---

20. An dieser Stelle spare ich mir aus Gründen der Übersichtlichkeit die Angabe der Plugin-Version unterhalb von pluginManagement. Allerdings sollte man gerade beim *site*-Plugin unbedingt die Version explizit im POM angeben. Denn in diesem Bereich wurde in den Internas von Maven 3 erheblich »umgebaut«. Alte Versionen des Plugins machen da nur Ärger.

Das im Listing verwendete Konfigurationselement `<outputEncoding>` legt die Zeichenkodierung für die erzeugten HTML-Dateien fest. Standardmäßig wird hier *ISO-8859-1* verwendet. Da in den Menüs und Texten der *e2etrace*-Homepage deutsche Umlaute vorkommen, habe ich stattdessen die Kodierung *UTF-8* gewählt.

Umlaute in APT-Dateien

Erstellung einer Teamübersicht

Die Mitglieder des Projektteams können direkt im POM definiert werden. Listing 5–39 zeigt die entsprechenden Einträge im POM von *e2etrace*.

```
<project>
  (...)
  <!-- Angaben zum Projektteam -->
  <developers>
    <developer>
      <id>gpopp</id>
      <name>Gunther Popp</name>
      <email>gpopp@km-buch.de</email>
      <roles>
        <role>Architekt</role>
        <role>Entwickler</role>
      </roles>
      <timezone>+1</timezone>
    </developer>
  </developers>
</project>
```

Listing 5–39
Beschreibung der Teammitglieder im POM

Aus diesen Angaben kann Maven dann mit Hilfe des Report-Plugins *maven-project-info-reports-plugin* eine Übersicht des Projektteams für die Homepage erzeugen. Ich verwende dieses Plugin im Beispiel eher der Vollständigkeit halber und weniger aus Überzeugung. Neben der Teamübersicht unterstützt das Plugin eine ganze Reihe weiterer Berichte, die beispielsweise auf das verwendete Subversion-Repository oder die Datenbank des Fehlermanagements verweisen.[21] Als Datenquelle für die Berichte dient in allen Fällen das POM selbst. Die Idee ist, dass die im Projektmodell sowieso hinterlegten Daten auf diese Weise einfach und schnell veröffentlicht werden können. Die Konfiguration des Plugins erfolgt über das Element `<reporting>` im POM:

---

21. Eine Liste aller vom Plugin unterstützten Berichte gibt es unter [URL: MavenProjectInfoPlugin].

Listing 5–40
Konfiguration des project-info-Plugins

```xml
<project>
  (...)
  <!-- Konfiguration der Report-Plugins -->
  <reporting>
    <plugins>
      <!-- Konfiguration der Projekt-Info-Berichte -->
      <plugin>
        <groupId>org.apache.maven.plugins</groupId>
        <artifactId>
          maven-project-info-reports-plugin
        </artifactId>
        <version>2.5.1</version>
        <reportSets>
          <reportSet>
            <reports>
              <report>project-team</report>
            </reports>
          </reportSet>
        </reportSets>
      </plugin>
    </plugins>
  </reporting>
</project>
```

Der von uns gewünschte Bericht trägt den Namen `project-team`. Er wird, wie im Listing zu sehen ist, als Unterelement des `<reportSets>`-Elements im POM an das Plugin übergeben.

Erstellung einer Homepage ohne Projektinfoberichte

Lässt man die obige Konfiguration einfach weg, erzeugt Maven standardmäßig alle Berichte, die das Plugin unterstützt. Dies ist in den seltensten Fällen sinnvoll, daher empfehle ich immer eine entsprechende Anpassung an die Anforderung im Projekt. Wer auf die Projektinfoberichte ganz verzichten will, definiert einfach ein leeres `<reportSets/>`-Element.

Einbindung der Test- und Audit-Ergebnisse

Die Berichte mit den Ergebnissen der JUnit-Tests und der Checkstyle-Audits werden ebenfalls über entsprechende Plugins in die Projekt-Homepage eingebunden:

```xml
<project>
  (...)
  <!-- Konfiguration der Report-Plugins -->
  <reporting>
    <plugins>
      <!-- Konfiguration der Projektinfoberichte -->
      (...)

      <!-- Konfiguration der Checkstyle-Berichte -->
      <plugin>
        <groupId>org.apache.maven.plugins</groupId>
        <artifactId>maven-checkstyle-plugin</artifactId>
        <version>2.9.1</version>
        <configuration>
          <configLocation>
            checkstyle-config.xml
          </configLocation>
        </configuration>
      </plugin>

      <!-- Konfiguration der JUnit-Berichte -->
      <plugin>
        <groupId>org.apache.maven.plugins</groupId>
        <artifactId>
          maven-surefire-report-plugin
        </artifactId>
        <version>2.13</version>
      </plugin>

      <!-- Konfiguration des Quelltext-XRef-Plugins -->
      <plugin>
        <groupId>org.apache.maven.plugins</groupId>
        <artifactId>maven-jxr-plugin</artifactId>
        <version>2.3</version>
      </plugin>
    </plugins>
  </reporting>
</project>
```

Listing 5–41
Einbindung der Test- und Audit-Ergebnisse

Dem *checkstyle*-Plugin wird über das Element `<configLocation>` die zu verwendende Konfigurationsdatei mitgeteilt. Die Generierung der JUnit-Berichte übernimmt das Plugin *maven-surefire-report-plugin*. Es setzt hierzu auf den während der Build-Phase *test* erzeugten XML-Dateien des *surefire*-Plugins auf.

Beide Plugins erzeugen sehr schön formatierte Berichte, die einen echten Mehrwert für jedes Projekt darstellen. Abbildung 5–26 zeigt ein Beispiel für einen JUnit-Bericht.

Abb. 5–26
Beispiel für einen JUnit-Bericht

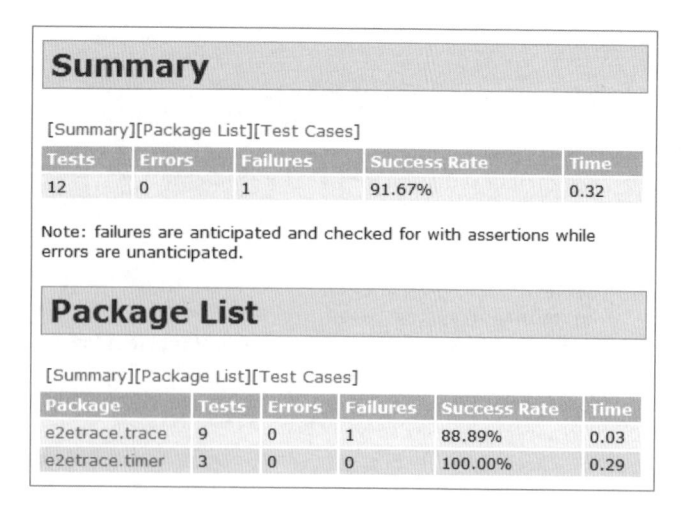

Summary

[Summary][Package List][Test Cases]

Tests	Errors	Failures	Success Rate	Time
12	0	1	91.67%	0.32

Note: failures are anticipated and checked for with assertions while errors are unanticipated.

Package List

[Summary][Package List][Test Cases]

Package	Tests	Errors	Failures	Success Rate	Time
e2etrace.trace	9	0	1	88.89%	0.03
e2etrace.timer	3	0	0	100.00%	0.29

Das Sahnehäubchen fügt das *maven-jxr-plugin* oben drauf: Es generiert aus dem Quelltext hübsch per Syntax-Highlighting eingefärbte HTML-Seiten. Entdeckt dann das *checkstyle*-Plugin ein Problem, wird aus dem Fehlerbericht heraus direkt auf die fehlerhafte Stelle verlinkt.

Es lohnt sich übrigens, unter [URL: MavenPlugins] regelmäßig nach weiteren Plugins für automatisierte Berichte Ausschau zu halten. Da die Einbindung eines neuen Berichtes nur ein paar neue Zeilen im POM erfordert, kann man mit sehr geringem Aufwand den Informationsgehalt der Projekt-Homepage verbessern.

Generierung der Projekt-Homepage

Zur Generierung der Projekt-Homepage aus den manuell erstellten Inhalten und den automatisch erzeugten Berichten muss jetzt nur noch der Site-Lifecycle gestartet werden:

```
> mvn site
```

Maven erstellt daraufhin im Verzeichnis `target\site` die HTML-Dateien der Projekt-Homepage. Abbildung 5–27 zeigt die fertige Homepage für unser Beispielprojekt. Im linken Teil der Homepage ist die aus dem Site-Deskriptor abgeleitete Menüstruktur zu erkennen. Die automatisch generierten Berichte befinden sich unterhalb der Menüpunkte *Project Information* und *Project Reports*.

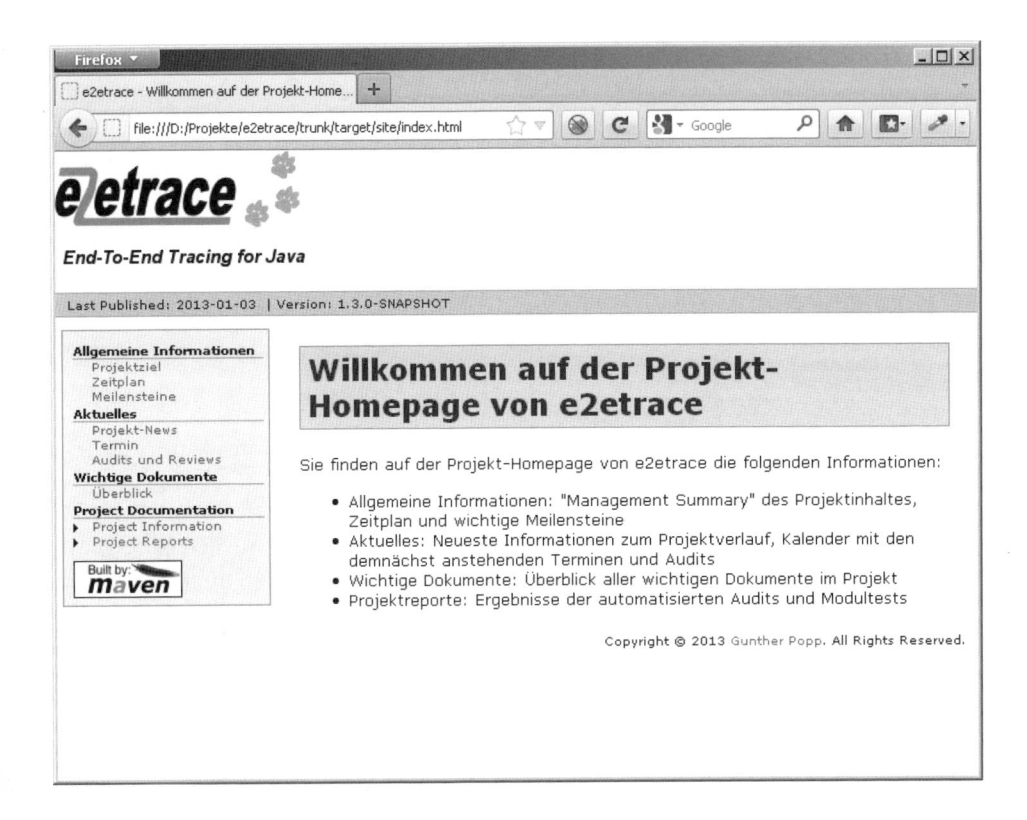

5.4 Einrichtung einer Projekt-Homepage

Abb. 5-27
Fertige Homepage des e2etrace-Projektes

Veröffentlichung der Projekt-Homepage

Bis jetzt liegt die Homepage nur lokal in unserem Arbeitsbereich vor. Damit auch das restliche Projektteam auf die Homepage zugreifen kann, müssen wir sie auf einen Webserver kopieren. Außerdem sollten wir dafür Sorge tragen, dass diese Veröffentlichung regelmäßig stattfindet, schließlich beinhaltet die Homepage aktuelle Informationen wie beispielsweise die Ergebnisse der Modultests. Es bietet sich daher an, die Erstellung und Veröffentlichung der Projekt-Homepage in den automatisierten Integrations-Build aufzunehmen.

Hierzu sind nur zwei kleine Ergänzungen im POM und in der Hudson-Konfiguration notwendig. Das folgende Listing zeigt die Änderung im POM:

```
<project>
  (...)
  <!-- Profile -->
  <profiles>
    <profile>
      <id>build-int</id>
      (...)
```

Listing 5-42
Festlegung der Auslieferungs-URL für die Projekt-Homepage

```
        <!-- Auslieferung des Produktes -->
        <distributionManagement>
          <snapshotRepository>
            (...)
          </snapshotRepository>
          <site>
            <id>e2etrace.site</id>
            <name>Projekt-Homepage</name>
            <url>file:///D:/www/e2etrace</url>
          </site>
        <distributionManagement>
      </profile>
    </profiles>
    (...)
</project>
```

Im Profil `build-int` wird das Element `<distributionManagement>` um einen neuen Eintrag `<site>` ergänzt. Dieser legt die Auslieferungs-URL für die Projekt-Homepage fest. Maven unterstützt an dieser Stelle unterschiedliche Protokolle, wie beispielsweise SCP, FTP und den direkten Dateizugriff (*file*-Protokoll). Im Beispiel verwende ich das *file*-Protokoll, da der Webserver für die Projekt-Homepage auf demselben Rechner betrieben wird, der auch den Integrations-Build ausführt.

Die zweite Änderung betriff die Hudson-Konfiguration. Hudson führt im Integrations-Build bisher folgende Build-Phasen aus:

```
clean deploy -Pbuild-int
```

Festgelegt werden die Phasen in der Projektkonfiguration im Abschnitt *Buildverfahren*. Hier ergänzen wir die bisherigen Phasen durch *site-deploy*:

```
clean deploy site-deploy -Pbuild-int
```

Hudson wird jetzt nach der Ausführung der Build-Phase *deploy* die Phase *site-deploy* aus dem Site-Lifecycle starten. *site-deploy* generiert die komplette Homepage neu und liefert sie anschließend an die im POM festgelegte URL aus. Zusätzlich werden durch den Site-Lifecycle auch die definierten Audits und Metriken mit Checkstyle durchgeführt. Schlägt eine der Prüfungen fehl, führt dies zu einem Abbruch des Integrations-Builds und einer entsprechenden Status-Mail von Hudson. Im Projekt muss jetzt sichergestellt sein, dass sich wirklich jemand um die von Hudson gemeldeten Fehler kümmert. Genau das ist Aufgabe des Änderungsmanagements und Thema des nächsten Kapitels.

6 Änderungsmanagement mit Redmine

In diesem Kapitel führen wir einen pragmatischen Änderungsmanagement-Prozess mit Hilfe des Collaboration-Werkzeuges Redmine ein. Die grundsätzlichen Ziele des Änderungsmanagements haben wir bereits in Kapitel 2 kennengelernt: Es geht primär darum, den Überblick über die im Projekt durchgeführten Änderungen zu behalten. Diese Funktionalität, also die Erfassung und Verwaltung von Änderungsanforderungen und Fehlermeldungen in Form von sogenannten Tickets, bildet die Kernfunktionalität von Redmine. Darüber hinaus wird uns Redmine auch helfen, die projektinterne Kommunikation zu vereinfachen, und uns bei diversen Planungsaufgaben unterstützen.

6.1 Einrichten eines Projektes

Bevor wir loslegen können, muss in Redmine ein neues Projekt eingerichtet werden. Ich gehe in diesem Kapitel davon aus, dass Redmine bereits installiert ist. Auch die grundlegende Konfiguration, wie beispielsweise das Anlegen der Redmine-Datenbank in MySQL, sollten Sie bereits erledigt haben. Um die weiteren Details kümmern wir uns jetzt in den folgenden Abschnitten.

6.1.1 Konfiguration des SMTP-Servers

Nach der »normalen« Installation hat Redmine noch keine Verbindung zu einem SMTP-Server. Wir richten diese jetzt ein, um später die automatische E-Mail-Benachrichtigung bei geänderten Tickets aktivieren zu können.

Die Konfigurationsdateien von Redmine liegen im Ordner config des Installationsverzeichnisses. Für die E-Mail-Konfiguration benötigen wir die YAML[1]-Datei configuration.yml. Standardmäßig existiert diese Datei noch nicht, es ist aber eine Beispieldatei mit dem Namen configuration.yml.example im Ordner vorhanden. Diese benennen wir in configuration.yml um und ändern in der Datei den Abschnitt email_delivery unterhalb von default wie folgt ab:

Listing 6–1
Ausschnitt aus der Konfigurationsdatei configuration.yml

```
(...)
# default configuration options for all environments
default:
  # Outgoing emails configuration (see examples above)
  email_delivery:
    delivery_method: :smtp
    smtp_settings:
      address: localhost
      port: 25
      domain: localhost
      # authentication: :login
      # user_name: "redmine@example.net"
      # password: "redmine"
(...)
```

Die einzelnen Werte haben die folgende Bedeutung[2]:

- delivery_method:
  Legt fest, mit welchem Protokoll die Mails versendet werden. Wir verwenden hier SMTP, möglich ist beispielsweise auch :sendmail. Die SMTP-Parameter werden dann direkt unterhalb von smtp_settings festgelegt.

- address:
  Hostname des SMTP-Servers

- port:
  Port des SMTP-Servers

- domain:
  Domain-Endung des SMTP-Servers

- authentication:
  Legt die Authentifizierungsmethode fest. Im Beispiel ist die Zeile auskommentiert, da der lokale SMTP-Server keine Authentifizierung verlangt.

---

1. YAML ist ein rekursives Akronym und steht für *YAML Ain't Markup Language*. Hinter der Abkürzung verbirgt sich ein Standard zur Serialisierung von Objektdaten. Die Besonderheit an YAML ist, dass die serialisierten Daten in Textform vorliegen. Sie sind für menschliche Benutzer leicht zu lesen und können auch geändert werden. Im Gegensatz dazu serialisiert beispielsweise Java Objekte in binären Dateien, die keinesfalls angefasst werden sollten. Bei der SMTP-Konfigurationsdatei email.yml handelt es sich also um ein serialisiertes Laufzeitobjekt von Redmine. Wer sich für die Details interessiert, findet die YAML-Spezifikation unter [URL:YAML].

2. Für das Beispiel habe ich einen lokalen Mail-Server konfiguriert. Wer das selbst ausprobieren möchte, kann z.B. wie ich den frei verfügbaren Server *hMailServer* verwenden. Er ist unter *http://www.hmailserver.com* verfügbar und kinderleicht zu installieren und konfigurieren.

- user_name / password:
  Username und Kennwort für die Authentifizierung

Nachdem wir die Datei angepasst haben, muss Redmine neu gestartet werden.

6.1.2 Benutzer einrichten

Die folgenden Konfigurationsschritte führen wir über die Weboberfläche von Redmine durch. Diese erreicht man, falls Redmine lokal installiert ist, unter der URL *http://localhost:3000*. Auf dem Einstiegsdialog müssen wir uns zunächst als Administrator anmelden (Username *admin*, Passwort *admin*). Anschließend sollte die folgende, weitgehend leere Startseite des Benutzers *admin* erscheinen.

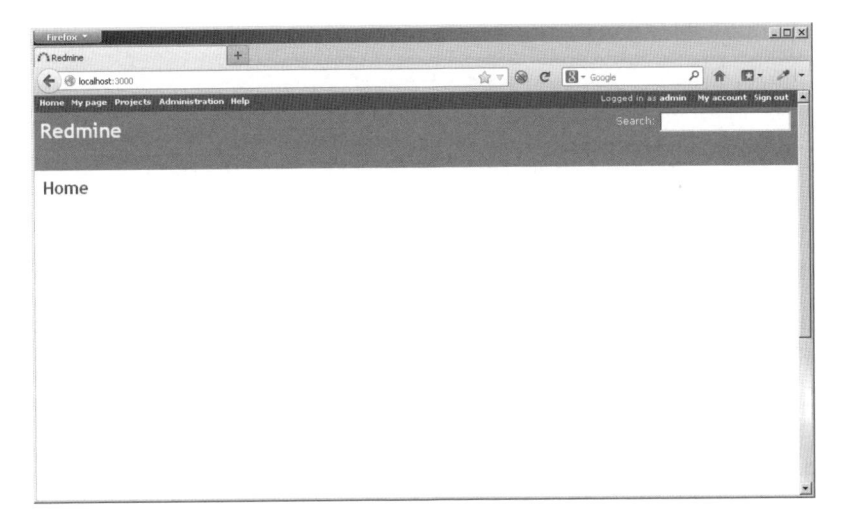

Abb. 6–1
Startseite des Benutzers admin

Eigenen Account konfigurieren

Die Konfiguration des eigenen Redmine-Accounts kann jetzt über den Link *My account* bearbeitet werden. Im angezeigten Dialog setzen wir zunächst die Sprache auf *Deutsch*. Wichtig sind zudem die Einstellungen für die Mail-Benachrichtigung. Die standardmäßig aktivierte Option *Für alle Ereignisse in meinem Projekt* bewirkt, dass Redmine eine Mail für jedes Ticket erzeugt, das im Projekt erstellt oder verändert wird. Sinnvoll ist diese Option, wenn überhaupt, nur für Projektleiter. Ich persönlich würde jedoch immer die Alternative *Nur für Aufgaben, die ich beobachte oder an welchen ich mitarbeite* vorziehen. Letztlich bewirken zu viele Mail-Benachrichtigungen erfahrungsgemäß nur, dass die wirklich wichtigen Meldungen in der Masse untergehen. Für einen umfassenden Überblick sind Filter und Berichte viel besser geeignet. Mit dieser Funktion beschäftigen wir uns dann in Abschnitt 6.2.5. Die restlichen Parameter sind im Prinzip selbsterklärend, sie legen den Namen und die E-Mail-Adresse des Benutzers fest. Bei der Wahl der E-Mail-Adresse muss man allerdings darauf achten, dass diese eindeutig ist. Wenn beispielsweise eines der Teammitglieder gleichzeitig Administrator und normaler Benutzer von Redmine ist, benötigt die- oder derjenige zwei gültige Mail-Adressen.

Abb. 6–2
Benutzerdaten anpassen

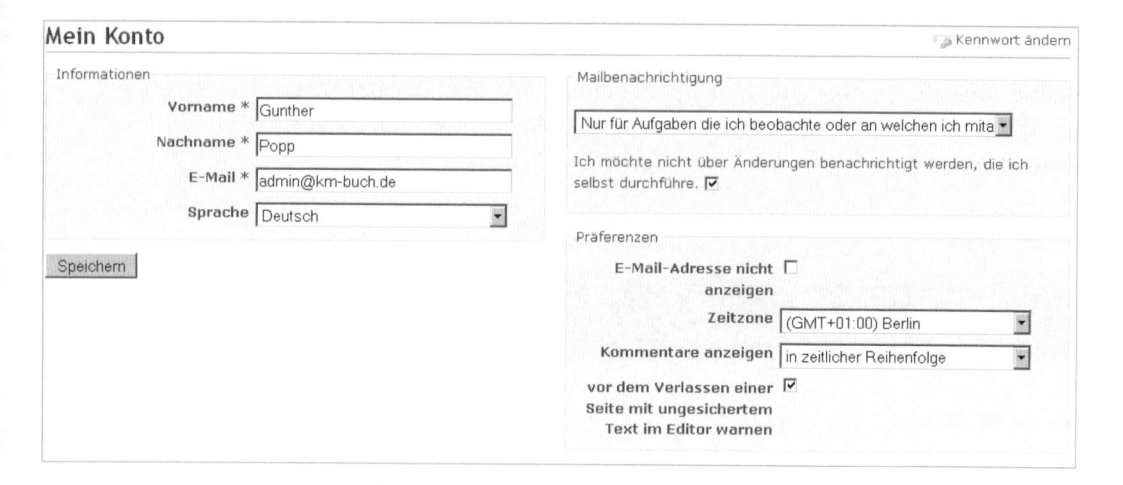

Weitere Benutzer anlegen

Der Benutzer *admin* hat, wie üblich, alle Rechte in Redmine und sollte wirklich nur für administrative Aufgaben verwendet werden. Wir müssen daher für jedes Teammitglied in Redmine einen eigenen Benutzer anlegen. Diesen Benutzern werden dann nur die für ihre jeweilige Aufgabe benötigten Berechtigungen zugewiesen. Benutzer können in Redmine auf unterschiedliche Weise angelegt werden:

- *Registrierung über die Startseite*:
  Ein neues Teammitglied kann sich auf der Startseite von Redmine über den Link *Registrieren* selbstständig einen neuen Account in Redmine anlegen. Je nach globaler Konfiguration (siehe Abschnitt 6.1.5) muss der neue Benutzer vom Administrator dann noch bestätigt werden.
- *Manuelles Anlegen neuer Benutzer*:
  Alternativ kann der Administrator manuell neue Benutzer anlegen. Hierzu gibt es in der Redmine-Administration einen eigenen Punkt für die Benutzerverwaltung.

Normalerweise wird man für das initiale Projektteam die Redmine-Benutzer manuell anlegen. Neue Teammitglieder können sich dann nach und nach selbst registrieren.

Manuelles Anlegen von Benutzern

Die Benutzerverwaltung erreicht man auf der Startseite über den Link *Administration* und anschließend den Menüpunkt *Benutzer*. Redmine zeigt alle bereits bekannten Benutzer in einer Liste an. Mit der Funktion *Neuer Benutzer* können nun nach und nach die Teammitglieder angelegt werden.

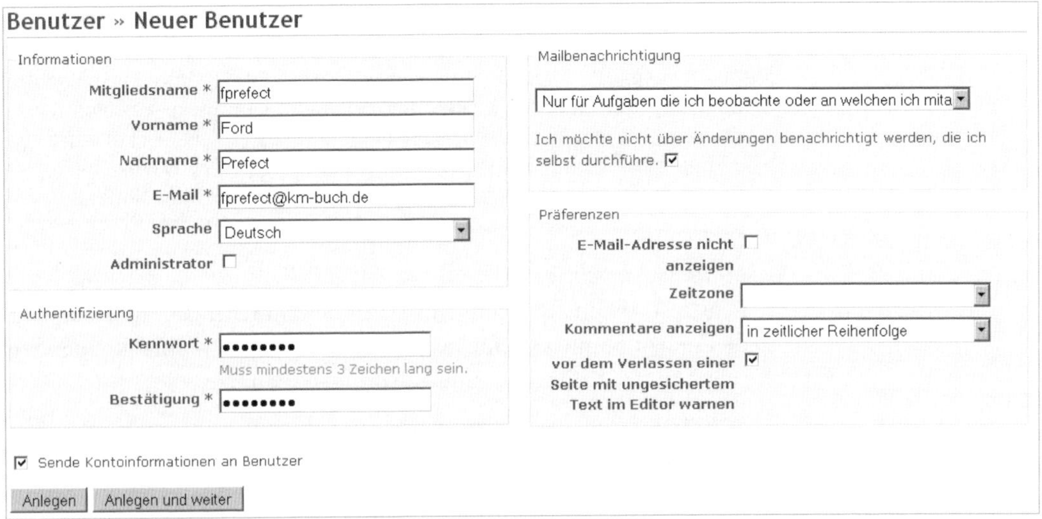

Abb. 6–3
Neuen Benutzer anlegen

Für jeden Benutzer müssen die folgenden Daten angegeben werden:

- *Mitgliedsname*:
  Account-Name für den neuen Benutzer. Mit diesem Namen muss sich der Benutzer bei Redmine anmelden.
- *Vor-* und *Nachname*:
  Voller Name des Benutzers
- *E-Mail*:
  Eine gültige E-Mail-Adresse
- *Sprache*:
  Default-Sprache für den Benutzer. Redmine ist in mehrere Sprachen übersetzt worden, die Benutzeroberfläche erscheint für den Benutzer also in der hier gewählten Sprache. Obwohl Redmine unterschiedliche Spracheinstellungen pro Benutzer unterstützt, sollte man sich im Projekt auf eine Sprache einigen. Sonst besteht

die Gefahr, dass die Einträge in den Tickets später ebenfalls in mehreren Sprachen erfasst werden.

- *Administrator*:
  Wenn diese Option aktiviert wird, bekommt der neue Benutzer die vollen Administratorrechte.

- *Kennwort* und *Bestätigung*:
  Das initiale Kennwort des Benutzers. Der Benutzer sollte dieses Kennwort nach der ersten Anmeldung ändern.

> **Benutzerdefinierte Felder in Redmine**
>
> Wem die oben beschriebenen Datenfelder für einen neuen Benutzer nicht ausreichen, der kann in Redmine problemlos neue Felder anlegen. Möglich wird dies über die Funktion *Benutzerdefinierte Felder* im Administrations-Menü. Unterstützt werden benutzerdefinierte Felder für verschiedene Datentypen, also auch für Tickets und Projekte. Wer beispielsweise die in Abschnitt 5.2.5 besprochenen Build-Nummern explizit im Ticket erfassen will, kann hierfür problemlos ein neues Feld definieren. Dieses erscheint dann automatisch in den entsprechenden Dialogen zur Dateneingabe.

- *Mailbenachrichtigung*:
  Legt fest, wann Redmine eine Mail bei Änderungen an Tickets an den neuen Benutzer schickt. Die verfügbaren Optionen kennen wir schon aus der Einrichtung des Admin-Accounts.

- *Präferenzen*:
  Hier kann man noch eine Reihe von, hoffentlich selbsterklärenden, Standardparametern festlegen.

Mit *Anlegen* wird der Benutzer in der Redmine-Datenbank erzeugt. Wenn der Parameter *Sende Kontoinformationen an Benutzer* aktiviert ist, sendet Redmine zudem die folgende E-Mail an den Benutzer:

Abb. 6–4
Aktivierungs-Mail für neue Benutzer

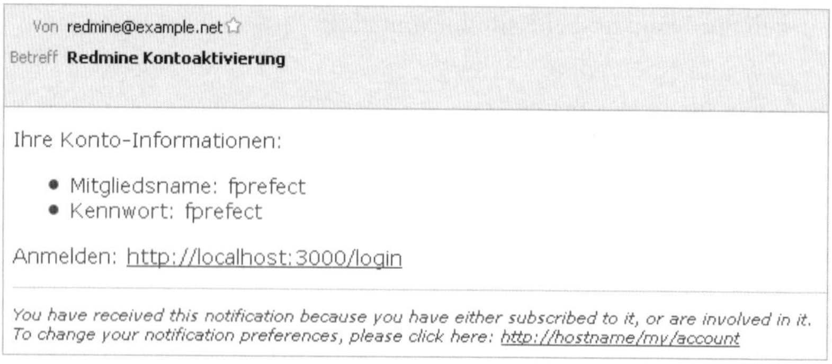

```
Von  redmine@example.net
Betreff  Redmine Kontoaktivierung

Ihre Konto-Informationen:

  • Mitgliedsname: fprefect
  • Kennwort: fprefect

Anmelden: http://localhost:3000/login

You have received this notification because you have either subscribed to it, or are involved in it.
To change your notification preferences, please click here: http://hostname/my/account
```

Registrieren neuer Benutzer über die Startseite

Die für den Administrator bequemere Methode ist die Registrierung neuer Benutzer über die Startseite. Wenn ein neues Teammitglied einen Redmine-Account benötigt, kann es diesen über den Link *Registrieren* auf der Startseite selbst anfordern. Die erforderlichen Daten erfasst der Benutzer daraufhin selbst in einem Dialog, der quasi identisch zu dem in Abbildung 6–3 dargestellten ist. Anschließend erhält der Administrator von Redmine eine Mail mit einem Hinweis auf den neuen Benutzer[3].

Vor der ersten Anmeldung des neuen Accounts muss der Administrator den Benutzer noch explizit aktivieren. Dies erfolgt über die bereits bekannte Benutzerverwaltung.

*Abb. 6–5
Aktivieren eines Benutzers in der Benutzerverwaltung*

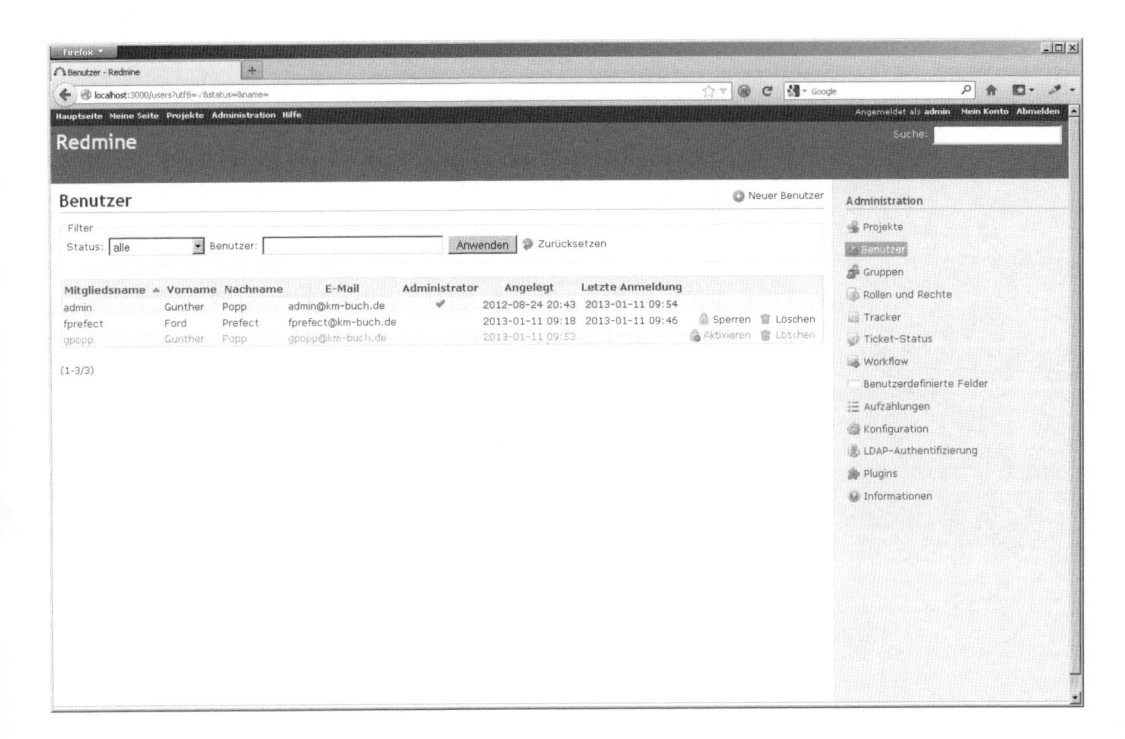

Damit die neu registrierten Benutzer angezeigt werden, müssen wir zunächst den Filter *Status* auf *alle* setzen. In der Liste erscheint nun der Benutzer *gpopp*, der sich zuvor auf der Startseite selbst registriert hat. Mit einem Klick auf *aktivieren* schalten wir den neuen Benutzer end-

---

3. Dies gilt zumindest dann, wenn die Standardeinstellungen von Redmine in der globalen Konfiguration nicht verändert wurden. Wie wir in Abschnitt 6.1.3 sehen werden, kann die Selbstregistrierung von neuen Benutzern auf diverse Arten umkonfiguriert oder auch komplett deaktiviert werden.

gültig frei. Redmine informiert auch in diesem Fall das neue Teammitglied über die Aktivierung des Kontos per E-Mail.

6.1.3 Rollen und Rechte definieren

Je nach Projekttyp ist es sinnvoll oder sogar notwendig, den einzelnen Benutzern unterschiedliche Rechte zuzuordnen. Das Berechtigungssystem von Redmine basiert auf einem Rollenkonzept. Jeder Benutzer kann für ein Projekt genau eine Rolle einnehmen. In einem Projekt ist dies beispielsweise *Entwickler*, in einem anderen Projekt *Manager*. Welche Rechte eine Rolle in Redmine konkret hat, kann mit Hilfe der Funktion *Administration | Rollen und Rechte* flexibel festgelegt werden. In der Standardinstallation von Redmine sind die folgenden Rollen bereits vordefiniert[4]:

Standardrollen von Redmine

- *Manager*:
  Ein Manager hat alle Berechtigungen in einem Projekt. Er kann aber beispielsweise keine neuen Benutzer oder Projekte anlegen, dies bleibt einem Administrator vorbehalten.

- *Reporter*:
  Diese Rolle besitzt alle notwendigen Rechte, um Tickets in einem Projekt zu erstellen und zu bearbeiten.

- *Entwickler*:
  Ein *Entwickler* entspricht der Rolle *Reporter*, mit einigen zusätzlichen Rechten zur Verwaltung von Tickets.

- *Nichtmitglied*:
  Diese Rolle wird für alle Benutzer verwendet, die kein Mitglied des aktuellen Projektes sind. Wie wir etwas später noch sehen werden, ist einer der Schritte beim Erstellen eines neuen Projektes in Redmine genau diese Zuordnung von Benutzern zum Projekt. *Nichtmitglied* ist in der Standardkonfiguration nahezu identisch zur Rolle *Reporter*.

- *Anonymous*:
  Alle Benutzer von Redmine, die sich nicht über Username und Passwort anmelden, erhalten automatisch diese Rolle. Sie hat sehr eingeschränkte Rechte, erlaubt aber beispielsweise den lesenden Zugriff auf alle Tickets eines Projekts. Anonyme Benutzer können

---

4. Eine Rolle *Administrator* taucht in dieser Liste nicht auf, da Redmine Administratoren separat behandelt. Administrator wird man nicht über eine Rollenzuweisung, sondern über die Option *Administrator* beim Anlegen eines neuen Benutzers. Der Grund hierfür ist der projektübergreifende Charakter eines Administrators, während Rollen projektspezifisch festgelegt werden.

übrigens auch deaktiviert werden (siehe Abschnitt 6.1.5). In diesem Fall hat die Rolle dann keine Bedeutung mehr.

Für viele Projekte sind die Standardrollen bereits ausreichend, wir nehmen jedoch für unsere Zwecke eine kleine Änderung vor. Die Rolle *Reporter* benötigen wir nicht, zumindest nicht unter diesem Namen. Wir werden sie stattdessen *Tester* nennen. Der Rollenname kann in der Detailansicht geändert werden, die man durch einen Klick auf die Rolle erreicht. Unterhalb von *Berechtigungen* können im selben Dialog die mit der Rolle verbundenen Rechte angepasst werden. Hier wählen wir für die Rolle *Tester* zusätzlich das Recht *Tickets bearbeiten* aus.

6.1.4 Tracker, Ticketstatus und Workflows

Neben den grundsätzlichen Berechtigungen in Redmine werden über Rollen auch die *Workflows* zur Ticketbearbeitung gesteuert. Änderungsmanagement ist eine komplexe Angelegenheit, da viele unterschiedliche Personen mit noch viel mehr Tickets hantieren. Damit die Sache nicht aus dem Ruder läuft, müssen wir Regeln definieren und vor allem auch umsetzen, wer genau welche Änderungen an einem Ticket durchführen darf. So möchte ich beispielsweise als technischer Projektleiter sicherstellen, dass ein Ticket nur dann geschlossen wird, wenn die dahinterliegende Implementierung von einem Tester als korrekt bestätigt wurde. Die Abfolge der einzelnen Schritte, in denen ein Ticket durch verschiedene Bearbeiter modifiziert wird, bezeichnet man als Workflow.

e2etrace-Workflow zur Ticketbearbeitung

In der folgenden Abbildung ist der meiner Ansicht nach minimal notwendige Workflow zur Bearbeitung von Tickets dargestellt. An dem Workflow sind drei der aus dem letzten Kapitel bekannten Rollen beteiligt (s. Abb. 6–6).

Die einzelnen Rollen übernehmen im Workflow die folgenden Aufgaben:

- *(alle)*:
Alle am Projekt beteiligten Personen dürfen Tickets erstellen. Dies ist wichtig, damit keine Fehler oder Verbesserungsvorschläge verloren gehen, nur weil die Berechtigungen in Redmine fehlen.

- *Manager*:
Der Änderungsmanager verifiziert zunächst alle neu erstellten Tickets. Wie ich bereits in Abschnitt 2.2.7 erläutert habe, ist diese

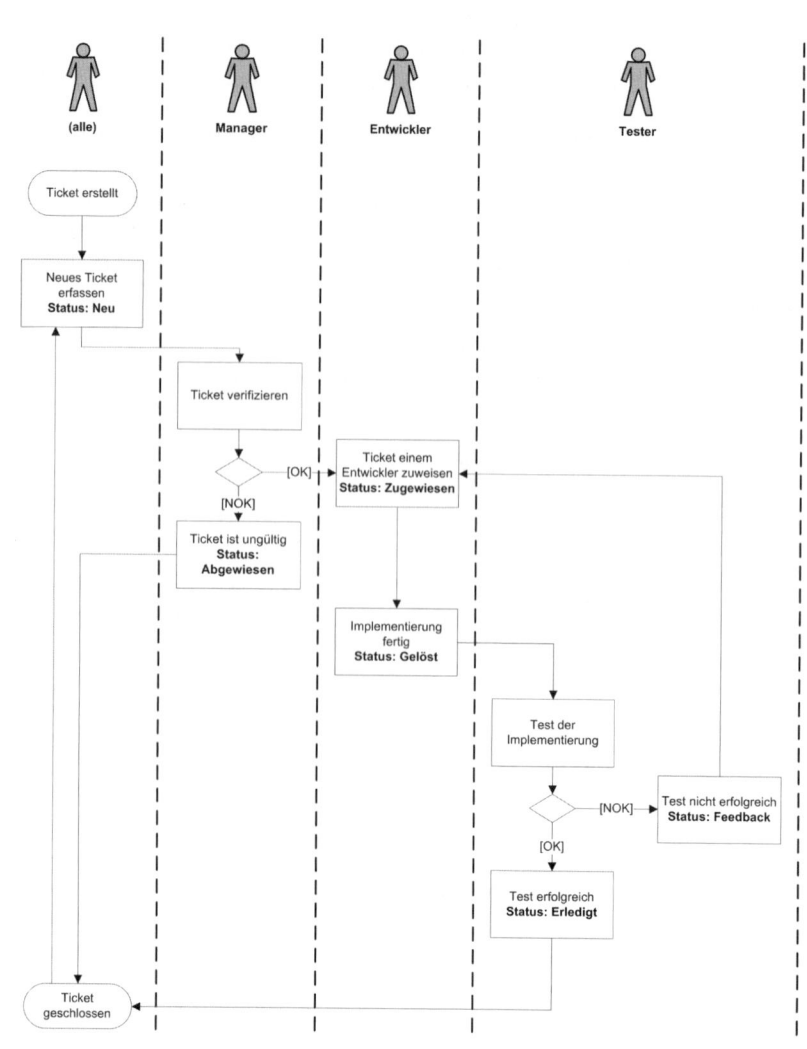

Abb. 6–6
e2etrace-Workflow zur Ticketbearbeitung

Vorfilterung der CRs und Fehlermeldungen einer der wichtigsten Schritte des gesamten Änderungsmanagement-Prozesses. Der Änderungsmanager muss sicherstellen, dass das Entwicklungsteam nicht mit unnötigen, unvollständigen oder doppelten Tickets belastet wird. Neben der inhaltlichen Prüfung gehört auch die Vervollständigung oder Anpassung der planerischen Daten im Ticket, also z. B. die Zuweisung zu einem bestimmten Release, zu den Aufgaben dieser Rolle. Wenn die Verifizierung erfolgreich war, wird das Ticket vom Änderungsmanager an einen Entwickler weitergereicht. Andernfalls wird das Ticket zunächst abgewiesen. Der Ersteller hat nun die Möglichkeit, das Ticket zu korrigieren, und der Ablauf beginnt von vorne.

- *Entwickler*:
  Sobald ein Ticket einem Entwickler zugewiesen wurde, erfolgt die Umsetzung der geforderten Änderungen bzw. die Behebung des gemeldeten Fehlers. In diesem Schritt kann der Entwickler den Fortschritt der Arbeiten und beispielsweise auch die hierfür benötigte Zeit direkt im Ticket protokollieren. Wenn die Implementierung seiner Meinung nach abgeschlossen ist, wandert das Ticket weiter zu einem Tester.

- *Tester*:
  In unserem Workflow ist ein Ticket erst dann erledigt, wenn die Korrektheit der Implementierung durch einen Tester bestätigt wurde. Sinnvoll ist dies selbstredend nur dann, wenn Tester und Entwickler nicht dieselbe Person sind. Findet der Tester noch ein Problem in der Umsetzung, geht das Ticket mit entsprechenden Kommentaren direkt zurück zum Entwickler. Dieses Prozedere wird eisern so lange durchgehalten, bis der Tester mit der Umsetzung zufrieden ist. Erst dann wird das Ticket geschlossen.

Wer zurück zu Abschnitt 2.2.7 blättert, wird eine gewisse Ähnlichkeit des Workflows zum dort diskutierten Änderungsmanagement-Prozess feststellen. Einige Schritte, wie beispielsweise die explizite Bewertung von Tickets, fehlen im Workflow, der grundlegende Ablauf passt aber[5]. Das ist natürlich kein Zufall, denn tatsächlich stellt der Workflow sozusagen die Implementierung des Änderungsmanagement-Prozesses in Redmine dar. Die hierfür nötigen Schritte gehen wir nun der Reihe nach durch.

Konfiguration der Tracker

Der Begriff *Tracker* ist aus meiner Sicht missverständlich (besser geeignet fände ich beispielsweise *Tickettyp*), ich verwende ihn aber aus Gründen der Konsistenz zur Redmine-GUI im Buch trotzdem. Jedes Ticket wird bei der Erstellung einem Tracker zugeordnet. Der Tracker bestimmt

- ob ein Ticket in der Releaseplanung (in Redmine *Roadmap* genannt) erscheint. Die Roadmap zeigt an, welche Tickets für welche Produktversion geplant sind.
- ob ein Ticket im Lieferumfang *(Changelog)* dokumentiert wird. Das Changelog gibt Auskunft darüber, welche Tickets mit einer Produktversion tatsächlich ausgeliefert wurden.

---

5. Die genannten Schritte sind aus meiner Sicht nicht unbedingt notwendig, daher habe ich sie aus Gründen der Einfachheit im Workflow nicht umgesetzt. Mit Redmine kann aber im Bedarfsfall auch der vollständige Prozess umgesetzt werden.

Standardmäßig kennt Redmine die drei Tracker *Fehler*, *Feature* und *Unterstützung*. Features werden in der Roadmap und im Changelog angezeigt, Fehler nur im Changelog und Tickets vom Typ *Unterstützung* werden weder in der Planung noch im Lieferumfang erwähnt. Diese Einstellungen kann man im Konfigurationsdialog für Tracker (*Administration | Tracker*) ändern.

Anzeige von Fehlern in der Roadmap

Für den *e2etrace*-Workflow wollen wir sicherstellen, dass in der Roadmap nicht nur die für ein Release geplanten Features, sondern auch die zu behebenden Fehler angezeigt werden. Hierzu muss der Tracker *Fehler* entsprechend angepasst werden: Mit einem Klick auf den Tracker öffnen wir den Konfigurationsdialog. Um Fehler in der Roadmap anzuzeigen, müssen wir lediglich die entsprechende Option (*In der Roadmap anzeigen*) aktivieren und die Änderungen abspeichern.

Ticketstatus einrichten

Der in Abbildung 6–6 dargestellte Workflow besteht im Wesentlichen aus einer Menge von Ticketzuständen (*Ticketstatus*) und den Transitionen zwischen den Zuständen. Wir müssen im nächsten Schritt daher sicherstellen, dass die im Diagramm gezeigten Ticketstatus in Redmine wirklich verfügbar sind. Um dies zu überprüfen, rufen wir den entsprechenden Konfigurationdialog über den Menüpunkt *Administration | Ticketstatus* auf.

Abb. 6–7 Ticketstatus einrichten

Status	Standardeinstellung	Ticket geschlossen	Sortieren	
Neu	✓			Löschen
In Bearbeitung				Löschen
Gelöst				Löschen
Feedback				Löschen
Erledigt		✓		Löschen
Abgewiesen		✓		Löschen

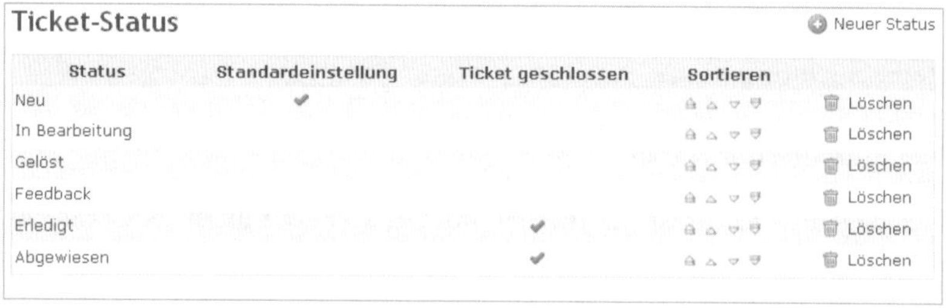

Der Dialog zeigt alle verfügbaren Ticketstatus. Neben dem Namen der einzelnen Zustände sind insbesondere die Spalten *Standardeinstellung* und *Ticket geschlossen* interessant:

- *Standardeinstellung*:
  Einer der Zustände kann als Standard für neue Tickets festgelegt werden. Typischerweise ist dies der Status *Neu*.

- *Ticket geschlossen*:
  Wenn für einen Ticketstatus in dieser Spalte ein Haken gesetzt ist, wird ein Ticket automatisch geschlossen, sobald es diesen Zustand erreicht (mit den Details beschäftigen wir uns in Abschnitt 6.2.8).

Über die entsprechenden Buttons können bestehende Ticketstatus gelöscht und neue hinzugefügt werden. Für den *e2etrace*-Workflow reicht eine kleine Änderung: Statt *In Bearbeitung* brauchen wir einen Status *Zugewiesen*. Hierzu muss man lediglich auf den entsprechenden Eintrag in der Liste klicken. Daraufhin erscheint ein Dialog, in dem der Namen des Status entsprechend abgeändert werden kann.

Anpassen eines Status für den e2etrace-Workflow

Workflow umsetzen

Nachdem die Rollen, Tracker und Ticketstatus korrekt eingerichtet sind, können wir den *e2etrace*-Workflow über den Konfigurationsdialog *Administration | Workflow* umsetzen. Hierzu muss pro Rolle und Tracker festgelegt werden, welche Transitionen zwischen den einzelnen Ticketzuständen erlaubt sind.

*Abb. 6-8
Standard-Workflow für die Rolle Entwickler*

Gegenwärtiger Status	Neu	Zugewiesen	Gelöst	Feedback	Erledigt	Abgewiesen
Neu	☐	☑	☑	☑	☑	☐
Zugewiesen	☐	☐	☑	☑	☑	☐
Gelöst	☐	☑	☐	☑	☑	☐
Feedback	☐	☑	☑	☐	☑	☐
Erledigt	☐	☐	☐	☐	☐	☐
Abgewiesen	☐	☐	☐	☐	☐	☐

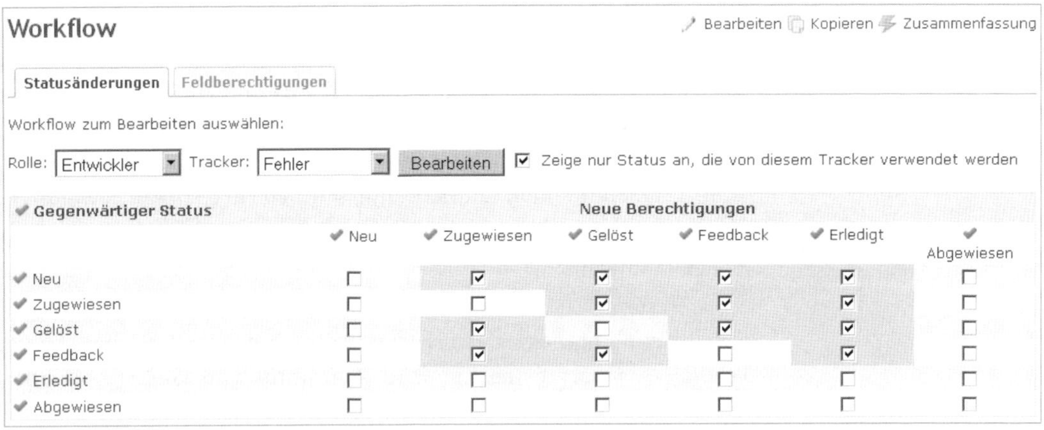

In der obigen Abbildung sind die Standardeinstellungen für die Rolle *Entwickler* und den Tracker *Fehler* zu sehen. Die Zeilen der angezeigten Matrix repräsentieren den aktuellen Status eines Tickets, die Spalten einen potenziellen neuen Status. Ist am Schnittpunkt zwischen einer Zeile und einer Spalte ein Haken gesetzt, ist einem Entwickler genau dieser Zustandsübergang erlaubt. Laut Standardeinstellung darf ein Entwickler also beispielsweise ein Ticket im Status *Neu* in den neuen Status *Zugewiesen* überführen. Nicht erlaubt ist der Rolle hingegen das Abweisen eines neuen Tickets.

Um den *e2etrace*-Workflow umzusetzen, müssen wir für die einzelnen Rollen die folgenden Zustandsübergänge erlauben und alle anderen deaktivieren:

Umsetzung des e2etrace-Workflows im Dialog

- Rolle *(alle)*:
  Allen Teammitgliedern ist das Einstellen neuer Tickets erlaubt. Die entsprechende Berechtigung haben wir in Abschnitt 6.1.3 allen am Workflow beteiligten Redmine-Rollen erteilt. Zudem dürfen alle Teammitglieder ein Ticket vom Status *Abgewiesen* wieder zurück auf *Neu* setzen. Dies ermöglicht die Korrektur von abgewiesenen Tickets und das erneute Durchlaufen des Workflows. Den entsprechenden Haken setzen wir in den nachfolgenden Schritten manuell in der Berechtigungsmatrix.

- Rolle *Manager*:
  Änderungsmanager dürfen den Ticketstatus nach Belieben ändern. In der Matrix müssen also, bis auf die Diagonale von oben links nach unten rechts, alle Haken gesetzt sein. Die Diagonale lassen wir leer, da es keinen Sinn hat, ein Ticket beispielsweise von *Neu* auf *Neu* zu ändern.

- Rolle *Entwickler*:
  Entwickler dürfen ein Ticket von den Zuständen *Zugewiesen* und *Feedback* auf *Gelöst* setzen. Wir setzen also an den Schnittpunkten zwischen den Zeilen *Zugewiesen* bzw. *Feedback* und der Spalte *Gelöst* einen Haken. Zudem müssen wir den oben erwähnten Haken zwischen *Abgewiesen* und *Neu* setzen. Alle anderen Haken werden entfernt.

- Rolle *Tester*:
  Sobald ein Entwickler ein Ticket gelöst hat, wird es vom Tester verifiziert. Er setzt anschließend den Status von *Gelöst* entweder auf *Erledigt* oder auf *Feedback*. An genau diesen beiden Schnittpunkten setzen wir einen Haken. Auch für diese Rolle kommt dann noch der Haken zwischen *Abgewiesen* und *Neu* hinzu. Alle anderen Haken entfernen wir (siehe Abb. 6–9).

Abb. 6–9
Zustandsübergänge im e2etrace-Workflow für die Rolle Tester

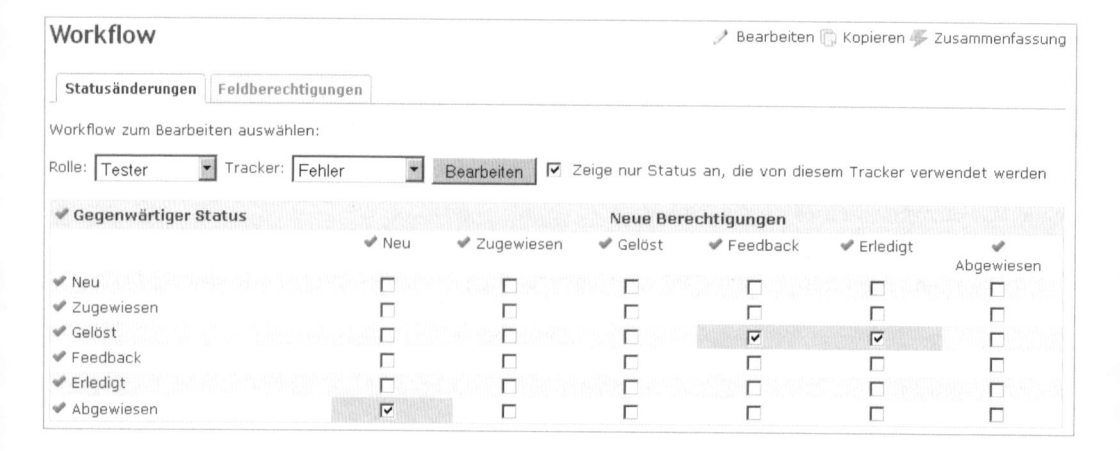

Gegenwärtiger Status	Neu	Zugewiesen	Gelöst	Feedback	Erledigt	Abgewiesen
Neu		☐	☐	☐	☐	☐
Zugewiesen	☐		☐	☐	☐	☐
Gelöst	☐	☐		☑	☑	☐
Feedback	☐	☐	☐		☐	☐
Erledigt	☐	☐	☐	☐		☐
Abgewiesen	☑	☐	☐	☐	☐	

Da der *e2etrace*-Workflow für alle Tracker identisch abläuft, müssen wir die oben beschriebenen Einstellungen nacheinander für die Tracker *Fehler*, *Feature* und *Unterstützung* durchführen.

6.1.5 Globale Einstellungen

Die Seite mit den globalen Einstellungen erreicht man über den Punkt *Konfiguration* im Administrations-Menü.

Abb. 6–10
Globale Einstellungen

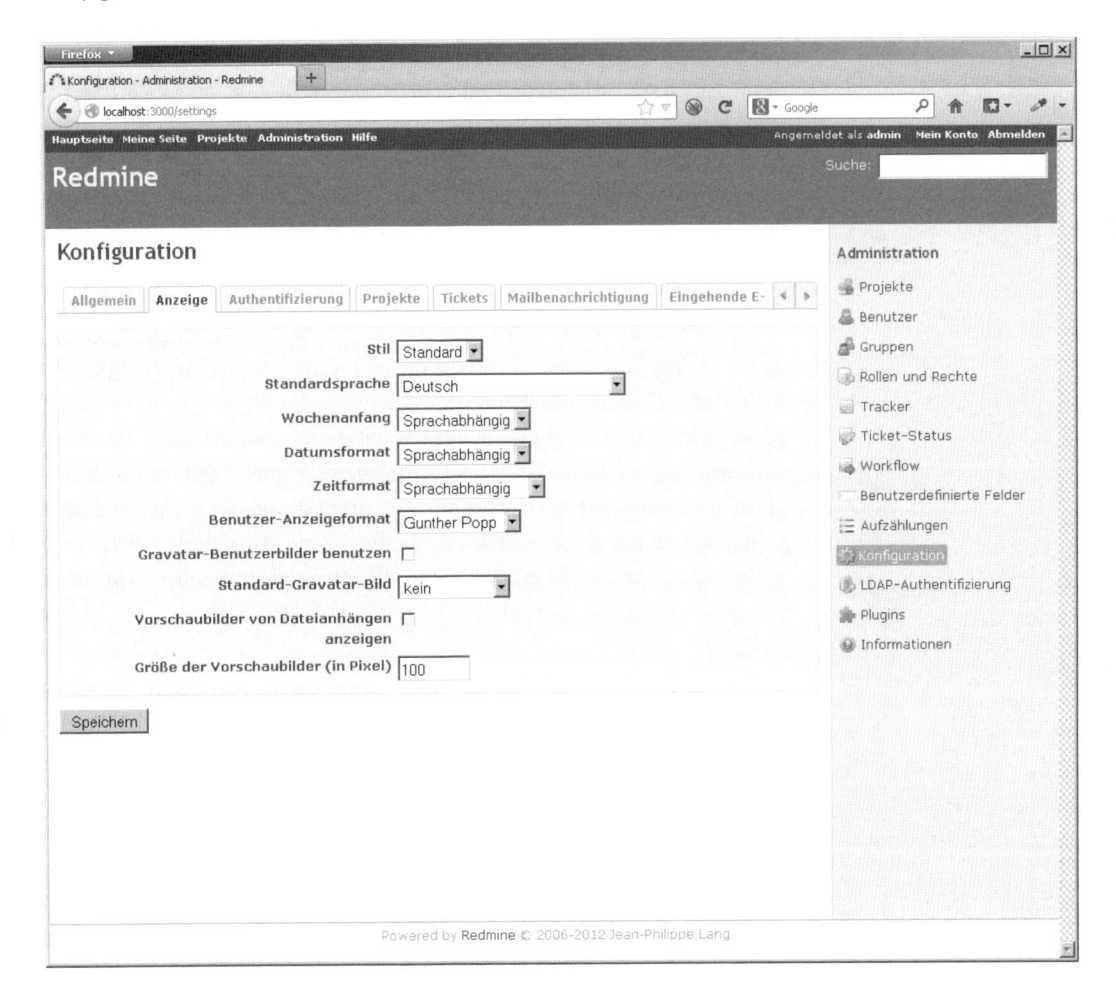

Ich werde an dieser Stelle nicht im Detail auf alle möglichen Parameter eingehen, die entsprechenden Informationen finden Sie in der Online-Dokumentation von Redmine. Stattdessen konzentriere ich mich auf die meiner Ansicht nach wichtigsten Optionen:

Wichtige Parameter in den globalen Einstellungen

- Reiter *Anzeige, Standardsprache*:
  Die hier gewählte Sprache wird vor dem Login eines Benutzers verwendet, wenn Redmine die Spracheinstellungen nicht über den Browser ermitteln kann. Nach der Anmeldung gelten die Spracheinstellungen des jeweiligen Benutzers.

- Reiter *Authentifizierung*:
  Über die Optionen auf diesem Reiter wird die Methode zur Authentifizierung der Benutzer festgelegt. Wenn die Option *Authentisierung erforderlich* aktiviert ist, muss für jeden Zugriff auf Redmine ein Benutzername und ein Passwort angegeben werden. Ist die Option nicht aktiviert, sind die in Abschnitt 6.1.3 erwähnten, anonymen Benutzer erlaubt und bestimmte Daten können auch ohne Login eingesehen werden. Über den Parameter *Anmeldung ermöglicht* wird die Selbstregistrierung von neuen Benutzern gesteuert. Der Standardwert *Manuelle Kontoaktivierung* führt zu dem weiter oben beschriebenen Verhalten, d.h., der Administrator muss den Benutzer erst manuell freischalten. Wem dies zu aufwendig erscheint, kann alternativ die Option *Kontoaktivierung durch E-Mail* wählen. In diesem Fall wird das Konto aktiviert, sobald der Benutzer auf einen Link klickt, den Redmine per E-Mail verschickt hat. Noch einen Schritt weiter geht dann die Variante *Automatische Kontoaktivierung*, bei der auf die Aktivierung komplett verzichtet wird. Ein neuer Benutzer kann sich in der Folge gleich nach der Registrierung bei Redmine anmelden. Wem die Selbstregistrierung hingegen generell suspekt erscheint, kann sie mit der Option *Gesperrt* komplett deaktivieren.

- Reiter *Projektarchive*:
  Redmine zeichnet sich durch eine gute Integration mit diversen Versionskontrollsystemen aus, darunter auch Subversion. In Abbildung 6–11 ist die vollständige Liste der unterstützten Systeme gut zu erkennen. Im Beispiel ist lediglich Subversion korrekt konfiguriert, die anderen Tools sind nicht installiert. Wer zusätzliche Versionskontrollsysteme nutzen möchte, muss die entsprechenden Kommandos entweder per PATH-Umgebungsvariable zugreifbar machen oder aber die Redmine-Konfiguration entsprechend anpassen. Die weiteren Parameter auf diesem Reiter steuern die Details der Integration. Wichtig sind hier insbesondere die Schlüsselwörter für Changeset-Kommentare. Redmine erkennt mit Hilfe dieser Schlüsselwörter, ob sich ein Changeset auf ein bestimmtes Ticket bezieht. Für unser Beispielprojekt sollten im Parameter *Schlüsselwörter (Beziehungen)* die Werte *Ticket*, *Defect* und *CR* gesetzt werden (getrennt durch Kommas). Mit der Option *Schlüsselwörter*

(Status) können wir weiterhin festlegen, welche Schlüsselwörter einem Ticket einen neuen Status zuteilen. Hier sollte als Schlüsselwort *Behoben* und als zugeordneter Status *Gelöst* gesetzt werden. Abbildung 6–11 zeigt alle Einstellungen noch mal im Überblick.

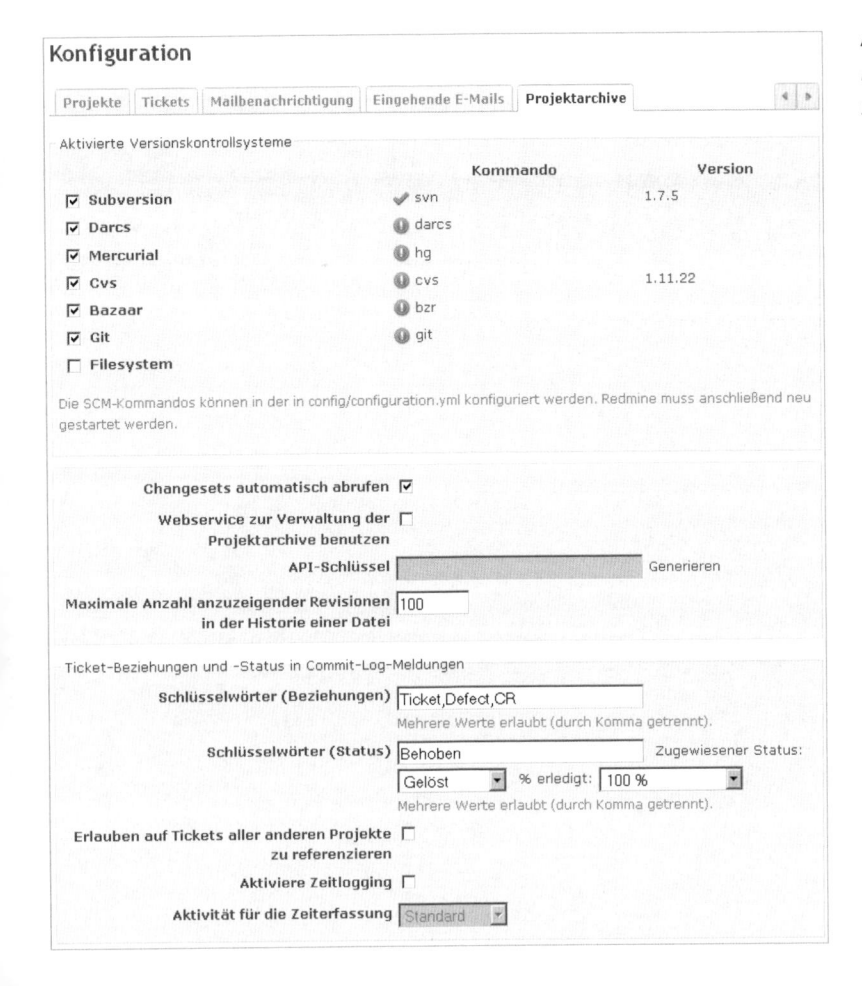

Abb. 6–11
Konfiguration der Subversion-Integration

6.1.6 Projekt anlegen

Die grundlegende Konfiguration von Redmine ist jetzt abgeschlossen. Im nächsten Schritt legen wir ein Projekt *e2etrace* an. Die hierfür benötigte Seite kann im Administrations-Menü über den Link *Projekte | Neues Projekt* aufgerufen werden.

Abb. 6–12
Projekt e2etrace anlegen

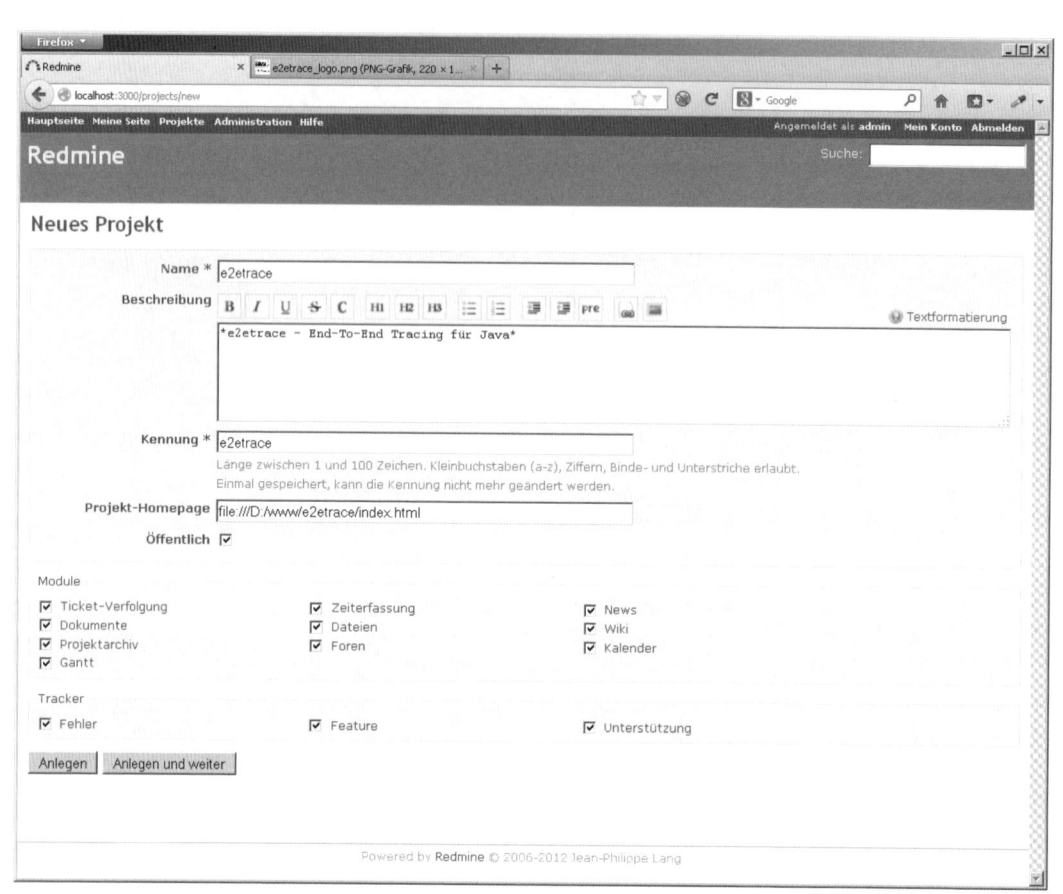

In anderen Werkzeugen muss man beim Anlegen eines Projektes auf den Entwicklungspfad Rücksicht nehmen. In Kapitel 5 haben wir beispielsweise in Hudson separate Projekte für den *trunk* und einen Release-Branch erstellt. Redmine hingegen verwaltet Änderungen wirklich für das gesamte Projekt. Die einzelnen Entwicklungspfade im Projekt werden in Redmine über *Versionen* abgebildet. Tatsächlich ist die Festlegung einer neuen Produktversion für ein Ticket, und damit das Verschieben in einen anderen Entwicklungspfad, eine typische Aufgabe im Änderungsmanagement-Prozess.

Neben dem Link zur Projekt-Homepage und der Projektbeschreibung, die ja eher informativen Charakter haben, müssen bei der Neuanlage eines Projektes nur dessen *Name* und die *Kennung* zwingend angegeben werden. Die Kennung kann nach der Erstellung des Projektes nicht mehr verändert werden. Sie wird von Redmine als interner Schlüssel verwendet und taucht beispielsweise auch in den URLs für das Projekt auf.

Kennung des Projektes

Eine weitere wichtige Entscheidung bei der Projektanlage verbirgt sich hinter der Option *Öffentlich*. Lässt man diesen Haken gesetzt, ist das Projekt *e2etrace* auch für diejenigen Benutzer von Redmine sichtbar, die nicht explizit als Projektmitglieder ausgewählt werden. Dies schließt auch anonyme Benutzer, die sich nicht mit Username und Kennwort angemeldet haben, ein. Die Rechte der »Besucher« leiten sich aus deren Rollen ab. So haben angemeldete Benutzer, die nicht Projektmitglied sind, beispielsweise immer die Rolle *Nichtmitglied*. In Abschnitt 6.1.3 habe ich diese Rolle kurz vorgestellt. Dort ist auch beschrieben, welche Rechte die Rolle standardmäßig hat und wie man die Berechtigungen anpassen kann[6]. Im Fall von *e2etrace* ist nichts dagegen einzuwenden, dass Besucher Zugriff auf das Projekt haben, daher lassen wir die Option aktiviert.

Öffentliche Projekte

Die restlichen Optionen im unteren Bereich der Seite legen die im Projekt benötigten Tracker und die grundsätzlich verfügbaren Redmine-Funktionen fest. Wer beispielsweise für die Zeiterfassung oder das Wiki andere Werkzeuge verwenden möchte, kann die entsprechenden Redmine-Module hier gleich deaktivieren.

Tickettypen und Redmine-Module auswählen

Sobald das Projekt angelegt wurde, erscheint es in der Projektliste von Redmine. Diese erreicht man über den Link *Projekte* auf der Startseite. Ein Klick auf den Projektnamen führt schließlich zur eigentlichen Projektseite von *e2etrace*. Auf dieser Seite zeigt Redmine die bisher bekannten Daten in einer Übersicht an. Zudem steht eine Menüleiste mit diversen Funktionen zur Verfügung. Im nächsten Abschnitt müssen wir jedoch zunächst die Konfiguration des Projektes abschließen.

---

6. Die Rechte einer Rolle werden global definiert und gelten daher für alle in einer Redmine-Instanz verwalteten Projekte.

Abb. 6–13
Projektseite von e2etrace

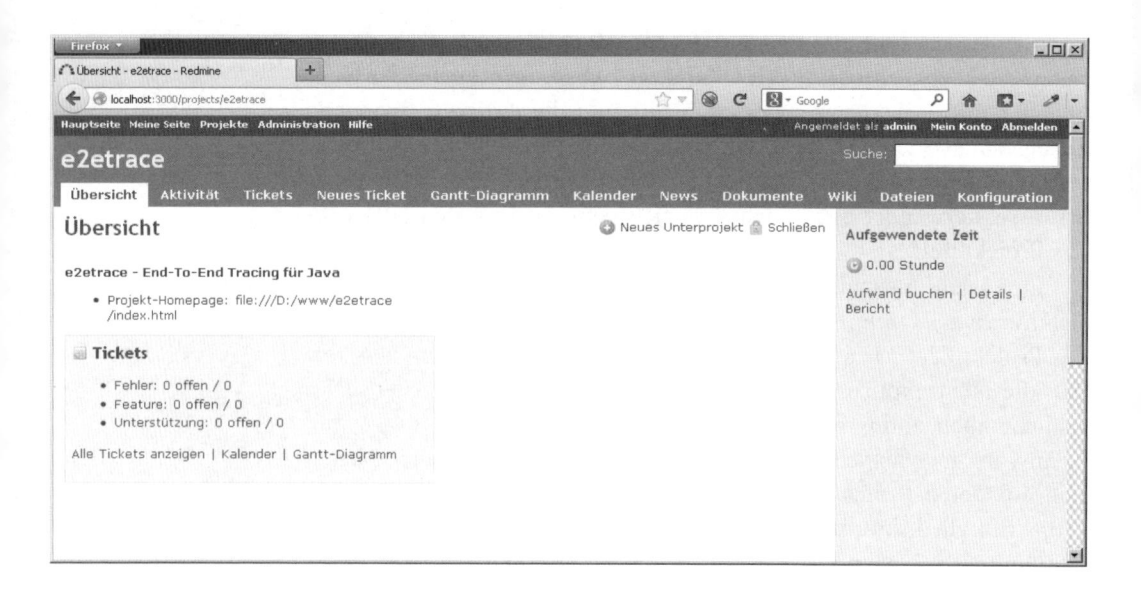

6.1.7 Projekt konfigurieren

Die Seite mit den projektspezifischen Einstellungen erreicht man über den Link *Konfiguration*. Redmine zeigt daraufhin verschiedene Reiter mit den verfügbaren Parametern an. Im ersten Reiter *Informationen* können die bei der Neuanlage des Projektes festgelegten Optionen (siehe Abb. 6–12 auf Seite 314) geändert werden. Nur die Kennung des Projektes ist davon ausgenommen, da diese ja intern als Schlüsselwert verwendet wird. Mit dem Reiter *Module* ist es auch nach der Neuanlage noch möglich, einzelne Funktionen von Redmine für das Projekt zu deaktivieren.

Mitglieder zuweisen

Im Reiter *Mitglieder* legen wir fest, welche Benutzer von Redmine tatsächlich zum Projektteam gehören. Zudem legen wir für jedes Teammitglied eine Rolle fest, die wiederum die Berechtigungen im Projekt steuert.

Abb. 6–14
Teammitglieder festlegen

Dem Projekt *e2etrace* habe ich aus didaktischen Gründen die in der Abbildung gezeigten drei Mitglieder zugewiesen (pro Rolle ein Mitglied). Damit können wir später den kompletten *e2etrace*-Workflow durchspielen.

Releaseplanung

Wie ich weiter oben schon erwähnt habe, verwalten wir in Redmine Änderungen für alle Releases von *e2etrace*. Damit das klappt, müssen wir schon von Anfang an die aktuell geplanten Releases in Redmine anlegen. In der Redmine-Terminologie entspricht ein Release einer Produktversion. Daher finden wir die entsprechende Konfigurationsseite auf dem Reiter *Versionen*.

Abb. 6–15
Geplante Releases anlegen

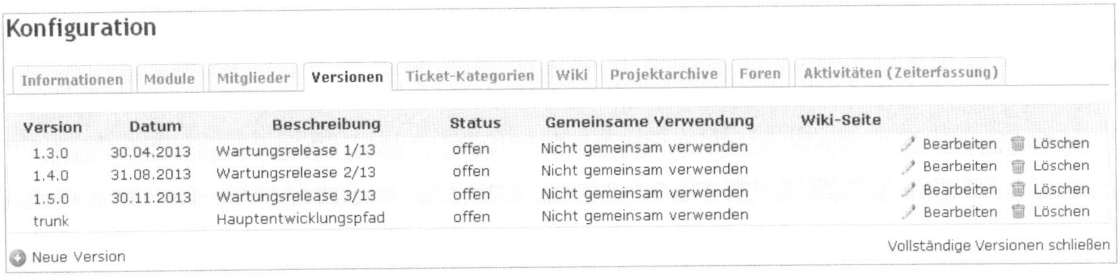

Version	Datum	Beschreibung	Status	Gemeinsame Verwendung	Wiki-Seite		
1.3.0	30.04.2013	Wartungsrelease 1/13	offen	Nicht gemeinsam verwenden		Bearbeiten	Löschen
1.4.0	31.08.2013	Wartungsrelease 2/13	offen	Nicht gemeinsam verwenden		Bearbeiten	Löschen
1.5.0	30.11.2013	Wartungsrelease 3/13	offen	Nicht gemeinsam verwenden		Bearbeiten	Löschen
trunk		Hauptentwicklungspfad	offen	Nicht gemeinsam verwenden		Bearbeiten	Löschen

Für *e2etrace* habe ich vier Releases definiert:

- *trunk*:
  Dieses Release repräsentiert den Hauptentwicklungspfad. Dementsprechend ist hier kein konkretes Auslieferungsdatum gesetzt.

- *1.3.0*:
  Das Release 1.3.0 ist ein Wartungsrelease. Wie ich in Abschnitt 2.3.1 schon erläutert habe, sollte man nicht mehr als drei bis vier Wartungsreleases pro Jahr einplanen. Bei mehr Releases besteht die Gefahr, dass man mehr in Planung und Koordination investiert als in die eigentliche Umsetzung von Änderungsanforderungen. Für *e2etrace* habe ich drei Wartungsreleases vorgesehen, wobei das erste Ende April ausgeliefert werden soll.

- *1.4.0*:
  Das zweite Wartungsrelease mit einem Abstand von vier Monaten zu 1.3.0

- *1.5.0*:
  Das letzte Wartungsrelease im Jahresverlauf. Da im Dezember erfahrungsgemäß nicht mehr viel passiert, ist dieses Release für Ende November eingeplant. Es umfasst also nur drei Zeitmonate.

Sonstige Einstellungen

Der Reiter *Ticketkategorien* ist insbesondere für größere Projekte interessant. Hier kann man beispielsweise für jedes Subsystem eine eigene Ticketkategorie anlegen. Später sind dann Auswertungen pro Kategorie möglich. Für *e2etrace* benötigen wir keine Kategorien. Auf die Reiter *Wiki* und *Foren* komme ich in Abschnitt 6.3 nochmals zurück.

Zeiterfassung in Redmine

Der Reiter *Aktivitäten* unterstützt die Zeiterfassung direkt in Redmine. Ich gehe im Buch auf diese Funktion nicht näher ein und stehe ihr auch grundsätzlich etwas skeptisch gegenüber. Auf den ersten Blick mag es verlockend erscheinen, den Projektaufwand gleich auf die entsprechenden Redmine-Tickets zu buchen. Im täglichen Einsatz spricht dann aber doch einiges dagegen. Denn natürlich sind nicht alle Tätigkeiten im Projekt (Meetings, Planung etc.) direkt einem Ticket zuzuordnen. Um diese Zeiten dann ordnungsgemäß zu erfassen, braucht man demzufolge noch weitere, spezialisierte Werkzeuge. Zudem hat jedes Unternehmen seine eigene Lösung für die Zeiterfassung und immer öfter auch für das Projekt-Controlling. Damit läuft alles auf eine Mehrfacherfassung der Zeiten raus: einmal in Redmine, direkt am Ticket, und (mindestens) ein weiteres Mal im offiziellen Werkzeug. Bequem ist diese Lösung bestenfalls für den Projektleiter, da sie Auswertungen erleichtert. Das ist aber nicht das Ziel eines KM-Prozesses. Wir wollen ja das gesamte Team entlasten, daher sind Mehrfacherfassungen jeglicher Art tunlichst zu vermeiden.

Abb. 6–16
Verbindung zu Subversion herstellen

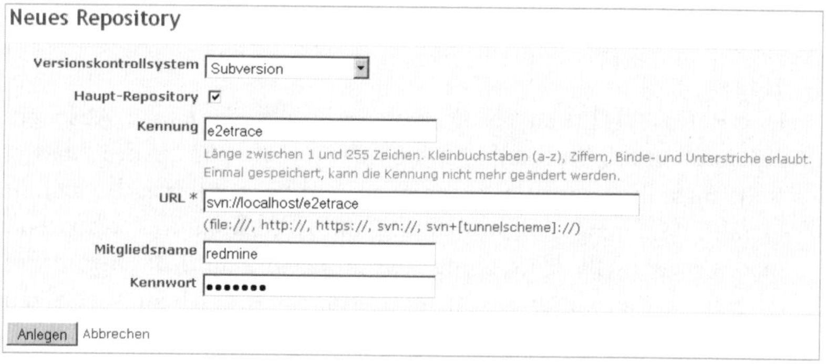

Interessant ist dann noch der Reiter *Projektarchiv*. Hier wird die Verbindung zu einem Repository hergestellt. Um Redmine mit dem *e2etrace*-Repository bekannt zu machen, wird mit dem Button *Neues Repository* zunächst der in Abbildung 6–16 gezeigte Dialog aufgerufen. Wichtig ist in diesem Dialog insbesondere die URL zum Subversion-Repository von *e2etrace* (*svn://localhost/e2etrace*). Auch für diesen Parameter gilt, dass die Entwicklungszweige keine Rolle spielen.

Die URL zeigt demzufolge auf den Wurzelknoten des Repositorys. Als *Mitgliedsname* (Benutzername) habe ich im Dialog den in Abschnitt 4.1.3 erstellten User redmine angegeben.

Sobald die Konfiguration abgeschlossen ist, zeigt Redmine auf der Projektseite von *e2etrace* unter dem Menüpunkt *Projektarchiv* den Inhalt des Repositorys an. Mit den weitergehenden Möglichkeiten der Subversion-Integration beschäftigen wir uns dann im folgenden Kapitel.

6.2 Arbeiten mit Tickets

In den folgenden Abschnitten befassen wir uns mit dem praktischen Umgang mit Tickets in Redmine. Basis hierfür ist der im letzten Kapitel definierte Workflow zur Bearbeitung von Tickets (siehe Abb. 6–6 auf Seite 306).

6.2.1 Spielregeln festlegen

Bevor es jedoch mit der erstmaligen Erfassung von neuen Tickets in Redmine losgeht, müssen wir uns mit ein paar Spielregeln auseinandersetzen. Damit der Änderungsmanagement-Prozess als Ganzes funktioniert und die Vorfilterung der Tickets durch den Änderungsmanager nicht zu aufwendig wird, müssen sich alle Beteiligten an die folgenden Richtlinien halten:

- *Keine Änderung ohne Ticket*:
  Jede, wirklich *jede* Änderung am Produkt erfolgt in Zukunft nur noch auf Basis eines Tickets. Erfahrungsgemäß erreicht man die Einhaltung dieser Regel am effektivsten, indem man zuerst die Entwickler überzeugt. Hier rennt man meist offene Türen ein, denn Redmine verhindert die oft üblichen Arbeitsanweisungen »auf Zuruf«. Diese Arbeitsweise ist für viele im Team praktisch, für die Entwickler ist sie ein Desaster. Sobald die Entwickler sich weigern, ohne Ticket tätig zu werden, wird sich Redmine im Handumdrehen im Team durchsetzen[7].

- *Jeder darf Tickets einstellen*:
  Jeder Benutzer ist berechtigt, Tickets anzulegen. Da wir *e2etrace* als öffentliches Redmine-Projekt angelegt haben, schließt das auch Redmine-Benutzer ein, die nicht Mitglied des Projektes sind[8]. Es wäre kontraproduktiv, die Neueinstellung von Tickets auf bestimmte Per-

---

[7]. Voraussetzung dafür ist selbstredend, dass die Projektleitung hinter der Einführung von Redmine steht und den Entwicklern im Zweifelsfall Rückendeckung gibt.

sonen einzuschränken. Denn letztendlich bestände dann die Gefahr, dass Fehlermeldungen und Änderungsanforderungen wieder »unter der Hand« an das Team kommuniziert werden.

- *Tickets sind keine Kommunikationsplattform*:
  Tickets formulieren entweder eine Änderungsanforderung an das Produkt oder beschreiben einen entdeckten Fehler. Wer eine Frage zum Produkt stellen will, kann dafür das in Redmine enthaltene Wiki oder die Foren verwenden.
- *Tickets sind keine Wunschzettel*:
  Im Buch verwende ich bewusst den Begriff *Änderungsanforderung*. Tickets formulieren eine konkrete Anforderung an das Produkt. Dies setzt eine gewisse Detailtiefe voraus und schließt beispielsweise Formulierungen wie »*Der Dialog muss einfacher zu bedienen sein*« von vornherein aus. Wie wir später noch sehen werden, ist es Aufgabe des Änderungsmanagers, unvollständig oder schwammig formulierte Tickets auszufiltern.

Die Spielregeln müssen im Projekt natürlich dokumentiert und kommuniziert werden. Geeignet hierfür ist beispielsweise das KM-Handbuch. In Abschnitt 6.3 werden wir, als Alternative zum Word-Dokument, das Handbuch direkt im Wiki von Redmine anlegen.

6.2.2 Tickets erstellen

Wir haben Redmine so konfiguriert, dass jeder angemeldete Benutzer im Projekt *e2etrace* ein neues Ticket erstellen kann. Für das folgende Beispiel gehe ich davon aus, dass sich der Benutzer *gpopp* bei Redmine angemeldet hat.

Mit dem Menüpunkt *Neues Ticket* auf der Projektseite von *e2etrace* öffnet sich der folgende Dialog zur Erfassung der Ticketdaten.

In der Abbildung habe ich ein neues Ticket vom Typ *Feature* eingegeben. Neben einer, zugegebenermaßen noch recht dürftigen, Beschreibung wurden für das Ticket eine Reihe weiterer Daten erfasst (die in der Abbildung mit einem Sternchen markierten Felder sind hierbei verpflichtend):

---

8. Anonyme Benutzer, die sich nicht an Redmine angemeldet haben, dürfen hingegen nur lesend auf e2etrace zugreifen. Will man auch diesen Benutzern das Recht zur Ticketerstellung einräumen, muss die Rolle *Anonymous* entsprechend angepasst werden. Aber Achtung: Diese Änderung gilt dann für alle Projekte in der Redmine-Instanz!

6.2 Arbeiten mit Tickets

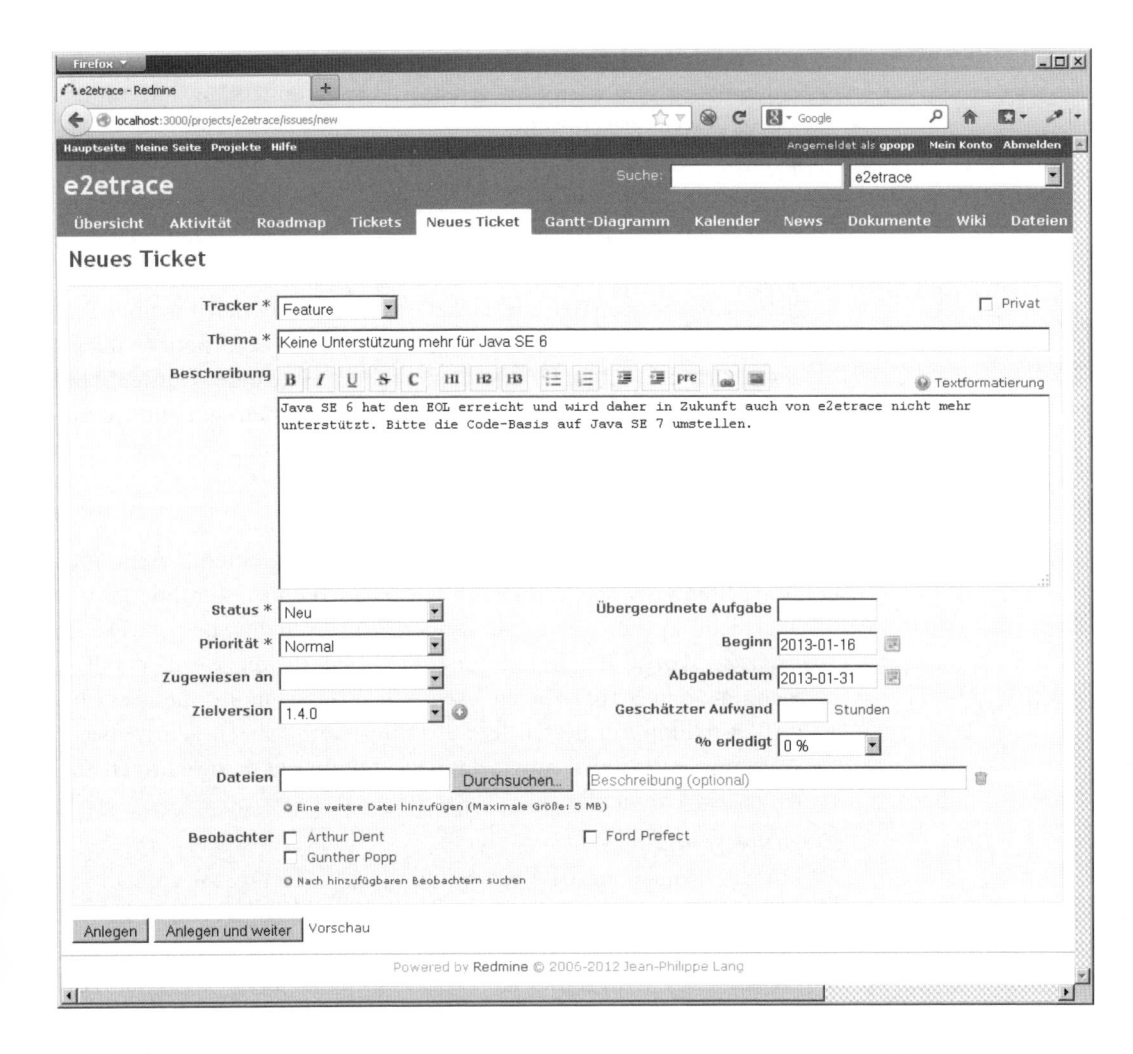

Abb. 6–17
Neues Ticket erstellen

- *Tracker*:
  Das Drop-down stellt die konfigurierten Tracker zur Auswahl. Im Beispiel wird eine Änderungsanforderung formuliert, daher habe ich den Tracker *Feature* selektiert.

- *Thema*:
  Das Thema fasst den Inhalt des Tickets möglichst kurz und prägnant zusammen. Man sollte das Thema wirklich mit Bedacht wählen, da in allen Übersichten zunächst nur dieser Text für das Ticket angezeigt wird. Tickets, bei denen Thema und Ticketbeschreibung nicht zusammenpassen, werden allgemein als Plage betrachtet.

- *Status*:
  Der initiale Zustand des Tickets. Welche Werte man hier auswählen darf, ist abhängig von der eigenen Rolle in Redmine. Im

e2etrace-Workflow darf nur der *Manager* einem neuen Ticket jeden beliebigen Status zuweisen. Alle anderen Rollen sind auf den Status *Neu* eingeschränkt.

- *Priorität*:
Dringlichkeit des Tickets. Die verfügbare Bandbreite reicht von *Niedrig* bis *Sofort*. Man muss im Projekt regeln, welche Priorität unter welchen Umständen vergeben werden darf. Andernfalls landen früher oder später alle Tickets bei *Sofort*. In vielen meiner Projekte wäre *Sofort* hingegen wirklich nur für Produktionsprobleme reserviert, und selbst *Dringend* müsste gut begründet werden. Hält man sich daran, wird man im Ernstfall mit einem gut funktionierenden Prozess belohnt, der hoch priorisierte Tickets auch wirklich bevorzugt abarbeitet.

- *Zugewiesen an*:
Man kann ein Ticket schon bei der Erstellung einem bestimmten Bearbeiter zuweisen. Dies geht (leider) auch dann, wenn der Status gar nicht auf *Zugewiesen*, sondern auf *Neu* gesetzt ist. Da im e2etrace-Workflow Tickets erst dann bearbeitet werden sollen, wenn sie den Status *Zugewiesen* haben, lässt man dieses Feld bei der Erstellung am besten leer. Erst im übernächsten Schritt (siehe Abschnitt 6.2.4) weisen wir das Ticket dann mit dem richtigen Status einem Entwickler zu.

- *Zielversion*:
Für die Projekt- und Releaseplanung ist es wichtig zu wissen, mit welcher Produktversion ein Ticket ausgeliefert werden soll. Das Feld kann durchaus schon bei der Erstellung mit einem »Wünsch dir was«-Wert ausgefüllt werden. Ob es dabei bleibt, wird dann die spätere Verifikation und Bewertung des Tickets ergeben.

- *Beginn und Abgabedatum*:
Die Felder Beginn- und Abgabedatum werden ebenfalls für die Projektplanung benötigt. Zudem helfen diese Daten dem Entwicklungsteam, neben dem Feld Priorität die Reihenfolge der Abarbeitung von Tickets festzulegen.

- *Geschätzter Aufwand*:
Auch in dieses Feld könnte man zu Beginn schon einen Wert eintragen. Ich empfehle jedoch, die Schätzung später vom Entwicklungsteam selbst durchführen zu lassen.

- *% erledigt*:
Wenn man prozentuale Fertigstellungsgrade mag[9], kann man diesen hier von den Entwicklern pflegen lassen. Bei der Neuerstellung bleibt das Feld im Regelfall leer.

- *Dateien*:
  Redmine bietet die Möglichkeit, ein Ticket um beliebig viele zusätzliche Dateien zu ergänzen. Dies wird in der Praxis gerne und oft verwendet, beispielsweise um das Word-Dokument mit der Use-Case-Beschreibung direkt an das entsprechende Ticket vom Typ *Feature* zu hängen. Alternativ kann man natürlich auch beispielsweise eine URL auf ein von Subversion verwaltetes Dokument direkt in die Beschreibung kopieren. Mir gefällt gerade für »offizielle« Projektdokumente die zuletzt genannte Alternative deutlich besser, trotzdem ist das Anhängen von Dateien an Tickets ein nützliches Feature.
- *Beobachter*:
  Ebenfalls sehr praktisch ist die Möglichkeit, einzelne Tickets in Redmine zu beobachten. Sobald man für ein Ticket als Beobachter registriert ist, bekommt man alle Änderungen am Ticket prompt per E-Mail gemeldet. Beobachter können schon bei der Erstellung eines Tickets definiert werden[10]. Später hat dann jeder Benutzer die Möglichkeit, sich selbst für beliebige Tickets als Beobachter einzutragen.

Sobald das Ticket über den entsprechenden Button in Redmine angelegt wurde, kann sofort das nächste Ticket eingegeben werden. Für die folgenden Abschnitte gehe ich davon aus, dass eine Reihe weiterer Tickets der Typen *Feature* und *Fehler* eingegeben wurden.

6.2.3 Tickets verifizieren

Im Projekt sind jetzt die ersten Tickets eingestellt worden, wir können also sozusagen unseres Amtes als Änderungsmanager walten und die Tickets einer eingehenden Prüfung unterziehen. Ziel muss es sein, wie schon öfter erwähnt, das Entwicklungsteam vor unvollständigen, doppelten oder aus sonstigen Gründen ungültigen Tickets so gut wie möglich zu schützen. In mittleren bis großen Projekten ist diese Aufgabe sehr anspruchsvoll und wichtig. Eine Flut von ungültigen Tickets lähmt ein Entwicklungsteam nachhaltig und löst zudem bei allen Betei-

---

9. Wer es noch nicht ahnt: Ich mag sie explizit nicht. Entwicklungsaufgaben tendieren dazu, recht fix einen Erfüllungsgrad von 80–90% zu erreichen – und dann lange dort zu verweilen. Daher ist mir eine Kombination aus Datumsfeldern und der booleschen Aussage fertig/nicht fertig lieber.
10. Es hat übrigens keinen Sinn, sich selbst als Beobachter zu definieren. In der von uns gewählten Konfiguration wird der Ersteller eines Tickets automatisch über alle Änderungen benachrichtigt (siehe Abschnitt *Eigenen Account konfigurieren* auf Seite 299).

ligten großen Unmut aus. Nicht zuletzt schlagen ungültige Tickets, wenn sie zu spät erkannt werden, meist auch auf die Projektstatistik durch. Denn in vielen Projekten gilt die Anzahl der vom Team akzeptierten und bearbeiteten Tickets als Metrik für die erreichte Qualität.

Dreh- und Angelpunkt zur Überprüfung von Tickets ist der Menüpunkt *Tickets* auf der Projektseite von *e2etrace*.

Abb. 6–18
Tickets verifizieren

Filter definieren

Die angezeigte Seite erlaubt im oberen Bereich die Definition eines Filters zur Selektion der gewünschten Tickets. Im Beispiel habe ich einen Filter festgelegt, der alle Tickets im Zustand *Neu* selektiert. Filter können aus fast allen Feldern eines Tickets zusammengestellt werden; mit den Details werden wir uns etwas später in Abschnitt 6.2.5 beschäftigen.

Rolle der Ticketnummer

In der Abbildung wurden durch den neu definierten Filter fünf Tickets ausgewählt. Drei dieser Tickets sind Fehler, die anderen beiden Änderungsanforderungen (CRs). Redmine vergibt für jedes Ticket automatisch eine eindeutige, aufsteigende Nummer, die ganz links in der Ergebnisliste angezeigt wird. Bei der täglichen Arbeit mit Redmine wird diese Nummer erfahrungsgemäß eine wichtige Rolle in der projektinternen Kommunikation spielen. Auch bei Diskussionen mit Kunden, beispielsweise bei der Festlegung des Funktionsumfangs eines neuen Release, bezieht man sich in der Regel immer wieder auf diese Nummern.

Zur Überprüfung der Tickets rufen wir für jeden einzelnen Eintrag in der Ergebnisliste die Detailansicht auf. Die folgende Abbildung zeigt beispielsweise den CR #1.

Als Erstes sollte man nun das Ticket rein formal auf Vollständigkeit prüfen. Wenn beispielsweise die Beschreibung fehlt, wird das Ticket sofort abgewiesen. Ist das Ticket grundsätzlich in Ordnung,

Feature #1	Bearbeiten Aufwand buchen Beobachten Kopieren Löschen
Keine Unterstützung mehr für Java SE 6	« Zurück	5/5	Weiter »
Von Gunther Popp vor 8 Minuten hinzugefügt.	

Status:	Neu	Beginn:	16.01.2013
Priorität:	Normal	Abgabedatum:	31.01.2013
Zugewiesen an:	-	% erledigt:	0%
Kategorie:	-	Aufgewendete Zeit:	-
Zielversion:	1.4.0		

Beschreibung   Zitieren

Java SE 6 hat den EOL erreicht und wird daher in Zukunft auch von e2etrace nicht mehr unterstützt. Bitte die Code-Basis auf Java SE 7 umstellen.

Unteraufgaben   Hinzufügen

Zugehörige Tickets   Hinzufügen

Abb. 6–19
Detailansicht eines Tickets

folgt die inhaltliche Kontrolle. Hier kommt nun das Domänenwissen des Änderungsmanagers zum Einsatz. Ohne detaillierte Kenntnis über die fachlichen und technischen Details des Projektes ist man schlicht nicht in der Lage, die eingehenden Tickets wirkungsvoll zu filtern.

Survival-Tipps für Änderungsmanager

Wenn Sie im Projekt die Rolle des Änderungsmanagers einnehmen, sollten Sie ein einigermaßen dickes Fell besitzen. Sie sitzen an einer sehr zentralen Stelle und haben die »Macht«, Tickets abzuweisen oder zumindest zur Nacharbeit an den Ersteller zurückzuschicken. Naturgemäß wird Ihre Auffassung, was ein vollständig beschriebenes Ticket ist, nicht immer mit der Meinung des Erstellers des Tickets harmonieren. Heikel ist diese Situation insbesondere dann, wenn Sie als Änderungsmanager auf der Seite des Auftragnehmers sitzen und die Ticketersteller auf der Seite des Auftraggebers.

Nehmen Sie die Versuche, Einfluss auf Ihre Arbeit zu nehmen, gelassen. Sobald Sie unvollständige oder unsinnige Tickets »durchlassen«, seien sie in den Augen der Ersteller auch noch so wichtig, verlagern sich die Probleme nur Richtung Entwicklungsteam. Dort richten sie potenziell wesentlich höheren Schaden an als etwas »dicke Luft« beim Ticketersteller.

Damit Sie in schwierigen Situationen nicht mit dem Rücken zur Wand stehen, ist eine Reihe von Vorbereitungen zu empfehlen:

- Dokumentieren Sie, welche Kriterien ein Ticket rein formal zur Annahme erfüllen muss. Stellen Sie sicher, dass alle Projektbeteiligten Zugang zu dieser Dokumentation haben.
- Legen Sie fest, unter welchen Bedingungen eine hohe Priorität für ein Ticket vergeben werden darf. Die Kriterien müssen so eindeutig wie möglich sein. Beispielsweise sollte die höchste Priorität ausschließlich für Produktionsprobleme reserviert sein.
- Stellen Sie sicher, dass Ihr Management die Wichtigkeit Ihrer Rolle versteht. Im Zweifelsfall sollten Sie Rückendeckung haben, wenn Sie unvollständige Tickets auch von »wichtigen« Personen im Projekt abweisen.

→

> Bestehen Sie in politisch schwierigen Projekten auf der Einrichtung eines CCBs. Dadurch können Sie die Entscheidung, welche Tickets in welchem Release umgesetzt werden, an ein »offizielles« Gremium delegieren. In der Praxis ist diese Entscheidung meist deutlich problematischer als die reine Prüfung der Tickets.

Abweisen eines Tickets

Im CR aus Abbildung 6–19 wird beispielsweise gefordert, den Quelltext von *e2etrace* auf Java SE 7 umzustellen, da die 6er-Version von Oracle nicht mehr unterstützt wird. Dies ist schon auf den ersten Blick unsinnig, denn selbstverständlich kann mit Java SE 7 jeder beliebige Java-Code verarbeitet werden. *e2etrace* unterstützt also längst Java SE 7 und alle nachfolgenden JDKs. Vermutlich geht es eher darum, in *e2etrace* die Sprachelemente der neueren JDKs konsequent zu nutzen, da die JDKs 1.6 und älter nicht mehr unterstützt werden müssen.

Die Prüfung des Tickets hat gleich mehrere Probleme offenbart. Erstens ist der CR nicht eindeutig formuliert und in der Folge mussten wir Vermutungen darüber anstellen, was wirklich gewünscht ist. Alleine das reicht schon zur Abweisung eines CRs. Zusätzlich ist die wahrscheinlich gewünschte Änderung aus technischer Sicht für *e2etrace* kein Gewinn. Konsequenterweise werden wir den CR nicht akzeptieren und das Ticket abweisen. Hierzu verwenden wir die Funk-

Abb. 6–20
Ticket wird abgewiesen

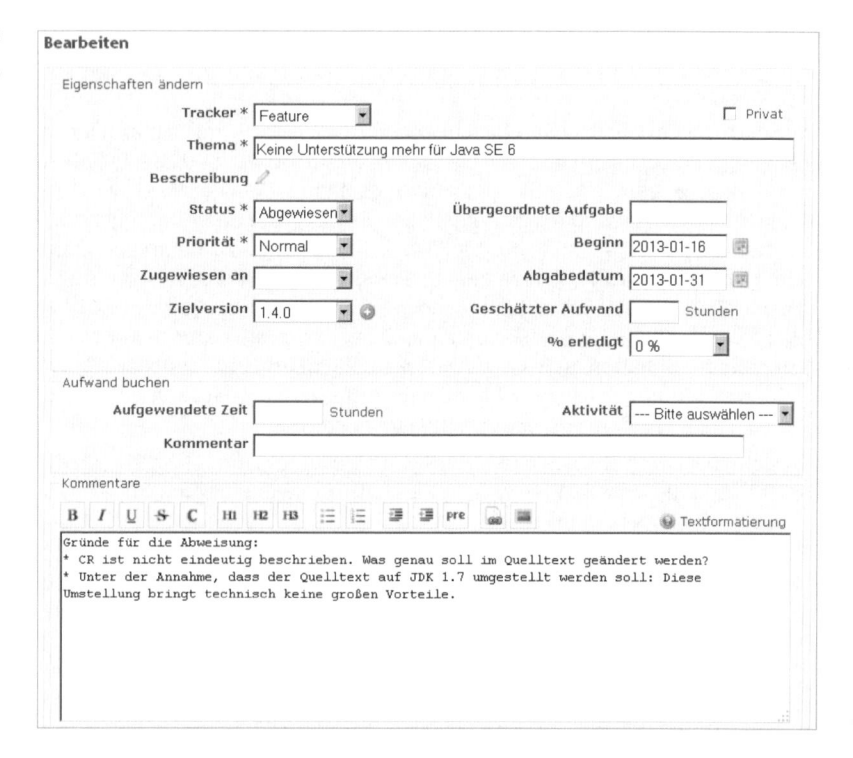

tion *Bearbeiten* und ändern den Status des Tickets auf *Abgewiesen*. Die Gründe für die Abweisung werden im Feld *Kommentare* dokumentiert.

Sobald die Änderungen gespeichert sind, werden sie von Redmine in den Ticketdetails unterhalb von *Historie* angezeigt. In unserer Konfiguration sind Benachrichtigungen per E-Mail aktiviert, daher wird zusätzlich der Ersteller des Tickets aktiv über die Abweisung informiert. Er hat jetzt die Möglichkeit, die Beschreibung des Tickets anzupassen und den Status wieder zurück auf *Neu* zu setzen. Ist der Änderungsmanager mit dem nun vervollständigten Ticket zufrieden, wird es im nächsten Schritt dem Entwicklungsteam zugewiesen.

6.2.4 Tickets zuweisen

Die eigentliche Zuweisung eines Tickets ist letztlich ein trivialer Schritt. Man verwendet hierzu den schon bekannten Dialog zur Bearbeitung eines Tickets. Im Dialog wird dann der Status auf *Zugewiesen* geändert, ein für die Umsetzung verantwortlicher Entwickler im Feld *Zugewiesen an* ausgewählt und das Zielrelease festgelegt.

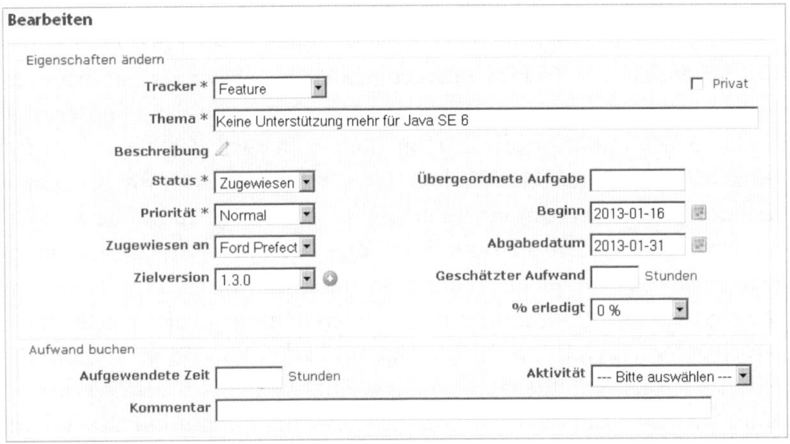

Abb. 6–21
Ticket einem Entwickler zuweisen

Zusätzlich kann man im Dialog beispielsweise noch ein avisiertes Abgabedatum und den geschätzten Aufwand eintragen[11].

---

11. Die Schätzung eines Tickets wird in »großen« Prozessen oft mit einem separaten Schritt im Workflow abgebildet. Dies ist insbesondere dann der Fall, wenn die Entscheidung über die Umsetzung von Tickets in einem CCB gefällt wird. Der geplante Aufwand für ein Ticket (und damit beispielsweise für einen CR) ist natürlich ein wichtiges Entscheidungskriterium für das Gremium. In Redmine kann man dies problemlos über zwei neue Zustände modellieren: *Schätzen* und *Geschätzt*. Die eigentliche Schätzung sollten dabei die Entwickler übernehmen.

6.2.5 Tickets filtern

Wenn in einem Projekt der Änderungsmanagement-Prozess gut funktioniert, stellen Tickets das zentrale Mittel zur Aufgabenverteilung im Team dar. Typischerweise kommen Entwickler irgendwann ins Büro und prüfen als Erstes, welche Tickets neu hinzugekommen sind. Dann entscheiden sie, welche Tickets aufgrund von Priorität, Planungsdaten und Beschreibung bearbeitet werden. Damit das funktioniert, müssen immer genügend Tickets bei den Entwicklern auf Halde liegen. Dies klingt tatsächlich einfacher, als es ist, denn Tickets benötigen unterschiedlich lange zur Umsetzung. Es kann daher sein, dass ein Entwickler, der vor drei Tagen noch ausreichend mit Tickets versorgt war, plötzlich auf der Matte steht und nach Arbeit ruft. Dies bedeutet für den Änderungsmanager, dass er seine aktuelle Tätigkeit unterbrechen und »auf die Schnelle« ein Ticket für den Entwickler aus dem Hut zaubern muss. Passiert dies mehrmals am Tag, sind Überstunden unvermeidbar, denn die eigentliche Arbeit des Änderungsmanagers, der in der Praxis meist noch technischer Projektleiter oder Architekt ist, bleibt liegen.

Filter definieren

Um dem vorzubeugen, muss der Änderungsmanager vor allem eins tun: den Überblick behalten. Redmine unterstützt dieses Vorhaben durch die bereits einige Seiten zuvor erwähnten Filter. Filter selektieren aus der Masse der Tickets nur genau diejenigen heraus, die für eine bestimmte Aufgabe benötigt werden. Die Definition der Filter erfolgt direkt in der Funktion *Tickets* im oberen Bereich der Seite. Alle im Bereich *Filter* aufgezählten Felder eines Tickets können für den Filter verwendet werden. Um ein neues Feld hinzuzufügen, wählt man es zunächst mit der Drop-Down-Box *Filter hinzufügen* als neues Filterelement aus. Redmine zeigt das Feld daraufhin im Bereich *Filter* an. Die eigentlichen Auswahlkriterien werden dann pro Feld über die entsprechenden Auswahlboxen festgelegt. Hierbei können pro Auswahlbox auch mehrere Elemente ausgewählt werden (*ODER*-Verknüpfung). In der Abbildung ist beispielsweise die Definition des Filters *Zugewiesene Tickets* zu sehen. Die Ergebnisliste wird dann nach einem Klick auf *Anwenden* im unteren Bereich der Seite angezeigt.

Abb. 6–22 Filter »Zugewiesene Tickets«

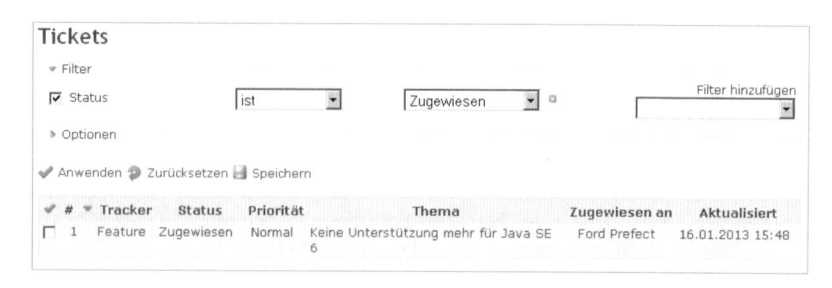

Sobald ein Filter die gewünschten Tickets selektiert, kann man ihn unter einem beliebigen Namen abspeichern (Funktion *Speichern*). Der gespeicherte Filter wird von Redmine am rechten Seitenrand unterhalb von *Benutzerdefinierte Berichte* angezeigt. Für den Anfang empfehle ich, für einen Änderungsmanager die folgenden Berichte in Redmine einzurichten (in Klammern steht das entsprechende Filterkriterium):

Sinnvolle benutzerdefinierte Berichte

- *Offene, nicht zugewiesene Tickets (Status offen)*:
  Dieser Bericht zeigt alle offenen Tickets an, die noch keinem Entwickler zugeordnet wurden. In unserem Workflow stellt der Bericht sozusagen die To-do-Liste des Änderungsmanagers dar. Er muss all diese Tickets verifizieren und entweder ablehnen oder einem Entwickler zuweisen[12].

- *Zugewiesene Tickets (Status ist Zugewiesen)*:
  Dieser Bericht zeigt alle Tickets an, die gerade durch das Entwicklungsteam umgesetzt werden. Wenn man die Anzeige dann noch nach Entwickler sortiert, erhält man einen guten Überblick über den Arbeitsvorrat pro Entwickler.

- *Tickets im Test (Status ist Zugewiesen oder Feedback, Zugewiesen an ist einer der Tester)*:
  Sobald ein Entwickler mit der Implementierung eines Tickets fertig ist, geht dieses an den Tester. Man sollte diese Tickets im Auge behalten, da erfahrungsgemäß ein gewisser Prozentsatz prompt wieder zurück an die Entwickler geht. Dies ist insbesondere mit nahender Fertigstellung eines Release wichtig, da sich dann in diesem Bericht der größte »Sprengstoff« für die pünktliche Auslieferung verbirgt.

- *Abgeschlossene Tickets (Status ist Erledigt)*:
  Mit diesem Bericht kann man auf die Schnelle überprüfen, welche Tickets schon implementiert und erfolgreich getestet wurden. Für die Dokumentation des Release benötigt man den Bericht hingegen nicht zwingend, hier bietet die Funktion *Roadmap* eine komfortablere Lösung (siehe Abschnitt 6.3)

---

12. An dieser Stelle wird ein Schwachpunkt des e2etrace-Workflows deutlich: Er unterscheidet nicht zwischen verifizierten und nicht verifizierten Tickets. In kleinen bis mittleren Projekten ist dies meines Erachtens kein Problem. Größere Projekte erfordern jedoch eventuell einen leicht erweiterten Workflow. Dieser sollte einen zusätzlichen Status *Verifiziert* vorsehen. Auf diese Weise können geprüfte Tickets zunächst in diesem neuen Status »geparkt« und erst anschließend einem Entwickler zugewiesen werden. Der Änderungsmanager hat dadurch die Möglichkeit, sich einen Vorrat an »fertigen« Tickets aufzubauen, der bei Bedarf schnell an die Entwickler verteilt werden kann.

6.2.6 Tickets implementieren

Die eigentliche Umsetzung von Tickets erfolgt natürlich außerhalb von Redmine, daher betrachtet das Entwicklerteam ein Änderungsmanagement-Werkzeug bestenfalls als Hilfsmittel für die tägliche Arbeit (und schlimmstenfalls als notwendiges Übel). Da Redmine recht einfach zu bedienen ist und ohne unnötigen Schnickschnack hilft, die tägliche Projektarbeit besser in den Griff zu bekommen, hat man meiner Erfahrung nach recht gute Chancen auf hohe Akzeptanz im Team.

Anzeige der relevanten Tickets

Für Entwickler sind zunächst nur wenige Funktionen von Redmine wirklich relevant. Zuvorderst ist hier die Übersicht der offenen und an den jeweiligen Entwickler zugewiesenen Tickets zu nennen. Sobald der Änderungsmanagement-Prozess etabliert ist, wird jeder Entwickler diese Ansicht ständig im Browser offen halten und seine Arbeitspakete daraus ableiten.

Die oben genannte Ansicht der an einen Entwickler zugewiesenen Tickets realisieren wir über den benutzerdefinierten Bericht *Meine Tickets*. Dieser selektiert alle offenen Tickets, die an <<*ich*>> (also den jeweiligen Entwickler) zugewiesen sind.

Abb. 6–23
Definition von
»Meine Tickets«

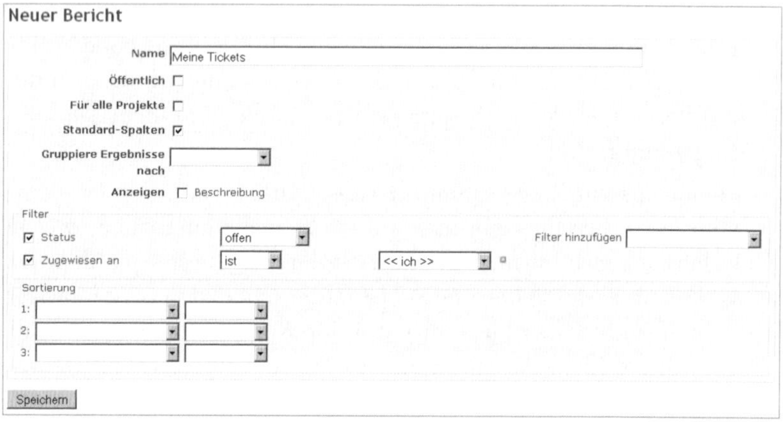

Aus den angezeigten Tickets kann sich der Entwickler eines aussuchen und auf geeignete Weise umsetzen. Sobald dies geschehen ist, ruft er die Funktion *Bearbeiten* für das Ticket auf, ergänzt eventuell die Beschreibung des Tickets und setzt den Status auf *Gelöst*. So weit zum Schnelldurchlauf. In der Praxis gibt es natürlich noch ein paar Feinheiten zu beachten, mit denen wir uns in den folgenden Abschnitten beschäftigen werden.

Integration mit Eclipse

Wenn Sie Eclipse als IDE verwenden, kennen Sie vermutlich auch das Mylyn-Plugin. Mylyn bietet über entsprechende Konnektoren eine enge Integration mit diversen Änderungsmanagement-Werkzeugen, wie beispielsweise BugZilla und Trac. Das Ziel von Mylyn ist die Bereitstellung einer aufgabenzentrierten Benutzeroberfläche direkt in der IDE. Die Entwickler müssen also nicht mehr zwischen Eclipse und der Weboberfläche des jeweiligen Bug-Trackers hin- und herschalten. Stattdessen verwalten sie ihre Tickets (oder im Mylyn-Jargon *Tasks*) direkt in der IDE. Sobald ein Task aktiviert wird, »merkt« sich Mylyn intern die Dateien, mit denen sich der Entwickler bei der Abarbeitung beschäftigt hat. Mylyn versucht dann, daraus eine eingeschränkte Sicht auf das Gesamtprojekt zu generieren und dem Entwickler nur die Dateien zu präsentieren, die er für seine aktuelle Arbeit am Task wirklich benötigt. Diese gefilterte Sicht auf das Gesamtprojekt kann zudem direkt beim Ticket hinterlegt und somit an andere Teammitglieder weitergereicht werden.

Mylyn ist eine feine Sache und kann insbesondere durch die direkte Integration der Tickets in die Umgebung der Entwickler die Akzeptanz eines Änderungsmanagement-Werkzeuges im Projekt deutlich vereinfachen. Wer mehr über die Anbindung von Redmine an Mylyn erfahren möchte, sollte einen Blick auf die Seite [URL: RedmineMylyn] werfen.

Tickets vs. Projektplan

Redmine bietet standardmäßig eine Reihe von Feldern im Ticket an, die man eher in einem Planungswerkzeug, wie beispielsweise *Microsoft Project*, erwarten würde. Beispiele hierfür sind *Beginn*, *Abgabedatum* und *% erledigt*. Es stellt sich also die Frage, ob und wenn ja, wie Redmine bei der Projektplanung eine Rolle spielen kann.

Ich persönlich verwende Redmine mit großer Begeisterung als Hilfsmittel für die Projektplanung. Allerdings eben nur als Hilfsmittel, nicht als primäres Werkzeug. Der Grund hierfür ist, dass ein Projektplan nicht nur aus direkt umsetzbaren Aufgaben besteht. Eine ebenso wichtige Rolle spielen die Verfügbarkeit der Ressourcen, die Abhängigkeiten zwischen den Aufgaben und natürlich die Meilensteine, die es einzuhalten gilt. Redmine ist nicht dafür gebaut worden, diese Daten zu verwalten. Daher führt meines Erachtens kein Weg an spezialisierten Projektplanungswerkzeugen vorbei, auch wenn diese erstaunlicherweise in vielen Projekten nicht oder nur ungern eingesetzt werden.

Wie dem auch sei, man sollte klar kommunizieren, ob man die planungsrelevanten Felder in Redmine verwenden will oder nicht. Die Entwickler müssen die benötigten Felder dann während der Umsetzung eines Tickets pflegen. Eine Regel könnte beispielsweise lauten, dass einmal am Tag der geschätzte Restaufwand für die aktuell bearbeiteten Tickets in Redmine aktualisiert werden muss. Als Projektleiter hat man dann die Möglichkeit, die Daten über einen benutzerdefinierten Bericht abzufragen und regelmäßig in den eigentlichen Projektplan zu übertragen.

Integration mit Subversion

Eines meiner Lieblingsfeatures von Redmine ist die leistungsfähige Integration mit Subversion. Sie unterstützt die Entwickler bei vielen Routinetätigkeiten im Projekt, wie beispielsweise der Aktualisierung des Ticketstatus. Sehr praktisch ist auch die direkte Zuordnung von Changesets zu den einzelnen Tickets.

Wir haben bei der Konfiguration von Redmine in Abschnitt 6.1.5 bereits eine Reihe von Einstellungen zur Integration von Subversion in die Redmine-Workflows festgelegt. Redmine kennt daher bereits die Subversion-URL des *e2etrace*-Repositorys. Zudem haben wir im genannten Kapitel folgende Schlüsselwörter definiert:

- *Ticket #<Ticketnr>, Defect #<Ticketnr>, CR #<Ticketnr>*:
  Anhand dieser Schlüsselwörter erkennt Redmine, dass sich ein Changeset-Kommentar auf eine bestimmte Ticketnummer bezieht. Im entsprechenden Ticket wird das Changeset daraufhin in der Tickethistorie angezeigt. Entwickler können es sich auf diese Weise sparen, den Fortgang der Arbeiten am Ticket in der Beschreibung zu dokumentieren. Stattdessen zeigt Redmine einfach die Subversion-Kommentare an.

- *Behoben #<Ticketnr>*:
  Ist dieses Schlüsselwort im Kommentar enthalten, setzt Redmine das zugehörige Ticket auf den Status *Gelöst*. Eine manuelle Aktualisierung des Tickets durch den Entwickler ist nicht mehr nötig.

Aktualisierung eines Tickets mit Subversion

Jetzt ist es an der Zeit, die Möglichkeiten der Subversion-Integration auch zu nutzen. Wir haben unserem Entwickler *fprefect* das Ticket #4 zugewiesen, mit dem ein Fehler in der Klasse AbstractTraceSessionManager behoben werden soll. Der Entwickler arbeitet an der Lösung dieses Problems und möchte abends den Zwischenstand in Redmine dokumentieren. Hierzu ist nun lediglich der folgende commit-Befehl notwendig:

```
>svn ci --message "Ticket #4: Zusätzliche Prüfung auf null eingebaut"
Sende        AbstractTraceSessionManager.java
Übertrage Daten .
Revision 76 übertragen.
```

> **Changesets zeitgesteuert abrufen**
>
> Wer sicherstellen will, dass Redmine in regelmäßigen Abständen die neuesten Changesets aus den konfigurierten Subversion-Repositorys abruft, muss hierfür einen separaten Job im Betriebssystem einrichten. Unter Windows übernimmt diese Aufgabe das Kommandozeilen-Tool schtasks, unter Unix verwendet man cron.
> Das folgende Beispiel demonstriert die Windows-Variante. Als Erstes erstellt man im Installationsverzeichnis von Redmine das folgende Shell-Skript updatechanges.cmd mit dem Ruby-Aufruf zur Aktualisierung der Changesets (hierbei werden immer *alle* Changesets für *alle* in Redmine eingerichteten Projekte abgerufen):
>
> ```
> @echo off
> cd /D d:\ruby\redmine-2.2.1
> ruby script/runner "Repository.fetch_changesets" -e production
> ```
>
> Anschließend wird über den folgenden Aufruf ein Job mit dem oben erwähnten Werkzeug schtasks erstellt. Im Beispiel ruft der Job das Shell-Skript alle 15 Minuten auf.
>
> ```
> schtasks /create /tn Redmine-Fetch-Commits
> /tr D:\ruby\redmine-2.2.1\updatechanges.cmd /sc MINUTE /mo 15
> ```

Wer jetzt erwartungsfroh in Redmine das entsprechende Ticket aufruft, wird eine Enttäuschung erleben. Vom oben geschriebenen Changeset fehlt zunächst jede Spur. Der Grund hierfür ist, dass Redmine standardmäßig nicht im Hintergrund auf neue Changesets »wartet«. Stattdessen werden neue Changesets nur dann abgefragt, wenn man die Funktion *Projektarchiv* zur Anzeige des Subversion-Repositorys aufruft. Wem das nicht reicht, der kann alternativ auch eine zeitgesteuerte Variante verwenden, die in regelmäßigen Abständen nach neuen Changesets im Repository sucht. Sobald Redmine auf die eine oder andere Weise das neue Changeset 76 abgerufen hat, wird dieses auch im Ticket selbst dokumentiert (s. Abb. 6–24).

Am nächsten Tag behebt unser Entwickler den Fehler endgültig. Das Ticket kann also in den Zustand *Gelöst* überführt und somit an die Tester weitergereicht werden. Auch für diesen Schritt muss der Entwickler nicht manuell die Funktion *Bearbeiten* in Redmine benutzen. Stattdessen nennt er beim Einchecken des Changesets, das das Ticket endgültig löst, einfach das Schlüsselwort *Behoben* zusammen mit der entsprechenden Ticketnummer im Subversion-Kommentar. Konkret könnte dies beispielsweise so aussehen:

Lösen eines Tickets mit Subversion

```
>svn ci --message "Behoben #4: Noch zusätzliches Logging
eingebaut."
Sende AbstractTraceSessionManager.java
Übertrage Daten .
Revision 78 übertragen.
```

Abb. 6-24
Anzeige des neuen Changesets im Ticket

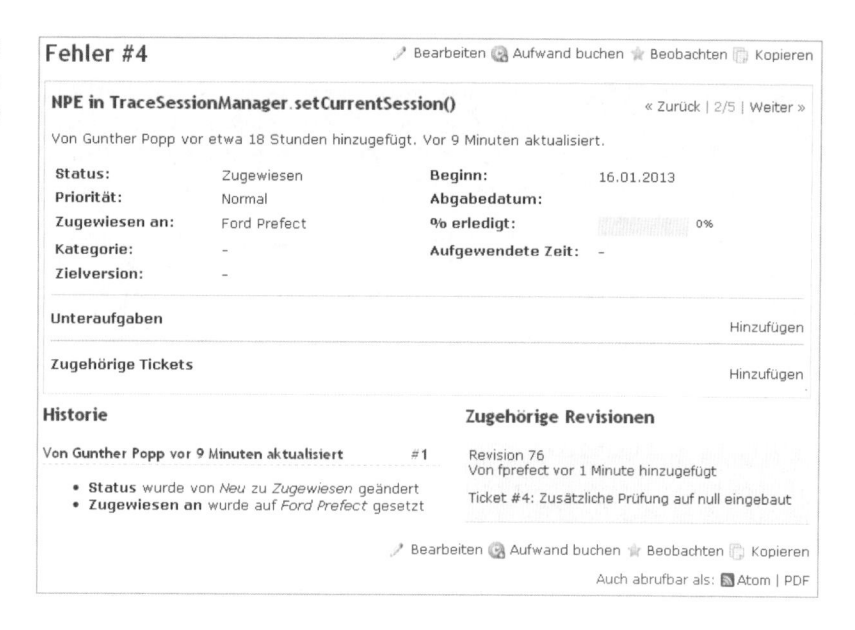

Fehler #4

NPE in TraceSessionManager.setCurrentSession()

Von Gunther Popp vor etwa 18 Stunden hinzugefügt. Vor 9 Minuten aktualisiert.

Status:	Zugewiesen	Beginn:	16.01.2013
Priorität:	Normal	Abgabedatum:	
Zugewiesen an:	Ford Prefect	% erledigt:	0%
Kategorie:	-	Aufgewendete Zeit:	-
Zielversion:	-		

Unteraufgaben — Hinzufügen

Zugehörige Tickets — Hinzufügen

Historie

Von Gunther Popp vor 9 Minuten aktualisiert #1
- **Status** wurde von *Neu* zu *Zugewiesen* geändert
- **Zugewiesen an** wurde auf *Ford Prefect* gesetzt

Zugehörige Revisionen

Revision 76
Von fprefect vor 1 Minute hinzugefügt
Ticket #4: Zusätzliche Prüfung auf null eingebaut

Auch abrufbar als: Atom | PDF

Redmine setzt daraufhin das zugehörige Ticket mit der Nummer 4 auf den Status *Gelöst* und dokumentiert den Vorgang in der Tickethistorie.

Abb. 6-25
Ticket wurde mit dem Changeset gelöst

Fehler #4

NPE in TraceSessionManager.setCurrentSession()

Von Gunther Popp vor etwa 19 Stunden hinzugefügt. Vor weniger als 1 Minute aktualisiert.

Status:	Gelöst	Beginn:	16.01.2013
Priorität:	Normal	Abgabedatum:	
Zugewiesen an:	Ford Prefect	% erledigt:	100%
Kategorie:	-	Aufgewendete Zeit:	-
Zielversion:	-		

Unteraufgaben — Hinzufügen

Zugehörige Tickets — Hinzufügen

Historie

Von Gunther Popp vor 29 Minuten aktualisiert #1
- **Status** wurde von *Neu* zu *Zugewiesen* geändert
- **Zugewiesen an** wurde auf *Ford Prefect* gesetzt

Von Ford Prefect vor weniger als 1 Minute aktualisiert #2
- **Status** wurde von *Zugewiesen* zu *Gelöst* geändert
- **% erledigt** wurde von *0* zu *100* geändert

Status geändert durch Changeset e2etrace|r78.

Zugehörige Revisionen

Revision 76
Von fprefect vor 21 Minuten hinzugefügt
Ticket #4: Zusätzliche Prüfung auf null eingebaut

Revision 78
Von fprefect vor 1 Minute hinzugefügt
Behoben #4: Noch zusätzliches Logging eingebaut

In der Historie ist zu erkennen, dass Redmine die Aktualisierung des Tickets automatisch dem Entwickler *Ford Prefect* zugeordnet hat. Dies funktionierte im Beispiel nur, weil dessen Username in Subversion und Redmine identisch ist. Kann man dies nicht sicherstellen, erscheint stattdessen der User *Anonymous* in der Historie (der eigentliche Grund der Aktualisierung ist aber auch in diesem Fall aus den angezeigten Subversion-Revisionen ersichtlich).

6.2.7 Implementierung eines Tickets prüfen

Ein wichtiger Schritt im *e2etrace*-Workflow ist die explizite Überprüfung jedes gelösten Tickets. Diese Prüfung kann die Ausführung von Testfällen umfassen, aber beispielsweise auch eine Inspektion des Quelltextes durch die Rolle *Tester*. Wir beginnen wiederum mit dem grundsätzlichen Ablauf zur Prüfung von Tickets und betrachten anschließend einige für diese Aufgabenstellung besonders gelungene Funktionen von Redmine.

Die Rolle *Tester* wird im Fall von *e2etrace* durch den Benutzer *adent* wahrgenommen. Sobald er sich an Redmine angemeldet hat, muss er zunächst einen benutzerdefinierten Bericht *Meine Tickets* anlegen, der die für ihn relevanten Tickets selektiert. Da gelöste Tickets nicht zwangsläufig schon *adent* zugewiesen sind, wählt der Filter einfach alle Tickets im Status *Gelöst* aus. Sobald *adent* ein Ticket überprüft, weist er es über die Funktion *Aktualisieren* sich selbst zu. Verlaufen alle Tests erfolgreich, setzt er den Status auf *Erledigt* und schließt damit das Ticket. Findet er hingegen Fehler, bekommt das Ticket den Status *Feedback*, und der Entwickler muss seine Implementierung noch mal überarbeiten. Dieser Standardablauf basiert auf den bereits bekannten Funktionen von Redmine, daher gehe ich an dieser Stelle nicht mehr im Detail auf die einzelnen Schritte ein.

Grundsätzlicher Ablauf

Interessanter sind da schon die Möglichkeiten, die die enge Integration von Redmine mit dem Subversion-Repository mit sich bringen. Um diese zu demonstrieren, gehe ich im Folgenden davon aus, dass *adent* zusätzlich zur Ausführung der Testfälle routinemäßig auch einen Blick in den für ein Ticket neu erstellten Quelltext werfen möchte. Dieses Szenario ist in der Entwicklungsphase eines Projektes eher unrealistisch. Sobald die Anwendung aber produktiv ist und das Projekt damit die Weiterentwicklungs- und Wartungsphase erreicht, möchte man genau das regelmäßig tun.

Möglichkeiten der Subversion-Integration

Redmine unterstützt dieses Vorhaben durch die Funktion *Projektarchiv*, die ich in den vorhergehenden Kapiteln schon ab und an kurz erwähnt habe. Ruft man die Funktion auf, zeigt Redmine die obersten

Knoten der Projektstruktur sowie die zuletzt geschriebenen Changesets an. Praktischer für die Überprüfung eines konkreten Tickets ist allerdings die Anzeige der Revisionen in der Tickethistorie (siehe Abb. 6–25 auf Seite 334). Um nun den Inhalt einer der Revisionen im Detail zu untersuchen, genügt ein Klick auf die entsprechende Revisionsnummer.

Abb. 6–26
Anzeige von Revision 76 aus Ticket #4

Revision 76

Von Ford Prefect vor 33 Minuten hinzugefügt

Ticket #4: Zusätzliche Prüfung auf null eingebaut

Zugehörige Tickets

- Fehler #4: NPE in TraceSessionManager.setCurrentSession()

Dateien

Unterschiede anzeigen

trunk
  src
    java
      org
        e2etrace
          trace
            AbstractTraceSessionManager.java (diff)

Die Abbildung zeigt beispielsweise Revision 76 aus dem bereits bekannten Ticket #4. Wir können auf einen Blick erkennen, dass mit dem Changeset nur genau eine Datei geändert wurde (*AbstractTraceSessionManager.java*). Unter der Annahme, dass mit dem Ticket ein Problem in einem produktiven System behoben werden soll, bietet schon diese erste, visuelle Prüfung des Changeset-Inhaltes wertvolle Informationen. Changesets, die sehr viele Dateien »anfassen«, sind in einem solchen Umfeld nicht erwünscht.

Im nächsten Schritt geht es darum, die konkreten Änderungen des Changesets in den betroffenen Dateien kurz durchzusehen. Redmine bietet hierfür unterschiedliche Möglichkeiten. Wenn man auf *Unterschiede anzeigen* unterhalb des Bereiches *Dateien* klickt, zeigt Redmine auf einer Seite die Deltas in allen Dateien an.

Abb. 6–27
Deltas einer Revision anzeigen

Revision 76 trunk/src/java/org/e2etrace/trace/AbstractTraceSessionManager.java

Unterschiede anzeigen: ● einspaltig ○ nebeneinander

AbstractTraceSessionManager.java

```
168 168    public void setCurrentSession(ITraceSession session) {
169 169        // Check if tracing has been disabled for this session
170 170        if( session.getRootStep() != null ) {
171            if (!(getConfig().isTraceEnabledForId(session.getRootStep().getId())) {
    171        if (getConfig() != null && !(getConfig().isTraceEnabledForId(session.getRootStep().getId())) {
172 172            assignCurrentSession(this.noopSession);
173 173        } else {
174 174            session.setConfig(this.getConfig());
```

Alternativ kann man auch die Deltas für jede Datei einzeln abrufen, indem man auf den Link *(diff)* hinter den jeweiligen Dateinamen klickt.

Wer für die Überprüfung lieber den kompletten Dateiinhalt vor Augen hat, kann zudem eine Ansicht wählen, die dem blame-Befehl von Subversion entspricht. Hierzu klickt man direkt auf den Dateinamen und aktiviert dann die Funktion *Annotieren*.

Abb. 6-28
Annotierten Dateiinhalt anzeigen

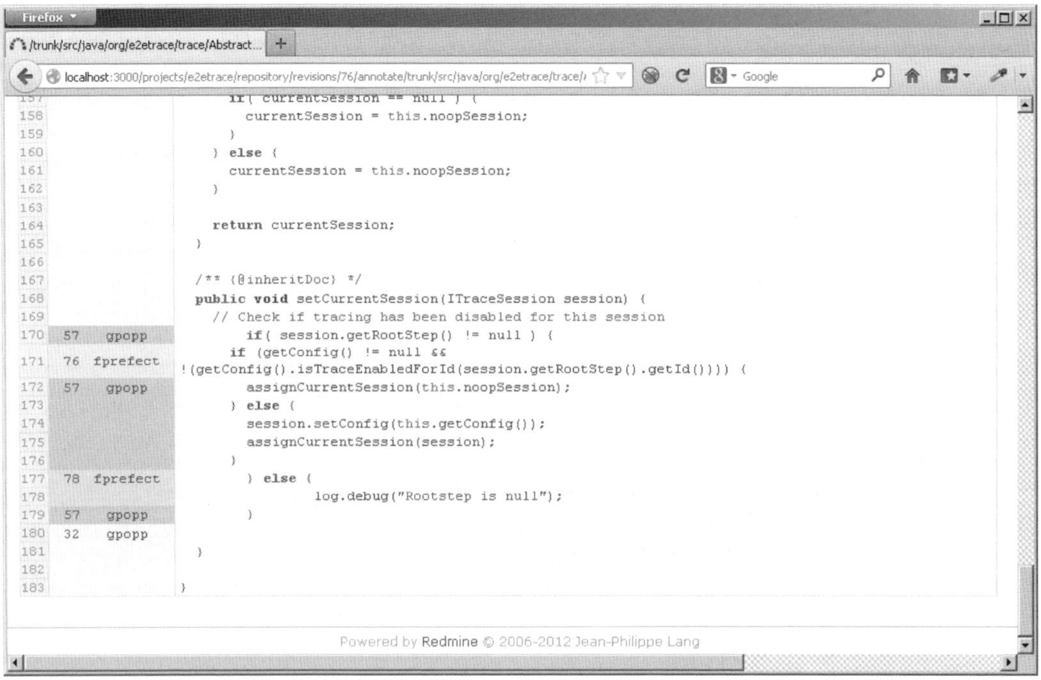

In dieser Ansicht werden alle Änderungen in der Datei farblich markiert. Zudem sind die Namen der Entwickler, die die jeweiligen Changesets eingespielt haben, in der Spalte am linken Rand dargestellt.

6.2.8 Tickets schließen

Unabhängig vom Status können Tickets entweder offen oder geschlossen sein. Man kann sich *offen* und *geschlossen* als eine Art Gruppierung vorstellen, die jeweils verschiedene Ticketstatus zusammenfasst. Ob ein Ticketstatus als *offen* oder *geschlossen* gewertet wird, haben wir im Abschnitt *Ticketstatus einrichten* auf Seite 308 festgelegt.

Redmine verwendet diese Ticketgruppierung an verschiedenen Stellen zur Selektion von Tickets. Beispielsweise werden im Bericht

Abb. 6-29
Ticketzusammenfassung anzeigen

Zusammenfassung, der über die Funktion *Tickets* aufgerufen werden kann, die bestehenden Tickets getrennt nach *offen* und *geschlossen* angezeigt.

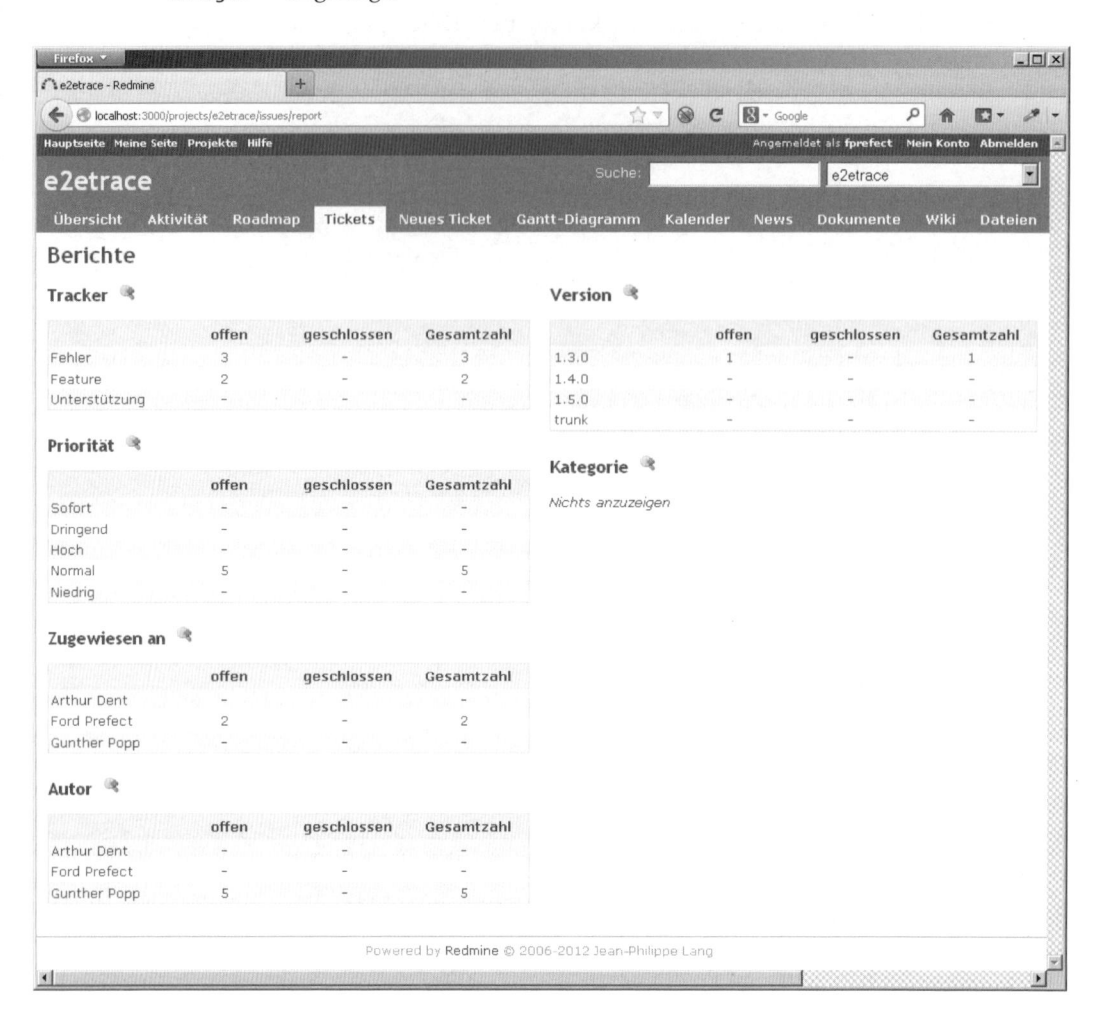

Berichte

Tracker

	offen	geschlossen	Gesamtzahl
Fehler	3	-	3
Feature	2	-	2
Unterstützung	-	-	-

Version

	offen	geschlossen	Gesamtzahl
1.3.0	1	-	1
1.4.0	-	-	-
1.5.0	-	-	-
trunk	-	-	-

Priorität

	offen	geschlossen	Gesamtzahl
Sofort	-	-	-
Dringend	-	-	-
Hoch	-	-	-
Normal	5	-	5
Niedrig	-	-	-

Kategorie

Nichts anzuzeigen

Zugewiesen an

	offen	geschlossen	Gesamtzahl
Arthur Dent	-	-	-
Ford Prefect	2	-	2
Gunther Popp	-	-	-

Autor

	offen	geschlossen	Gesamtzahl
Arthur Dent	-	-	-
Ford Prefect	-	-	-
Gunther Popp	5	-	5

In anderen Ansichten erscheinen geschlossene Tickets als durchgestrichen, um sie deutlich von offenen Tickets zu unterscheiden. Das eigentliche Schließen eines Tickets ist kein expliziter Vorgang, sondern wird implizit über den Status gesteuert. Im *e2etrace*-Workflow gilt ein Ticket dann als geschlossen, wenn es entweder den Status *Abgewiesen* oder den Status *Erledigt* erreicht hat.

6.3 Projektdokumentation

Neben den eigentlichen Kernfunktionen, der Verwaltung von Tickets, bietet Redmine recht umfangreiche Unterstützung für die Planung und Dokumentation eines Projektes. In den folgenden Abschnitten werde ich diese zusätzlichen Features vorstellen und erläutern, inwiefern sie in unserem KM-Prozess einen Mehrwert bringen.

6.3.1 Projekthistorie

Zwei wichtige Ziele eines KM-Prozesses sind die Verbesserung der Transparenz und die Nachvollziehbarkeit von Änderungen. In Kapitel 2 habe ich kurz erwähnt, dass Collaboration-Werkzeuge, wie z. B. Redmine, eine wichtige Rolle bei der Umsetzung dieser Ziele spielen. Neben der Ticketverwaltung und den benutzerdefinierten Berichten, die im Prinzip schon ausreichend zur Umsetzung des KM-Prozesses wären, bietet Redmine mit der Projekthistorie noch ein »Sahnehäubchen« an. In der Projekthistorie zeigt Redmine, sortiert nach Datum, alle am *e2etrace*-Projekt durchgeführten Änderungen an. Enthalten sind alle in Redmine gespeicherten Daten, also z. B. Tickets, Wiki-Einträge, aber auch die aus Subversion gelesenen Changesets. Die Historie wird über den Menüpunkt *Aktivität* auf der *e2etrace*-Projektseite aufgerufen.

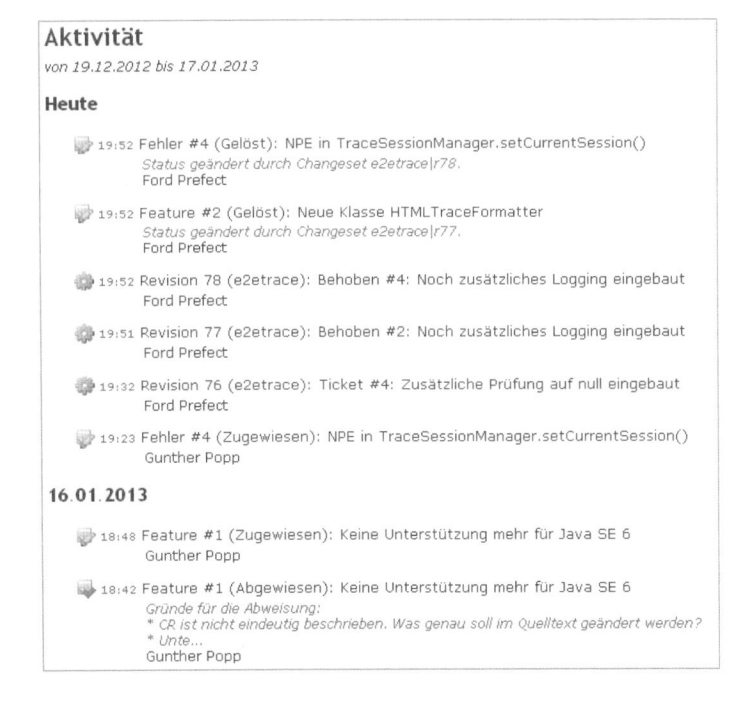

Abb. 6–30
Projekthistorie

```
Aktivität
von 19.12.2012 bis 17.01.2013

Heute
    19:52  Fehler #4 (Gelöst): NPE in TraceSessionManager.setCurrentSession()
           Status geändert durch Changeset e2etrace|r78.
           Ford Prefect
    19:52  Feature #2 (Gelöst): Neue Klasse HTMLTraceFormatter
           Status geändert durch Changeset e2etrace|r77.
           Ford Prefect
    19:52  Revision 78 (e2etrace): Behoben #4: Noch zusätzliches Logging eingebaut
           Ford Prefect
    19:51  Revision 77 (e2etrace): Behoben #2: Noch zusätzliches Logging eingebaut
           Ford Prefect
    19:32  Revision 76 (e2etrace): Ticket #4: Zusätzliche Prüfung auf null eingebaut
           Ford Prefect
    19:23  Fehler #4 (Zugewiesen): NPE in TraceSessionManager.setCurrentSession()
           Gunther Popp

16.01.2013
    18:48  Feature #1 (Zugewiesen): Keine Unterstützung mehr für Java SE 6
           Gunther Popp
    18:42  Feature #1 (Abgewiesen): Keine Unterstützung mehr für Java SE 6
           Gründe für die Abweisung:
           * CR ist nicht eindeutig beschrieben. Was genau soll im Quelltext geändert werden?
           * Unte...
           Gunther Popp
```

Mit Hilfe der Projekthistorie kann man spielend einfach überprüfen, was sich in einem bestimmten Zeitraum im Projekt getan hat. Über die Filterkriterien am rechten Rand kann die Anzeige bei Bedarf auf bestimmte Kategorien von Änderungen eingeschränkt werden.

6.3.2 Releaseplanung und -dokumentation

Neben dem Blick in die Projektvergangenheit über die Historie erlaubt Redmine auch einen Ausblick auf die geplanten Releases. In der sogenannten Roadmap werden die in der Projektkonfiguration eingerichteten Releases angezeigt.

Abb. 6–31
Roadmap

```
Roadmap

 1.3.0
Fällig in etwa 3 Monaten (30.04.2013)
Wartungsrelease 1/13
████████████░░░░░░░░░░░░░░░░░░░░░░  33%
3 Tickets  (1 geschlossen — 2 offen)

Zugehörige Tickets
 Fehler #3: NoopTraceSession.getConfig() liefert null
 Fehler #4: NPE in TraceSessionManager.setCurrentSession()
 Fehler #5: IllegalStateException in TraceStep.leave()

 1.4.0
Fällig in etwa 8 Monaten (31.08.2013)
Wartungsrelease 2/13
██████████████████████████████████  100%
2 Tickets  (2 geschlossen — 0 offen)

Zugehörige Tickets
 Feature #1: Keine Unterstützung mehr für Java SE 6
 Feature #2: Neue Klasse HTMLTraceFormatter

 1.5.0
Fällig in etwa 11 Monaten (30.11.2013)
Wartungsrelease 3/13
Keine Tickets für diese Version
```

Aus der Roadmap ist ersichtlich, welche Tickets welchem Release zugeordnet sind. Bereits geschlossene und damit fertig umgesetzte Tickets werden durchgestrichen dargestellt. Mit den Balken illustriert Redmine den prozentualen Fertigstellungsgrad eines Release.

Konflikt mit dem Projektplan?
Ich hatte ja schon in einem der vorherigen Abschnitte auf das mögliche Konfliktpotenzial zwischen Redmine und einem »richtigen« Projektplanungswerkzeug hingewiesen. Die Roadmap illustriert diesen möglichen Konflikt sehr anschaulich. In der oben abgebildeten

Roadmap ist das Release 1.4.0 laut Redmine zu 100% fertiggestellt. In Wahrheit ist dieses Wartungsrelease natürlich noch weit davon entfernt, wirklich ausgeliefert zu werden. Es sind halt nur alle aktuell bekannten Tickets für das Release umgesetzt. Der »echte« Projektplan des Release dürfte daher einen ganz anderen Eindruck vermitteln.

Ob diese Abweichung der Roadmap vom Projektplan ein Problem darstellt, ist natürlich abhängig vom Umfeld. Tatsache ist aber, dass jeder, der einen Zugang zum *e2etrace*-Projekt in Redmine hat, auch die Roadmap anzeigen kann. Man kann die Roadmap auch nicht deaktivieren oder nur für einige Benutzer freischalten. Wenn Kunden direkt mit Redmine arbeiten, führt der Unterschied zwischen Plan und Roadmap eventuell zu der ein oder anderen Diskussion.

6.3.3 Datei- und Dokumentenarchiv

Das Dateiarchiv in Redmine ermöglicht die Verwaltung der Auslieferungsdateien für ein bestimmtes Release des Produktes. Auf eine detaillierte Erläuterung dieser Funktion verzichte ich an dieser Stelle. In unserem KM-Prozess übernimmt die Verwaltung der Auslieferungsdateien entweder Maven oder Hudson. Eine separate Verwaltung in Redmine hat daher keinen Sinn. Abgesehen davon ist die Funktion quasi selbsterklärend.

Getrennt vom Dateiarchiv bietet Redmine noch eine Funktion zur Verwaltung der Projektdokumentation an. Redmine unterscheidet hierbei zwischen technischer Dokumentation und Benutzerdokumentation. Für jede der beiden Kategorien können beliebig viele Dokumente in Redmine abgelegt werden. Interessanterweise unterscheidet Redmine an dieser Stelle, im Unterschied zum normalen Dateiarchiv, nicht zwischen den verschiedenen Releases eines Produktes.

Ob man die Dokumentation wirklich in Redmine ablegen will, ist zumindest beim parallelen Einsatz von Subversion im Projekt fraglich. Ich persönlich empfehle, die Dokumentation im Subversion-Repository zu hinterlegen. Wenn Subversion als Apache-Modul betrieben wird, kann auf die Dokumentation problemlos über den Browser zugegriffen werden. Dies ermöglicht beispielsweise auch den direkten Zugriff aus einem Wiki heraus.

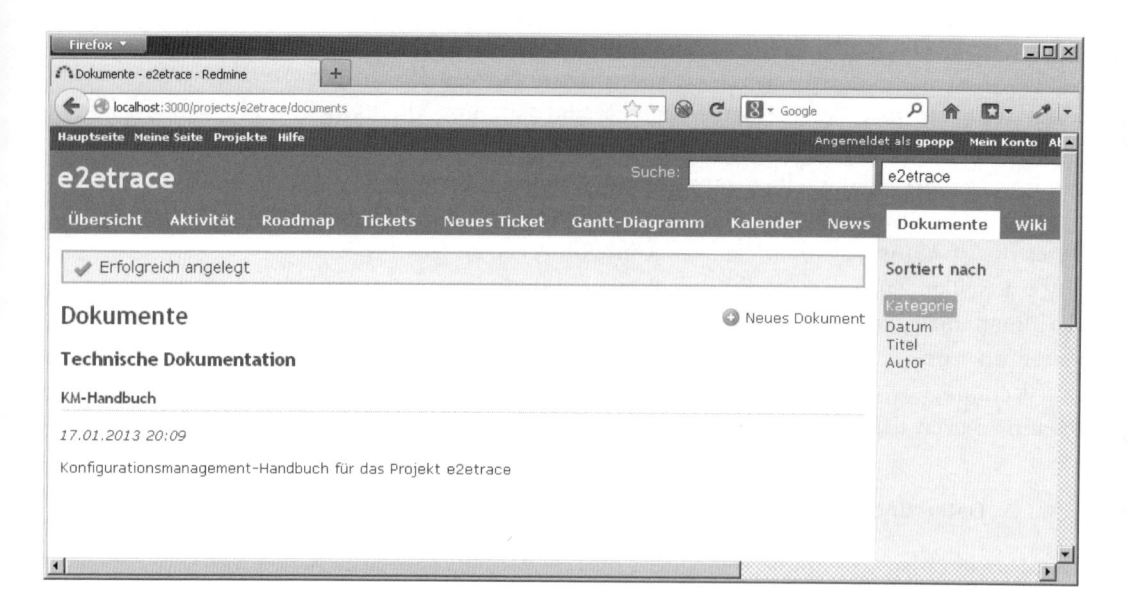

Abb. 6–32
Verwaltung der Projektdokumentation

6.3.4 Wiki

Das in Redmine integrierte Wiki ist insbesondere dann sehr praktisch, wenn im Projektumfeld kein anderer Wiki-Server zur Verfügung steht. Man erspart sich dadurch die Installation und Pflege eines weiteren Produktes. Zudem kann aus dem integrierten Wiki heraus sehr einfach auf in Redmine verwaltete Ressourcen (Tickets, Dokumente, Changesets etc.) verlinkt werden.

Einrichten des Wikis

Im *e2etrace*-Projekt haben wir das Wiki bei der initialen Konfiguration zunächst nicht aktiviert. Dies holen wir nun nach. Hierfür melden wir uns als Administrator bei Redmine an und rufen die Einstellungen für das Wiki in der Projektkonfiguration von *e2etrace* auf.

Abb. 6–33
Hauptseite des Wikis festlegen

Zur Einrichtung eines Wikis müssen wir lediglich den Namen der Hauptseite festlegen. Im Beispiel habe ich *KM-Handbuch* angegeben und damit auch schon den Inhalt des Wikis vorweggenommen. Ich halte relativ wenig von unstrukturierten Wikis, in denen einfach mal alle irgendwie interessanten Informationen zum Projekt gesammelt werden. Wikis dieser Art setzen meiner Erfahrung nach recht schnell »Schimmel an«. Ein Grund hierfür ist, dass niemand so genau weiß, was eigentlich im Wiki steht – und daher schaut auch niemand rein. Wikis leben aber davon, dass mit ihnen wirklich gearbeitet wird. Nur dann sind die Inhalte einigermaßen aktuell und bieten den erhofften Mehrwert.

Unser Wiki soll die Informationen aus dem bisher in Word gepflegten KM-Handbuch aufnehmen. Dementsprechend gibt das Wiki Auskunft über die Konfigurationselemente im Projekt, die eingesetzten Werkzeuge und den Umgang mit beispielsweise Subversion. Es enthält aber keine Termine für den Jour Fixe des Projektes. Diese pflegt man besser in Outlook oder ähnlichen Produkten.

Inhalt des Wikis

Wiki-Seiten erstellen

Sobald die Hauptseite festgelegt ist, erscheint in der Menüleiste des *e2etrace*-Projektes der neue Eintrag *Wiki*. Klickt man diesen zum ersten Mal an, öffnet sich der Wiki-Editor von Redmine. In diesem können wir beispielsweise ein paar einleitende Worte zum KM-Handbuch und die Gliederung erfassen.

Abb. 6–34
Quelltext der Startseite

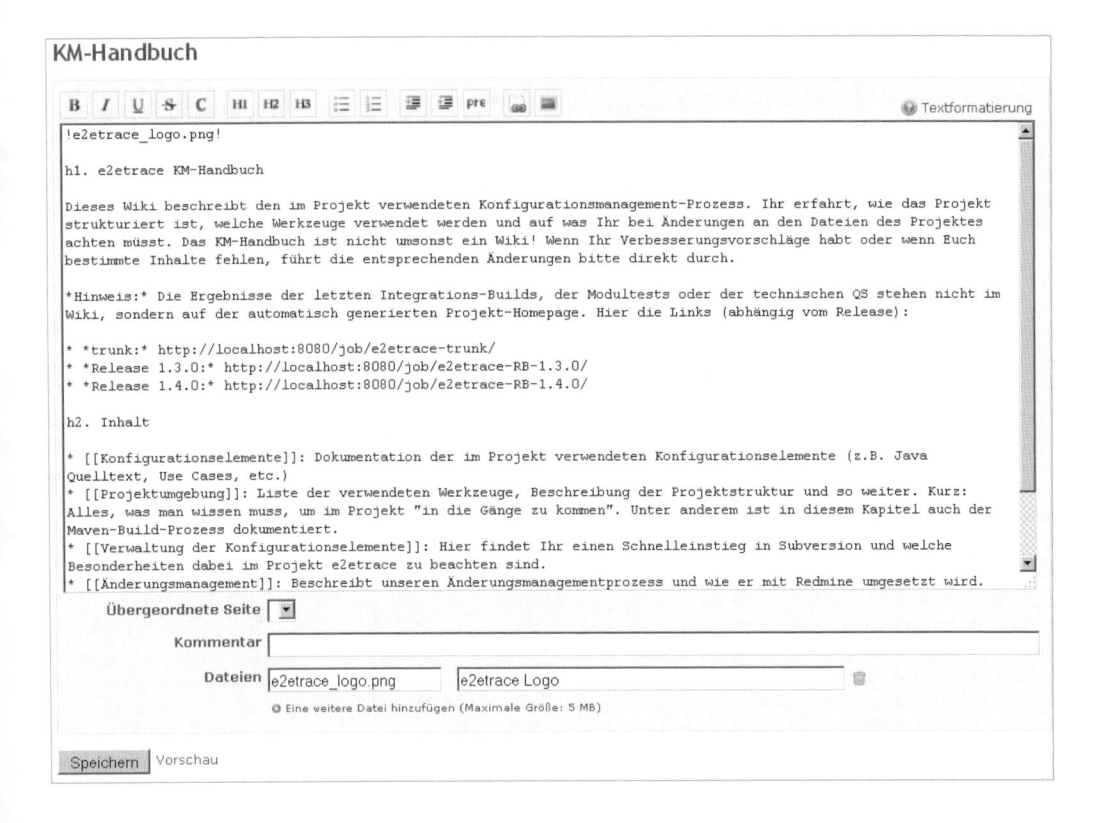

```
KM-Handbuch

B I U S C  H1 H2 H3  ≡ ≡  ≡ ≡ pre                          Textformatierung
!e2etrace_logo.png!

h1. e2etrace KM-Handbuch

Dieses Wiki beschreibt den im Projekt verwendeten Konfigurationsmanagement-Prozess. Ihr erfahrt, wie das Projekt
strukturiert ist, welche Werkzeuge verwendet werden und auf was Ihr bei Änderungen an den Dateien des Projektes
achten müsst. Das KM-Handbuch ist nicht umsonst ein Wiki! Wenn Ihr Verbesserungsvorschläge habt oder wenn Euch
bestimmte Inhalte fehlen, führt die entsprechenden Änderungen bitte direkt durch.

*Hinweis:* Die Ergebnisse der letzten Integrations-Builds, der Modultests oder der technischen QS stehen nicht im
Wiki, sondern auf der automatisch generierten Projekt-Homepage. Hier die Links (abhängig vom Release):

* *trunk:* http://localhost:8080/job/e2etrace-trunk/
* *Release 1.3.0:* http://localhost:8080/job/e2etrace-RB-1.3.0/
* *Release 1.4.0:* http://localhost:8080/job/e2etrace-RB-1.4.0/

h2. Inhalt

* [[Konfigurationselemente]]: Dokumentation der im Projekt verwendeten Konfigurationselemente (z.B. Java
Quelltext, Use Cases, etc.)
* [[Projektumgebung]]: Liste der verwendeten Werkzeuge, Beschreibung der Projektstruktur und so weiter. Kurz:
Alles, was man wissen muss, um im Projekt "in die Gänge zu kommen". Unter anderem ist in diesem Kapitel auch der
Maven-Build-Prozess dokumentiert.
* [[Verwaltung der Konfigurationselemente]]: Hier findet Ihr einen Schnelleinstieg in Subversion und welche
Besonderheiten dabei im Projekt e2etrace zu beachten sind.
* [[Änderungsmanagement]]: Beschreibt unseren Änderungsmanagementprozess und wie er mit Redmine umgesetzt wird.

         Übergeordnete Seite  [ ▼ ]
              Kommentar  [                                                              ]
               Dateien  [e2etrace_logo.png]  [e2etrace Logo              ]  🗑
                         ⊕ Eine weitere Datei hinzufügen (Maximale Größe: 5 MB)

[Speichern]  Vorschau
```

Redmine verwendet intern *Textile* (siehe [URL: Textile]) als Auszeichnungssprache für das Wiki. In Textile können formatierte Texte sehr einfach und schnell erfasst werden. Redmine vereinfacht die Eingabe der Texte darüber hinaus nochmals, da mit dem verwendeten Editor typische Formatierungen, wie beispielsweise Fettdruck, über die in der Abbildung sichtbare Symbolleiste zugewiesen werden können.

Im obigen Beispiel sind einige der typischen Elemente eines mit Textile erfassten Textes sichtbar. Insgesamt ermöglicht die Textile-Syntax mit einfachen Mitteln eine durchaus umfassende Formatierung der Wiki-Inhalte (siehe [URL: RedmineWiki] für eine vollständige Referenz):

- *Normaler Text*:
  Text wird einfach wie gewohnt erfasst. Absätze werden durch Leerzeilen getrennt.
- *Überschriften*:
  Überschriften werden mit `h1.` bis `h3.` gekennzeichnet.
- *Listen*:
  Eine Liste mit Punkten erstellt man durch einen führenden Stern und ein nachfolgendes Leerzeichen (`* Liste`). Sollen die einzelnen Elemente der Liste durchnummeriert werden, verwendet man statt dem Stern ein Hash-Zeichen (`# Liste`).
- *Fettdruck etc.*:
  Textile bietet natürlich alle typischen Formatierungsmöglichkeiten, wie beispielsweise den Fettdruck (`*Fett*`) und die kursive Schriftlage (`_Kursiv_`).
- *Verweise auf andere Wiki-Seiten*:
  Andere Wiki-Seiten werden mit `[[Seitenname]]` referenziert. Sollte die Seite noch nicht existieren, zeigt Redmine den Link zunächst in Rot an. Mit einem Klick auf den Link kann die fehlende Seite dann neu erstellt werden.
- *Verweise auf externe URLs*:
  Externe Seiten werden einfach durch die Eingabe der entsprechenden http-URL referenziert.

- *Verweise auf Redmine-Ressourcen*:
  Die in Redmine verwalteten Ressourcen können aus dem Wiki heraus besonders einfach referenziert werden. Auf Subversion-Changesets verlinkt man beispielsweise durch r<Revision>, auf im internen Archiv abgelegte Dokumente mit document:"Titel" und auf Tickets mit #<Ticketnummer>. Im letzteren Fall unterscheidet das Wiki sogar zwischen offenen und geschlossenen Tickets (die geschlossenen werden mit einem durchgestrichenen Link gekennzeichnet).

- *Einbinden von Bildern*:
  Im Beispiel habe ich das *e2etrace*-Logo mit !e2etrace_logo.png! direkt in die Startseite des Wikis eingebunden. Damit das klappt, muss die entsprechende Bilddatei natürlich noch als Anhang an die Wiki-Seite angefügt werden. Neue Dateien fügt man unterhalb des Wiki-Editors über das Eingabefeld *Dateien* hinzu.

- *Erstellen von Tabellen*:
  Tabellen können, ganz typisch für Wikis, über eine einfache ASCII-Formatierung erstellt werden. Das folgende Beispiel generiert die in Abbildung 6–35 dargestellte Tabelle, in der auf diverse Dokumente verwiesen wird:

```
|Dokument|Beschreibung|Link|
|KM-Handbuch|Word-Version des KM-Handbuches|document:"KM-Handbuch"|
|Code-Guideline|Standard von Sun|http://java.sun.com/docs/codeconv|
```

Dokument	Beschreibung	Link
KM-Handbuch	Word-Version des KM-Handbuches	KM-Handbuch
Code-Guideline	Standard von Sun	http://java.sun.com/docs/codeconv

Abb. 6–35
Generierte Tabelle

Aus den relativ simplen Formatanweisungen erzeugt das Redmine-Wiki, wie das folgende Beispiel zeigt, recht ansehnliche Seiten.

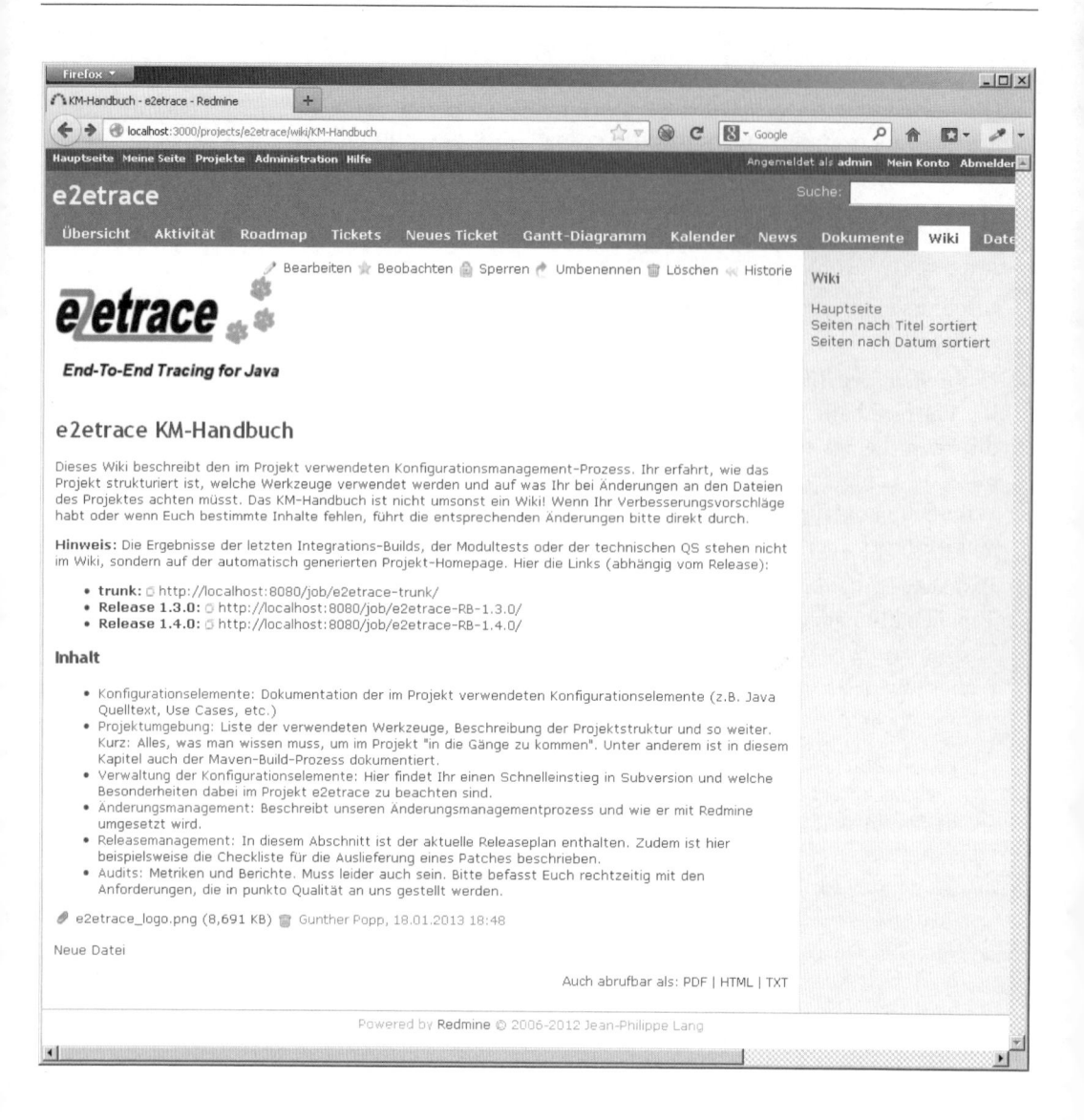

Abb. 6–36
Startseite des Wikis

6.3.5 Foren

Neben der Einrichtung eines Wikis kann Redmine die projektinterne Kommunikation zusätzlich über *Foren* unterstützen. Foren enthalten keinerlei vorgegebene Inhalte, sondern dienen lediglich als Medium für beliebige Diskussionen zwischen den Teammitgliedern. Ein neues Forum wird, analog zum Wiki, über die Projektkonfiguration angelegt (Reiter *Foren*).

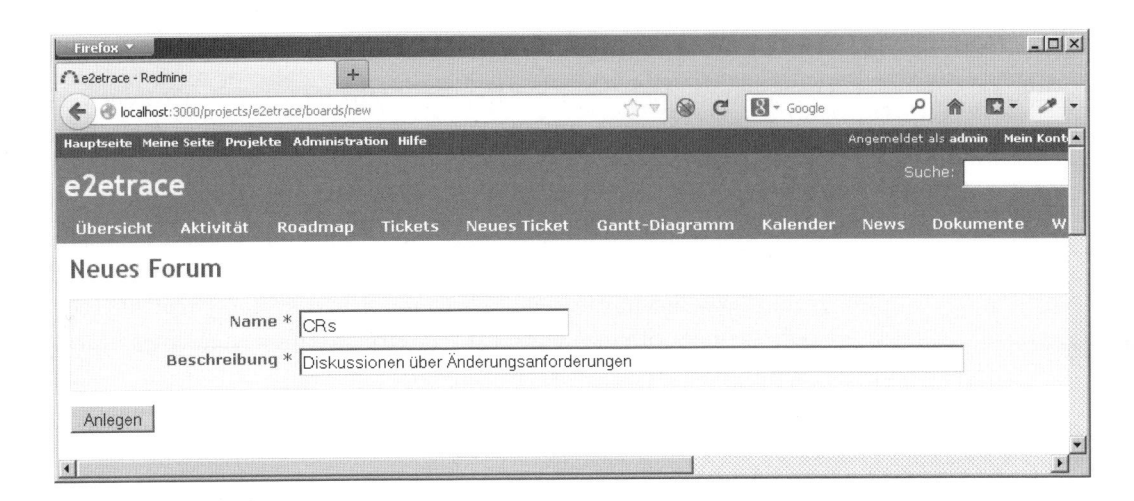

Sobald das Forum erstellt ist, erscheint im Projekt ein entsprechender neuer Menüpunkt. Die Teammitglieder können nun neue Diskussionen zu einem bestimmten Thema starten oder sich an bestehenden Diskussionen beteiligen. Gute Beispiele für recht aktive Foren sind auf der Redmine-Homepage zu finden, die natürlich selbst auf Redmine basiert.

Abb. 6–37
Einrichten eines neuen Forums

In Open-Source-Projekten sind Foren ein wichtiges Kommunikationsmedium. Man kann sich aber durchaus die Frage stellen, inwiefern Foren in einem kommerziellen Projekt sinnvoll sind. Die für die Entwickler interessanten Informationen sind hier in der Regel sowieso im Wiki enthalten. Über die einzelnen Tickets wird man sich in der Regel, anders als in der obigen Abbildung unterstellt, nicht in einem Forum, sondern im Ticket selbst austauschen. Und für alles andere gibt es ja die Kaffeeküche oder E-Mail.

Sinn und Zweck von Foren

In Teams, die mehr oder weniger eng zusammenarbeiten, wird man die Foren daher meistens nicht benötigen. Eine ganz andere Situation liegt jedoch beispielsweise in internationalen Projekten oder Nearshoring- bzw. Offshoring-Szenarien vor. Hier arbeiten verteilte Teams mit entsprechend eingeschränkten Kommunikationsmöglichkeiten. Wer schon mal versucht hat, eine Diskussion über das geeignete Design einer Komponente per E-Mail oder, noch schlimmer, in einer Telefonkonferenz zu führen, wird ein Forum schnell zu schätzen wissen. Tatsächlich können meiner Erfahrung nach viele Erfahrungen und Hilfsmittel aus Open-Source-Projekten gut auf international verteilte, kommerzielle Projekte übertragen werden.

6.3.6 News

Die Funktion *News* hat ihren Ursprung ganz offensichtlich in dem Verlangen, die Homepage von Redmine mit Redmine selbst zu betreiben. Dies ist ganz typisch für Open-Source-Projekte, so wird beispielsweise auch der Subversion-Quelltext in einem Subversion-Repository verwaltet und das Maven-Projekt mit Maven gebaut. Viele kommerzielle Projekte würden sicherlich auch davon profitieren, wenn die Entwickler mal gezwungen wären, eine Weile mit dem eigenen System zu arbeiten. Jedenfalls braucht man auf der Projekt-Homepage eines Open-Source-Projektes wie Redmine einfach eine Seite mit den aktuellen Neuigkeiten aus dem Projekt. Hier werden neue Releases und alle anderen nennenswerten Ereignisse angekündigt. Wer Ähnliches in seinem eigenen Projekt einrichten will, findet unterhalb von *News* auf der Projektseite die entsprechenden Möglichkeiten. News-Einträge können hier neu erzeugt, bearbeitet und auch wieder gelöscht werden.

6.4 Fazit

Konfigurationsmanagement-Prozess – ich hoffe, dieses Wort klingt in Zukunft für Sie nicht mehr ganz so abschreckend wie eventuell vor der Lektüre dieses Buches. Mein Ziel war es zu zeigen, dass ein agiler, leichtgewichtiger KM-Prozess für Softwareentwickler keine Bürde, sondern eine echte Hilfestellung ist. Gerade mit den Werkzeugen Subversion, Maven und Redmine kann man innerhalb kurzer Zeit seinem Team helfen, die tägliche Arbeit sicherer, effizienter und hoffentlich mit (noch) mehr Spaß zu erledigen. Sollten Sie in Ihrem Projekt auf einen Konfigurationsmanager der alten Schule treffen, der Sie mit dicken Wälzern und teuren Werkzeugen attackiert – legen Sie ihm einfach nächtens dieses Buch auf den Schreibtisch ...

Literatur und Links

[Balzert97] Helmut Balzert: *Lehrbuch der Software-Technik: Software-Management, Software-Qualitätssicherung, Unternehmensmodellierung*, Spektrum Akademischer Verlag, 1997.

[Banker93] Rajiv Banker, Srikant Dator, Chris Kemerer, Dani Zweig: *Software Complexity and Maintenance Costs*, In: Communications of the ACM, Jg. 36, Heft 11 (November 1993), S. 82–94.

[Beck02] Kent Beck: *Test Driven Development by Example*, Addison-Wesley, 2002.

[Berczuk02] Stephen Berczuk, Brad Appleton: *Software Configuration Management Patterns, Effective Teamwork and Practical Integration*, Addison-Wesley, 2002.

[Boehm01] Barry Boehm, Victor Basili: *Software Defect Reduction Top 10 List*, In: IEEE Computer, Jg. 34, Heft 1 (Januar 2001).

[Chidamber94] Shyam Chidamber, Chris Kemerer: *A Metrics Suite for Object Oriented Design*, In: IEEE Transactions on Software Engineering, Jg. 20, Heft 6 (Juni 1994), S. 476–493.

[Clark04] Mike Clark: *Pragmatic Project Automation, How to Build, Deploy and Monitor Java Applications, The Pragmatic Starter Kit – Volume III*, Pragmatic Bookshelf, 2004.

[Conway68] Melvin Conway: *How do Committees Invent?*, In: Datamation, Jg. 14, Heft 4 (April 1968), S. 28–31. Frei zum Download unter der URL <http://www.melconway.com/Home/Committees_Paper.html>

[Dill05] Manfred Dill, Gunther Popp, Andreas Sicheneder: *Architektur-Boards: Ein Erfolgsmodell für IT-Projekte?*, In: OBJEKTspektrum, Heft 4/2005 (Juli/August 2005), S. 48–51. Frei zum Download unter der URL <http://www.sigs-datacom.de/fileadmin/user_upload/zeitschriften/os/2005/04/dill_popp_OS_04_05.pdf>

[Ebert05] Christof Ebert, Reiner Dumke, Manfred Bundschuh, Andreas Schmietendorf: *Best Practices in Software Measurement*, Springer Verlag, 2005.

[Gill91] Geoffrey Gill, Chris Kemerer: *Cyclomatic Complexity Density and Software Maintenance Productivity*, In: IEEE Transactions on Software Engineering, Jg. 17, Heft 12 (Dezember 1991), S. 1284–1288.

[IEEE-828-1998] Institute of Electrical and Electronics Engineers: *IEEE Std 828-1998 – IEEE Standard for Software Configuration Management Plans*.

[ISO-10007-2003] *International Organization for Standardization: ISO 10007:2003, Quality management systems – Guidelines for configuration management*.

[ISO-12207-1995] *International Organization for Standardization: ISO/IEC 12207:1995, Information technology – Software life cycle processes*.

[Kan02] Stephen Kan: *Metrics and Models in Software Quality Engineering*, 2nd Edition, Addison-Wesley, 2002.

[Leon05] Alexis Leon: *Software Configuration Management Handbook*, 2nd Edition, Artech House, 2005

[Link05] Johannes Link: *Softwaretests mit JUnit*, dpunkt.verlag, 2005.

[Lotter06] Wolf Lotter: *Einfach mehr*, Einleitung zum »Schwerpunkt Komplexität«, In: brand eins, Wirtschaftsmagazin, Jg. 8, Heft 1 (Januar 2006), S. 46–55.

[Mason05] Mike Mason: *Pragmatic Version Control Using Subversion*, Pragmatic Bookshelf, 2005.

[McConnell96] Steve McConnell: *Daily Build and Smoke Test*, In: IEEE Software, Jg. 13, Heft 4 (Juli 1996). Frei zum Download unter der URL: <http://www.stevemcconnell.com/ieeesoftware/bp04.htm>

[Popp05] Gunther Popp: *Java auf dem Mainframe*, In: JavaSpektrum, Heft 4/2005 (Juli/August 2005), S. 41–44. Frei zum Download unter der URL <http://www.sigs-datacom.de/fileadmin/user_upload/zeitschriften/js/2005/04/popp_JS_04_05.pdf>

[URL: ASFMeritokratie] *How the Apache Software Foundation works, Meritocracy,* URL <http://www.apache.org/foundation/how-it-works.html#meritocracy>

[URL: CMMI] CMMI Institute, Carnegie Mellon University, URL <http://cmmiinstitute.com>

[URL: ContinuousIntegration] Martin Fowler: *Continuous Integration,* URL <http://www.martinfowler.com/articles/continuousIntegration.html>

[URL: HistoryOfMaven] Jason van Tyl: *History of Maven,* URL <http://maven.apache.org/background/history-of-maven.html>

[URL: M2Eclipse] *Maven Integration for Eclipse,* URL <http://eclipse.org/m2e/download/>

[URL: MavenAPT] *The APT Format,* URL <http://maven.apache.org/doxia/references/apt-format.html>

[URL: MavenBook]   Maven: The Complete Reference,
    URL <http://www.sonatype.com/books/mvnref-book/reference>

[URL: MavenDependencyMechanism]   Introduction to the Dependency Mechanism,
    URL <http://maven.apache.org/guides/introduction/introduction-to-dependency-mechanism.html>

[URL: MavenDirectories]   Introduction to the Standard Directory Layout, URL
    <http://maven.apache.org/guides/introduction/introduction-to-the-standard-directory-layout.html>

[URL: MavenPlugins]   Available Maven-Plugins,
    URL <http://maven.apache.org/plugins>

[URL: MavenPOM]   Referenz des Maven Project Descriptors (POM),
    URL <http://maven.apache.org/pom.html>

[URL: MavenPrefixes]   Introduction to Plugin Prefix Resolution,
    URL <http://maven.apache.org/guides/introduction/introduction-to-plugin-prefix-mapping.html>

[URL: MavenProfiles]   Introduction to Build Profiles,
    URL <http://maven.apache.org/guides/introduction/introduction-to-profiles.html>

[URL: MavenProjectInfoPlugin]   Dokumentation des Project-Info-Report-Plugins,
    URL <http://maven.apache.org/plugins/maven-project-info-reports-plugin/>

[URL: MavenSettings]   Referenz der benutzerspezifischen Konfigurationsdatei,
    URL <http://maven.apache.org/ref/3.0.4/maven-settings/settings.html>

[URL: MavenSite]   Creating a Site,
    URL <http://maven.apache.org/guides/mini/guide-site.html>

[URL: MavenSuperPOM]   Maven Super POM,
    URL <http://maven.apache.org/ref/3.0.4/maven-model-builder/super-pom.html>

[URL: MojoProjekt]   Mojo Project,
    URL <http://mojo.codehaus.org/>

[URL: NexusBook]   Nexus Online Dokumentation,
    URL <http://www.sonatype.com/books/nexus-book/reference>

[URL: RedmineMylyn]   HowTo connect a Mylyn repository to Redmine,
    URL <http://www.redmine.org/projects/redmine/wiki/HowTo_Mylyn>

[URL: RedmineWiki]   Redmine Wiki formatting,
    URL <http://www.redmine.org/wiki/redmine/RedmineWikiFormatting>

[URL: Textile]   Textile – A Humane Web Text Generator,
    URL <http://textile.thresholdstate.com/>

[URL: SASLNotes]   Using Cyrus SASL Authentication with Subversion,
    URL <http://svn.apache.org/repos/asf/subversion/trunk/notes/sasl.txt>

[URL: SubversionBook] Subversion Online Dokumentation,
URL <http://svnbook.red-bean.com/index.en.html>

[URL: SWEBOK] Institute of Electrical and Electronics Engineers:
SWEBOK – Guide to the Software Engineering Body of Knowledge,
URL <http://www.swebok.org>

[URL: YAML] YAML Ain't Markup Language,
URL <http://yaml.org>

[Wikipedia: ACID] Artikel »ACID« In: Wikipedia. Die Freie Enzyklopädie,
URL <http://de.wikipedia.org/w/index.php?title=ACID&oldid=111769279>
(abgerufen am 01.02.2013)

[Wikipedia: MD5] Artikel »Message Digest Algorithm 5« In: Wikipedia.
Die Freie Enzyklopädie, URL <http://de.wikipedia.org/w/index.php?title=Message-Digest_Algorithm_5&oldid=113557604>
(abgerufen am 01.02.2013)

[Wikipedia: SASL] Artikel »Simple Authentication and Security Layer« In: Wikipedia.
Die Freie Enzyklopädie, URL <http://de.wikipedia.org/w/index.php?title=Simple_Authentication_and_Security_Layer&oldid=104609827>
(abgerufen am 01.02.2013)

[Wikipedia: SHA1] Artikel »Secure Hash Algorithm« In: Wikipedia. Die Freie
Enzyklopädie, URL <http://de.wikipedia.org/w/index.php?title=Secure_Hash_Algorithm&oldid=112107287>
(abgerufen am 01.02.2013)

Stichwortverzeichnis

A

Abhängigkeiten definieren *Siehe dependencies-Element (Maven)*
Abweisen eines Tickets 326
--accept-Option (Subversion) 153
access.conf (Subversion) 100
add-Befehl (Subversion) 117
addMavenDescriptor-Element (Maven) 223
Aktivität anzeigen (Redmine) 339
Almost-Plain-Text-Format 288
Änderungen
    anderer Teammitglieder 123
    durchführen 113
    in das Repository schreiben 126
    in einem Branch 169
    kontrollieren 10, 115, 121
    rückgängig machen 116, 117, 120
    zeilenweise kontrollieren 142
    zusammenführen *Siehe Branches*
Änderungsanforderung 51
Änderungsdatum 141
Änderungskommentare 111, 126
    Editor festlegen 109, 126
Änderungsmanagement 14, 49
    Änderungsmanager 54
    Aufsetzpunkte im Projekt 49
    Change Control Board 54
    mit Redmine 297
    Vorgehensweise 51
    Werkzeuge 53
Änderungsmanager
    Survival-Tipps 325
Apache Portable Runtime (APR) 73

APT-Format *Siehe Almost-Plain-Text-Format*
Arbeitsbereich 38
Arbeitsbereich (Subversion)
    aktualisieren 115
    anlegen 112
    Mixed Revisions 130
Arbeitskopien 38
Arbeitsrevision (Subversion) 122
archive-Element (Maven) 255
Artefakt (Maven) 195
artifactId-Element (Maven) 196
Assembly-Deskriptor (assembly.xml) 225
assembly-Plugin (Maven) 225, 260, 281
Audits 59
    automatisierte 64
    automatisierte (Maven) 282, 292
    Erstellung von Berichten (Maven) 290
    manuelle 60, 64
Auslieferung des Produktes 256
Auslieferungsdatei
    erstellen (Maven) 222
    Übertragung in ein Repository (Maven) 224
Auslieferungs-Repository *Siehe Repository (Maven)*
Authentifizierung (Subversion) 111
    Cache 109, 112
Automatische Ausführung von Builds (Hudson) 265
autoprops-Parameter (Subversion) 110

B

Backporting 192
basedir-Property (Maven) 200

Baselines 41
BASE-Schlüsselwort (Subversion) 133
Baumkonflikte (Subversion) 183
Beispielprojekt 6
Beobachter (Redmine) 323
Berichte (Redmine) 328
Berkeley DB 95
Bezeichner *Siehe Tags*
Bezugskonfiguration *Siehe Baselines*
Bibliotheken einbinden (Maven) 200
blame-Befehl (Subversion) 142
Branches 42
  abschließen 187
  alternative Strategien 189
  Änderungen durchführen 169
  automatisches Zusammenführen 171
  erstellen 168
  Fehlerquellen beim Zusammenführen 181
  manuelles Zusammenführen 180
  Namenstemplates 103
  Umgang mit binären Dateien 186
  Umsetzung mit Subversion 104
  Verzeichnis in der Projektstruktur 104
  Zugriffsrechte festlegen 169
  zusammenführen 44, 170
Branching-Patterns 189
build-Element (Maven) 199, 210, 219
Build-Lifecycle (Maven) 211
  anpassen 219
buildnumber-Plugin (Maven) 253
Build-Nummern 251
Build-Phasen (Maven) 211
  clean *Siehe Clean-Lifecycle*
  compile 214, 249
  deploy 258
  install 258
  package 219, 223
  site *Siehe Site-Lifecycle (Maven)*
  test 220
  test-compile 217
Build-Prozess 45
  dokumentieren 46
  durchführen (Maven) 193

Build-Varianten 47
  Entwickler-Build 246
  Integrations-Build 247
  Prinzipielle Vorgehensweise (Maven) 228
  Release-Build (Maven, release-Plugin) 276
Build-Ziele (Maven) 78, 201

C

Capability Maturity Model Integration 18
cat-Befehl (Subversion) 132
CBO-Metrik *Siehe Coupling between Objects-Metrik*
CCB *Siehe Change Control Board*
CC-Metrik *Siehe Cyclomatic-Complexity-Metrik*
Change Control Board 54
Change Requests *Siehe Änderungsanforderung*
changelist-Befehl (Subversion) 127
--change-Option (Subversion) 132
Changeset 94
  automatisch abrufen (Redmine) 333
  Inhalt 128
  Kommentare *Siehe Änderungskommentare*
  Revision 123, 128, 252
  User 123, 128
Cheap Copies 71
Check-in 38, 126
Check-out 38, 112
checkout-Befehl (Subversion) 112, 139
Checkstyle
  Download 90
  Konfiguration 283
  Maven-Integration 282
  mit Maven 292
  Module 282
  Umgang mit fehlgeschlagenen Audits 284
checkstyle-Plugin (Maven) 292
Clean-Lifecycle 219, 220
CMMI *Siehe Capability Maturity Model Integration*

Code-Freeze 43
commit-Befehl (Subversion) 126, 145
COMMITTED-Schlüsselwort
    (Subversion) 133
commons-logging
    einbinden (Maven) 200
compile-Build-Phase (Maven) 214, 249
compiler-Plugin (Maven) 214, 249
config-Datei (Subversion) 108
configuration-Element (Maven) 222
Conway´s Law 33
copy-Befehl (Subversion) 118, 166, 168, 278
Copy-Modify-Merge 39, 143
Coupling between Objects-Metrik 64
CR *Siehe Änderungsanforderung*
create-Befehl (svnadmin) 95
CVS 70, 94
Cyclomatic-Complexity-Metrik 64

D

Dateien
    alte Version anzeigen 132
    ändern 115
    Änderungen überprüfen 124
    binäre 153, 186
    freigeben *Siehe Sperren*
    hinzufügen 116
    kopieren 118
    künstliche Binärdateien 156
    löschen 117
    sperren *Siehe Sperren*
    umbenennen 121
    vergleichen 124, 136
    vergleichen (externes Werkzeug) *Siehe kdiff3*
    vergleichen (mit einem Tag) 167
    verschieben 121
    wiederherstellen 117, 120
    zusammenführen *Siehe Konflikte*
    zusammenführen (externes Werkzeug) *Siehe kdiff3*
debug-Element (Maven) 249
Debug-Informationen 249
Defect Reports *Siehe Fehlermeldungen*
deklarative Skriptsprachen 48, 76

delete-Befehl (Subversion) 117
Deltabildung 36, 71
dependencies-Element (Maven) 200, 210
    Schlüsseldaten ermitteln 202
    scope festlegen 203
    Syntax für Versionsangaben 206
    transitive Abhängigkeiten 204
dependencyManagement-Element
    (Maven) 208
dependency-Plugin (Maven) 238
deploy-Build-Phase (Maven) 258
deploy-Plugin (Maven) 243, 281
Depth-of-Inheritance-Tree-Metrik 64
description-Element (Maven) 196
descriptors-Element (Maven) 227
developers-Element (Maven) 291
diff-Befehl (Subversion) 124, 136, 156
--diff-cmd-Option (Subversion) 138
diff-cmd-Parameter (Subversion) 109
distributionManagement-Element
    (Maven) 258, 277, 295
DIT-Metrik *Siehe Depth-of-Inheritance-Tree-Metrik*
--dry-run-Option (Subversion) 178
dump-Befehl (svnadmin) 97

E

Eclipse
    mit Maven 246
    mit Redmine 331
    mit Subversion 73
eclipse-Plugin (Maven) 246
--editor-cmd-Option (Subversion) 126
editor-cmd-Parameter (Subversion) 109
eindeutige Konfigurationselemente 21
E-Mail senden (Hudson) 266
E-Mail senden (Redmine) 297, 299
enable-auto-props-Parameter
    (Subversion) 110
Entwickler-Build *Siehe Build-Varianten*
Entwicklungspfade *Siehe Branches*
Erweiterter Prozess 55
execution-Element (Maven) 219, 254
Externe Bibliotheken *Siehe Bibliotheken*
e2etrace 6

F

Feature Branch 190
Fehlerberichte *Siehe Fehlermeldungen*
Fehlermanagement 16
Fehlermanagement *Siehe Änderungsmanagement*
Fehlermeldungen 51
Fehlervermeidung 13, 16
Filter (Redmine) 328
--force-Option (Subversion) 117, 163
--force-uuid (svnadmin) 97
--fs-type-Option (svnadmin) 95

G

Geltungsbereich einer Abhängigkeit 203
Generierte Ordner und Dateien *Siehe Zielverzeichnisse*
global-ignores-Parameter (Subversion) 109
Goal-Question-Metric-Verfahren 62, 64, 282
goals-Element (Maven) 219
GQM-Verfahren *Siehe Goal-Question-Metrik-Verfahren*
groupId-Element (Maven) 196

H

Hauptentwicklungspfad *Siehe trunk*
Hauptrelease 55
HEAD-Schlüsselwort (Subversion) 133
help-Plugin (Maven) 251, 272
Hilfsdateien, temporäre *Siehe Konflikte*
History Tracing 134
Hudson
    Arbeitsverzeichnis 87, 268
    Automatische Ausführung von Builds 265
    Build-Status 268
    E-Mail senden 266
    Installation 86
    JUnit-Testergebnisse 267
    Projekt anlegen 263

I

IEEE Std 828-1998 19, 24
--ignore-ancestry-Option (Subversion) 181
imperative Skriptsprachen 48

import-Befehl (Subversion) 111
info-Befehl (Subversion) 162
Installationsdatei
    erstellen (Maven) 224
install-Build-Phase (Maven) 258
install-Plugin (Maven) 245
Integrations-Build *Siehe Build-Varianten*
ISO 10007:2003 19
ISO 12207:1995 19
ISO-8859-1-Zeichenkodierung 291
Issue Branch 190

J

jar-Datei
    als Artefakttyp (Maven) 196
    erstellen (Maven) 222
jar-Plugin (Maven) 222, 254
Java-Archivdatei *Siehe jar-Datei*
JavaDoc
    auf Vollständigkeit prüfen 282
    generieren (Maven) 218
javadoc-Plugin (Maven) 218
JUnit
    einbinden (Maven) 200
    Testfälle ausführen (Maven) 220
    Testreporte (Hudson) 267
    Testreporte (Maven) 292
    Umgang mit fehlerhaften Tests 221
    Verzeichnis für Testfälle 106

K

kdiff3
    als diff-cmd festlegen 109
    als merge-tool-cmd festlegen 149
    Dateien vergleichen 137
    Dateien zusammenführen 149, 159
    Download 91
    Verzeichnisbäume vergleichen 139, 142
--keep-local-Option (Subversion) 117
Kernprozess 19
KM *Siehe Konfigurationsmanagement*
Konfigurationsdatei (Subversion) 108
Konfigurationselemente 20
    Ausschluss von 22
    Auswahl 19
    Beschreibung der 27

Konfigurationselemente (Fortsetzung)
    eindeutige 21
    für e2etrace 102
    keine 23
    manuelle Verwaltung 23
    mögliche 22
    Namenstemplates 28
    Verwaltung der 34, 93
Konfigurationsmanagement 9
    Argumente für den Einsatz im Projekt 15
    Aufwand für 18
    erweiterter Prozess 55
    Handbuch 24
    Kernprozess 19
    Knigge 114
    Normen und Standards 18
    Plan 19, 24
    Prozess 5
    Vorteile des 16
    Werkzeuge 69
    Ziele des 10
Konflikte 40, 143
    automatische Auflösung 144
    Baumkonflikte 183
    beim Zusammenführen von Branches 182
    echte 146
    externes Werkzeug *Siehe kdiff3*
    in binären Dateien 156
    interaktive Auflösung 146
    manuelle Auflösung 151
    Optionen zur Behebung 148
    temporäre Hilfsdateien 152
    vermeiden 160

L

Lifecycle-Mapping (Maven) 214
--limit-Option (Subversion) 132
Linearer Entwicklungspfad 43
Lines-of-Code-Metrik 61, 64
list-Befehl (Subversion) 128, 142, 166
Lizenzbedingungen 4
load-Befehl (svnadmin) 97
lock-Befehl (Subversion) 161, 164
Lock-Modify-Unlock 39, 108, 110, 160
    Dateien auswählen 164

Locks *Siehe Sperren*
LOC-Metrik *Siehe Lines-of-Code-Metrik*
log-Befehl (Subversion) 130, 176
Log-Datei 46
Lokales Repository *Siehe Repository (Maven)*

M

manifestEntries-Element (Maven) 255
Maven 75
    Build-Ziele 78
    Dokumentation 80
    Download 80
    Kern 78
    Komplexe Projekte 80
    lokale Konfigurationsdatei *Siehe settings.xml (Maven)*
    Plugins *Siehe Plugins (Maven)*
    Projektautomatisierung mit 193
    Projektmodell *Siehe Projektmodell (Maven)*
    Repository *Siehe Repository (Maven)*
    Standardverzeichnisse 197
    Unterstützung für IDEs 246
    Version 4
Maven-Repository *Siehe Repository (Maven)*
Merge Tracking (Subversion) 171
    Changesets blockieren 175
    Deaktivieren 181
    Einzelne Changesets übernehmen 173
    Grenzen 177
merge-Befehl (Subversion) 170
mergeinfo-Befehl (Subversion) 174
merge-tool-cmd-Parameter (Subversion) 149
--message-Option (Subversion) *Siehe Änderungskommentare (Subversion)*
Metadaten (Subversion)
    Arbeitsbereich 113
    Properties *Siehe Properties (Subversion)*
Metriken 60
    Auswahl der geeigneten 64
    automatisierte 63
    automatisierte (Maven) 282, 292

Metriken (Fortsetzung)
    Best Practices 66
    Coupling between Objects 64
    Cyclomatic Complexity 64
    Depth of Inheritance Tree 64
    Erstellung von Berichten (Maven) 290
    GQM-Verfahren 62, 64
    Lines of Code 61, 64
    manuelle 62
    Number of Methods 64
    Psychologische Konsequenzen 66
    Weighted Methods per Class 64
MIME-Typ 107, 110
    automatische Bestimmung 154
    manuelle Änderung 156
Mixed Revisions (Subversion) 130
Modellbasierter Ansatz (Maven) 76
modelVersion-Element (Maven) 195
Modultests *Siehe JUnit*
mod_dav_svn 74
move-Befehl (Subversion) 121
Mylyn 331
m2eclipse 247

N

Nächstgelegene Version (Maven) 207
name-Element (Maven) 196
Namenstemplates 28, 103
    Einhaltung überprüfen 282
Nexus 83
    Auslieferung des Produktes 258
    Benutzername 230
    einrichten 229
    im POM konfigurieren 235
    in settings.xml konfigurieren 236
    Manuelles Befüllen (Upload) 241
    Repository anzeigen 239
    Repository-Gruppen 233
    Repository-Konfiguration 231
    Standard-Repository 232
    Suche in Repository 240
    vollständige Befüllung erzwingen 238
Nichtfunktionale Anforderungen
    überwachen 65
NOM-Metrik *Siehe Number-of-Methods-Metrik*

--non-interactive-Option (Subversion) 151
Normen, KM- 18
--no-unlock-Option (Subversion) 164
Number-of-Methods-Metrik 64
NUnit 90

O

organization-Element (Maven) 196
outputEncoding-Element (Maven) 291

P

package-Build-Phase (Maven) 219, 223
packaging-Element (Maven) 196
pack-Befehl (svnadmin) 96
Parallele Entwicklungspfade *Siehe Branches*
--parents-Option (Subversion) 120
--password-Option (Subversion) *Siehe Authentifizierung (Subversion)*
patch-Befehl (Subversion) 125
Patches (Patch-Release) 56
Peg-Revisions (Subversion) 121, 133
phase-Element (Maven) 219
pluginRepositories-Element (Maven) 235
Plugin-Repository *Siehe Repository (Maven)*
Plugins (Maven) 78
    assembly 225, 260, 281
    buildnumber 253
    checkstyle 292
    compiler 214, 249
    dependency 238
    deploy 243, 281
    direkter Aufruf 218
    Download aus dem Repository 215, 271
    eclipse 246
    eindeutige Identifizierung 215, 271
    help 251, 272
    install 245
    jar 222
    javadoc 218
    Plugin-Präfix 218
    project-info-reports 291
    release 276
    scm 262

Plugins (Maven) (Fortsetzung)
    site 286, 290
    surefire 220
    Versionen für die Beispiele im Buch 76
    verwendete Version 215, 271
plugins-Element (Maven) 219, 249
POM (pom.xml) *Siehe Projektmodell (Maven)*
PREV-Schlüsselwort (Subversion) 133
Produkt 20
    ausliefern 46, 256
    ausliefern (Maven) 222
    erstellen 46
    erstellen (Maven) 210
    prüfen 46
    prüfen (Maven) 220
Produktions-Build *Siehe Build-Varianten*
Produktivität steigern 14
Produktmetriken 60
Profile (Maven) 228
    aktivieren 228
profiles-Element (Maven) 228, 248
project-info-reports-Plugin (Maven) 291
Projektautomatisierung 14
    Aufbau eines Build-Prozesses 45
    Aufgaben der 45
    mit Maven 193
    Umgang mit Entwicklungsumgebungen 49
Projekthistorie (Redmine) 339
Projekt-Homepage 15, 67
    erstellen (Maven) 286
    generieren (Maven) 294
    veröffentlichen (Maven) 295
Projektmetriken 60
Projektmodell (Maven) 79, 194
    addMavenDescriptor 223
    artifactId 196
    build 199, 210, 219
    configuration 222
    debug 249
    dependencies 200, 210
    description 196
    descriptors 227
    developers 291
    distributionManagement 258, 277, 295

Projektmodell (Maven) (Fortsetzung)
    executions 219
    goals 219
    groupId 196
    modelVersion 195
    name 196
    organization 196
    outputEncoding 291
    packaging 196
    phase 219
    pluginManagement 273
    pluginRepositories 235
    plugins 219, 249
    profiles 228, 248
    properties 198, 210
    releases 235
    reporting 291
    reportSets 292
    repositories 236
    repository 277
    site 295
    snapshotRepository 259
    snapshots 235
    testFailureIgnore 222
    updatePolicy 235
    url 196
    version 196, 257
    wirksames Projektmodell 249, 272
Projektplan (Redmine) 331
Projektstruktur 31
    für e2etrace 105
    generierte Ordner und Dateien *Siehe Zielverzeichnisse*
    im Repository anlegen 110
    Unterschiede ermitteln 141
propdel-Befehl (Subversion) 156
propedit-Befehl (Subversion) 156
Properties
    Maven 198
    Subversion *Siehe Properties (Subversion)*
    vordefinierte (Maven) 200
Properties (Subversion) 107
    abfragen 155
    automatische Zuweisung 110
properties-Element (Maven) 198, 210

propget-Befehl (Subversion) 155
proplist-Befehl (Subversion) 155
propset-Befehl (Subversion) 155, 156
Proxy-Server (Maven) 197
Prozessmetriken 60
Prüfmodule *Siehe Checkstyle*
Prüfsummen (Maven) 202

Q

Qualität sicherstellen 13, 282
Quellelemente ermitteln 46
Quellelemente ermitteln (Maven) 197

R

--record-only-Option (Subversion) 175
--recursive-Option (Subversion) 116, 142
Redmine 81
   Aktivität anzeigen 339
   Benutzer aktivieren 303
   Benutzer einrichten 299
   Benutzerdefinierte Felder 302
   Benutzerverwaltung 301
   Berichte definieren 328
   Dateiarchiv 341
   Dokumentenarchiv 341
   Eclipse-Integration 331
   e2etrace-Workflow 305, 309
   Filter definieren 328
   Kennung des Projektes 315
   Mailbenachrichtigung 299
   Öffentliche Projekte 315
   Projekthistorie 339
   Releaseplan 317, 340
   Rollen und Rechte definieren 304
   Selbstregistrierung von Benutzern 303, 312
   SMTP-Server konfigurieren 297
   Standardrollen 304
   Standarduser/-passwort 299
   Subversion-Changesets automatisch abrufen 333
   Subversion-Integration 312, 332, 335
   Subversion-Repository konfigurieren 318
   Teammitglieder festlegen 316
   Tickets abweisen 326
   Tickets erstellen 320

Redmine (Fortsetzung)
   Tickets implementieren 330
   Tickets prüfen 335
   Tickets schließen 337
   Tickets testen 335
   Tickets verifizieren 323
   Tickets zuweisen 322, 327
   Ticketstatus 308, 321
   Tracker 307
   Versionen (Releases) anlegen 317
   Wiki einrichten 342
   Zusammenfassung anzeigen 337
--reintegrate-Option (Subversion) 191
Release-Branch 44, 58
   abschließen 188
   auf Hauptreleaseebene 189
   erstellen 168, 278
   Namenstemplates 103
Release-Branch *Siehe auch Branches*
Release-Build *Siehe Build-Varianten*
Releaseentwicklungspfad *Siehe Release-Branch*
Releasemanagement 55
release-Plugin (Maven) 276
Releases 55
   Hauptrelease 55
   Patches 56
   Releasenummern 55
   Releaseplan 54, 56, 103, 317, 340
   Vorbereitung 44
   Wartungsrelease 56
   wechseln 188
releases-Element (Maven) 235
release.properties (Maven) 281
Remote-Repository *Siehe Repository (Maven)*
reporting-Element (Maven) 291
reportSets-Element (Maven) 292
repositories-Element (Maven) 236
Repository 34
   Deltabildung 36
   Umgang mit modellbasierten Werkzeugen 35
   Versionen und Deltas 36
   Versionsnummern 36
   Werkzeuge 36

Repository (Maven) 78, 201
    Auslieferungs-Repository einrichten 256
    Download von Plugins 215, 271
    lokales Repository 78
    Nachteile 229
    Nexus *Siehe Nexus*
    release-Repository 275
    Repository-ID 235
    Repository-Manager
    Repository-Mirror 236
    Standard-Remote-Repository ersetzen 236
    Standard-Repository 202
    Standard-URL 78
    Verzeichnisstruktur 201
Repository (Subversion) 72
    Erstellung 95
    Größe 94
    offline arbeiten 74
    projektspezifisches 93
    Projektstruktur anlegen 110
    Revision als Build-Nummer 251
    Synchronisation im Integrations-Build (Maven) 262
    Upgrade 97
    URL 101
    zentrales 93
repository-Element (Maven) 277
Repository-Manager *Siehe Nexus*
Repository-URL *Siehe Repository (Subversion)*
resolve-Befehl (Subversion) 152
resolved-Befehl (Subversion) 152, 159
revert-Befehl (Subversion) 116
Revisionen (Subversion) *Siehe auch Versionshistorie (Subversion)*
--revision-Option (Subversion) 133
Rückwärtsdeltas 37, 96

S

SASL 98
SCM *Siehe Konfigurationsmanagement*
scm-Element (Maven) 254
scm-Plugin (Maven) 262
scope-Element (Maven) 203
--service-Option (Subversion) 101
settings.xml (Maven) 196
    Authentifizierung für ein Repository 244
    benutzerspezifische Profile 228
    Proxy-Server festlegen 197
    Repository-Mirror festlegen 237
sha1-Dateien (Maven) 202
Shell-Skripte 48
--show-revs-Option (Subversion) 174
--show-updates-Option (Subversion) 123, 145, 161, 163
Site-Deskriptor (site.xml) 286
site-Element (Maven) 295
Site-Lifecycle (Maven) 286, 294
site-Plugin (Maven) 286, 290
Skriptsprachen 48
snapshotRepository-Element (Maven) 259
Snapshots (Maven) 224, 256
snapshots-Element (Maven) 235
Softwarebibliothek *Siehe Repository*
Softwarefehler 17
Software-Konfigurationsmanagement *Siehe Konfigurationsmanagement*
Sperren 39
    abfragen 161
    aufheben 162
    automatisch aufheben 164
    brechen 163
    Dateien sperren 161
    Kommentare 161
    stehlen 163
Spielregeln festlegen (Redmine)
    Redmine
        Spielregeln 319
Spielregeln für Tickets 319
Stable Trunk 190
Standards, KM- 18
statische Quelltextanalyse 64, 282
Status (Redmine) 321
status-Befehl (Subversion) 115, 121
--stop-on-copy-Option (Subversion) 168
Storage System 96
store-auth-creds-Parameter (Subversion) 109

Subclipse 73
Subversion 70
    Authentifizierung *Siehe Authentifizierung (Subversion)*
    Baumkonflikte 183
    Benutzer- und Zugriffsrechte festlegen 98, 169
    Changesets automatisch abrufen (Redmine) 333
    Cheap Copies 71
    Client *Siehe svn*
    Dateien ignorieren 109
    Dokumentation 75
    Download 75
    lokale Konfigurationsdatei 108
    Metadaten *Siehe Properties (Subversion)*
    Properties *Siehe Properties (Subversion)*
    Redmine-Integration 312, 332, 335
    Repository *Siehe Repository (Subversion)*
    Statuscodes 115
    Verbesserungen gegenüber CVS 70
    Version 4
--summarize-Option (Subversion) 141
Super-POM 216, 272
surefire-Plugin (Maven) 220
svn 72
    add 117
    allgemeine Aufrufsyntax 101
    blame 142
    cat 132
    checkout 112, 139
    commit 126, 145
    copy 118, 166, 168, 278
    delete 117
    diff 124, 136, 156
    import 111
    info 162
    list 128, 142, 166
    lock 161, 164
    log 130
    merge 170

svn (Fortsetzung)
    mergeinfo 174
    move 121
    propdel 156
    propedit 156
    propget 155
    proplist 155
    propset 155, 156
    resolved 159
    revert 116
    status 115, 121
    unlock 163
    update 115, 145, 147
svnadmin 95
    create 95
    dump 97
    load 97
    pack 96
    upgrade 97
svn-populate-node-origins-index 97
svnserve 74
    starten 100
svnserve.conf 98
svn:eol-style-Property 107
svn:executable-Property 107
svn:mergeinfo-Property 172
    Vererbung 175
svn:mime-type-Property 107, 155
svn:needs-lock-Property 108, 164

T

Tags 41
    Dateien anzeigen 166
    erstellen 165
    Namenstemplates 103
    Rechtevergabe 104
    Revision ermitteln 168
    Umsetzung mit Subversion 104
    Verzeichnis in der Projektstruktur 104
target-Verzeichnis *Siehe Zielverzeichnisse*
Task Branch 190
Teamübersicht erstellen (Maven) 291
test-Build-Phase (Maven) 220
test-compile-Build-Phase (Maven) 217

testFailureIgnore-Element (Maven) 222
Textile 344
Thema eines Tickets (Redmine) 321
Tickets
    Berichte definieren 328
    Filter definieren 328
    implementieren 330
    prüfen 335
    schließen 337
    testen 335
Tickets (Redmine)
    automatisch schließen (Subversion) 312, 332
    Changesets anzeigen (Subversion) 335
    Deltas anzeigen (Subversion) 336
    erstellen 320
    Priorität 322
    Status 308, 321
    verifizieren 323
    zuweisen 322, 327
Tickets (Redmine) abweisen 326
TortoiseSVN 73
Tracker (Redmine) 307
transitive Abhängigkeiten 204
Transparenz verbessern 15, 17
Tree Conflicts *Siehe Baumkonflikte*
trunk 44, 112
    Verzeichnis in der Projektstruktur 104

U

Unified Diff-Format 125
unlock-Befehl (Subversion) 163
Unstable Trunk 189
-U-Option (Maven) 271
update-Befehl (Subversion) 115, 145
    bei Konflikten 147
    mit Maven ausführen 262
updatePolicy-Element (Maven) 235
upgrade-Befehl (Subversion) 115
upgrade-Befehl (svnadmin) 97
url-Element (Maven) 196
--use-merge-history-Option (Subversion) 176
--username-Option (Subversion) *Siehe Authentifizierung (Subversion)*
users.conf (Subversion) 99

V

Varianten des Build-Prozesses *Siehe Build-Varianten*
version-Element (Maven-Plugins) 215, 271
version-Element (Maven-POM) 196, 257
    Syntax für Versionsangaben 206
Versionen der im Buch verwendeten Maven-Plugins 76
Versionen der Werkzeuge 4
Versionierung 36, 94
Versionshistorie (Subversion) 129
    Änderungen zeilenweise anzeigen 142
    mit Merge-Tracking 176
    Peg-Revisions 133
    Revisionen auswählen 132
    Revisionen vergleichen 136
Versionskonflikte 206
Versionskontrollsysteme *Siehe Repository-Werkzeuge*
Versionsnummern 36, 94
Versionsverwaltung *Siehe Repository*
Verzeichnisbäume vergleichen 138, 141
Verzweigte Entwicklungspfade *Siehe Branches*
Vorwärtsdeltas 37, 96

W

Wartungsrelease 56
Webseite zum Buch 8
Weighted Methods per Class-Metrik 64
Wiki (Redmine) 342
WMC-Metrik *Siehe Weighted Methods per Class-Metrik*
Wrapper-Skript (für kdiff3) 150

X

--xml-Option (Subversion) 162

Z

Zeiterfassung (Redmine) 318
Zielversion (Redmine) 322
Zielverzeichnisse 31, 106
    ignorieren (Subversion) 109
    löschen (Maven) 219
    Properties definieren (Maven) 198

Zusammenführen von Branches 170
Zyklische Merges 180

Sonderzeichen

%JAVA_HOME% 79
%M2_HOME% 79
%SVN_EDITOR% 126
%SVN_MERGE% 150
%USERPROFILE% 79, 197
.svn-Verzeichnisse 113

René Preißel
Bjørn Stachmann

GiT

Dezentrale Versionsverwaltung im Team – Grundlagen und Workflows

Git ist ein mächtiger Werkzeugkasten und die Vielfalt an Befehlen, Optionen und Konfigurationen wirkt anfangs oft einschüchternd. Dabei sind die Grundkonzepte einfach, im Alltag benötigt man nur wenige Befehle.

»Git« gibt daher zunächst eine kompakte Einführung in die wichtigen Konzepte und Befehle und beschreibt dann ausführlich deren Anwendung in typischen Workflows, u.a.: »Ein Projekt aufsetzen«, »Mit Feature-Branches entwickeln«, »Gemeinsam auf einem Branch arbeiten«, »Ein Release durchführen«, »Mit Bisection Fehler suchen« oder »Große Projekte aufteilen«.

2012, 280 Seiten, Broschur
€ 29,90 (D)
ISBN 978-3-89864-800-4

»Hilreich sind die Best Practices, um typische Aufgaben problemorientiert und zielgerichtet abwickeln zu können.« (IT-Mittelstand, 7-8 2012)

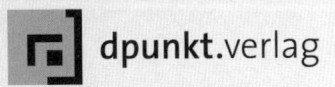

dpunkt.verlag

Ringstraße 19 B · 69115 Heidelberg
fon 0 62 21/14 83 40
fax 0 62 21/14 83 99
e-mail hallo@dpunkt.de
http://www.dpunkt.de